예술본능의 현상학

예술본능의 현상학

이남인 지음

서광사

이 저서는 2013년 정부(교육부)의 재원으로 한국연구재단의 지원을 받아 수행된
연구임(NRF-2013S1A6A4017910).

예술본능의 현상학

이남인 지음

펴낸이 | 김신혁, 이숙
펴낸곳 | 도서출판 서광사
출판등록일 | 1977. 6. 30.
출판등록번호 | 제 406-2006-000010호

(10881) 경기도 파주시 회동길 77-12 (문발동)
Tel: (031) 955-4331 | Fax: (031) 955-4336
E-mail: phil6161@chol.com
http://www.seokwangsa.co.kr | http://www.seokwangsa.kr

제1판 제1쇄 펴낸날 — 2018년 4월 20일

ISBN 978-89-306-6218-5   93160

| 책머리에 |

1980년대 중후반 독일에서 박사학위 논문을 준비하면서 처음으로 예술본능의 현상학에 대한 구상을 하게 되었다. 당시 "후설의 본능의 현상학"을 주제로 박사학위 논문을 준비하는 과정에서 본능과 관련된 여러 저서와 논문을 접했는데, 그중의 하나가 바로 예술본능에 대한 분석을 토대로 미학을 전개하고 있는 실러(F. Schiller)의 『인간의 미적 교육에 관하여』(*Über die ästhetische Erziehung des Menschen*)라는 저서였다. 이 저서를 접하면서 다소 흥분에 휩싸였지만 박사학위 논문 주제와 직접적인 연관이 없었기 때문에 그 후 독일 유학 기간 중에 이 책을 집중적으로 연구하면서 예술본능의 현상학을 전개할 기회를 갖지 못했다. 또 1991년 귀국한 후에도 여러 가지 다른 연구들로 바빠서 이 주제를 천착할 시간을 마련하지 못했다.

그러나 정확한 시점은 기억나지 않지만 2005년을 전후해서 기회가 마련되었다. 그때도 바로 옆 연구실에 계셨던 오병남 선생님으로부터 많은 가르침을 배울 수 있는 행운을 누렸다. 그런데 어느 날 미적 태도에 대해 토론하는 자리에서 미적 태도란 존재하지 않으며 신화에 불과하다는 분석미학자 디키(G. Dickie)의 입장을 소개해 주시면서 선생님께서 직접 보관하고 계시던 디키의 논문 「미적 태도라는 신화」("The Myth of the Aesthetic Attitude")도 건네 주셨다. 태도가 현상학의 핵심적인 개념이요 따라서 여러 다른 태도들과 마찬가지로 미적 태도 역시 존재한다고 생각하는 현상학자인 필자에게 디키의 입장은 받아들이기 어려웠다. 필자는 무엇보다도 예술본능에 대한 분석을 토대로 디키의 견해를 논파할 수 있을 것으로 생각했고 그렇게 예술본능의 현상학에 대한 연구가 시작되어 세상의 빛을 보게 되었다.

국내 학계에서는 물론이고 국제 학계에서도 예술본능의 현상학을 체계적으로 전개하려는 시도는 이 책이 처음이다. 필자는 이 책에서 철학사에 등장한 예술본능에 대한 몇몇 논의들을 비판적으로 검토하면서 예술본능의 현상학에 대한 필자 나름의 독자적인 구상을 펼쳐 보았다. 예술본능의 현상학은 예술창작 경험과 예술감상 경험을 포함한 모든 예술경험의 발생적 원천인 예술본능에 대한 해명을 토대로 전개되는 현상학적 미학이다. 모든 예술경험은 그의 발생적 원천인 예술본능으로부터 영향을 받아 그의 여러 성격들이 규정된다. 따라서 예술본능의 현상학은 예술본능을 고려하지 않는 미학이론이 드러낼 수 없는 예술경험의 여러 가지 중요한 속성들을 해명할 수 있다. 또 예술본능이 모든 예술경험의 발생적 원천이기 때문에 예술본능의 현상학은 미학의 거의 모든 주제와 관련된다. 따라서 예술본능의 현상학은 미학의 다양한 분야의 전반적인 쇄신에 기여할 수 있다. 필자는 이 책에서 예술본능 개념에 대한 해명을 시도하고 예술본능과의 연관 속에서 예술창작, 미적 경험, 미적 태도 등을 해명하면서 미학의 여러 주제들을 해명하고자 시도하였다. 근현대 미학사의 맥락에서 볼 때 예술본능의 현상학의 의의는 무엇보다도 근대의 추상적인 미학의 한계를 극복하고 구체적인 미학으로 전개되고 있다는 데서 찾을 수 있다. 구체적인 미학으로서의 예술본능의 현상학이 현상학, 분석철학을 비롯해 현대철

학의 여러 사조에서 이루어지는 현대미학의 다양한 논의에 중요한 기
여를 할 수 있게 되기를 바란다.

 이 책을 접하면서 예술본능 개념에 대해 거부감을 보이는 독자들이
있을 수 있다. 사실 본능 개념은 다의적이며 이해하기 어려운 개념이
다. 지성사에서 본능 개념은 다양한 의미를 가진 개념으로 사용되어
왔는데, 그중에서 특히 중요한 의미를 지니는 것은 1) 동물의 집짓기,
짝짓기 등과 같은 본능행동으로서의 본능 개념과 2) 특정한 종에 속하
는 유기체가 그 무엇을 추구하도록 추동하는 선천적이며 보편적인 생
명적인 힘으로서의 본능 개념, 즉 일종의 지향성으로서의 본능 개념
등 두 가지다. 그런데 이 중에서 본능행동으로서의 본능 개념은 모든
행동이 그렇듯이 외적 관찰을 토대로 정립된 개념이며, 일종의 지향성
으로서의 본능 개념은 내적 반성을 토대로 정립된 개념이다. 따라서
현상학의 관점에서 볼 때 중요한 의미를 지니는 것은 본능행동으로서
의 본능 개념이 아니라, 일종의 지향성으로서의 본능 개념이다. 필자
는 이러한 의미의 본능 개념이 무엇을 뜻하는지 자세하게 해명하였다.
그럼에도 본능 개념에 대해 거부감을 느낄 수도 있는데, 이 경우 필자
가 본능이라 부르는 것을 충동으로 이해하면 거부감이 줄어들 것으로
생각한다. 다만 한 가지 유의할 것은 충동에 선천적 충동과 후천적 충
동의 두 가지가 있는데, 이 중에서 후천적 충동이 아니라, 선천적 충동
을 본능이라 부를 수 있다는 사실이다.

 미학 공부가 일천했던 필자에게 예술본능의 현상학에 대해 연구하
고 저서를 집필하는 과정은 가시밭길과도 같았다. 이 책에서 여러 가
지 주제들을 다루었는데, 주제 하나하나가 필자에게는 너무 어려웠다.
주제 하나하나가 모두 큰 바위처럼 느껴져 어느 한 바위 앞에서 한참
을 끙끙거리다 겨우 힘을 내 정리하고 나면, 또 다시 더 큰 바위가 나
타나 버티고 서 있고 또 그 앞에서 한참을 끙끙거리다 겨우 힘을 내 정

리하고 나면 또 다시 큰 바위가 나타나 버티고 서 있고 하는 일을 수없이 반복했다. 지금까지 필자가 출간한 그 어느 책보다도 이 책을 집필하는 일이 더 어려웠다.

　많은 분들의 가르침과 도움이 없었더라면 가시밭길을 헤치고 이 저서를 집필하는 일은 불가능하였을 것이다. 이 모든 분들에게 이 자리를 빌려 깊이 감사드린다. 무엇보다도 오병남 선생님께 깊은 감사의 말씀을 드린다. 선생님은 여러 모로 부족한 필자가 예술본능의 현상학에 대한 연구를 본격적으로 시작할 수 있도록 동기를 제공해 주셨을 뿐 아니라, 이 저서의 집필을 마치는 마지막 순간까지 계속해서 가르침을 주셨다. 대학 재학 시절 미학 강의 하나 들은 적이 없는 필자가 이 저서를 집필할 수 있었던 이유는 선생님께서 필자에게 미학의 여러 주제에 대해 친절하게 개인 강의를 해 주시면서 가르쳐 주셨기 때문이다. 또『미학강의』,『미술론 강의』등 선생님의 저서와 논문들, 번역서들은 선생님의 가르침과 더불어 여러 모로 부족한 필자가 이 저서를 집필할 수 있도록 해 준 힘의 원천이다. 물론 이처럼 필자가 선생님에게서 커다란 가르침을 받았지만 이 저서에 문제점이 있다면 그것은 오로지 필자의 책임이다.

　오병남 선생님과 더불어 서울대학교 미학과의 여러 교수님들께도 감사드린다. 교수님들은 저자에게 2012년 10월 미학과 콜로키엄에서 "실러와의 대화를 통해 전개될 예술본능의 현상학을 위하여"라는 주제로 발표할 기회를 주시고 토론 시간에 좋은 질문을 해 주시면서 큰 도움을 주셨다. 또 그때그때 필요한 자료와 정보가 있을 때 부탁하면 기꺼이 제공해 주기도 하셨다. 또 선생님의 정년을 기념하여 출간된『미학대계』가 이 책을 집필하는 과정에서 마치 나침반과도 같이 여러 모로 커다란 도움을 주었기 때문에『미학대계』의 출간을 위해 수고해 주신 한국미학계의 모든 분들께도 깊은 감사의 말씀을 드린다. 더 나아가 이 주제에 대해 필자와 토론하면서 자극을 주었던 국내외 현상학계에서 활동하고 계신 몇몇 선생님들, 그리고 서울대학교 철학과 교수님들께도 감사드린다. 이 저서의 초고를 읽고 유익한 조언을 주신 경희대학교 철학과 박인철 교수님에게 감사드리며 원고를 검토해 준 서울대학교 철학과 대학원의 박은영, 정성경에게도 고마움을 전한다. 또 삶의 여정을 함께하면서 이 주제에 대해 함께 토론하고 미술사와 관련한 문헌 정보를 제공해 준 지형에게도 감사의 마음을 전한다. 끝으로 출판계의 어려운 사정 속에서도 이 책의 출간을 기꺼이 맡아 주신 서광사의 여러분들께도 감사드린다.

2018년 2월
관악산 연구실에서
이남인

1

들어가는 말

1. 예술본능의 현상학과 예술본능에 대한 기존의 논의들

예술본능의 현상학은 예술의 발생적 기원을 예술본능에서 찾으면서 예술본능에 대한 분석을 토대로 다양한 예술 현상을 해명함을 목표로 한다. 예술본능의 현상학의 선구는 실러의 예술본능론이다. 그는 1795년에 출간한 『인간의 미적 교육에 관하여』[1]에서 예술본능에 대한 분석을 토대로 예술본능론을 전개한다.[2] 그는 자신이 살고 있던 시대를 "퇴락"(Verfall)(AE, 24)의 시대로 진단한다. 고대 희랍인들이 꿈꾸었던 조화와 통일의 이상은 사라지고 인류 공동체는 도처에서 분열과 대립

---

1 F. Schiller, *On the Aesthetic Education of Man in a Series of Letters*, English and German Facing, trans. by E. M. Wilkinson and L. A. Willoughby, New York: Oxford University Press, 1982. (AE로 줄여 인용함)

2 필자는 실러, 피히테, 니체 등이 충동(Trieb)이라 부르는 것을 본능이라 부를 것이다. 그 이유는 뒤에서 논의하겠지만 충동에는 선천적 충동과 후천적 충동 등 두 가지가 존재하며, 그중에서 선천적 충동이 바로 본능이요 실러, 피히테, 니체 등이 사용하는 충동은 선천적 충동, 즉 본능을 뜻하기 때문이다.

을 목도하면서 퇴락한 문화 속에서 살아간다. 이러한 상황에서 그는
시대의 퇴락을 극복할 수 있는 희망을 미적 교육에서 찾았다. 그는 미
적 교육을 위한 토대를 마련하기 위해 미학을 전개하는데, 그것이 바
로 예술본능 개념에 대한 분석을 중심으로 전개되는 예술본능론이다.
실러의 예술본능론은 예술본능의 현상학의 전개를 위해 결정적으로
중요한 역할을 담당하였다. 필자는 실러의 예술본능론을 비판적으로
수용하면서 예술본능의 현상학을 전개하였다.

실러의 예술본능론은 현상학적 관점에서 볼 때 이중적인 성격을 가
지고 있다. 한편으로 그것은 비록 추상적인 형태이긴 하지만 예술본능
과 관련하여 다양한 현상학적 통찰을 담고 있다. 예를 들어, 그것은 예
술본능의 충족 양상, 예술본능의 노에시스-노에마 상관관계, 예술세
계에 대한 분석 등을 담고 있다. 바로 이러한 이유에서 그것은 예술본
능의 현상학의 선구로 간주될 수 있다. 다른 한편 그것은 진정한 의미
의 예술본능론을 목표로 하는 예술본능의 현상학으로 전개되기에는
나름의 한계를 가지고 있다. 예를 들어 그것은 시인으로서의 실러의
기질을 반영하듯 문학적 상상력이 투영되어 모호한 표현으로 가득 차
있다. 그리고 그것은 관념론적 형이상학의 전통에 서서 "순수한 이상
적 인간"(ein reiner idealistischer Mensch)(AE, 16)에 대한 분석에 치
중하면서 현실적인 인간에 대한 분석을 소홀히 하고 있는 까닭에 구체
적인 미학이 아니라, 추상적인 미학으로 전개되고 있다.

이처럼 실러의 예술본능론이 이중적인 성격을 가지고 있기 때문에
필자는 그에 대한 현상학적 해석을 통해 예술본능의 현상학을 전개하
였다. 여기서 현상학적 해석은 비판과 수용이라는 두 가지 요소를 동
시에 가지고 있다. 말하자면 필자는 실러의 예술본능론에 들어 있는
중요한 현상학적 통찰들은 적극적으로 수용하고 그것이 가지고 있는
한계에 대해서는 철저하게 비판하면서 예술본능의 현상학을 전개해

나갔다.

미학의 역사를 살펴보면 실러 이외에도 나름의 방식으로 예술본능론을 전개하였거나 예술본능에 대해 언급하면서 예술본능론을 전개할 수 있는 가능성을 보여 주는 철학자들이 있다. 그들 중 일부는 예술본능의 현상학을 전개함에 있어 필자에게 실러 못지않게 큰 도움을 준 경우도 있고 일부는 별다른 도움을 주지 못한 경우도 있다. 그들 모두 예술본능의 현상학이 지니는 의의를 이해함에 있어 중요한 의미를 지니기 때문에 그들에 대해 간단히 언급하고자 한다.

가장 먼저 언급해야 할 철학자는 현상학의 창시자인 후설(E. Husserl)이다. 후설은 예술본능이라는 개념을 사용하지도 않았고 예술본능에 대해 체계적으로 논의한 적도 없지만 예술본능의 존재 및 의의에 대해 알고 있었다.[3] 그는 1907년 호프만슈탈(H. von Hofmannsthal)에게 보낸 편지에서 예술가는 "자신의 내면으로부터 직관적이며 동시에 맹목적으로 활동하도록 추동하는" "혼령"(Daimonion)을 가지고 있다고 말하는데,[4] 여기서 그가 언급하고 있는 혼령이 바로 예술본능이다. 후설은 이 편지에서 이 혼령의 구조에 대해 더 이상 자세하게 언급하지 않는다. 이처럼 후설이 예술본능에 대한 구체적인 분석을 수행하지는 않았지만 그의 현상학은 예술본능의 현상학을 전개함에 있어 결정적인 영향을 미쳤다. 우선 그가 수행한 수많은 현상학적 의식 분석은 모두 예술본능의 현상학을 전개함에 있어 주춧돌 역할을 했다. 그

---

3 후설은 상상, 그림의식 등 예술경험과 관련된 분석을 수행했는데, 그 대표적인 예로는 다음을 참고: E. Husserl, *Phantasie, Bildbewusstsein, Erinnerung. Zur Phänomenologie der anschaulichen Vergegenwärtigungen. Texte aus dem Nachlass (1898-1925)*, The Hague/Boston/London: Martinus Nijhoff, 1980. (Hua XXIII)

4 E. Husserl, *Husserliana Dokumente, Bd. III. Briefwechsel. Teil 7: Wissenschaftlerkorrespondenz*, Dortrecht/Boston/London: Kluwer Academic Publishers, 1994, 136.

리고 그는 후기에 발생적 현상학적 분석을 심화해 가며 본능에 대한
분석을 다방면으로 수행하면서 본능의 구조를 분석하고 있는데,[5] 본능
에 대한 그의 분석은 예술본능의 현상학을 전개함에 있어 결정적인 역
할을 하였다. 비록 그가 예술본능에 대한 분석을 거의 수행하지 않았
지만, 그는 예술본능의 현상학을 전개함에 있어 실러보다도 훨씬 더
중요한 역할을 담당하였다. 후설이 그처럼 스스로 부러워했던 성경에
나오는 무드셀라처럼 장수할 수 있었더라면 그 역시 호프만슈탈에게
보낸 편지에서 언급한 예술가의 혼령을 체계적으로 분석하면서 예술
본능의 현상학을 전개하였을 것이다.

후설 다음으로 지적할 철학자는 아리스토텔레스(Aristoteles)이다.
비록 실러가 『인간의 미적 교육에 관하여』에서 그에 대해 언급하고 있
지는 않지만 예술본능에 대한 논의는 아리스토텔레스에게서도 찾아볼
수 있다. 아리스토텔레스는 『시학』 제4장에서 예술의 기원에 대해 논
의한다. 거기서 그는 "모방한다는 것"(mimesthai)을 "인간 본성에 내
재한 것"(symphyton)으로 간주하면서 "재현본능"에 대해 논의한다.[6]
예술본능에 대한 아리스토텔레스의 논의는 예술본능의 현상학을 위해
중요한 의미를 지닌다. 필자는 예술본능의 현상학을 전개하면서 예술
창작과 관련해서뿐 아니라, 예술경험과 관련해서도 아리스토텔레스의

5 후설의 본능의 현상학에 대해서는 다음의 문헌들을 참조: E. Husserl, *Grenzpro-
bleme der Phänomenologie. Analysen des Unbewusstseins und der Instinkte. Metas-
physik. Spätethik, Texte aus dem Nachlass (1908-1937)*, Dordrecht: Springer,
2014; N.-I. Lee, *Edmund Husserls Phänomenologie der Instinkte*, Dordrecht: Klu-
wer Academic Publishers, 1993.
6 아리스토텔레스(저), 천병희(역), 『시학』, 서울: 문예출판사, 2002, 1448b; Aris-
totle, *The Poetics*, W. H. Fyfe(tr.), Cambridge: Harvard University Press, 1965,
1448b. 희랍어에 본능에 대응하는 단어가 없으나 모방한다는 것이 인간 본성에 내재
한 것이라는 아리스토텔레스의 견해에 비춰 볼 때 그는 모방본능으로서의 재현본능을
인정하고 있다고 할 수 있다. 필자는 이 주제를 5장 5절에서 자세하게 논의할 것이다.

논의를 검토하였다.

니체(F. Nietzsche)는 『비극의 탄생』[7]에서 아폴론적 본능과 디오니
소스적 본능을 중심으로 고대 그리스에서 비극이 탄생하는 과정을 분
석한다. 고대 그리스에서 비극이 탄생하는 과정을 독창적인 시각에서
해명하고 있다는 점에서 그의 예술본능론은 나름의 중요한 의미를 지
닌다. 그러나 그것은 특정한 시대에 예술본능이 발현하는 양상을 다루
고 있다는 점에서 경험적인 예술본능론으로 분류될 수 있으며, 따라서
그것은 필자가 전개하고 있는 본질학으로서의 예술본능의 현상학을
전개함에 있어 중요한 의미를 지니지는 않는다. 따라서 필자는 예술본
능의 현상학을 전개하면서 그의 예술본능론에 대해 논의하지 않았다.

현대 영미 미학계에서도 예술본능에 대한 논의가 전개되고 있다. 비
어슬리(M. C. Beardsley)는 1976년에 디키의 예술제도론을 비판하고
예술본질론을 개진하면서 예술본능이라는 개념을 직접 사용하고 있지
는 않지만 예술을 통해 충족되어야 할 "근본적이며 전반적인 인간욕
구"(basic and pervasive human needs)[8]를 언급하고 있는데, 그가 언
급하고 있는 욕구가 예술본능이다. 그리고 더턴(D. Dutton)은 2009년
에 출간한 『예술본능』[9]에서 진화론의 입장에서 예술본능을 분석한다.
또 볼(P. Ball)은 2010년에 출간한 『음악본능』[10]이라는 저서에서 예술

---

7   F. Nietzsche, *Die Geburt der Tragödie aus dem Geiste der Musik*, Stuttgart:
Reclam, 1976; 박찬국(역), 『비극의 탄생』, 서울: 아카넷, 2007.

8   M. C. Beardsley, "Is Art Essentially Institutional?", in: L. Aagaard-Mogensen
(ed.), *Culture and Art. An Anthology*, Atlantic Highlands, N.J.: Humanities Press,
1976, 209.

9   D. Dutton, *The Art Instinct. Beauty, Pleasure & Human Evolution*, New York/
Berlin/London: Bloomsbury Press, 2009.

10   P. Ball, *The Music Instinct: how music works and why we can't do without it*,
Oxford/New York: Oxford University Press, 2010.

본능의 한 유형인 음악본능의 구조를 분석한다.

그러나 비어슬리, 더턴, 볼 등도 예술본능의 현상학을 전개함에 있어 커다란 도움을 주지 못했다. 비어슬리의 경우 예술본능과 유사한 개념을 언급하는 수준에 머물고 있을 뿐 본격적으로 예술본능론을 전개하지 않았다. 그리고 더턴의 예술본능론은 진화론적 관점에서 전개되고 있다. 따라서 그것은 예술본능의 현상학이 해명하고자 하는 예술의 측면을 전혀 해명할 수 없다는 한계를 가지고 있다. 예술본능의 현상학은 예술본능과 관련하여 지향성, 의미, 노에시스-노에마 상관관계, 초월론적 주관, 세계 등의 구조를 해명하는데, 더턴의 예술본능론은 진화론의 관점에 서 있기 때문에 이러한 문제를 전혀 해명할 수 없다. 또 볼이 전개하고 있는 음악본능론은 체계적이지 않다. 볼은 인간이 언어본능을 가지고 있는 것처럼 음악본능을 가지고 있다고 간주하고[11] 음악본능에 대해 체계적으로 해명하지 않은 채 조성, 리듬, 음악의 의미 등 음악과 관련된 여러 가지 주제들에 대해 인상주의적인 방식으로 논의한다. 바로 이러한 이유에서 필자는 예술본능의 현상학을 전개하면서 비어슬리, 더턴, 볼 등을 언급하기는 했지만 그들과 비판적으로 대결하지는 않았다.

2. 칸트 이후 근현대 미학사에서 예술본능의 현상학의 의의

예술본능의 현상학은 예술창작 경험과 예술감상 경험 등 일체의 예술경험의 발생적 원천을 예술본능에서 찾으면서 예술본능에 대한 분석을 토대로 초월론적 발생의 관점에서 다양한 예술경험의 구조를 체계

---

11   P. Ball, *The Music Instinct*, 5.

적으로 해명함을 목표로 한다. 따라서 예술본능의 현상학은 예술경험
의 발생적 현상학으로 전개되는 현상학적 미학이다.[12] 예술본능의 현
상학이 근현대 미학사에서 차지하는 위치는 칸트의 미학과의 대비를
통해 분명하게 드러난다.[13]

칸트의 미학은 근현대 미학사에서 결정적으로 중요한 위치를 차지
한다. 『순수이성비판』에서 선보인 그의 이론 철학은 코페르니쿠스적
전회를 통해 근대 합리론과 경험론의 한계를 극복하면서 객관적으로
타당한 인식의 가능성을 해명하는 비판철학으로 전개되었다. 그런데
『판단력비판』[14]에서 선보인 그의 미학 역시 이와 유사한 방향으로 전
개된다.[15] 근대 합리론의 미학은 객관적으로 타당한 미가 존재한다고
전제하고 인간의 의식이 그것을 재현할 수 있는 것으로 간주하면서 독
단적인 형이상학적 미학으로 전개되었다. 다른 한편 근대 경험론적 미
학은 구체적인 미적 감정에 대한 분석을 토대로 전개되기는 했지만 미
적 경험의 보편적 타당성을 해명하지 못한 채 회의주의적 미학으로 전
개되었다. 이처럼 합리론적 미학도 경험론적 미학도 미적 판단으로서
의 취미판단이 "모든 사람에 대해"(für jedermann) 가지고 있는 "타당
성"(Gültigkeit)(KU, 49), 즉 취미판단의 보편적 타당성이 어떻게 가

---

12 예술본능의 현상학으로서의 현상학적 미학의 과제는 실재론, 관념론을 비롯해
그 어떤 "사전 전제 없이 미적 경험 자체에 입각하여 그것을 밝혀냄"(오병남, 「현상학
과 미학의 문제」, 『철학과 현상학 연구』 1(1983), 220)을 목표로 한다.

13 비록 필자가 칸트 미학의 추상적인 성격을 지적하면서 그것을 예술본능의 현상
학과 대비시키려 하지만 칸트의 미학은 여러 가지 풍부한 내용을 담고 있다. 칸트가
얼마나 적극적으로 당대 미학의 여러 사조들을 수용하면서 자신의 미학을 전개하고
있으며 그의 미학이 얼마나 풍부한 내용을 담고 있는지에 대해서는 다음의 연구를 참
조할 것: 오병남, 「칸트(I. Kant) 미학의 재평가」, 『미학』 14(1989).

14 I. Kant, *Kritik der Urteilskraft*, Hamburg: Felix Meiner, 1974. (KU로 줄여 인
용함); 백종현(역), 『판단력비판』, 서울: 아카넷, 2009.

15 이 점에 대해서는 오병남, 「칸트(I. Kant) 미학의 재평가」, 2 참조.

능한지 해명하지 못했다는 점에서 한계를 가지고 있다.[16] 바로 이러한 상황에서 칸트의 미학은 합리론적 미학과 경험론적 미학이 안고 있는 한계를 극복하고 취미판단의 보편적 타당성을 해명함을 목표로 한다.

칸트는 취미판단에 대한 비판을 통해 취미판단의 보편적 타당성을 해명한다. 그는 취미판단을 성질, 양, 관계, 양상 등 네 가지 관점에서 해명한다. 우선 성질이라는 관점에서 보자면 취미판단은 "그 어떤 관심도 없이"(KU, 48) 즐거움의 감정을 통해 이루어지는 판단이다. 이점에서 취미판단은 욕구판단, 도덕판단 등 관심을 통해 이루어지는 판단들과 구별된다. 둘째, 양이라는 관점에서 보자면 취미판단은 모든 사람에 대해 타당성을 요구할 수 있는 판단으로서 "일반성"(Allge-meinheit)(KU, 49)을 가지고 있는 판단이다. 취미판단이 모든 사람에 대해 타당성을 요구할 수 있는 이유는 그것이 "아무런 관심도 없이" 이루어지는 판단이기 때문이다. 취미판단이 "아무런 관심도 없이" 이루어지는 판단이기 때문에 취미판단을 내리는 주체는 그 어떤 관심에 속박되지 않은 채 "완전히 자유롭게"(völlig frei) 느끼며 따라서 자신이 내리는 판단이 자신처럼 "아무런 관심도 없이" 판단을 내리는 모든 사람에게 보편적인 타당성을 요구할 수 있는 것으로 간주할 수 있다. 셋째, 관계라는 관점에서 보자면 취미판단은 "표상 능력들의 관계"(das Verhältnis der Vorstellunskräfte)(KU, 60)에 토대를 두고 있는 판단이다. 칸트는 취미판단을 내릴 때 주체에게서 "인식능력들 사이의 자

---

16 이 주제에 대해서는 B. Scheer, *Einführung in die philosophische Ästhetik*, Darmstadt: Primus Verlag, 1997; 박정훈(역), 『미와 예술』, 고양: 미술문화, 2016, 101 이하 참조. 칸트의『판단력비판』에서 전개된 그의 미학에 대해서는 다음을 참고할 것: 공병혜, 『칸트·판단력비판』, 울산: 울산대학교출판부, 1999; 김광명, 『칸트 판단력비판 연구』, 서울: 철학과현실사, 2006; 김광명, 『칸트의『판단력비판』읽기』, 서울: 세창미디어, 2012.

유로운 놀이"(freies Spiel unserer Erkenntniskräfte)(KU, 80), 즉 상
상력과 오성 사이의 자유로운 놀이가 일어나며 바로 이때 주체가 미적
즐거움의 감정을 느끼는 것으로 간주한다. 취미판단을 내릴 수 있기
위해서는 이처럼 상상력과 오성이 서로 관계를 맺으면서 놀아야 한다.
그리고 이처럼 양자가 서로 관계를 맺으면서 놀이할 때 주체는 "합목
적성"(Zweckmässigkeit)(KU, 58 이하)이라는 개념을 가지고 미적 대
상을 대하면서 취미판단을 내릴 수 있다. 그러나 이 경우 합목적성은
대상이 실제로 하나의 속성으로서 가지고 있는 객관적 합목적성이 아
니라, 미적 대상을 경험하면서 주관이 가지고 들어가는 선험적인 개념
으로서의 합목적성이기 때문에 단순한 "주관적 합목적성"(subjektive
Zweckmässigkeit)이며 또 합목적성이 무관심성에서 유래한 것이라서
대상의 특정한 내용과 관련된 것이 아니기 때문에 "단순한 형식"(eine
blosse Form)(KU, 61)과 관련된 합목적성이다. 넷째, 양상이라는 관
점에서 보자면 취미판단은 "필연성"(Notwendigkeit)(KU, 78)을 요구
할 수 있는 판단인데, 그 이유는 "아무런 관심도 없이" 대상을 경험하
는 모든 사람들은 필연적으로 즐거움의 감정을 느낄 수 있기 때문이
다. 취미판단이 가지고 있는 이러한 필연성은 취미판단을 통해 표현되
는 즐거움의 감정이 단순한 사적인 감정이 아니라, 공적인 감정임을
함축하는데, 칸트는 이러한 공적인 감정을 "공통감"(ein Gemeinsinn)
(KU, 79 이하)이라 부른다. 공통감은 취미판단이 타자와의 관계가 단
절된 채 유아론적으로 수행되는 것이 아니라, 타자와의 의사소통 속에
서 수행되는 상호주관적 현상임을 함축한다.[17]

---

17 이 주제에 대해서는 다음의 연구들을 참고할 것: 하선규, 「의미 있는 형식(구조)
의 상호주관적 지평 - 반성적 판단력의 현대적 의의에 대한 시론(試論) 1」, 『칸트연
구』 14(2004); 박인철, 「미적 감정과 상호주관성: 칸트와 후설의 비교를 중심으로」,
『철학』 111(2012).

　이처럼 칸트는 취미판단을 분석하면서 취미판단의 보편적 타당성을 해명한다. 이러한 작업을 통해 칸트는 취미판단의 보편적 타당성을 해명하지 못하고 독단적인 형이상학적 미학에 머물고 있는 근대의 합리론적 미학과 회의주의적 미학에 머물고 있는 근대의 경험주의적 미학의 한계를 극복하고 비판적 미학을 전개하면서 미학의 새로운 지평을 개척하였다. 그의 비판적 미학은 그 후 전개된 근현대 미학의 전개에 결정적인 영향을 미쳤다.

　그럼에도 칸트의 미학은 나름의 한계를 가지고 있다. 그것은 그가 취미판단의 보편적 타당성을 해명하는 작업을 수행하면서 구체적인 개인과 그가 몸담고 있는 사회적 맥락, 역사적 맥락을 거의 도외시한 채 추상적인 차원에서 미학을 전개하고 있기 때문이다. 물론 칸트의 미학은 풍부하고 다양한 요소들을 간직하고 있으며, 이러한 점을 고려하면 칸트의 미학을 추상적인 미학으로 규정하는 것은 일면적인 평가라고 할 수도 있다. 필자가 칸트 미학의 중요한 특징을 추상성으로 보고 있음에도 불구하고 실제로 칸트의 미학은 추상성을 넘어서는 또 다른 다양한 성격들을 가지고 있다. 바로 이러한 성격들 때문에 칸트의 미학은 근대미학뿐 아니라, 현대미학의 전개 과정에서 지속적으로 영향을 끼칠 수 있었던 것이다. 그리고 이러한 맥락에서 칸트 미학의 현대적 의의와 성격을 부각시키려는 값진 시도들이 많이 있는데,[18] 이는

18　한국미학계에서도 이와 관련된 연구들이 다수 출간되었는데, 그에 대해서는 다음을 참고할 것: 김석수, 「칸트와 미학: 칸트의 반성적 판단력과 현대 철학」, 『칸트연구』 3(1997); 김석수, 「칸트철학에 대한 해체주의적 비판에 대한 반비판」, 『칸트연구』 19(2007); 김석수, 「현대 실천철학에서 칸트 공통감 이론의 중요성」, 『철학연구』 123(2012); 조상식, 「칸트 미학이론의 교육학적 수용」, 『철학사상』 22(2004); 공병혜, 「칸트 미학의 현대적 의의: 칸트 미학에서의 미의 근원과 현대적 의미」, 『미학 예술학 연구』 24(2006); 공병혜, 「현대사회의 갈등구조와 칸트의 비판적 합리성: 미감적 의사소통을 통한 배려의 윤리의 가능성」, 『칸트연구』 19(2007); 공병혜, 「자연미의

대단히 고무적인 일이다. 그럼에도 칸트의 미학이 추상적인 성격을 가지고 있다고 평가할 수 있음은 사실이다. 이 점과 관련해 우리는 추상성과 구체성이라는 개념쌍을 가지고 이루어지는 평가가 상대적이라는 사실에 유의할 필요가 있다. 칸트의 미학을 그 자체로 놓고 볼 경우 그것이 추상적이라는 평가가 문제를 안고 있음에도 불구하고 그 후 등장한 다양한 유형의 근현대 미학과 비교해 보면 그것은 전반적으로 후자보다 추상적인 성격을 더 많이 가지고 있다고 평가될 수 있다.

예술경험의 발생적 현상학으로 구체화되는 예술본능의 현상학은 칸트의 미학이 지닌 추상성을 극복하고 구체적인 미학으로 전개된다. 그리고 이처럼 칸트의 추상적인 미학에서 구체적인 미학으로서의 예술본능의 현상학으로 이행하는 과정에 양자를 매개하는 가교로서 실러의 예술본능론이 존재한다. 그러면 이제 칸트의 미학에서 실러의 미학으로 이행해야 할 필요성과 더 나아가 실러의 미학에서 예술본능의 현상학으로 이행해야 할 필요성을 살펴보기로 하자. 그러면 미적 감정과 욕구 및 관심의 관계에 대해 칸트와 실러가 어떤 입장을 취하는지 검토하면서[19] 우선 칸트의 미학에서 실러의 미학으로 이행해야 할 필요

의미와 예술: 칸트와 아도르노 미학을 중심으로」, 『범한철학』 61(2011); 하선규, 「미감적 경험의 본질적 계기에 대한 분석: 칸트 미학의 현재성에 대한 시론」, 『미학 예술학 연구』 44(2005); 하선규, 「칸트 미학의 현대적 의의: 자연과 상상력의 자유로움: 반성적 판단력의 현대적 의의에 대한 시론 (2)」, 『미학 예술학 연구』 24(2006); 하선규, 「칸트 미학의 현대적 쟁점들 (1) - "목적론과의 연관성", "무관심성", "숭고"의 문제를 중심으로」, 『미학』 65(2011); 최준호, 「칸트 미학의 현대적 의의: 칸트의 심미적 경험과 미학의 역할」, 『예술학 연구』 24(2006); 임성훈, 「칸트 미학이 대중의 현대미술 감상에 도움을 줄 수 있는가? - 칸트 미학의 대중적 적용가능성에 대한 시도적 고찰」, 『칸트연구』 34(2014); 양희진, 「칸트 미학에 대한 철학상담의 방법론적 접근」, 『철학연구』 135(2015).

19   우리는 이 주제에 대해 5장 10절에서 보다 더 자세하게 살펴볼 것이다.

성에 대해 살펴보자.[20]

칸트에 의하면 미적 감정은 욕구 및 관심과 아무런 관계도 없다. 그는 『판단력비판』에서 즐거운 감정(Wohlgefallen)을 감각적 충족의 감정, 아름다움의 감정, 좋음의 감정 내지 도덕적 감정 등 세 가지 유형으로 나눈다.[21] 여기서 감각적 충족의 감정은 맛있는 음식을 먹을 때 느끼는 감정처럼 감각적 욕구가 충족될 때 느끼는 감정을 뜻하고, 아름다움의 감정은 미적 대상을 경험할 때 느끼는 감정을 뜻하며, 도덕적 감정은 도덕적 행위 때문에 느끼는 감정을 뜻한다. 칸트에 의하면 이러한 세 가지 감정 중에서 감각적 충족의 감정과 도덕적 감정은 "욕구의 능력"(Begehrungsvermögen)(KU, 46) 때문에 발생한다. 감각적 충족의 감정은 감각적 욕구 때문에 발생하고 도덕적 감정은 도덕적 욕구 때문에 발생한다. 그러나 미적 감정으로서의 아름다움의 감정은 그 어떤 욕구 때문에 발생하는 것이 아니다. 그것은 그 어떤 욕구와도 무관한 감정이다. 그리고 감각적 충족의 감정과 도덕적 감정이 욕구의 충족 때문에 발생하는 감정이기 때문에 그것들은 관심을 가지고 있는 감정인 데 반해, 아름다움의 감정은 그 어떤 욕구와도 무관하기 때문에 "무관심하며 자유로운 즐거움"(ein uninteressiertes und freies Wohlgefallen)(KU, 47), 즉 무관심한 감정이라 불린다.

그러나 실러는 칸트와는 전혀 다른 입장을 취한다. 그에 의하면 미적 감정 역시 여타의 감정과 마찬가지로 욕구와 관계를 맺고 있다. 그것은

---

20   칸트와 실러의 관계에 대한 보다 더 자세한 논의는 다음의 논문을 참고할 것: 하선규, 「합목적적 형식에서 "살아 있는 형태"로 - 칸트 미학을 교정하고자 한 실러의 미학적 성취에 대하여」, 『미학』 80(2014); 하선규, 「살아 있는 '형태'와 예술적 '가상'의 구제 - 실러 미학 사상의 사상사적 의미와 그 현대적 의의를 위하여」, 윤선구 외 옮기고 씀, 『프리드리히 실러의 미적 교육론』, 서울: 대화문화아카데미, 2015.
21   KU, 40 이하.

바로 예술본능이라는 욕구에 토대를 두고 있는 감정이다. 이 점과 관련
해 우리는 실러의 예술본능이 일종의 욕구라는 사실에 유의할 필요가
있다. 실러는 본능을 "자신의 본성상 필연적으로 충족을 향해" "노력
하는"(strebt)(AE, 134) 것으로 이해하면서 일종의 "욕구"(Strebung)
로 규정하는데, 이 점에 있어서는 예술본능도 예외가 아니다. 이처럼
미적 감정이 예술본능이라는 욕구에 토대를 두고 있기 때문에 그것은
칸트의 경우와는 달리 관심을 가지고 있는 감정이며 결코 무관심한 감
정일 수 없다. 이와 관련해 실러는 미적 경험과 결부된 관심을 "가상에
대한 관심"(das Interesse am Schein)(AE, 192)이라 부른다. 미적 감
정은 예술본능이라는 욕구가 충족될 때 발생하는 감정이요, 이처럼 욕
구가 충족될 때 발생하는 감정이라는 점에서 미적 감정과 감각적 충족
의 감정, 도덕적 감정 사이에는 아무런 차이도 존재하지 않는다.

　이처럼 실러는 미적 감정과 욕구 및 관심의 관계에 대해 칸트와는
다른 견해를 피력한다. 칸트는 미적 감정을 욕구와 무관한 것으로 간
주하면서 자신의 미학의 틀 안에서 욕구의 일종인 예술본능에 대해 논
하고 그에 대한 분석을 토대로 미적 감정의 정체(正體)를 구체적으로
해명할 수 있는 가능성을 차단하고 말았다. 이와는 달리 실러는 미적
감정을 욕구의 일종인 예술본능에 토대를 두고 발생하는 것으로 간주
하면서 욕구, 충족, 관심 등 다양한 현상들과 연관 지어 미적 감정의
정체를 해명하면서 미적 감정에 대한 구체적인 이론을 전개할 수 있는
토대를 놓았다.

　이러한 논의를 토대로 우리는 칸트의 미학에서 실러의 미학으로 이
행하는 과정의 정체를 이해할 수 있다. 현상학적 관점에서 보자면 칸
트의 미학에서 실러의 미학으로 이행하는 과정은 추상적인 미학을 극
복하고 사태 자체에 토대를 두고 있는 구체적인 현상학적 미학의 방향
으로 나아가는 과정이라 할 수 있다. 이러한 미학의 변신의 한가운데

바로 예술본능 개념이 자리 잡고 있다.

물론 칸트의 미학에서도 예술본능 개념이 들어설 여지가 없었던 것은 아니다. 예를 들어, 칸트는 『판단력비판』에서 오성과 상상력 사이의 미적 "놀이"(Spiel)를 해명하면서 오성과 상상력 등을 "심정의 힘"(Gemütskräfte)(KU, 68)이라 부르는데, 이러한 심정의 힘을 본능으로 이해할 여지가 있다. 이 점과 관련하여 우리는, 2장에서 논의되겠지만, 본능이 특정한 유형의 "내재적인 힘", 즉 "심정의 힘"이라는 사실에 유의할 필요가 있다. 말하자면 칸트는 오성, 상상력 등을 "힘"으로 이해하면서 그것을 암암리에 일종의 본능으로 이해하고 있다고 할 수 있다. 이는 실러가 놀이본능으로서의 예술본능 안에서 상호작용하면서 놀이하는 두 요소로 형식본능과 감각본능을 제시하는 것과 맥을 같이 한다고 할 수 있다.[22] 그러나 칸트는 "심정의 힘"을 본능으로 이해하고 본능의 한 유형인 예술본능의 구조를 해명하면서 예술본능론을 전개하지 않았다.[23]

실러는 이처럼 칸트의 미학에 등장하는 "심정의 힘"을 본능으로 이해하면서 예술본능론을 전개하였다고 할 수 있다. 그럼에도 실러 역시 자신의 미학을 전개하면서 자신이 몸담고 있던 관념론적 형이상학의 선입견 때문에 예술본능의 정체를 충실히 해명하지 못하고 예술본능론을 구체적인 현상학적 미학인 발생적 예술 현상학으로 체계적으로 전개할 수 없었다. 예술본능의 현상학은 바로 칸트 미학의 한계를 극

---

22 이 점에 대해서는 2장 1절과 AE, 94, 102 참조.

23 앞서 지적하였듯이 예술본능의 현상학은 발생적 예술 현상학의 모습을 지닌다. 칸트가 심정의 힘을 본능으로 이해하고 그에 대해 분석해 들어갔더라면 그의 미학은 발생적 미학으로 전개될 수 있었을 것이다. 칸트의 미학이 이러한 가능성을 가지고 있기 때문에 그에 대한 발생론적 고찰이 가능한데, 이 점에 대해서는 다음의 논문을 참조할 것: 공병혜, 「칸트와 그의 시대: 합리주의 미학사상을 통한 칸트의 미의 개념에 대한 발생론적 고찰」, 『칸트연구』 15(1999).

복하고 미학의 새 지평을 개척하고자 시도한 실러의 근본 의도를 현상
학적으로 실현하려는 시도이다.

예술본능의 현상학은 예술본능의 발생적 현상학으로 전개되면서 칸
트의 미학뿐 아니라, 실러의 미학이 지닌 추상성을 극복하고 구체적인
미학으로 전개된다. 필자는 칸트의 미학이 가진 추상성을 극복하고 구
체적인 미학을 향해 나아가는 일이 현대미학의 가장 중요한 과제라는
확신에서 출발하여 예술본능의 현상학을 전개하였다. 예술본능의 현
상학을 전개함에 있어 현대미학이 나아가야 할 방향에 대한 가다머
(H.-G. Gadamer)의 통찰은 중요한 의미를 지닌다. 그는 『진리와 방
법』의 1부에서 현대미학의 중요한 과제 중의 하나가 칸트의 미학이 지
닌 추상적인 성격을 극복하고 구체적인 삶의 세계에 뿌리를 둔 구체적
인 미학을 전개하는 데 있다는 견해를 피력한다.[24] 물론 가다머는 『진
리와 방법』에서 구체적인 미학을 예술본능의 현상학으로 전개하지 않
았다. 그럼에도 그는 『진리와 방법』에서 본능의 문제를 논의한다. 그는
『진리와 방법』에서 자신의 철학적 해석학 및 해석학적 미학의 토대가
되는 "인문주의적 주도개념들"(humanistische Leitbegriffe) 중의 하나
로 "공통 감각"(sensus communis)의 문제를 다루면서 근대 경건주의
신학자인 외팅거(F. Ch. Oetinger)가 공통 감각을 "본능들의 복합체"
(ein Komplex von Instinkten)[25]로 간주한다는 사실을 소개한다. 이처

---

24 이 점에 대해서는 H.-G. Gadamer, *Wahrheit und Methode, Grundzüge einer
philosophischen Hermeneutik*, Gesammelte Werke, Bd. 1, Tübingen: J. C. B. Mohr
(Paul Siebeck), 1986, 94 이하를 참고. 삶의 세계는 미적 경험을 위해 결정적으로 중
요한 의미를 지니는데, 이 점에 대해서는 다음의 논문을 참조: 오병남, 「고유섭(高裕
燮)의 미학사상에 대한 접근을 위한 하나의 자세」, 『미학』 42(2005). 가다머의 칸트
비판에 대한 국내의 연구로는 서동은, 「칸트의 미학에 대한 가다머의 비판」, 『칸트연
구』 25(2010)가 있다.
25 H.-G. Gadamer, *Wahrheit und Methode*, 34.

럼 그가 본능의 문제를 논의하는 것을 보면 그 역시 칸트의 미학이 지닌 추상성을 극복하고 구체적인 미학을 정초하기 위해 예술본능의 현상학을 전개해야 할 필요성을 인식했던 것으로 보인다.

구체적인 미학으로서의 예술본능의 현상학은 예술본능에 대한 분석을 토대로 전개되지 않는 여타의 미학이론이 해명할 수 없는 다양한 예술 현상을 해명할 수 있는 가능성을 가지고 있다. 따라서 그것은 다양한 유형의 미학의 생산적인 논의를 위해 중요한 기여를 할 수 있다. 앞서 언급하였듯이 그것은 칸트의 미학, 실러의 미학 등 근대미학의 생산적인 논의를 위해 중요한 기여를 할 수 있다. 더 나아가 그것은 다양한 유형의 현대미학의 생산적인 논의를 위해서도 중요한 기여를 할 수 있다. 이 점과 관련해 다음과 같은 세 가지 사실을 지적하고자 한다.

첫째, 예술본능의 현상학은 다양한 현상학적 미학의 논의를 위해 중요한 기여를 할 수 있다. 현상학적 전통에서는 후설 이후 하이데거(M. Heidegger), 잉가르덴(R. Ingarden), 메를로퐁티(M. Merleau-Ponty), 뒤프렌느(M. Dufrenne) 등을 비롯한 여러 현상학자들이 다양한 유형의 현상학적 미학을 전개하였다. 예술본능의 현상학이 다양한 유형의 현상학적 미학의 논의를 위해 생산적으로 기여할 수 있다는 점은 강조할 필요가 없을 것이다. 실제로 필자는 예술본능의 현상학을 전개하면서 그것이 다양한 현상학적 미학의 논의를 위해 어떻게 기여할 수 있는지 여기저기서 보여 주었다.

둘째, 예술본능의 현상학은 분석미학의 논의를 위해서도 나름의 기여를 할 수 있다. 예술본능의 현상학은 분석미학과 공유하고 있는 주제들이 많다. 필자는 예술본능의 현상학을 전개하면서 분석미학의 논의를 참조하고 비판적으로 수용하면서 예술본능의 현상학을 전개하였다. 대표적인 예는 6장에서 살펴볼 미적 태도에 대한 논의이다. 잘 알려져 있듯이 예술의 제도적 본질론을 제시한 디키는 스톨니츠(J. Stol-

nitz)의 미적 태도론을 비판하면서 미적 태도란 신화에 불과하며 실제
로는 존재하지 않는다는 견해를 피력한다. 필자는 이러한 디키의 견해
를 비판적으로 검토하면서 예술본능에 대한 분석을 토대로 미적 태도
가 존재한다는 사실을 해명하고 그 구조에 대해 해명하였다. 이러한
예가 보여 주듯이 예술본능의 현상학은 분석미학의 논의를 위해 나름
의 기여를 할 수 있을 것이다.

셋째, 더 나아가 예술본능의 현상학은 현상학과 분석철학뿐 아니라,
해석학, 비판적 사회 이론, 해체론적 철학을 비롯한 여타의 현대철학
사조를 토대로 전개된 미학의 논의를 위해서도 중요한 기여를 할 수
있다. 이 점과 관련해 유의할 점은 예술본능의 현상학이 그 이념과 추
구하는 방향에 있어 여타의 현대철학 사조를 토대로 전개된 여러 유형
의 미학이론과 크게 다르지 않다는 사실이다. 앞서 언급한 가다머의
미학처럼 현상학, 분석철학 이외의 다양한 현대철학 사조에서 전개된
미학 역시 그 이념과 방향에서 볼 때 예술본능의 현상학과 공감하는
면이 많다. 바로 이러한 이유에서 예술본능의 현상학은 현상학, 분석
철학에서의 미학뿐 아니라, 여타의 다양한 현대철학 사조에서의 미학
의 논의를 위해 중요한 기여를 할 수 있다. 그럼에도 필자는 무엇보다
도 지면의 제약 때문에 예술본능의 현상학을 전개하면서 이처럼 여타
의 현대철학 사조를 토대로 전개된 미학의 논의를 충분히 참조하지 못
했다. 예술본능의 현상학이 이처럼 다양한 현대철학 사조에서 전개된
다양한 미학의 논의를 위해 어떻게 생산적으로 기여할 수 있는지는 앞
으로 구체적으로 검토할 필요가 있다.

3. 예술본능의 현상학의 내용

필자는 다음과 같은 순서에 따라 예술본능의 현상학을 전개할 것이다.

1) 우리는 2장에서 본능 개념을 해명하면서 논의를 시작할 것이다. 예술본능의 현상학을 올바로 전개하기 위해서는 예술본능 개념을 올바로 이해해야 하며 그러기 위해서는 우선 본능 개념을 올바로 이해해야 한다. 인류 지성사를 살펴보면 본능 개념을 이해하는 두 가지 전통이 존재한다. 하나는 동물행동학, 생물학 등을 중심으로 형성된 전통으로서, 이러한 전통에서는 본능을 동물의 집짓기, 짝짓기 등과 같은 동물의 "본능행동"(Instinkthandlung)으로 이해한다. 또 하나는 철학, 심리학 등을 중심으로 형성된 전통인데, 이러한 전통에서는 본능을 일종의 정신적 힘 내지 일종의 지향성으로 이해한다. 인류 지성사를 돌아볼 때 이 두 가지 전통 중에서 더 오래된 전통은 두 번째 전통이다. 필자의 견해에 의하면 이러한 두 번째 전통에서 형성된 본능 개념이 타당한 본능 개념이다. 필자는 20세기 철학적 인간학을 전개해 나간 중요한 학자 중의 하나인 겔렌(A. Gehlen)의 본능축소론을 비판적으로 검토하면서 일종의 정신적 힘 내지 지향성을 뜻하는 타당한 본능 개념을 정립할 것이다. 겔렌은 본능을 본능행동과 동일시하는데, 우리는 이러한 겔렌의 본능 개념을 비판적으로 검토하면서 본능이 본능행동이 아니라, 어떤 종에 속하는 유기체가 특정한 유형의 행동을 하도록 추동하는 보편적이며 선천적인 생명적인 힘으로 정의되어야 한다는 사실을 해명할 것이다.

2) 3장에서는 예술본능의 현상학을 전개하기 위한 출발점을 마련하기 위하여 예술본능 개념을 해명할 것이다. 미학사를 살펴보면 예술본

능의 문제를 다루고 있는 철학자들이 존재하는데, 그중에서 그에 대해 가장 포괄적이며 깊이 있는 분석을 남긴 철학자는 실러이다. 우리는 실러의 예술본능 개념을 비판적으로 검토하면서 예술본능 개념을 해명할 것이다. 우리는 인간의 예술본능은 미적인 것을 추구하도록 인간을 추동하는 보편적이며 선천적인 생명적인 힘을 뜻한다는 사실을 해명할 것이다. 이와 더불어 3장에서는 예술본능의 존재, 근원적 본능으로서의 예술본능, 놀이본능의 일종으로서의 예술본능, 다양한 유형의 예술경험의 발생적 원천으로서의 예술본능, 예술본능의 유형 등에 대해 살펴본 후 예술본능에 대한 분석을 토대로 구체적인 미학이론으로서의 발생적 예술 현상학을 전개해야 할 필요성에 대해 논의할 것이다.

3) 4장에서는 예술본능이 모든 유형의 예술창작을 추동하며 그러한 한에서 그것이 예술창작의 발생적 원천이라는 사실을 해명할 것이다. 다양한 유형의 예술창작이 존재한다. 예술창작의 전형적인 예는 예술가에 의해 이루어지는 예술창작이다. 그러나 예술가의 예술창작 이외에도 일반인에 의해 이루어지는 다양한 형태의 예술창작도 존재한다. 우리는 우선 일반인과 직업적인 예술가에 의해 수행되는 예술창작에서 예술본능이 어떤 역할을 담당하는지 해명하고 본래적 예술경험과 비본래적 예술경험의 구별을 위해 예술창작 본능이 어떤 역할을 하는지 살펴본 후 예술창작 본능의 유형에 대해 검토할 것이다. 이어 칸트의 천재미학을 비판적으로 검토하면서 예술본능 개념을 토대로 현상학적 관점에서 예술적 천재론을 전개할 것이다. 더 나아가 예술본능에 대한 분석을 토대로 현상학적 예술작품론을 전개한 후 예술창작 본능과 예술감상 본능의 관계를 해명할 것이다.

4) 5장에서는 뒤프렌느의 미적 경험의 현상학에 대한 비판적 고찰

을 출발점으로 삼아 예술작품에 대한 경험으로서의 미적 경험에서 미
적 본능, 즉 예술감상 본능이 어떤 역할을 담당하는지 살펴보면서 미
적 경험의 발생적 현상학을 전개할 것이다. 5장의 전체적인 논의의 출
발점을 마련하기 위하여 우선 뒤프렌느의 미적 경험의 현상학의 핵심
적인 내용을 살펴보고, 그것이 가지고 있는 문제점을 살펴본 후 이러
한 문제점을 극복할 수 있는 것이 바로 미적 경험의 발생적 현상학이
라는 사실을 해명하고 아울러 미적 경험의 발생적 현상학의 전체적인
구도를 살펴볼 것이다.

　이어 미적 경험의 주체의 현재 지평에 한정하여 ① 미적 본능과 예
술맹(the aesthetic blindness)의 문제, ② 미적 본능과 본래적 미적 경
험의 관계, ③ 재현적 미적 경험에서 미적 본능이 수행하는 역할 등을
검토하면서 미적 본능이 미적 경험의 발생적 토대라는 사실을 해명하
고 더 나아가 현전적 미적 경험, 현전화적 미적 경험, 해명적 미적 경
험 등 모든 유형의 미적 경험을 관통하여 미적 본능이 흐르고 있기 때
문에 미적 경험의 체계는 미적 본능의 체계로 규정될 수 있다는 사실
을 해명할 것이다. 그 후 미적 본능의 체계로서의 미적 경험의 체계의
내적인 구조를 보다 더 생생하게 파악할 수 있기 위하여 현전적 미적
경험, 현전화적 미적 경험, 해명적 미적 경험 등 모든 유형의 미적 경
험이 ① 미적 정립작용, ② 미적 의지, ③ 미적 감정, ④ 미적 관심 등의
구성 요소를 가지고 있으며 이 각각의 요소가 발생적으로 미적 본능에
토대를 두고 있기 때문에 이 각각의 요소를 관통하여 미적 본능이 흐
르고 있다는 사실을 해명할 것이다.

　이처럼 미적 경험의 주체의 현재 지평에 한정하여 미적 경험의 발생
적 토대가 미적 본능이라는 사실을 해명한 후 미적 경험의 발생적 현
상학을 심화하기 위해서 미적 경험의 주체의 과거 지평에서 미적 본능
의 작동을 토대로 미적 경험의 습성 체계가 형성되는 과정을 해명할

것이다. 마지막으로 우리는 미적 본능과 관련하여 미적 경험의 발생적
현상학의 남은 과제를 살펴볼 것이다.

5) 미적 경험은 미적 태도, 즉 미적 세계에 대한 주체의 태도의 토대
위에서 이루어진다. 따라서 미적 경험의 정체를 그 뿌리로부터 해명하
기 위해서는 미적 태도를 해명할 필요가 있다. 6장의 목표는 미적 본능
이 미적 태도의 발생적 원천이라는 사실을 해명하면서 현상학적 미적
태도론을 전개하고 그를 토대로 미적 태도와 관련된 현대미학의 논의
에 기여하는 데 있다. 1960년대 이후 현대 분석미학에서는 미적 태도
가 과연 존재하는지 하는 문제를 두고 열띤 논쟁이 있어 왔는데, 이러
한 논쟁을 출발점으로 삼아 6장의 논의가 전개된다.

우선 논의의 출발점을 마련하기 위하여 스톨니츠의 미적 태도론, 그
에 대한 디키의 비판 및 그러한 비판을 통해 디키가 제시하는 예술의
제도적 본질론을 살펴볼 것이다. 이어 디키의 이론을 비판적으로 검토
하면서 스톨니츠의 미적 태도론에 대한 디키의 비판이 타당하긴 하지
만 그렇다고 해서 미적 태도가 신화에 불과한 것이 아니라, 실제로 존
재한다는 사실을 해명할 것이다. 그 후 미적 태도의 예를 제시하면서
미적 태도가 실제로 존재함을 보여 주고 그의 구조를 분석한 후 미적
본능이 미적 태도의 발생적 토대라는 사실을 살펴볼 것이다. 그다음
미적 태도의 구조를 더 상세하게 밝혀내기 위해 미적 태도의 중핵을
이루고 있는 미적 세계의식의 4가지 구성 요소를 살펴보고 이 각각이
발생적으로 미적 본능에 토대를 두고 있다는 사실을 해명한 후 미적
본능을 토대로 다차원적인 미적 태도의 습성 체계가 주체의 현재 지평
에서 작동하는 과정과 그것이 주체의 과거 지평에서 형성되는 과정을
해명할 것이다. 마지막으로 이러한 논의를 토대로 미적 태도의 노에마
적 상관자인 미적 세계가 미적 본능을 통해 규정된 세계라는 사실을

해명한 후 미적 본능 개념을 중심으로 전개된 현상학적 미적 태도론이 태도에 대한 현대미학적 논의를 위해 어떤 의의를 가지고 있는지 살펴볼 것이다.

6) 마지막으로 7장에서는 예술본능의 현상학이 앞으로 해결해야 할 과제들을 살펴보면서 이 책의 전체적인 논의를 마무리할 것이다. 예술본능의 현상학은 앞으로 다음과 같은 과제들을 해결해야 한다. 첫째, 우리는 예술 장르 사이의 차이에 따른 다양한 유형의 예술본능의 차이점을 고려하지 않고 일반적인 양상에서 예술본능을 조명하면서 예술본능의 현상학을 전개할 것인데, 예술 장르 사이의 차이에 따른 다양한 유형의 예술본능 각각을 분석하면서 음악본능의 현상학, 미술본능의 현상학, 무용본능의 현상학 등 다양한 유형의 예술본능의 현상학을 구체적으로 전개할 필요가 있다. 둘째, 예술본능이 구체적으로 작동하는 방식은 개인, 사회, 역사가 다름에 따라 차이를 보이는데, 이러한 차이를 고려하면서 다방면으로 예술본능의 현상학을 전개할 필요가 있다. 셋째, 우리는 이 책에서 인간이라는 종에 한정하여 예술본능의 현상학을 전개할 것이다. 그러나 인간이라는 종 이외에 다른 동물 종들에게서도 예술본능과 예술 현상이 존재한다면 예술본능의 현상학은 당연히 인간 이외의 다른 종들에까지 확장되어 전개될 필요가 있다. 넷째, 예술본능의 현상학은 다양한 유형의 실천적 함축을 가지고 있는데, 예술본능의 현상학이 가지고 있는 다양한 실천적 함축을 다방면으로 논의할 필요가 있다. 다섯째, 예술본능의 현상학과는 성격을 달리하는 다양한 유형의 예술본능론이 존재한다. 그 대표적인 예는 자연과학적 입장에서 전개될 수 있는 예술본능론이다. 이러한 예술본능론과 현상학적 예술본능론은 상호보완적인 관계에 있기 때문에 예술본능의 현상학적 연구의 확장과 심화를 위하여 다른 유형의 예술본능론도 다

방면으로 연구할 필요가 있다.

4. 예술본능의 현상학의 방법

앞서 살펴본 다양한 내용을 해명하면서 예술본능의 현상학을 체계적
으로 전개하기 위해서는 다양한 유형의 현상학적 환원을 필요로 한다.
현상학적 환원이란 하나의 태도에서 또 다른 태도로의 전환을 뜻하는
태도변경(Einstellungsänderung)을 의미한다.[26] 예를 들어 그 어떤 태
도로부터 생활세계적 태도로 전환하는 과정은 생활세계적 환원이라
불린다. 자연과학적 태도, 생활세계적 태도, 종교적 태도, 경제적 태
도, 예술적 태도, 초월론적 현상학적 태도 등 다양한 유형의 태도가 존
재하기 때문에 그에 상응해 다양한 유형의 현상학적 환원이 존재한다.
　태도변경을 뜻하는 다양한 유형의 현상학적 환원은 다양한 유형의
사태를 경험하고 그에 대해 연구하기 위한 방법이다. 사태의 본성에
맞는 현상학적 환원을 적절하게 수행하지 못할 경우 사태를 연구할 수
있는 길이 원천적으로 차단될 수 있다. 앞서 살펴보았듯이 예술본능의
현상학이 다루어야 할 사태는 다양하며 이처럼 다양한 사태를 사태의
본성에 맞게 연구할 수 있기 위해서는 다음과 같이 다양한 유형의 현
상학적 환원의 방법이 필요하다.
　우선 예술본능의 현상학이 예술에 관한 자연과학과 구별되기 때문
에 그것은 자연과학적 태도와는 구별되는 다양한 여타의 태도에서 전

26　이 점에 대해서는 이남인, 『현상학과 질적 연구』, 파주: 한길사, 2014, 146 이
하; 이남인, 「현상학적 환원과 현상학의 미래」, 『철학과 현상학 연구』 54(2012)를 참
조할 것. 현상학적 환원에 대해서는 그동안 여러 차례 자세하게 논의하였기 때문에 이
자리에서는 그에 대해 간략하게 논의하기로 한다.

개된다. 우선 그것은 생활세계적 태도에서 전개된다. 따라서 예술본능
의 현상학을 전개하기 위해서는 일차적으로 자연과학적 태도로부터
생활세계적 태도로의 변경을 뜻하는 생활세계적 환원을 필요로 한다.
생활세계적 환원을 통해 우리는 일상적인 생활세계 및 생활세계적 대
상을 경험하며 그에 대해 연구할 수 있다.

　생활세계적 환원은 예술본능의 현상학을 전개하기 위해 일차적으로
수행해야 할 환원이다. 그러나 생활세계적 환원을 통해서 가능한 생활
세계 및 생활세계적 대상에 대한 경험을 토대로 해서만은 예술본능의
현상학을 전개할 수 없다. 예술본능의 현상학을 전개하기 위해서는 생
활세계의 한 차원인 예술세계 내지 미적 세계를 경험할 수 있어야 한
다. 이를 위해서는 예술적 태도 내지 미적 태도로의 전환을 뜻하는 예
술적 현상학적 환원 내지 미적 현상학적 환원을 필요로 한다.

　생활세계적 환원과 그의 토대 위에서 수행되는 예술적 현상학적 환
원은 일차적으로 자연적 태도에서 수행된다. 자연적 태도에서는 세계
가 존재하는 것의 총체로 파악되기 때문에, 의미로서의 세계를 구성하
는 초월론적 주관과 그에 의해 구성된 의미로서의 세계는 파악되지 않
는다. 자연적 태도에서는 주관도 초월론적 주관으로서가 아니라, 단순
히 세계의 한 부분으로만 파악된다. 우리는 이 책의 2장, 3장 등 앞부
분에서 자연적 태도에 머문 채 생활세계적 환원과 예술적 현상학적 환
원을 수행하면서 예술본능의 현상학을 전개할 것이다.

　그런데 생활세계적 환원과 예술적 환원이 자연적 태도에서 수행될
경우 그러한 환원을 통해서는 1) 생활세계 및 예술세계를 구성하는 초
월론적 주관과 2) 그러한 주관에 의해 구성된 것으로서의 생활세계와
예술세계는 경험될 수 없다. 그런데 예술본능의 현상학은 무엇보다도
이 책의 6장에서처럼 미적 태도의 구조를 해명하고자 할 경우 1) 생활
세계 및 예술세계를 구성하는 초월론적 주관과 2) 그러한 주관에 의해

구성된 것으로서의 생활세계와 예술세계를 경험할 수 있어야 한다. 그런데 이러한 경험이 가능하기 위해서는 자연적 태도의 일반 정립에 대해 판단중지를 수행하고 자연적 태도로부터 초월론적 태도로 이행해야 하는데, 이처럼 가능한 초월론적 태도로의 이행이 초월론적 현상학적 환원이다.

모든 유형의 현상학적 환원은 "자아론적 환원"(die egologische Reduktion)과 "상호주관적 환원"(die intersubjektive Reduktion)[27] 등 두 가지 유형의 환원으로 나누어진다. 자아론적 환원은 현상학적 환원을 수행하는 주체가 자신의 체험을 분석하기 위해 그것으로 시선을 돌리는 방법적 절차다. 자아론적 환원을 통해서는 현상학적 환원을 수행하는 주체의 체험 영역만이 현상학적 분석의 대상이 된다. 이와는 달리 상호주관적 환원은 현상학적 환원을 수행하는 주체가 다른 자아(들)의 체험을 분석하기 위하여 그곳으로 시선을 돌리는 방법적 절차다. 상호주관적 환원을 통해 다른 자아들의 체험 영역이 현상학적 분석의 대상이 된다. 본 연구는 자아론적 환원과 더불어 상호주관적 환원을 사용하면서 수행될 것이다. 본 연구자의 체험을 분석할 경우에는 자아론적 환원을 사용하지만 타인의 체험을 분석할 경우에는 상호주관적 환원을 사용한다.

지금까지 살펴본 다양한 유형의 현상학적 환원은 다시 1) 사실적 환원과 2) 형상적 환원으로 나누어진다.[28] 사실적 환원을 통해서는 환원

---

27 자아론적 환원과 상호주관적 환원의 구별에 대해서는 E. Husserl, Hua IX, 263 참조.

28 이 두 유형의 환원의 구별에 대해서는 이남인, 『현상학과 질적 연구』, 146 이하를 참고할 것. 자연적 태도 안에서 수행되는 다양한 유형의 현상학적 환원뿐 아니라, 자연적 태도에서 초월론적 태도로의 이행을 의미하는 초월론적 현상학적 환원 역시 사실적 환원과 형상적 환원의 두 가지로 나누어진다.

을 통해 주어지는 대상이 단순한 사실(Faktum)로서 경험되며 형상적 환원을 통해서는 대상의 본질(Wesen), 즉 형상(Eidos)이 경험된다. 앞서 살펴본 다양한 유형의 현상학적 환원은 사실적 환원의 형태를 취하며 그에 따라 그를 통해 주어지는 대상은 일차적으로 사실로서 경험된다. 그러나 사실적 환원을 통해 경험되는 대상을 토대로 형상적 환원을 수행할 수 있으며 그를 통해 우리는 대상의 본질 내지 형상을 경험할 수 있다. 예술본능의 현상학을 전개하면서 경우에 따라 사실적 환원을 수행한 상태에서 현상학적 분석을 수행할 경우도 있다. 예술본능의 구조를 해명하는 3장에서 천재적인 예술가들의 경험을 분석하거나 또는 경험과학적 연구 성과를 인용할 경우가 대표적인 예이다. 그러나 형상적 환원을 수행한 상태에서 현상학적 분석을 수행할 경우도 있다. 5장에서 미적 경험을 분석할 경우 또는 6장에서 미적 태도를 분석할 경우 등이 그 예이다.

이처럼 다양한 유형의 현상학적 환원을 활용하여 다양한 유형의 체험을 현상학적으로 분석하기 위해서는 직접적인 반성의 방법뿐 아니라, 현상학적 해석의 방법도 사용해야 한다. 본 연구는 예술본능에 대한 현상학적 연구이며 방법론적 관점에서 볼 때 현상학적 연구에서 가장 중요한 위치를 차지하는 것은 자신의 체험에 대한 직접적인 반성이다. 그러나 직접적인 반성을 통해 해명할 수 없는 체험들, 예를 들어 기억 저편에 있는 자신의 먼 과거의 체험, 타인의 체험 등을 연구하기 위해서는 현상학적 해석의 방법을 사용한다. 여기서 우리는 앞서 살펴본 1) 자아론적 환원과 상호주관적 환원의 구별과 2) 직접적인 반성의 방법과 해석의 방법의 구별 사이의 관계를 분명하게 짚고 넘어갈 필요가 있다. 우선 타인의 체험이 직접적인 반성을 통해서 해명될 수 없기 때문에 상호주관적 환원은 직접적인 반성의 방법이 아니라, 해석의 방법을 사용해서 수행될 수밖에 없다. 그렇다고 해서 자아론적 환원이 직접적인 반성의 방법을 통해서만 수행될 수 있는 것은 아니다. 기억 저편에 존재하는 자신의 먼 과거의 체험은 자아론적 환원을 통해서 접근해야 하지만 그를 위해 필요한 자아론적 환원은 직접적인 반성의 방법이 아니라, 해석의 방법을 통해서 수행되어야 한다.

5. "예술적"이라는 개념과 "미적"이라는 개념

예술본능의 현상학을 전개하면서 우리는 "예술적"(artistic)이라는 개념과 "미적"(aesthetic)이라는 개념을 종종 사용할 것이다. 예술본능의 현상학을 본격적으로 전개하기에 앞서 이 두 개념의 의미를 짚고 넘어가기로 하자.

이 두 개념은 미학적 논의에서 종종 동일한 개념으로 사용되기도 한다. 이처럼 이 두 개념을 동일한 개념으로 사용할 경우 논자에 따라 이 두 개념을 서로 혼용하는 경우도 있고 둘 중의 하나를 선호하는 경우도 있다.

그러나 이 두 개념은 다음과 같이 적어도 두 가지 방식으로 서로 구별되어 사용되기도 한다.

첫째, "예술적"이라는 개념이 인공물, 즉 인간이 만든 예술품에만 한정되어 사용되는 반면 "미적"이라는 개념은 인공물로서의 예술품뿐 아니라, 자연물을 수식하기 위하여 사용된다. "예술적 대상"이라 할 경우 인간이 만든 예술작품만을 지칭하지만 "미적 대상"이라 할 경우 인간이 만든 예술작품뿐 아니라, 자연물도 지칭한다. 여기서 알 수 있듯이 "미적"이라는 개념의 외연이 "예술적"이라는 개념의 외연보다 넓다.

둘째, 인간이 만든 예술작품의 경우 예술작품을 창작하는 과정과 예술작품을 감상 내지 경험하는 과정은 구별된다. 그리고 이러한 구별에 대응해 예술창작 과정을 지칭하기 위해 "예술적"이라는 개념을 사용하고 예술경험 과정을 지칭하기 위해 "미적"이라는 개념을 사용하기도 한다. 말하자면 예술작품의 창작은 "미적 창작"이 아니라, "예술창작"이라 불리며, 예술작품의 경험은 "예술경험"이 아니라, "미적 경험"이라 불린다. 또 "예술본능"은 예술창작 과정에서 작동하는 본능, 즉 예술창작 본능을 뜻하고, "미적 본능"은 예술감상 과정에서 작동하는 본능, 즉 예술감상 본능을 뜻한다.

필자는 이 책에서 "예술적"이라는 개념과 "미적"이라는 개념을 맥락에 따라 동일한 개념으로 사용하기도 하고 구별하여 사용하기도 할 것이다. 이 두 개념을 동일한 개념으로 사용할 경우 주로 "예술적"이라는 개념을 사용할 것이다. 그러나 이 두 개념을 구별하여 사용할 경우 앞서 살펴본 두 가지 구별 방식 중에서 주로 두 번째 방식에 따라 구별하여 사용할 것이다. 그에 따라 우리는 예술창작의 맥락에서 분석이 수행될 경우에는 "예술본능", "예술창작" 등 "예술(적)"이라는 개념을 사용하지만, 예술경험의 맥락에서 분석이 수행될 경우에는 "미적 본능", "미적 경험", "미적 태도" 등 "미적"이라는 개념을 주로 사용할 것이다. 물론 드문 경우이긴 하지만 논의 전개를 위해 필요할 경우 이 두 개념을 첫 번째 방식에 따라 구별하여 사용하기도 할 것이다. 이 책에서는 맥락을 살펴보면 "예술적"이라는 개념과 "미적"이라는 개념이 어떤 뜻으로 사용되고 있는지 분명하기 때문에 뒤에서 논의를 진행하면서 이 두 개념이 어떤 뜻으로 사용되고 있는지 따로 언급하지 않을 것이다. 따라서 독자들은 이 책을 읽어 가면서 "예술적"이라는 표현과 "미적"이라는 표현이 어떤 뜻으로 사용되고 있는지 특히 주의하기 바란다.

2

겔렌의 본능축소론 비판을 통한
본능 개념의 현상학적 정립[1]

2장의 목표는 예술본능 개념을 해명하기 위한 출발점을 마련하기 위하
여 본능 개념을 정립하는 데 있다. 최근 20년 사이에 본능 개념은 미학
을 비롯해 진화생물학, 진화심리학, 발달심리학, 언어학, 윤리학 등 다
양한 학문 분야에서 다양한 방식으로 탐구되면서 주목받고 있다. 미학
의 영역에 한정할 경우 더턴은 예술본능을 분석하면서 미학의 새로운
영역을 개척하였고[2] 볼(P. Ball)은 음악본능을 분석하면서 음악미학의
새로운 영역을 개척하고 있다.[3] 이처럼 미학을 비롯해 다양한 학문 분
야에서 중요한 역할을 담당하고 있음에도 불구하고 본능 개념은 불투
명한 상태에 놓여 있다. 지금까지 지성사에서 전개되어 온 본능에 대

---

1 2장의 많은 부분은 필자의 「겔렌의 본능축소론 비판을 통한 본능 개념의 현상학적
정립」, 『철학사상』 56(2015)에서 따왔다.

2 D. Dutton, *The Art Instinct. Beauty, Pleasure & Human Evolution*, New York/
Berlin/London: Bloomsbury Press, 2009.

3 P. Ball, *The Music Instinct: how music works and why we can't do without it*,
Oxford/New York: Oxford University Press, 2010.

한 논의를 살펴보면 우리는 본능 개념이 다양하며 연구자들 사이에 본
능 개념을 둘러싼 서로 다른 견해들이 존재함을 알 수 있다.[4] 이러한
상황에서 미학을 포함한 다양한 학문 분야에서 본능에 대한 논의가 체
계적이며 조직적으로 수행될 수 있도록 하기 위하여 본능 개념을 정립
할 필요가 있다. 우리는 20세기 철학적 인간학을 전개해 나간 중요한
학자 중의 하나인 겔렌의 본능축소론을 비판적으로 검토하면서 본능
개념을 정립할 것이다.[5] 우선 1절에서는 그의 본능축소론을 살펴보면
서 그의 본능 개념의 정체를 해명할 것이며, 2절에서는 그의 본능 개념
이 지닌 여러 가지 문제점을 살펴보면서 그에 대해 비판적으로 검토할
것이다. 거기에 이어 3절에서는 그의 본능 개념이 지닌 문제점을 극복
해 가면서 새로운 본능 개념을 정립할 것이며, 4절에서는 겔렌의 본능
축소론이 부당하다는 사실을 살펴보면서 그 대신 본능확장론이 들어
서야 함을 논의하고 인간의 본능에 대해 간단히 살펴본 후, 5절에서는
여기서 정립한 현상학적 본능 개념의 의의 및 그와 관련한 앞으로의
과제를 간단히 살펴볼 것이다.

1. 겔렌의 본능축소론

겔렌의 본능축소론에 따르면 동물은 삶의 유지를 위해 다양한 본능들

---

4 본능에 대한 다양한 견해에 대해서는 G. Funke/K. Rohde, "Instinkt", in J.
Ritter/K. Gründer(Hrsg.), *Historisches Wörterbuch der Philosophie*. Bd. 4, Basel:
Schwabe & Co. AG., 1976, 407-417을 참고할 것.
5 우리는 A. Gehlen, *Der Mensch. Seine Natur und seine Stellung in der Welt*,
Frankfurt/M.: Athenaion Verlag, 1974를 중심으로 겔렌의 본능이론을 살펴볼 것이
다. (M으로 줄여 인용함)

을 가지고 살아가지만 인간의 경우 동물에게서 확인할 수 있는 다양한
본능들이 축소되어 극히 부분적으로만 남아 있다. 본능축소론을 이해
하기 위해서는 우선 본능이 무엇을 뜻하는지 이해할 필요가 있다. 겔
렌은 동물심리학자 로렌츠(K. Lorenz)를 따라 동물의 본능을 중심으
로 본능에 대해 논의하면서 다음과 같이 본능을 "본능운동"(Instinkt-
bewegung)(M, 24), 즉 "본능행동"(instinktives Verhalten)(M, 26)과
동일시한다.

> "진정한 본능들이란 운동들이거나 더 잘 표현하자면 선천적인 자동기계
> 장치를 토대로 진행되고 내적이며 내생적인 자극 산출과정에 의존적인, 특
> 별한 종류의 아주 전형적인 운동 형태들이다."(M, 24)

이 인용문에서 겔렌이 동물의 본능, 즉 본능운동이 "선천적인 자동
기계 장치"를 토대로 작동한다고 말하듯이 본능은 선천적이며 자동기
계처럼 작동한다. 그런데 여기서 본능이 선천적이라 함은 그것이 어떤
한 개체에 선천적임을 뜻하는 것이 아니라, 어떤 개체가 속한 종 전체
에 선천적임을 뜻한다. 바로 이러한 이유에서 겔렌은 본능운동을 "어떤
종에 고유한 행동유형(Verhaltensfiguren)"(M, 25)으로 규정한다. 말
하자면 어떤 종에 고유한 행동유형인 본능은 일종의 자동기계 장치처
럼 그 종에 속하는 모든 개체들에게 선천적으로 구비되어 있는 것이다.
　동물의 삶에서 본능은 결정적으로 중요한 의미를 지닌다. 동물의 환
경세계의 구조는 그 근본적인 얼개에서 볼 때 본능의 구조에 대응한
다. 본능이 "종에 고유한, 아주 특유한 운동 형태"(M, 32)이기 때문에
본능에 대응하는 환경세계 역시 "종에 고유한 환경세계"이다. 그리고
동물의 본능은 완결적이며 따라서 그에 상응하는 동물의 환경세계 역
시 완결적이다. 이처럼 동물의 환경세계가 완결적이기 때문에 동물은

"환경세계의 구속"(die Umweltfesselung)(M, 33)을 받으면서 살아가
며 자신의 환경세계를 벗어날 수 없다.

이처럼 동물의 삶에서 본능이 결정적으로 중요한 역할을 하는 것과
는 달리 인간의 삶에서 본능은 거의 아무런 역할도 하지 못한다. 그 이
유는 그처럼 결정적으로 동물의 삶을 각인하는 다양한 본능들이 인간
의 삶에서는 축소되어 활동이 미미하기 때문이다. 이것이 바로 겔렌의
본능축소론의 핵심이다. 본능축소론에 따르면 우리는 인간에게서 "진
정한 본능들의 놀라울 만한 결핍"(M, 35) 현상을 확인할 수 있다. 이
러한 점에서 인간은 "결핍존재"(Mängelwesen)(M, 354), 즉 "진정한
본능들을 결핍하고 있는 존재"(M, 33)이다.

결핍존재인 인간의 행동을 추동하면서 인간이 문화를 창조할 수 있
도록 하는 힘의 원천은 본능과는 본질적으로 구별되는 충동(die Ant-
riebe)이다. 겔렌은 본능축소론을 통해 충동의 정체를 해명한다. 동물
의 본능이 고정적이며 완결적인 것과는 달리 인간의 충동은 "유연하고
가변적이며, 경험과 상황이 변화함에 따라 변화하며, 여러 가지 행동
들에 따라 새롭게 성장한다."(M, 55) 이처럼 충동이 "유연하고 가변적
이라" 함은 다양한 차원의 충동이 존재함을 함축한다. 그런데 그처럼
다양한 차원의 충동 중에서 가장 원초적인 차원의 충동은 일차적 충동
이라 불릴 수 있을 것이며 이러한 일차적 충동을 토대로 새로운 차원
의 충동이 생겨날 수 있다.[6] 겔렌은 일차적 충동을 본능축소의 직접적
인 결과로 간주한다. 인간의 경우 본능축소가 일어나면서 본능행동으
로서의 본능이 축소되거나 사라지지만 그러한 본능들이 가지고 있던
"정해진 양의 충동"(M, 60) 내지 충동 에너지는 사라지지 않고 보존된

---

6   필자의 독서 범위에서 볼 때 겔렌은 일차적 충동과 여타의 충동을 명료하게 구별
하지 않으며 일차적 충동이라는 개념을 사용하지도 않는다. 일차적 충동 개념은 겔렌
의 충동 발생론을 해명하기 위해 필자가 도입한 개념이다.

다. 이처럼 본능행동들이 축소되거나 사라지면서 남게 되는 "정해진 양의 충동" 내지 충동 에너지를 겔렌은 "본능의 잔여물"(Instinktresi-duen)(M, 60, 330)이라 부르는데, 바로 이러한 본능의 잔여물이 일차적 충동이다. 예를 들어 사회적 본능이 본능축소를 거치면서 사회적 본능의 잔여물인 권력 충동과 의사소통 충동 등이 나타난다. 이 경우 권력 충동과 의사소통 충동은 사회적 본능 속에 들어 있던 에너지가 변형된 것이다. 이러한 점에서 "본능의 잔여물"에 해당하는 인간의 모든 일차적 충동은 "본능적인 뿌리"(M, 330)를 가지고 있다.

본능축소를 통해 다양한 본능으로부터 생겨난 일차적 충동은 고정되고 완결된 그 무엇이 아니다. 모든 여타의 충동과 마찬가지로 일차적 충동 역시 "유연하고 가변적이며, 경험과 상황이 변화함에 따라 변화하며, 여러 가지 행동들에 따라 새롭게 성장한다."(M, 55) 충동의 변화와 성장 과정에서 특히 흥미로운 현상은 충동들 사이의 상호작용이다. 실제로 인간의 다양한 충동들은 상호작용할 수 있으며, 이러한 상호작용을 통하여 그들의 "내적인 구조 변화"(M, 357)가 일어나기도 한다. 그 대표적인 예는 성적 충동과 다른 충동들 사이의 상호작용이다.[7] 인간의 경우 동물의 성적 본능이 축소되면서 성적 충동이 나타나는데, 동물의 성적 본능과는 달리 인간의 성적 충동은 특정 기관에 고착되어 있지 않고 주기성을 보이지도 않는다. 더 나아가 인간의 성적 충동의 체계가 다른 충동 체계와 상호작용하면서 이 충동 체계가 성적인 색채를 가지게 되기도 하고, 또 이 충동 체계의 특성이 성적 충동 체계에 투영되기도 한다.

그런데 인간의 충동을 특징짓는 것은 "충동과잉"(Antriebüberschuss)

---

7 이 점에 대해서는 A. Gehlen, *Der Mensch. Seine Natur und seine Stellung in der Welt*, 357 참조.

(M, 5 이하, 356 이하)이다. 충동과잉론은 겔렌의 충동이론의 중요한 한 부분을 이룬다. 그에 따르면 "인간의 가능적인 충동 에너지"(M, 58)는 그 양에 있어 동물의 충동 에너지보다 훨씬 더 많다. 인간은 동물과는 달리 엄청난 양의 "충동 에너지"(die Antriebsenergie)(M, 57), 즉 "거의 소진되지 않을, 그 무엇을 향한 에너지"(M, 361)를 가지고 살아간다. 그런데 인간이 이처럼 엄청난 양의 충동 에너지를 가지고 살아가야 하는 이유는 특정 본능이 발현할 수 있는 전문화된 신체 기관이 인간에게 결여되어 있기 때문이다. 동물의 경우 전문화된 다양한 신체 기관에 대응하는 다양한 본능들이 있으며 이 각각의 본능들은 자연의 리듬에 따라 나름의 조건이 갖추어지면 자신의 일을 수행하면서 환경세계에 적응해 나간다.[8] 따라서 동물은 종에 따라 환경세계에 적응하는 데 필요한 일정한 양의 본능 에너지를 가지고 살아간다. 그러나 인간은 본능이 축소되어 있기 때문에 이처럼 축소된 본능을 통해서 자신에게 주어진 다양한 과제를 해결할 수 없다. 그럼에도 인간은 다양한 과제를 해결해야 할 "지속적인 압력"(M, 57) 속에서 살아가며 그러한 "지속적인 압력"에 대응해 "지속적으로 작동하는 충동들"(die Dauerantriebe)(M, 57)이 다양하게 형성되며 바로 그 이유 때문에 동물과는 달리 인간에게는 엄청난 양의 충동 에너지가 생겨난다. 여기서 우리는 인간의 본능축소가 인간의 충동 에너지의 약화를 뜻하는 것이 아니라 그 반대라는 사실에 유의할 필요가 있다.

---

8 이 점에 대해서는 A. Gehlen, *Der Mensch. Seine Natur und seine Stellung in der Welt*, 57 참조.

2. 겔렌의 본능 개념에 대한 비판적 검토

겔렌은 자신의 본능 개념이 엄밀한 자연과학적 연구 결과에 토대를 두고 정립된 것으로 간주한다. 이 점과 관련하여 그는 로렌츠를 비롯해 자신의 본능 개념 형성에 영향을 준 학자들이 모두 "엄밀한 개념 형성을 통한 실험적 학문"(M, 26)에 종사하는 연구자들이라는 사실을 강조한다. 그에 의하면 "본능을 발견하기 위해서는 어려운 실험적 연구가 필요하다."(M, 33) 이처럼 겔렌은 자신의 본능 개념에 대해 자부심을 가지고 있지만 그의 본능 개념은 다음과 같이 여러 가지 문제점을 가지고 있다.

1) 본능 개념의 정의가 안고 있는 형식적 문제점

겔렌의 본능 개념이 가지고 있는 문제점은 우선 그가 본능을 "본능운동"(Instinktbewegung)(M, 25) 내지 "본능행동"(instinktives Verhalten)(M, 25)으로 정의한다는 데 있다. 그러나 이러한 정의는 형식적인 관점에서 볼 때 결정적인 문제점을 가지고 있다. 정의는 정의하는 항(definiens)과 정의되는 항(definiendum)으로 나누어지며 정의하는 항에는 정의되는 항이 포함되어서는 안 된다. 그런데 겔렌의 본능에 대한 정의는 이러한 기본적인 원칙을 위배하고 있다. "본능은 본능행동이다"라는 정의의 경우 정의하는 항인 "본능행동" 속에 정의되는 항인 "본능"이 들어 있기 때문이다. 따라서 "본능은 본능행동이다"라는 명제는 본능에 대한 타당한 정의가 아니다. 우리가 정의하고자하는 것은 본능인데, 그에 대한 정의 속에 다시 정의되어야 할 개념인 본능 개념이 들어 있기 때문이다.

2) 본능 개념의 이중성: 본능행동으로서의 본능과 에너지로서의 본능

겔렌의 본능 개념이 지닌 또 하나의 문제점은 그것이 일의적이지 않다는 데 있다. 그의 본능 개념은 적어도 이중적인 의미를 지니고 있다. 앞서 논의하였듯이 그는 본능을 본능운동 또는 본능행동으로 규정한다. 겔렌이 명시적으로 이해하는 본능은 본능운동 또는 본능행동을 뜻한다.

그러나 그는 이러한 명시적인 본능 개념 이외에 또 하나의 본능 개념을 가지고 있다. 우리는 이러한 새로운 본능 개념을 겔렌의 암묵적인 본능 개념이라 부를 수 있을 것이다. 이러한 암묵적인 본능 개념의 정체를 이해하기 위해서 우리는 본능운동에 대한 그의 견해를 다시 한번 살펴볼 필요가 있다. 그는 본능운동을 "본능행동"(instinktives Verhalten)이라고 부르며 그것을 "지성적 행동"(intelligentes Verhalten) (M, 26)과 구별한다. 여기서 지성적 행동이란 지성을 토대로 수행되는 행동을 뜻한다. 그에 따라 그와 구별되는 본능행동은 본능을 토대로 수행되는 행동을 뜻한다. 그러면 본능행동의 토대가 되는 본능은 도대체 무엇인가? 이 점을 살펴보기 위해 우리는 본능행동이 무엇을 뜻하는지 살펴볼 필요가 있다. 겔렌에 의하면 본능행동은 "호르몬처럼 작용하고 내적인 자극을 산출하며 유기체를 행동하도록 추동하는 바, 특정하게 반응하도록 하는 에너지의 축적 과정"(M, 26~27)에 토대를 두고 수행되는 행동을 뜻한다. 따라서 본능행동의 토대가 되는 본능은 다름 아닌 "호르몬처럼 작용하고 내적인 자극을 산출하며 유기체를 행동하도록 추동하는 바, 특정하게 반응하도록 하는 에너지"를 뜻한다. 이처럼 겔렌이 본능행동으로서의 본능 이외에 "특정하게 반응하도록 하는 에너지" 또한 암묵적으로 본능으로 간주한다는 점에서 그의 본능 개념은 이중적이다.

3) 본능운동으로서의 본능 개념이 가지고 있는 문제점

그런데 방금 살펴본 두 가지 본능 개념 중에서 본능행동으로서의 본능은 여러 가지 문제점을 안고 있다. 그중에서 가장 심각한 문제점은 그것이 우리가 일상적으로 본능으로 이해하는 현상을 모두 포괄할 수 없다는 데 있다. 예를 들어 우리는 일상적으로 수면본능, 섭생본능, 모성본능, 성적 본능 등의 개념을 사용한다. 이러한 것들은 누구나 인정할 수 있는 본능의 유형에 속한다. 그러나 그것들이 곧바로 운동이나 행동을 뜻하는 것은 아니다. 예를 들어 수면본능은 수면행위를 뜻하지 않는다. 그것은 우리를 자도록 추동하는 내면적인 생명적인 힘을 뜻하지 수면행위를 뜻하지 않는다. 이는 섭생본능, 모성본능, 성적 본능의 경우도 마찬가지다. 이러한 본능들 역시 운동이나 행동을 뜻하는 것이 아니라, "내면적인 생명적인 힘"을 뜻한다.

4) 본능과 충동의 구별이 안고 있는 문제점

앞서 살펴보았듯이 겔렌은 본능과 충동을 엄밀하게 구별한다. 본능은 고정적이며 완결되어 있지만 충동은 유연하며 변화한다. 그러나 그가 이처럼 본능과 충동을 엄밀하게 구별하고 있음에도 불구하고 그는 다른 한편 자신의 본능축소론에서 본능과 충동을 엄밀하게 구별하는 일이 불가능하다는 사실을 충분히 의식하였다. 이러한 맥락에서 그는 "충동이라는 표현과 본능이라는 표현 중에서 어느 것을 택하느냐 하는 문제는 상당히 자의적이다"(M, 358)라고 말하기도 하고, "'본능'과 '본능적'이라는 개념들이 […] 부정확하고 임의적이며 불명료하게 충동 개념으로 이행한다"(M, 358)고 말하기도 한다.

실제로 겔렌의 본능축소론은 본능 개념과 충동 개념을 명료하게 구별하는 일이 불가능함을 보여 준다. 앞서 살펴보았듯이 본능축소론에 의하면 인간의 일차적인 충동은 바로 본능축소를 통해 발생하는 "본능

의 잔여물"이며 여타의 충동은 이러한 잔여물이 변화하여 발생하는 것
이다. 그런데 충동이 본능의 잔여물이라는 주장은 충동과 본능이 그
근본 성격에 있어서 동일하다는 주장으로 이해될 수 있다. 본능의 잔
여물 역시 본능의 일종일 것이기 때문이다.

5) 본능축소론과 형이상학적 가설

겔렌의 본능축소론은 그의 본능행동에 관한 이론과 밀접하게 연결
되어 있다. 그러나 그의 본능축소론은 부분적으로 그의 본능행동에 관
한 이론과 정합적인 관계에 있지 않다. 방금 전에 살펴보았듯이 그는
"본능을 발견하기 위해서는 어려운 실험적 연구가 필요하다"(M, 33)
고 주장하면서 자연과학적 방법을 통하여 본능행동에 관한 이론을 전
개하고자 시도한다. 이러한 그의 기본적인 태도에 따르면 그의 본능
이론은 모두 자연과학적 방법을 통해서 전개되어야 하며, 이 점에 있
어서는 본능축소론도 마찬가지이다.

그러나 그의 본능축소론이 전체적으로 볼 때 모두 자연과학적 방법
을 통해서 전개되었다고 할 수는 없다. 이 점을 이해하기 위해서 우리
는 우선 겔렌의 본능축소론이 다양한 요소들로 이루어져 있다는 사실
에 주목할 필요가 있다. 물론 그중의 일부는 자연과학적 방법을 통해
서 정립되었다고 할 수 있다. 예를 들어 인간의 경우 동물에 비해 본능
행동이 미미하게 나타난다는 사실은 자연과학적 관찰의 방법을 통해
서 확인할 수 있다. 그러나 본능축소론을 구성하는 요소들 중에서 어
떤 것들은 자연과학적 방법을 통해서 정립되었다고 할 수 없다. 예를
들어 겔렌은 본능축소 현상이 일어나면서 본능의 잔여물로서 충동 에
너지가 나타난다고 주장하는데, 이러한 주장은 자연과학적 방법을 통
해서 정당화될 수 있는 것이 아니다. 겔렌이 인간의 충동 에너지라고
간주하는 것이 본능축소의 결과로 나타난 것이라는 명제는 그것이 본

래부터 인간에게 주어진 것이라는 명제와 마찬가지로 자연과학적 방법을 통해서 결정될 수 없다. 필자의 견해에 의하면 이러한 주장은 자연과학적 명제가 아니라, 형이상학적 가설에 불과하다.

6) 방법론적 난점

겔렌의 본능 개념이 문제점을 안게 된 결정적인 이유는 그가 동물행동학과 동물심리학의 본능 개념을 무비판적으로 받아들였기 때문이다. 동물행동학과 동물심리학은 물리학과 유사하게 자연과학적 태도를 취하면서 동물의 본능을 연구한다. 이처럼 자연과학적 입장을 취할 경우 우리는 본능이 가지고 있는 관찰 가능한 측면만을 파악할 수 있을 뿐 본능의 내적인 속성을 파악할 수 없다. 그리고 이처럼 자연과학적 태도를 취하면서 본능을 연구하기 때문에 동물행동학과 동물심리학은 본능을 제3자적 관점에서 관찰할 수 있는 본능행동과 동일시하게 되었으며 겔렌 역시 이러한 동물행동학과 동물심리학의 연구 결과를 무비판적으로 수용하면서 본능을 본능행동과 동일시하고 있는 것이다. 이 점과 관련해 그는 앞서 살펴보았듯이 로렌츠를 비롯해 자신의 본능 개념 형성에 영향을 준 학자들이 모두 "엄밀한 개념 형성을 통한 실험적 학문"(M, 26)에 종사하는 연구자들이라는 사실을 강조하면서 "본능을 발견하기 위해서는 어려운 실험적 연구가 필요하다"(M, 33)고 주장한다.

3. 본능 개념의 정립

이처럼 다양한 문제점을 안고 있는 겔렌의 본능 개념은 타당하지 않다. 그러면 이제 타당한 본능 개념을 정립하기 위하여 겔렌의 본능 개넘이 지닌 다양한 문제점을 떠올리면서 타당한 본능 개념의 윤곽을 그려 보고 아울러 타당한 본능 개념을 정립하기 위한 방법에 대해 살펴보자.

겔렌의 본능 개념이 가지고 있는 가장 치명적인 문제점은 그것이 본능행동과 동일시되고 있다는 데 있다. 그러나 앞서 살펴보았듯이 본능행동은 우리가 일상적으로 본능으로 이해하고 있는 현상들을 모두 포괄할 수 없다. 따라서 본능은 본능행동과 동일한 것일 수 없다. 이처럼 본능과 본능행동이 다른 것임에도 불구하고 본능행동을 비롯한 유기체의 여러 가지 행동들은 본능이 무엇인지 해명할 수 있는 실마리를 제공한다. 우선 동물의 경우에 한정해서 논의하자면 동물의 본능은 외적으로 표현되면서 행동, 즉 본능행동을 유발한다. 이처럼 외적으로 표현되어 행동을 유발할 수 있기 때문에 본능은 "어떤 종에 속한 유기체가 특정한 유형의 행동을 하도록 추동하는 내적인 생명적인 힘"으로 규정될 수 있다.

겔렌 역시 동물의 본능이 "어떤 종에 속한 유기체가 특정한 유형의 행동을 하도록 추동하는 내적인 생명적인 힘"이라는 사실을 잘 알고 있었다. 이 점과 관련해 그는 앞서 살펴보았듯이 본능을 명시적으로는 본능행동으로 이해하고 있음에도 불구하고 암묵적으로는 "호르몬처럼 작용하고 내적인 자극을 산출하며 유기체를 행동하도록 추동하는 바, 특정하게 반응하도록 하는 에너지"로 이해하고 있다. 그런데 여기서 그가 언급하고 있는 "호르몬처럼 작용하고 내적인 자극을 산출하며 유기체를 행동하도록 추동하는 바, 특정하게 반응하도록 하는 에너지"가 다름 아닌 "어떤 종에 속한 유기체가 특정한 유형의 행동을 하도록 추동하는 내적인 생명적인 힘"으로서의 동물의 본능이다.

그런데 동물뿐 아니라 인간도 "인간이 특정한 유형의 행동을 하도록 추동하는 내적인 생명적인 힘"으로서의 본능을 가지고 있다. 우선 인간은 수면본능, 섭생본능, 성적 본능 등 동물이 가지고 있는 대부분의 본능을 가지고 있다. 그리고 이러한 본능들은 "인간이 특정한 유형의 행동을 하도록 추동하는 내적인 생명적인 힘"으로 규정될 수 있다. 예를 들어 수면본능은 "인간이 수면활동을 하도록 추동하는 내적인 생명적인 힘"이요, 섭생본능은 "인간이 그 무엇을 먹도록 추동하는 내적인 생명적인 힘"이며, 성적 본능은 "인간이 성적 활동을 하도록 추동하는 내적인 생명적인 힘"이다. 더 나아가 인간은 동물이 가지고 있지 않은 인간에게만 고유한 본능도 가지고 있다. 앎의 본능, 예술본능 등이 그 대표적인 예이다. 그리고 이러한 본능들 역시 "인간이 어떤 행동을 하도록 추동하는 내적인 생명적인 힘"으로 규정될 수 있다. 예를 들어 앎의 본능은 "인간이 인식활동을 하도록 추동하는 내적인 생명적인 힘"이며 예술본능은 "인간이 예술활동을 하도록 추동하는 내적인 생명적인 힘"이다.

이처럼 동물뿐 아니라 인간 역시 "인간이 특정한 유형의 행동을 하도록 추동하는 내적인 생명적인 힘"으로서의 본능을 가지고 있다. 이러한 점에서 인간과 동물 사이에는 본질적인 차이점이 존재하지 않는다. 인간의 본능과 동물의 본능 사이의 차이는 그 각각이 어떤 유형의 행동을 통해 어떤 방식으로 발현하느냐 하는 점뿐이다. 동물의 본능이 대부분 본능행동을 통해서 거의 기계적으로 발현하는 데 반해, 인간의 본능은 본능행동을 통해 기계적으로 발현하는 경우도 있지만 많은 경우 이성적인 숙고를 거친 행동을 통해서 발현한다.

지금까지의 논의를 통해서 우리는 본능 개념의 윤곽을 이해하였다. 본능은 일단 "어떤 종에 속한 유기체가 특정한 유형의 행동을 하도록 추동하는 내적인 생명적인 힘"으로 정의될 수 있다. 그러면 본능을 연구할 수 있는 방법은 무엇일까? 물론 "어떤 종에 속한 유기체가 특정한 유형의 행동을 하도록 추동하는 내적인 생명적인 힘"으로서의 본능 역시 자연과학적 방법을 통해 연구될 수 있다. 예를 들어 본능은 분자 생물학, 진화생물학, 뇌 과학 등에서 자연과학적 방법을 사용하여 연구될 수 있다. 그리고 이러한 학문들을 통하여 본능의 여러 가지 측면들이 해명될 수 있음은 두말할 필요도 없다. 그러나 이 경우 본능이 외적 관찰의 방법을 비롯한 자연과학적 방법을 통하여 파악되면서 그의 물리적 속성, 화학적 속성 등 외적인 측면만 해명될 수 있을 뿐 그 "내적인 측면"은 해명될 수 없다. 말하자면 자연과학적 방법을 통해서는 "내적인 생명적인 힘"으로서의 본능을 "내적인 생명적인 힘" 자체로서 연구할 수 없다.

우리는 "내적인 생명적인 힘"인 본능을 해명하기 위해서 영혼이 지닌 내적 특성을 충분히 고려하면서 그에 대해 연구해야 한다. "내적인 생명적인 힘"으로서의 본능의 정체를 해명하기 위해서는 현상학적 방법을 사용해야 한다. 현상학적 방법의 대표적인 예는 다양한 유형의 현상학적 환원의 방법이다. 우리는 현상학적 환원의 방법을 사용하여 자연과학적 태도에 대한 판단중지를 수행하면서 본능이 지닌 물리적 속성, 화학적 속성 등 외적인 속성 이외에 그의 "내적인 속성"을 파악할 수 있다. 그러한 내적인 속성의 예로는 지향성을 들 수 있다. 뒤에서 다시 논의하게 되겠지만 "내적인 생명적인 힘"으로서의 본능은 지향성을 지니며 본능이 지닌 지향성을 "본능적 지향성"(instinktive Intentionalität)[9]이라 부를 수 있는데, 다양한 유형의 현상학적 환원의 방법을 사용하여 본능적 지향성의 다양한 측면을 해명할 수 있다. 본능적 지향성의 구조를 해명하기 위하여 사용할 수 있는 현상학적 환원의 방법으로는 현상학적 심리학적 환원, 초월론적 현상학적 환원, 형

---

9   본능적 지향성에 대해서는 N.-I. Lee, *Edmund Husserls Phänomenologie der Instinkte*, Dordrecht: Kluwer Academic Publishers, 1993을 참고할 것.

상적 환원 등을 들 수 있다.[10]

여기서 우리는 본능을 해명하기 위한 두 가지 방법인 자연과학적 방법과 현상학적 방법이 상호 배타적인 방법이 아니라는 사실에 유의할 필요가 있다. 이 두 가지 방법은 본능의 서로 다른 측면을 해명함을 목표로 한다. 자연과학적 방법이 외적 관찰을 통해 파악될 수 있는 본능의 "외적인 측면"을 연구함을 목표로 하는 반면, 현상학적 방법은 내적 반성 및 해석의 방법을 통해 파악할 수 있는 본능의 "내적인 측면"을 연구함을 목표로 한다. 바로 이러한 이유에서 이 두 가지 방법은 본능의 총체적 구조를 해명하기 위하여 서로 협동하여야 한다.

지금까지 우리는 타당한 본능 개념의 윤곽을 그려 보고 본능을 연구하기 위한 방법에 대해 간략하게 살펴보았다. 이러한 논의를 통해 본능은 "유기체가 그 어떤 행동을 하도록 추동하는 내적인 생명적인 힘"임이 드러났다. 그러나 이러한 본능 개념은 아직 충분히 전개되지 않은 막연하며 추상적인 개념에 불과하다. 따라서 우리는 그의 여러 측면들을 보다 더 상세하게 조명할 필요가 있다. 그러면 이제 본능 개념의 여러 측면들을 현상학적으로 조명하면서 본능 개념을 보다 더 구체적으로 해명해 보자. 필자는 다음과 같이 10가지 항으로 나누어 본능 개념을 정리하고자 한다.

1) 앞서 지적하였듯이 본능은 내적인 생명적인 힘이다. 따라서 내적인 생명적인 힘으로서의 본능은 물리적 힘, 물리적 에너지와 구별된다. 물리적 힘이 어떤 한 물리적 대상으로부터 다른 물리적 대상으로

---

10 필자는 이미 여러 곳에서 현상학적 환원의 방법에 대해 자세하게 논의하였으므로 여기서 그에 대한 상세한 논의는 생략하기로 한다. 그에 대해서는 다음을 참고할 것: 이남인, 『현상학과 해석학』, 서울: 서울대학교출판부, 2004; 이남인, 『현상학과 질적 연구』, 파주: 한길사, 2014.

전달될 수 있는 것과는 달리 생명적인 힘으로서의 본능은 그렇지 않다. 생명적인 힘으로서의 본능은 유기체 내부에서 발생하여 유기체의 행동을 통해 표출되는 것이지, 유기체 외부에서 유기체 내부로 전달되는 것이 아니다.

2) 본능은 어떤 종(들)에 속하는 유기체들에게 보편적으로 속하는 생명적인 힘이다. 예를 들어 수면본능은 인간을 포함한 동물에게 보편적으로 속하는 생명적인 힘이요, 이성본능은 이성적 존재인 인간에게 보편적으로 속하는 생명적인 힘이다. 물론 본능이 어떤 종(들)에 속한 유기체들에게 보편적으로 속한 생명적인 힘이기는 하지만 이 경우 보편성은 그 어떤 예외도 인정하지 않는 엄밀한 의미의 보편성이 아니라, 예외를 인정하는 보편성으로 이해될 필요가 있다. 예를 들어 대부분의 인간이 성적 본능을 가지고 있지만 일부는 성적 본능을 가지고 있지 않은 경우도 있다.

3) 어떤 종(들)에 속하는 유기체들에게 보편적으로 속하는 생명적인 힘인 본능은 선천적이다. 이 점과 관련해 우리는 유기체가 가지고 있는 생명적인 힘이 선천적인 힘과 후천적인 힘으로 나누어진다는 사실에 유의할 필요가 있다. 유기체가 가지고 있는 후천적인 생명적인 힘의 예로는 뒤에서 살펴보게 될 습성의 힘을 들 수 있다.

4) 본능이 선천적인 생명적인 힘이라 해서 그것이 늘 유기체의 탄생 시점에서부터 작동하는 것은 아니다. 생명적인 힘으로서의 본능은 가능태와 현실태를 보일 수 있다. 본능이 늘 현실태를 보이는 것은 아니다. 어떤 본능들은 일차적으로 가능태에서 존재하다가 일정한 시점이 되면 현실태로 탈바꿈하면서 본격적으로 작동하기 시작한다. 성적 본능이 그 대표적인 예이다. 인간의 경우 성적 본능은 생애의 어느 시기까지 가능태로 머물다가 일정한 시기에 도달하면 현실태로 바뀌면서 작동하기 시작한다.

5) 선천적인 생명적인 힘으로서의 본능은 일단 현실태로 바뀌게 되면 대부분 지속적으로 작동한다. 이 경우 지속적으로 작동한다 함은 매 순간 본능이 작동한다는 뜻이 아니라, 장기간 반복적으로 작동함을 뜻한다. 장기간 반복적으로 작동하는 본능은 주기성을 보일 수도 있고 그렇지 않을 수도 있다. 예를 들어 동물의 성적 본능의 경우 주기성을 보이지만 인간의 성적 본능은 그렇지 않다.

6) 본능이 특정한 유형의 대상들을 향하도록 추동하는 힘이라 함은 그것이 일종의 충동임을 뜻한다. 유기체는 다양한 충동을 가지고 살아가며 그것은 선천적인 충동과 후천적인 충동으로 나누어지는데, 선천적인 충동이 바로 본능이다. 이처럼 본능과 충동은 밀접한 관계에 있다. 이 점과 관련해 우리말의 본능에 해당하는 라틴어 instinctus가 "추동하다"라는 뜻을 가지고 있으며 우리말의 충동에 해당하는 독일어의 Trieb이 treiben(추동하다, 내몰다)이라는 뜻을 가지고 있다는 사실에 유의할 필요가 있다. 말하자면 라틴어 instinctus를 독일어로 번역한 단어가 Trieb이라 할 수 있다. 선천적 충동인 본능은 후천적 충동과 구별된다. 선천적 충동인 본능이 지속성을 가지고 작동하는 것과는 달리 후천적 충동은 대개 일시적이며 간헐적으로 작동한다. 충동이라는 단어의 일상적 어법은 선천적 충동이 아니라, 후천적 충동과 관련된다. 예를 들어 "충동구매", "충동적으로"라는 말은 충동이 지속적으로 작동하는 것이 아니라, 일시적이며 간헐적으로 작동하는 현상이라는 사실을 암시하는데, 이때 충동은 선천적 충동으로서의 본능이 아니라, 후천적 충동을 뜻한다. 이처럼 일시적이며 간헐적으로 작동하기 때문에 후천적 충동은 특정한 종에 속한 일군의 개체에게서만 나타나는 현상이지 선천적 충동인 본능처럼 특정한 종의 모든 개체에게서 보편적으로 확인할 수 있는 현상이 아니다.

7) 더 나아가 어떤 종(들)에 속하는 힘으로서의 본능은 그 종(들)에

속하는 개체 내지 일군의 개체들이 가지고 있는 생명적인 힘인 습성과
구별된다. 습성이 그 무엇을 할 수 있는 유기체의 힘이요, 그것이 일종
의 힘이라는 점에서 그것은 본능과 유사성을 가지고 있다. 그러나 생
명적인 힘의 일종인 습성은 또 다른 생명적인 힘의 일종인 본능과는
구별된다. 본능이 어떤 종(들)에 속한 유기체들에게 보편적으로 속한
동일한 성격의 생명적인 힘인 데 반해 습성은 개별적인 유기체에 따라
성격을 달리하는 생명적인 힘이기 때문이다. 물론 본능과 습성이 이처
럼 다른 것은 사실이지만 양자는 밀접하게 연결되어 있다. 본능의 지
속적인 발현이 없이는 습성도 형성될 수 없으며 그러한 점에서 습성
형성의 발생적 토대는 본능이라 할 수 있다.

8) 본능은 어떤 종(들)에 속한 유기체를 특정한 유형의 대상들을 향
하도록 추동하는 생명적인 힘이다. 그러한 생명적인 힘으로서의 본능
은 노에시스-노에마 상관관계의 구조를 가지고 있다. 우선 본능은 노
에시스, 즉 지향성을 가지고 있는데, 그것은 다름 아닌 "특정한 유형의
대상들을 향하도록 추동하는 생명적인 힘"이다. 우리는 본능이 가지고
있는 "특정한 유형의 대상들을 향하도록 추동하는 생명적인 힘"을 본
능적 지향성이라 부를 수 있을 것이다. 다른 한편, 본능은 그것이 지향
하는 대상, 즉 노에마를 가지고 있다. 이 경우 노에마는 본능이 향하고
있는 "특정한 유형의 대상들"이다. 예를 들어 섭생본능의 경우 음식물
이 노에마가 되며 수면본능의 경우 수면이 노에마가 된다. 우리는 본
능이 지향하는 노에마를 본능적 지향성의 노에마라 부를 수 있을 것이
다. 다양한 유형의 본능이 존재하기 때문에 다양한 유형의 본능적 지
향성의 노에마가 존재한다.

9) 유기체를 추동하는 힘으로서의 본능은 유기체의 의지와 무관하
게 작동한다. 이러한 점에서 유기체는 본능을 통해 자신의 의지와 무
관하게 끊임없이 그 어떤 행동을 하도록 강요받고 있다고 할 수 있다.

이러한 점에서 본능의 발동은 수동적이라 할 수 있다. 물론 수동적으로 발동하는 본능에 대해 우리는 수동적 태도를 취할 수도 있고 능동적 태도를 취할 수도 있다.

10) 유기체를 추동하는 힘으로서의 본능은 유기체의 행동을 통해 표출될 수 있다. 물론 모든 본능이 유기체의 행동을 통해 표출되는 것은 아니다. 인간의 경우 본능이 작동함에도 불구하고 그것을 억제할 수 있으며 이 경우 본능은 행동으로 표출되지 않을 수도 있다. 본능이 유기체의 행동을 통해 표출될 경우 그 표출되는 방식은 다양하다. 앞서도 지적하였듯이 동물의 경우 본능은 대부분 기계적으로 본능행동을 통해 표출된다. 그러나 인간의 경우 본능이 동물의 경우처럼 기계적으로 표출되는 경우도 있지만 많은 경우 이성적 숙고를 통해 표출된다.

4. 인간의 본능과 본능확장론

겔렌의 본능축소론은 본능을 본능운동과 동일시하는 겔렌의 본능 개념에 토대를 두고 있다. 따라서 그것은 겔렌의 본능 개념이 타당한 한에서 타당성을 가진다. 그러나 앞서 살펴보았듯이 겔렌의 본능 개념은 심각한 문제점을 가지고 있으며 따라서 그에 토대를 두고 전개되는 본능축소론 역시 심각한 문제점을 가지고 있다. 앞서 살펴보았듯이 본능은 본능운동과 동일시될 수 없으며 유기체가 가지고 있는 "내적인 생명적인 힘"으로 규정되어야 한다. 동물뿐 아니라, 인간도 이러한 의미로 이해된 본능을 가지고 살아간다. 그러나 이러한 의미로 이해된 본능은 동물보다 인간에게서 훨씬 더 다양한 형태로 발견된다. 그 이유는 인간은 동물에게서 확인할 수 있는 다양한 유형의 동물적 본능뿐 아니라, 앎의 본능, 예술본능, 도덕본능, 종교본능 등 동물이 가지고 있지 않은 다양한 유형의 정신적 본능 내지 이성적 본능을 가지고 살아가기 때문이다. 따라서 인간의 경우 겔렌이 생각하는 것과는 달리 본능의 축소 현상이 아니라, 확장 현상이 나타나며 겔렌의 본능축소론은 본능확장론에 의해 대체되어야 한다.

　인류의 지성사를 살펴보면 본능확장론이라는 개념을 사용하지는 않았지만 암묵적으로 본능확장론을 지지하는 많은 사상가들이 존재한다. 인간이 동물적 본능뿐 아니라, 동물에게서 찾아볼 수 없는 여러 가지 정신적 본능 내지 이성본능을 가지고 있다는 견해를 제시한 모든 사상가들이 여기에 속한다.

　우리는 본능확장론의 뿌리를 이미 고대 희랍 철학에서 찾아볼 수 있다. 예를 들어 아리스토텔레스는 예술의 출발점을 모방으로 간주하면서 예술본능으로서의 "모방의 본능"[11]의 존재를 인정하고 호기심을 철학과 학문의 출발점으로 간주하면서 암묵적으로 "배움과 인식의 본능" 또는 앎의 본능의 존재를 인정하였다.[12] 예술활동의 원천으로서의 모방본능이나 철학과 학문의 원천으로서의 호기심 본능은 동물에게서는 찾아볼 수 없는 인간에게만 고유한 정신적 본능이며 그러한 점에서 아리스토텔레스는 본능확장론을 견지하고 있다고 할 수 있다. 본능확장론은 중세철학에서도 찾아볼 수 있다. 토마스 아퀴나스는 "이성본능" (instinctus rationale)[13]에 대해 논하고 있는데, 이성본능은 도덕의 원

11　권혁성, 「서양 고대미학의 주요 흐름들에 대한 소고」, 미학대계간행회 편, 『미학대계』 제1권, 『미학의 역사』, 서울: 서울대학교출판부, 2007, 26. 이 점에 대해서는 Aristoteles, *Poetik*, übersetzt und herausgegeben von Manfred Fuhrmann, Stuttgart: Reclam, 1986, 1448b 참조.

12　Aristotle, *Metaphysics*, W. D. Ross(tr.), Oxford: Clarendon Press, 1924, 980a.

13　Thomas Aquinas, *Summa Theologiae* I-II, q.68, a.2.

천인 양심을 뜻한다. 근대철학의 경우 허치슨(F. Hutcheson)은 도덕 본능 등에 대해 논의하면서 본능확장론의 토대 위에 서 있다.[14] 또한 도덕본능 개념을 토대로 도덕철학을 전개하고 있는 피히테,[15] 예술본 능 개념을 토대로 예술철학을 전개하고 있는 실러 역시 본능확장론의 토대 위에 서 있다. 선덜랜드(A. Suntherland) 역시 1898년에 출간한 『도덕본능의 기원과 성장』[16]에서 책 제목이 보여 주듯이 도덕본능의 기원과 성장에 대해 논의하면서 본능확장론의 토대 위에 서 있다. 본 능확장론의 역사에서 중요한 위치를 차지하는 학자는 제임스(W. James)이다. 그는 『심리학의 원리』 24장에서 인간에게만 고유한 본능 인 "특수한 인간본능"(special human instincts)[17]의 다양한 예들을 제 시한다.

본능확장론과 관련해 특히 주목할 점은 지난 10~20여 년 사이에 본 능확장론을 지지하는 저서가 다수 출간되었다는 사실이다. 핑커(S. Pinker)는 1994년에 출간한 『언어본능』[18]이라는 저서에서 인간이 언어 를 사용하는 능력을 언어본능이라고 부른다. 핑커에 의하면 그 어떤

14   F. Hutcheson, *An inquiry into the origin of our ideas of beauty and virtue in two treatises*, edited and with an introduction by Wolfgang Leidhold, Indianapolis, Ind.: Liberty Fund, 2004.

15   J. G. Fichte, *Das System der Sittenlehre nach den Principien der Wissenschaft-slehre*(1798), in: *Fichtes Werke*. Bd. IV. *Zur Rechts- und Sittenlehre II*. Berlin: Walter de Gruyter & Co., 1971.

16   A. Suntherland, *The Origin and Growth of the Moral Instinct*, vol. 1-2, London/New York/Bombay: Longmans, Green, and Co., 1898.

17   W. James, *The Principles of Psychology*, Cambridge: Harvard University Press, 1981, 198; 정양은(역), 『심리학의 원리』, 서울: 아카넷, 2005, 1956.

18   S. Pinker, *The Language Instinct. How the Mind Creates Language*, New York: W. Morrow and Co., 1994; 김한영, 문미선, 신효식(역), 『언어본능』, 파주: 동녘사이언스, 2004.

배움도 없이 정교한 언어를 말할 수 있는 능력인 언어본능은 인간에게
만 고유한 본능이며, 그러한 점에서 그의 언어본능 이론은 본능확장론
의 토대 위에 서 있다. 윈스턴(R. Winston)은 2002년에 『인간본능』이
라는 저서를 출간하였는데, 그의 본능 이론 역시 본능확장론을 지지한
다. 그에 의하면 인간은 동물에게서 찾아볼 수 없는 종교본능과 도덕
본능을 가지고 있기 때문이다. 이와 관련해 그는 인간의 이기심만으로
"인간본능의 완전한 그림"[19]을 그려 낼 수 없다는 사실을 분명히 밝히
고 있다. 리처슨과 보이드(P. J. Richerson and R. Boyd)는 2005년에
출간한 『유전자만이 아니다』[20]라는 저서에서 유전자-문화 공진화론의
입장에서 인간의 사회적 본능의 기원을 해명하고자 시도한다. 리처슨
과 보이드의 사회적 본능 이론 역시 본능확장론을 지지한다. 그 이유
는 이러한 이론에 의하면 인간은 영장류에게서 나타나는 오래된 사회
적 본능뿐 아니라, 영장류에게서 찾아볼 수 없는 사회적 부족 본능을
가지고 있기 때문이다. 그 이외에도 본능확장론을 지지하는 저서들이
몇몇 더 있다.[21] 그중에서 꼭 짚고 넘어가야 할 것은 더턴의 『예술본
능』이다. 그는 이 책에서 진화론의 입장에서 예술본능론을 전개하고
있는데, 예술본능이 인간에게만 고유한 본능이기 때문에 그의 예술본
능론 역시 본능확장론을 지지한다.

　인간은 동물이나 식물보다 훨씬 더 다양한 본능을 가지고 있다. 인

19　R. Winston, *Human Instinct. How Our Primeval Impulses Shape Our Modern Lives*, London: Banton Press, 2002, 283.

20　P. J. Richerson and R. Boyd, *Not by Genes alone. How Culture Transformed Human Evolution*, Chicago: The University of Chicago Press, 2005.

21　M. Ridley, *The Origins of Virtue. Human Instincts and the Evolution of Cooperation*, London: Penguin Book, 1996; S. Jaacobi, *The Religious Instinct*, Toronto: Martin Glynn Associates Inc., 1998; D. Dutton, *The Art Instinct: Beauty, Pleasure, & Human Evolution*, New York: Bloomsbury Press, 2009.

간의 본능은 식물적 본능, 동물적 본능, 인간 특유의 본능 등 세 가지 유형으로 구별할 수 있다. 그러면 이 세 가지 각각이 무엇을 뜻하고 어떤 예들이 있는지 살펴보자.

우선 식물적 본능이란 인간의 본능 중에서 존재론적 관점에서 볼 때 식물의 본능과 유사한 지위를 가지고 있는 본능을 뜻한다. 이와 관련해 유의할 점은 식물적 본능과 식물의 본능이 동일하지 않다는 사실이다. 식물의 본능은 말 그대로 식물에게서 발견할 수 있는 본능을 뜻한다. 식물의 본능의 예로는 모든 식물에게서 확인할 수 있는 영양섭취 능력과 호흡능력, 그리고 일부 식물에게서 확인할 수 있는 주광성 등을 들 수 있다. 식물의 본능과는 달리 식물적 본능은 인간의 본능 중에서 식물의 본능과 유사한 성격을 가지고 있는 본능을 뜻한다. 식물적 본능의 예로는 섭생본능, 호흡본능 등을 들 수 있다.

동물적 본능은 인간의 본능 중에서 동물의 본능과 유사한 성격을 가지고 있는 본능을 뜻한다. 동물은 식물적 본능과 더불어 식물에게서는 확인할 수 없는 동물 고유의 본능, 즉 동물의 본능을 가지고 있는데, 그 예로는 수면본능, 성적 본능, 이동본능(움직임 본능), 사회적 본능 등을 들 수 있다. 인간은 이처럼 수면본능, 성적 본능, 이동본능(움직임 본능), 사회적 본능 등 다양한 유형의 동물적 본능을 가지고 있다.

인간 특유의 본능은 인간에게만 고유한 본능을 뜻한다. 인간은 동물과는 달리 정신적이며 문화적 존재이며 모든 정신활동과 문화활동의 토대가 되는 본능을 인간 특유의 본능이라 부를 수 있을 것이다. 인간 특유의 본능의 예로는 언어본능, 모방본능, 창조본능, 호기심 본능, 도덕본능, 종교본능과 더불어 이 책의 주제인 예술본능을 들 수 있다.

지금까지 인간의 본능을 식물적 본능, 동물적 본능, 인간 특유의 본능으로 나누어 살펴보았다. 물론 인간의 본능 중에는 식물적 본능과 동물적 본능의 경계, 동물적 본능과 인간 특유의 본능의 경계에 위치하는 본능도 존재한다. 예를 들어 수면본능이나 성적 본능은 식물적 본능과 동물적 본능의 경계에 위치하며, 언어본능이나 호기심 본능은 동물적 본능과 인간 특유의 본능의 경계에 위치한다. 그러나 우리는 위에서 편의상 수면본능과 성적 본능을 동물적 본능으로 분류하였으며, 언어본능과 호기심 본능을 인간 특유의 본능으로 분류하였다.

5. 현상학적 본능 개념의 의의와 앞으로의 과제

지금까지 필자는 겔렌의 본능축소론을 비판적으로 검토하면서 본능 개념을 새롭게 정립하였다. 이 점과 관련해 다음과 같이 세 가지 사실을 지적하고자 한다.

첫째, 필자는 지금까지 새롭게 정립한 본능 개념이 겔렌의 본능 개념에 비해 여러 가지 점에서 우월한 위치에 있다고 생각한다. 무엇보다도 본능행동으로서의 겔렌의 본능 개념은 자연과학적 연구방법을 사용하는 동물행동학, 동물심리학 등의 분야에서 형성된 것이요, 따라서 그것은 동물의 행동을 넘어서 인간의 다양한 행동과 영혼 활동을 해명함에 있어서는 커다란 한계를 가질 수밖에 없다. 그에 비해 필자가 새롭게 정립한 본능 개념은 동물의 행동과 영혼 활동을 해명하기 위하여 활용될 수 있을 뿐 아니라, 복잡다단한 인간의 행동과 영혼 활동을 해명하기 위해 다방면으로 활용될 수 있다. 앞서 우리는 피히테의 도덕본능론, 실러의 예술본능론, 핑커의 언어본능론, 더턴의 예술본능론 등을 살펴보았는데, 이처럼 다양한 분야에서 분석되고 있는 본능 개념은 겔렌의 본능 개념이 아니라, 필자가 새롭게 정립한 본능 개념이다.

둘째, 필자는 4절에서 본능 개념을 새롭게 정립하고자 시도하면서 본능의 다양한 측면을 해명하였다. 그러나 거기서 수행된 본능의 여러 측면에 대한 해명은 시작 단계에 불과하며 여러 가지 점에서 보완되어야 한다. 앞서 우리는 10가지 항으로 나누어 본능의 여러 측면을 해명하였는데, 그 각각의 측면에 대한 더 상세하고 구체적인 해명이 필요하다. 더 나아가 본능 개념의 완벽한 해명을 위해서는 앞서 살펴본 10가지 측면 이외의 새로운 측면들에 대한 해명이 필요하다. 예를 들어 필자는 4절에서 본능과 이성의 관계에 대해서는 살펴보지 않았는데, 본능 개념의 해명을 위해서는 이러한 주제를 비롯해 다양한 주제들에 대한 해명이 필요하다. 앞서 살펴본 10가지 항을 보다 더 상세하게 해명하는 일과 필자가 언급하지 않은 여러 가지 주제들을 해명하는 일은 앞으로의 과제로 남겨 두기로 하자.

셋째, 앞서 우리는 다양한 유형의 본능이 존재한다는 사실을 살펴보았다. 이 각각의 정체를 자세하게 해명하는 일은 현상학적으로 중요한 의미를 지닌다. 각각의 본능은 나름의 방식으로 그에 고유한 대상과 세계를 구성하는 능력이 있으며 그러한 점에서 그러한 대상과 세계의 발생적 원천이기 때문이다. 예를 들어 앎의 본능은 인식적 대상과 세계의 발생적 원천이며, 도덕본능은 도덕적 대상과 세계의 발생적 원천이며, 종교본능은 종교적 대상과 세계의 발생적 원천이다. 그리고 이 책의 주제인 예술본능은 예술적 대상과 세계의 발생적 원천이다. 바로 이러한 이유에서 예술본능에 대한 상세한 분석을 토대로 예술본능의 현상학을 전개할 수 있는데, 다양한 유형의 다른 본능들 각각의 구조를 상세하게 해명하면서 다양한 유형의 현상학을 전개할 수 있다.

3
예술본능 개념의 해명

3장의 목표는 예술본능의 현상학을 전개하기 위한 출발점을 마련하기 위하여 예술본능 개념을 해명하는 데 있다. 미학사를 살펴보면 예술본능의 문제를 다루고 있는 철학자들이 존재하는데, 그중에서 가장 포괄적이며 깊이 있는 분석을 남긴 철학자는 실러이다. 그는 『인간의 미적 교육에 관하여』라는 저서에서 자신의 미학 체계를 전개하기 위하여 예술본능의 여러 가지 중요한 측면을 해명하였다.[1] 그럼에도 예술본능에 대한 그의 해명은 몇 가지 중요한 한계도 안고 있다. 바로 이러한 이유에서 우리는 실러의 예술본능 개념을 비판적으로 검토하면서 예술본능 개념을 해명하고자 한다. 우리는 우선 1절에서 실러의 예술본능론을 살펴보고, 2절에서는 그것을 현상학적으로 해석할 필요성을 살펴보면서 그것이 예술본능의 현상학을 위해 지니는 의의에 대해 검토한 후, 3절에서는 실러가 "미적 유희충동"(der ästhetische Spieltrieb)이

---

1 뒤에서 살펴보겠지만 실러의 충동(Trieb)은 선천적 충동으로서의 본능을 뜻한다. 따라서 우리는 실러의 충동과 본능을 교환 가능한 개념으로 사용할 것이다.

라고 부르는 것이 그 내용에 있어서 볼 때 예술본능이라는 사실을 해명할 것이다. 식욕본능이나 성적 본능 등이 존재한다는 사실은 명백하지만 예술본능이 존재하는지 여부는 논란의 소지가 있을 수 있기 때문에 예술본능이 존재한다는 사실에 대한 해명은 이 책의 전체적인 논지 전개를 위해 특히 중요한 의미를 지니며, 그에 따라 4절에서는 예술본능이 실제로 존재한다는 사실을 다각도로 해명할 것이다. 실러는 형식본능과 감각본능은 근원적 본능인 데 반해, 예술본능은 이 두 유형의 본능으로부터 도출된 파생적 본능이라는 견해를 피력한다. 5절에서는 실러의 견해를 비판적으로 검토하면서 예술본능이 파생적 본능이 아니라, 근원적 본능이라는 사실을 해명할 것이다. 6절에서는 예술본능의 대상을 해명하면서 예술본능의 정체를 살펴보고, 7절에서는 놀이본능과 예술본능의 관계를 해명하면서 예술본능의 정체를 살펴본 후, 8절에서는 놀이본능으로서의 예술본능이 다양한 유형의 예술경험의 발생적 원천이라는 사실을 해명할 것이다. 9절에서는 예술본능의 여러 유형들에 대해 살펴보고, 마지막으로 10절에서는 예술본능이 발생적 예술 현상학의 근본 개념이라는 사실을 살펴볼 것이다.

1. 실러의 예술본능론의 근본 구도

1) 미적 교육론과 예술본능론

실러는 『인간의 미적 교육에 관하여』에서 자신이 살고 있던 시대를 "퇴락"(Verfall)(AE, 24)의 시대로 진단한다. 고대 희랍인들이 꿈꾸었던 조화와 통일의 이상은 사라지고 인류 공동체는 도처에서 분열과 대립을 목도한다. 국가와 교회, 법과 도덕, 수단과 목적, 노동과 향유가 분열하고 대립한다. "효용"(der Nutzen)(AE, 8)이 "시대의 위대한 우상"(das grosse Idol der Zeit)(AE, 8)으로 등장하고 "분석 능력"(das analytische Vermogen)(AE, 38)과 "추상정신"(der Abstraktionsgeist)(AE, 34)이 최상의 능력으로 간주되면서 인류 공동체는 다양한 영역 사이의 조화와 통일을 상실한 채 획일화되면서 "천박하고 조야한 기계"(gemeine und grobe Mechanik)(AE, 34)로 탈바꿈한다.

이처럼 천박하고 조야한 기계와 같은 공동체 속에서 분업화가 진행되면서 개인은 다양한 능력들이 조화롭게 통일된 전인이 아니라, 단순한 기계의 부속품으로 전락하고 만다. 직책(das Amt)(AE, 34)이 인간을 평가하는 척도가 되면서 개인은 직책이 요구하는 능력만 개발하고 여타의 능력들은 도외시하며 그에 따라 조화롭고 통일된 인간이 아니라, 일면적이며 파편화된 퇴락한 인간으로 전락하고 만다. 실러는 퇴락한 인간의 유형 두 가지를 제시하는데, 감각, 감정, 동물적 욕구 등이 이성, 도덕적 심성 등을 압도하기 때문에 자연만을 존중하고 문화를 무시하는 "미개인"(Wilder)(AE, 20)과 이성, 도덕적 심성 등이 감각, 감정, 동물적 욕구를 압도하기 때문에 문화만을 존중하고 자연을 무시하는 "야만인"(Barbarer)(AE, 20)이 그것이다. 미개인과 야만인은 서로 대립하고 반목하면서 살아간다. 이처럼 퇴락한 미개인과 야만인은 자유를 상실한 채 강요와 속박 속에서 살아가는 노예이다. 미개인은 동물적 욕구의 강요와 속박 속에서 살아가는 노예이며, 야만인은 도덕법칙의 강요와 속박 속에서 살아가는 노예이다.

실러의 미적 교육론은 이처럼 퇴락한 시대를 극복하여 인류 공동체의 여러 영역들이 조화롭게 통일되고 개인은 그 모든 강요와 속박을 벗어나 참된 자유를 누리면서 행복한 삶을 살아갈 수 있는 토대를 마련함을 목표로 한다. 이를 위해 그는 『인간의 미적 교육에 관하여』에서 "순수한 이상적인 인간"(ein reiner idealistischer Mensch)(AE, 16)의 모습을 그리고 있다. "순수한 이상적인 인간"은 말 그대로 모든 인간이 따라야 할 이상적인 인간을 뜻하는데, 그는 이러한 이상적인 인간을 "교양인"(der gebildete Mensch)(AE, 20)이라 부른다. 인간을 교양인으로 만들어 주는 것은 다름 아닌 미적 소양이다. 미적 소양이야말로 모든 대립과 분열을 극복하고 조화와 통일을 가능하게 해 주는 능력이기 때문이다. 그런데 인간을 이처럼 미적 소양을 가진 교양인으로 만들어 주는 것이 바로 "놀이본능"(der Spieltrieb)(AE, 96 이하), 즉 "예술적 놀이본능"(der ästhetische Spieltrieb)(AE, 210)이다. 예술적 놀이본능은 실러의 미학의 핵심적인 개념이며 그에 따라 그의 미적 교육론은 예술적 놀이본능에 대한 분석을 중심으로 전개된다.

2) 형식본능과 감각본능의 상호작용과 예술본능의 발생

실러에 의하면 예술본능은 예술의 원천이요 예술은 예술본능이 발현한 결과이다. 그는 일종의 "추상의 과정"(AE, 68)인 "초월론적 길"(AE, 70)을 통해 예술본능의 정체를 해명한다. 우리는 초월론적 길에 따라 인간을 구성하는 다양한 요소들에 대한 추상 작업을 통해 인간 본성을 구성하는 "궁극적인 두 가지 개념들"(AE, 72)에 도달할 수 있는데, 그것은 바로 "인격"(die Person)과 "상태"(der Zustand)(AE, 74), 즉 감각적 상태이다. 여기서 인격은 인간의 불변적인 이성적 측면, 즉 형식적 측면을 뜻하며 감각적 상태는 부단히 변화하는 인간의 감각적 측면을 가리킨다.

이처럼 인간이 두 가지 본질적인 요소로 구성되어 있기 때문에 인간은 살아가면서 늘 두 가지 과제에 직면하게 된다. 인간은 한편으로 인격을 가지고 있기 때문에 불변적인 이성적 측면에 충실해야 할 과제를 가지고 있으며, 다른 한편으로 감각적 상태를 가지고 있기 때문에 부단히 변화하는 감각적 측면에 충실해야 할 과제를 가지고 있다. 그런데 인간은 이러한 두 가지 측면에 충실할 수 있는 "두 가지 힘"(AE,

78)을 가지고 있다. 이러한 두 가지 힘은 각자 자신의 대상을 "실현하
도록"(verwirklichen) 인간을 "추동하며"(antreiben)(AE, 78), 바로
이러한 이유에서 그것들은 본능이라 불린다. 실러는 불변적인 이성적
측면에 충실하도록 하는 힘인 본능을 "형식본능"(Formtrieb)(AE, 80)
이라 부르고 감각적 측면에 충실하도록 하는 힘인 본능을 "감각본능"
(der sinnliche Trieb)(AE, 78)이라 부른다. 감각본능은 부단히 변화하
는 감각적인 것을 추구하며 실현하도록 끊임없이 인간을 추동하는 본
능을 뜻하며, 형식본능은 불변하는 이성적인 것, 즉 자유와 인격을 추
구하며 실현하도록 끊임없이 인간을 추동하는 본능을 뜻한다.

　　이처럼 형식본능과 감각본능이 인격과 감각적 상태라는 인간의 근
원적인 두 가지 속성에 충실하도록 하는 본능이기 때문에 그것들은 인
간을 구성하는 근원적인 두 가지 근원적 본능이다. 인간에게 이 두 가
지 근원적 본능 이외에 또 다른 "제3의 근원적 본능"(ein dritter
Grundtrieb)(AE, 84)은 존재하지 않는다. 그렇다고 해서 인간에게 그
의 본질을 구성하는 또 다른 본능이 존재하지 않는 것은 아니다. 인간
에게는 비록 형식본능과 감각본능처럼 "근원적" 본능은 아니지만 인간
의 본질을 구성하는 또 다른 본능이 존재하는데, 그것이 바로 예술본
능이다.

　　예술본능은 형식본능의 요소와 감각본능의 요소를 동시에 가지고
있다. 이러한 속성을 가진 예술본능이 존재해야 할 필요성을 이해하기
위해서는 형식본능과 감각본능의 관계를 살펴볼 필요가 있다. 형식본
능과 감각본능은 그 본성상 서로 대립하지 않는다. 그 이유는 형식본
능은 자유를 추구하고 감각본능은 감각적인 것을 추구하기 때문이다.
그러나 이 두 본능이 인간에게서 작동할 경우 이 두 본능은 서로 대립
하게 된다. 그 이유는 형식본능과 감각본능은 각각 인간을 자신의 지
배 아래 두려고 하기 때문이다. 그리고 이처럼 형식본능과 감각본능

각각이 인간을 자신의 지배 아래 두기 위해서 각자는 다른 것의 영역을 침범하게 된다. 그런데 감각본능이 이성본능의 영역을 침범하여 완전히 기선을 제압하면 인간은 도덕적 자유를 상실하고 단순한 감각적 존재로 전락하게 되며 반대로 이성본능이 감각본능의 영역을 침범하여 완전히 기선을 제압하게 되면 인간은 모든 감각적 세계를 도외시한 채 허공에 떠서 살아가는 단순한 이성적 존재가 되고 만다. 앞의 인간이 앞서 살펴본 미개인이며 뒤의 인간이 야만인이다.

이처럼 형식본능과 감각본능이 각자 다른 영역을 침범하여 인간의 통일성이 파괴되지 않도록 하기 위해서는 이 두 본능 각각이 자신의 "한계"(Einschränkung)(AE, 90) 안에 머물도록 하면서 다른 것을 침범하지 않도록 하는 힘이 필요하다. 그런데 이러한 힘이 형식본능과 감각본능 각각을 자신의 한계 안에 머물도록 하기 위해서 그것은 형식본능의 특성과 감각본능의 특성을 동시에 가지고 있어야 한다. 그 이유는 형식본능에 대립하면서 그것을 자신의 한계에 머물도록 하는 것은 바로 감각본능이며, 감각본능에 대립하면서 그것을 자신의 한계에 머물도록 하는 것은 바로 형식본능이기 때문이다. 이처럼 형식본능의 특성과 감각본능의 특성을 동시에 가지고 있으면서 형식본능과 감각본능을 각자 자신의 한계 안에 머물게 하는 힘이 바로 놀이본능으로서의 예술본능이다. 이처럼 예술본능이 형식본능의 특성과 감각본능의 특성을 동시에 가지고 있기 때문에 그것은 "형식본능과 질료본능[감각본능]의 공동체(Gemeinschaft zwischen Formtrieb und Stofftrieb)(AE, 102)라 불린다.

그런데 예술본능이 작동하면서 감각본능과 형식본능 각각이 상대방의 영향을 받아 자신의 한계에 머물게 될 경우 각자는 상대방의 영향을 받아 보다 더 이상적이며 역동적으로 작동하게 된다. 말하자면 감각본능은 형식본능의 영향을 받아 자유를 느껴 가면서 보다 더 우아하고 더 역동적으로 작동할 수 있으며 형식본능 역시 감각본능의 영향을 받아 감각적 충일을 느껴 가면서 더 생동적이며 더 역동적으로 작동하게 된다. 이는 마치 어떤 두 사람이 신나게 놀이를 할 경우 그들 각각이 상대방으로부터 영향을 받아 더욱 더 역동적으로 놀이에 참여할 수 있는 것과 마찬가지 이치이다. 예술본능이 작동할 경우 놀이에 참여하는 두 사람처럼 감각본능은 형식본능을 통해 더 역동적으로 작동하게 되고, 형식본능은 감각본능과의 상호작용을 통해 더 역동적으로 작동하게 된다.[2] 이처럼 형식본능과 감각본능 사이의 이상적이며 역동적인 "상호작용"(AE, 94)은 예술본능의 본질이며 이러한 점에서 예술본능 속에서 형식본능과 감각본능은 하나가 다른 하나를 "동시에 정초하면서 제한해 주는"(zugleich begründet und begrenzt)(AE, 94) 관계에 있다.

이처럼 예술본능은 근원적 본능인 형식본능과 감각본능의 상호작용을 통해서 존재할 수 있는 본능이기 때문에 형식본능과 감각본능과는 달리 근원적 본능이 아니라, 파생적 본능이다. 그러나 형식본능과 감각본능과 마찬가지로 그것이 존재하지 않으면 인간 존재의 통일성은 유지될 수 없다. 바로 이러한 이유에서 그것은 형식본능과 감각본능과 마찬가지로 인간의 본질적인 본능 중의 하나이다. 여기서 우리는 예술본능이 파생적 본능이라고 해서 그것이 인간 존재의 유지를 위해 필요한 본질적 본능이 아니라고 생각해서는 안 된다. 예술본능은 파생적 본능임에도 불구하고 본질적인 본능이다.

3) 예술본능의 대상으로서의 "살아 있는 형태"

예술본능의 정체를 더 구체적으로 이해하기 위해서는 그의 대상을

---

2 예술본능 안에서 이루어지는 형식본능과 감각본능 사이의 상호작용에 대해서는 AE, 94 참조.

살펴볼 필요가 있다. 모든 여타 유형의 본능과 마찬가지로 예술본능도 나름의 고유한 대상을 가지고 있으며 그를 통해 충족된다. 실러는 예술본능이 그 안에서 형식본능과 감각본능이 상호작용하는 본능이기 때문에 형식본능의 대상 및 감각본능의 대상과 비교하면서 예술본능의 대상을 해명하고자 시도한다. 감각본능의 대상은 "삶"(Leben)(AE, 100)이다. 여기서 삶이란 넓은 의미에서 우리의 감각을 통해 현출(現出)하는 일체의 것을 지칭한다. 감각본능은 이러한 의미의 삶을 향하며 그를 통해 충족된다. 이와는 달리 형식본능의 대상은 "형식"(Form)(AE, 100)이다. 형식이란 사물들의 모든 형식적 속성을 지칭한다. 형식본능은 이러한 의미의 형식을 향하며 그를 통해 충족된다. 그런데 예술본능이 그 안에서 감각본능과 형식본능이 상호작용하는 본능이기 때문에 그의 대상은 감각본능의 대상이 가지고 있는 속성인 삶과 형식본능이 가지고 있는 속성인 형식을 동시에 가지고 있어야 한다. 실러는 이처럼 양자의 속성을 동시에 가지고 있는 것을 "살아 있는 형태"(lebende Gestalt)(AE, 100)라 부르는데, 그것이 다름 아닌 아름다움, 즉 미이다. 예술본능은 아름다움, 즉 미로서의 "살아 있는 형태"를 향하며 그를 통해 충족된다.

실러는 미를 살아 있는 형태로 규정한 후 미의 구별을 시도한다. 그는 우선 "이념으로서의 미"와 "경험 속에서의 미"(AE, 110)를 구별한다. 미가 이처럼 두 가지 유형으로 나누어지는 이유는 예술본능 안에서 형식본능과 감각본능이 다양한 방식으로 상호작용할 수 있기 때문이다. 이상적인 경우 형식본능과 감각본능은 완전하게 균형과 조화를 이루는 방식으로 상호작용한다. 이 경우 미는 그것을 구성하고 있는 두 가지 요소인 삶과 형식이 완전하게 조화와 균형을 이룬 "이상적인 미", 즉 "이념으로서의 미"이다. 이념으로서의 미는 "무한한 것"(ein Unendliches)(AE, 94), 즉 그를 향해 인간이 무한히 접근해 나가야 할

것으로서 인간에게 부여된 "이성의 과제"(die Aufgabe der Vernunft)
(AE, 94)이다. 그러나 형식본능과 감각본능이 완전하게 조화와 균형
을 이루지 못한 상태에서 상호작용할 수도 있다. 감각본능이 형식본능
보다 더 강하게 작동할 수도 있고 거꾸로 형식본능이 감각본능보다 더
강하게 작동할 수도 있다. 이처럼 양자가 균형을 이루지 못한 상태에
서 상호작용할 경우 예술본능은 "이상적인 미"가 아니라, "경험 속에
서의 미"를 향한다. 경험 속에서의 미는 미를 구성하는 두 가지 요소인
삶과 형식이 완전하게 조화와 균형을 이루지 못한 미이다. 삶과 형식
이 조화와 균형을 이루지 못하는 방식은 무수히 다양할 수 있기 때문
에 무수히 다양한 유형의 경험 속에서의 미가 존재한다.

　더 나아가 실러는 "이완하는 미"(die schmelzende Schönheit)와
"힘을 주는 미"(die energische Schönheit)(AE, 112)를 구별한다. 미
가 이처럼 두 가지 유형으로 나누어질 수 있는 이유는 인간이 미를 경
험하면서 두 가지 효과, 즉 긴장을 이완시켜 주는 효과와 힘을 나게 하
는 효과를 경험할 수 있기 때문이다. 그런데 미가 이처럼 두 가지로 나
누어지는 이유는 이상적인 관점에서 보면 예술본능이 작동할 경우 감
각본능과 형식본능 각각이 상대방과의 조화로운 상호작용을 통해 한
편으로는 자신의 한계 안에 머물게 되면서 부드러워지고 동시에 다른
한편으로는 더 역동적이 될 수 있기 때문이다. 그런데 여기서 감각본
능과 형식본능 각각이 상대방과의 상호작용을 통해 자신의 한계 안에
머물게 되면서 부드러워질 경우 등장하는 미는 마음을 부드럽게 만들
어 주는 이완하는 미이다. 인간은 미개인처럼 감각본능의 강요 때문에
긴장하면서 살아갈 수도 있고 야만인처럼 형식본능의 강요 때문에 긴
장하면서 살아갈 수도 있는데, 이완하는 미는 이러한 두 가지 유형의
긴장을 풀어 주면서 이완해 주는 효과를 가지고 있다. 또 감각본능과
형식본능 각각이 상대방과의 조화로운 상호작용을 통해 더 역동적으

로 작동할 경우 등장하는 미는 힘을 주는 미이다. 인간의 감각본능과 형식본능 각각은 상대방의 부당한 침입 때문에 힘을 잃어 무기력해질 수 있는데, 감각본능과 형식본능이 역동적으로 작동하면서 등장하는 힘을 실어 주는 미는 인간이 무기력 상태에서 벗어날 수 있도록 힘을 실어 줄 수 있다. 여기서 알 수 있듯이 이완하는 미와 힘을 실어 주는 미는 동전의 양면과 같이 서로 분리될 수 없다. 예술본능이 작동할 경우 감각본능과 형식본능 각각은 상대방을 통해 부드러워지면서 역동적이 될 수 있고 또 역동적으로 되면서 부드러워질 수 있다. 따라서 양자의 상호작용을 통해 등장하는 미는, 이완하는 미이기 때문에 힘을 실어 주는 미일 수 있으며, 힘을 실어 주는 미이기 때문에 이완하는 미일 수 있다. 이처럼 이완과 힘을 실어 줌이라는 미가 가지고 있는 두 가지 작용은 "그 이념에 따라서 볼 때"(der Idee nach) "하나의 유일한 작용"(eine einzige)(AE, 110)이다.

4) 놀이본능으로서의 예술본능과 예술경험의 구조

형식본능과 감각본능이 조화롭고 역동적으로 작동하면서 예술본능이 미를 직관할 경우 인간 심정은 도덕적 자유와 감각적 욕구의 "중간에"(AE, 104) 위치하게 된다. 이는 예술본능이 작동해 미를 직관할 경우 인간 심정이 형식본능의 강요뿐 아니라 감각본능의 강요를 벗어나 놀이의 상태에 있음을 뜻한다. 바로 이러한 이유에서 실러는 예술본능을 놀이본능으로 규정한다. 그는 다음과 같은 두 가지 이유에서 예술본능을 놀이본능이라 부른다.

우선 예술본능을 놀이본능이라 부르는 이유는 그 안에서 형식본능과 감각본능이 놀이하듯이 조화롭게 서로 영향을 주고받기 때문이다. 놀이, 즉 형식본능과 감각본능 사이의 놀이는 예술본능의 본질이다. 형식본능과 감각본능 사이의 놀이를 지칭하기 위해 실러는 "상호작용"

(AE, 94)이라는 개념을 사용한다. 말하자면 예술본능을 구성하는 두 가지 구성 요소로서 형식본능과 감각본능은 상호작용하면서 놀이하는 것이다. 이러한 놀이 개념의 원천은 칸트의 미학이다. 실러가 『인간의 미적 교육에 관하여』의 첫 번째 편지에서 자신의 입장이 대부분 "칸트의 근본 명제들"(Kantische Grundsätze)(AE, 4)에 토대를 두고 있다고 밝히고 있듯이, 그는 자신의 미학이론을 전개하면서 칸트로부터 결정적인 영향을 받았는데, 그 대표적인 예는 놀이 개념이다. 칸트는 『판단력비판』에서 미학적 취미판단의 구조를 분석하면서 "상상력과 오성 사이의 자유로운 놀이"(freies Speil der Einbildungskraft und des Verstandes)(KU, 56)를 미적 즐거움의 원천으로 간주하는데, 실러의 미학에 등장하는 형식본능과 감각본능 사이의 놀이 개념은 칸트의 놀이 개념으로부터 결정적으로 영향을 받았다고 할 수 있다. 물론 실러는 예술본능을 구성하는 두 가지 요소인 형식본능과 감각본능 사이의 상호작용을 논의하면서 그것을 지칭하기 위하여 놀이라는 개념을 사용하지는 않는다. 그럼에도 양자 사이의 상호작용은 그 내용에 있어 칸트의 놀이에 해당한다.

더 나아가 예술본능을 놀이본능이라 부르는 이유는 그것이 다름 아닌 인간이 "미를 가지고"(AE, 106) 놀도록 하는 본능이기 때문이다. 예술본능이 작동하면서 인간 심정은 미를 가지고 놀이한다. 이러한 점에서 모든 예술활동은 미를 가지고 놀이하는 활동이다. 그러나 우리는 이러한 놀이를 일상적인 의미의 놀이와 혼동해서는 안 된다. 일상적인 의미의 놀이는 주로 어린이, 동물이 하는 것으로서 진지하지 않은 것, 사소한 것, 있어도 그만 없어도 그만인 것 등 부정적이며 소극적인 의미를 지니고 있다. 이러한 점에서 일상적인 의미의 놀이는 놀이 이상도 이하도 아닌 "단순한 놀이"(ein blosses Spiel)(AE, 104)에 불과하다. 그러나 놀이본능으로서의 예술본능을 통한 아름다움과의 놀이는 이처럼 "단순한 놀이"가 아니다. 그것은 인간에게 있어도 그만 없어도 그만인 것이 아니라, 인간을 인간이게 해 주는 인간의 핵심적인 본질이다. 말하자면 "인간은 '놀이하다' 라는 단어의 완전한 의미에서 인간인 한에서만 노는 것이요, 그는 노는 한에서만 온전하게 인간이라" (AE, 106) 할 수 있다. 이처럼 놀이가 인간의 본질이며 인간을 인간이 될 수 있도록 만들어 주는 본질적인 요소이기 때문에 "인간은 아름다움과 그저 놀아야만 하고(nur spielen) 아름다움과만(nur mit der Schönheit) 놀아야 한다."(AE, 106)

　이처럼 예술본능은 두 가지 의미에서 놀이본능으로 규정될 수 있다. 미적 경험이 놀이본능으로서의 예술본능에 토대를 두고 있기 때문에 미적 경험의 성격 역시 그를 통해 각인된다. 미적 경험 속에서 인간은 강요와 구속의 상태에서 벗어나 자유를 누릴 수 있다. 인간은 "물질적 상태"(der Zustand)와 "인격"(die Person)의 통일체이기 때문에 이중의 "강요"(Zwang) 속에서 살아간다. 인간은 한편으로는 물질적 상태이기 때문에 물질적 삶의 강요, 즉 "자연법칙의 물질적 강요"(der meteriale Zwang der Naturgesetze)(AE, 108) 속에서 살아가며, 다른 한편으로는 인격이기 때문에 인간의 존엄을 유지해야 할 의무의 강요, 즉 "도덕법칙의 정신적 강요"(der geistige Zwang der Sittengetze) (AE, 108) 속에서 살아간다. 그런데 예술본능에 토대를 둔 미적 경험은 "살아 있는 형태"인 미를 직관하도록 해 주면서 인간을 한편으로는 물질적 삶의 강요로부터 벗어날 수 있도록 해 주고, 다른 한편으로는 의무의 강요로부터도 벗어날 수 있도록 해 준다.

　이처럼 인간을 물질적 강요뿐 아니라, 정신적 강요로부터 벗어날 수 있도록 해 주는 미적 경험은 인간에게 "참된 자유"(die wahre Freiheit)(AE, 108)를 보장해 주는 원천이다. 여기서 우리는 미적 경험이 가져다주는 자유를 칸트의 도덕철학의 핵심 개념인 의지의 자유와 혼동해서는 안 된다. 실러의 입장에서 보자면 칸트의 자유는 진정한 의미에서 자유가 아니라, 강요와 구속, 즉 도덕법칙이 일면적으로 인간에게 부과하는 강요와 구속에 불과하다. 실러의 자유는 이처럼 강요와 구속에 불과한 칸트의 자유를 극복하고 형식본능과 감각본능이 "혼합된 인간의 본성"(seine gemischte Natur)(AE, 136)에 토대를 둔 자유이다. 따라서 그것은 인간의 감각적 본성이 가져다주는 강요와 구속뿐 아니라, 칸트의 도덕적 자유가 가져다주는 강요와 구속도 극복한 "참된 자유"이다.

이처럼 인간에게 참된 자유를 보장해 주면서 미적 경험은 인간이 인간으로서의 "품위"(Würde)(AE, 108)와 더불어 "우아함"(Anmut)(AE, 108)을 유지할 수 있도록 해 준다. 말하자면 인간은 예술본능의 작동과 더불어 미적 경험을 하면서 정신적으로 "가장 커다란 평안함과 가장 활발한 운동의 상태"(Zustand der höchsten Ruhe und der höchsten Bewegung)(AE, 108)에서 살아갈 수 있다. 바로 이러한 이유에서 예술본능은 진정하며 궁극적인 행복의 원천이다. 인간은 예술본능의 작동과 더불어 감각적 삶의 영역과 이성적 의무의 영역 사이에 존재하는 "행복한 중간 지대에서"(in der glücklichen Mitte)(AE, 104) 살아갈 수 있다.

5) 예술본능과 퇴락의 극복

실러는 예술본능에 토대를 둔 미적 경험을 시대의 퇴락을 극복할 수 있는 단초로 간주한다. 앞서 살펴보았듯이 당대가 처한 퇴락이 나타난 이유는 개인적인 차원에서는 전문화와 분업화를 통해 개인에게서 인간의 다양한 정신적 능력이 조화롭게 통일되지 못한 채 파편화되어 있고 인류 공동체의 차원에서는 다양한 영역이 조화롭게 통일되지 못한 채 분열하여 서로 대립하고 있기 때문이다. 그런데 예술본능과 그에 토대를 둔 미적 경험은 개인과 공동체에 다시 조화와 통일을 가져다주면서 퇴락한 시대를 극복할 수 있는 가능성을 열어 준다.

우선 개인적인 차원에서 볼 때 미적 경험은 형식본능과 감각본능 사이의 조화롭고 역동적인 상호작용에 토대를 두고 있기 때문에 개인의 다양한 정신적 능력들이 조화롭게 통일되어 개인이 전인으로 다시 태어날 수 있는 가능성을 열어 준다. 앞서 감각적 욕구의 강요에 일면적으로 종속된 미개인과 도덕적 법칙의 강요에 일면적으로 종속된 야만인 등 두 가지 인간형에 대해 살펴보았는데, 미적 경험은 미개인의 상태뿐 아니라, 야만인의 상태까지 벗어난 조화롭고 통일적이며 진정한 의미에서 자유롭고 행복한 교양인이 탄생할 수 있는 가능성을 열어 준다.

더 나아가 인류 공동체의 차원에서 볼 때 미적 경험은 서로 분열되어 대립하고 있는 다양한 영역들이 조화롭고 통일적으로 발전해 나갈 수 있는 가능성을 열어 준다. 국가의 경우 감각적 욕구가 일면적으로 지배하는 "자연국가"(Naturstaat)(AE, 12)로 전락할 위험도 있고 도덕 법칙이 일면적으로 지배하는 "윤리국가"(der ethische Staat)(AE, 214)로 전락할 위험이 있는데, 미적 경험은 이처럼 퇴락한 두 가지 형태의 국가를 극복하고 사회의 전 영역이 조화(Harmonie)와 통합(Ver-einigung)을 이루고 있는 "미적 국가"(der ästhetische Staat)(AE, 214)를 건설할 수 있는 가능성을 열어 준다. 이러한 미적 국가에서 모든 시민은 미적 경험을 통해 교양인으로서 품위와 우아함을 지니고 자유롭고 평등하게 행복한 삶을 살아갈 수 있다.

2. 실러의 예술본능론에 대한 현상학적 해석과 예술본능의 현상학[3]

1) 실러의 예술본능론에 대한 현상학적 해석

지금까지 우리는 실러의 『인간의 미적 교육에 관하여』를 중심으로 그의 예술본능론에 대해 살펴보았다. 실러의 예술본능론은 한편으로는 여러 가지 중요한 현상학적 통찰들을 담고 있기 때문에 예술본능의 현상학의 선구로 간주될 수 있다. 그럼에도 그것은 몇 가지 중요한 난점들을 가지고 있으며 그것이 진정한 의미에서 예술본능의 현상학이 되기 위해서는 그것들을 극복해야 한다.

실러의 예술본능론을 비판적으로 수용하면서 예술본능의 현상학을 전개하기 위해서 필자는 실러의 예술본능론에 대한 현상학적 해석을 시도하고자 한다. 이 경우 현상학적 해석이란 문헌 해석과 구별되는 것으로서 문헌 해석이 실러의 철학 체계 안에 머물면서 수행되는 내재적인 해석인 데 반해, 현상학적 해석은 실러의 철학 체계 밖에 머물면서 "사태 자체로!"라는 현상학의 구호에 충실하게 사태를 중심으로 그의 타당성을 비판적으로 검토하면서 수행되는 해석을 뜻한다. 따라서 실러의 예술본능론에 대한 현상학적 해석은 그의 한계에 대한 발견과 더불어 시작된다.

현상학적 관점에서 볼 때 실러의 예술본능론은 무엇보다도 방법론적으로 한계를 가지고 있다. 앞서 살펴보았듯이 그는 예술본능 개념을 해명하기 위하여 "초월론적 길"이라 불리는 추상의 방법을 사용한다. 그는 추상의 방법을 사용하여 인간의 본성을 구성하는 본질적인 두 가지 요소로 인격과 물질적 상태를 설정하고 양자에 대응하는 두 가지

3 2절의 많은 부분은 필자의 "Toward the Phenomenology of Aesthetic Instinct Developed through a Dialogue with F. Schiller (1759–1805)", 『인문논총』 68(2013) 에서 따왔다.

근원적 본능인 형식본능과 감각본능을 정립한 후 그들의 상호작용을 통해 놀이본능으로서의 예술본능을 도출해 낸다.

그러나 추상의 방법은 난점을 가지고 있다. 그 이유는 추상이란 연구자의 관심에 따라 다양한 방식으로 이루어질 수 있으며 따라서 추상의 방법을 통해 인간의 본성을 구성하는 본질적 요소가 일의적으로 확정될 수 없기 때문이다. 실러는 추상의 방법을 통해 인간을 구성하는 두 가지 본질적 요소인 인격과 감각적 상태를 도출할 수 있다고 생각하는데, 어떤 이유에서 추상의 방법을 통해 2개의 본질적 요소가 도출되며, 3개, 4개 혹은 그 이상의 요소들이 도출되지 않는지는 불투명하다. 실제로 추상의 방법을 통해 인간을 구성하는 요소로서 무기물적인 것, 식물적인 것, 동물적인 것, 이성적인 것 등 4가지 본질적 요소를 도출할 수도 있다. 이처럼 추상의 방법은 임의적인 성격을 가지고 있다. 이와 관련해 우리는 인간의 본성을 구성하는 본질적인 요소가 인격과 감각적 상태라는 견해를 피력하면서 실러가 전통 철학의 이원론으로부터 결정적으로 영향을 받았음을 알 수 있다. 플라톤의 이데아와 경험적 사물의 구별, 데카르트의 연장실체와 사유실체의 구별, 칸트의 자연과 자유의 구별 등 전통 철학을 살펴보면 다양한 유형의 이원론이 존재하는데, 이것들이 인격과 감각적 상태에 대한 실러의 구별에 영향을 미쳤다고 할 수 있다. 이 중에서, 실러 스스로『인간의 미적 교육에 관하여』의 첫 번째 편지에서 명백히 밝히고 있듯이, 자연과 자유의 구별에 토대를 두고 있는 칸트의 철학은 인격과 감각적 상태에 대한 실러의 구별에 결정적인 영향을 미쳤다.

실러의 추상의 방법이 안고 있는 난점은 그의 예술본능론의 체계 안에도 반영되어 있다. 앞서 살펴보았듯이 그가 인간을 구성하는 두 가지 근본적인 원칙으로 인격과 감각적 상태를 제시하고 있음에도 불구하고 그는 스무 번째 편지에서는 어떤 사태가 인간에게 경험될 수 있는 4가지 의식 방식으로서 "감각적 상태"(sinnlicher Zustand), "오성" (Verstand), "의지"(Wille), "우리의 여러 가지 정신적 힘들의 총체" (das ganze unserer verschiedenen Kräfte) 등을 제시하고, 이 4가지 각각에 경험되는 사태의 속성을 각각 "물리적 속성"(physische Be- schaffenheit), "논리적 속성"(logische Beschaffenheit), "도덕적 속성" (moralische Beschaffenheit), "미적 속성"(ästhetische Beschaffen- heit)(AE, 140, 142)이라 부른다. 여기서 우리는 실러가 인간을 구성 하는 근본적인 원칙을 2가지가 아니라, 4가지로 간주하고 있는 것이 아닌가 하는 의구심을 갖게 된다.

　이처럼 현상학적 관점에서 볼 때 실러의 미학이 방법론적 난점을 가지고 있음에도 불구하고 그것은 철학사적 관점에서 칸트와 비교해 볼 때 "사태 자체로!"라는 현상학의 근본 모토에 보다 더 충실한 방향 으로 전개된 미학이론으로 평가될 수 있다. 실러가 예술본능론을 전 개하면서 칸트가 자신에게 미친 결정적인 영향을 여기저기서 언급하 고 있음에도 불구하고 칸트의 미학과 실러의 미학 사이에는 근본적인 차이점이 존재한다. 앞서 1장 2절에서 살펴보았듯이 칸트가 미적 감 정을 그 어떤 욕구에 토대를 두고 있지 않기 때문에 무관심한 감정으 로 간주하고 있는 데 반해, 실러는 미적 감적을 예술본능이라는 욕구 에 토대를 둔 감정으로 이해하면서 미적 감정의 정체를 칸트보다 더 구체적으로 해명하고 있다. 미적 감정에 대한 분석의 예가 보여 주듯 이 칸트의 미학에서 실러의 미학으로 이행하는 과정은 사태 자체에 토 대를 두고 있는 구체적인 현상학적 미학의 방향으로 나아가는 과정이 라 할 수 있다.

　이처럼 실러의 예술본능론이 칸트의 미학과는 달리 구체적인 현상 학적 미학의 방향으로 나아가고 있음에도 불구하고 실러 역시 자신의 미학을 전개하면서 자신이 몸담고 있던 관념론적 형이상학의 선입견에 빠져 예술본능의 정체를 충실히 해명하지 못하고 예술본능론을 구체적인 현상학적 미학으로 전개할 수 없었다. 실러의 예술본능론을 관념론적 형이상학의 선입견으로부터 해방시켜 진정한 의미에서 구체적인 현상학적 미학으로 탈바꿈시키기 위해서는 그에 대한 현상학적 해석이 필요하다. 실러의 예술본능론을 현상학적으로 해석하는 일은 그리 어려운 작업이 아니다. 그 이유는 그것이 미학의 몇몇 주제와 관련하여 경험을 초월하는 이념적인 것을 주로 다루지만 경험적인 것을 다룰 수 있는 여지를 남겨 놓고 있기 때문이다. 예를 들어 실러는, 앞서 살펴보았듯이, 미를 이념으로서의 미와 경험으로서의 미로 나누면서 주로 이념으로서의 미를 해명하고 있지만 경험으로서의 미를 다룰 수 있는 여지를 남겨 놓고 있다. 또한 그는 예술본능 개념과 관련해서도 "놀이본능의 이상"(ein Ideal des Spieltriebes)(AE, 106)과 "실제로 존재하는 놀이본능"(der wirklich vorhandene Spieltrieb)(AE, 106)을 구별하면서 주로 "놀이본능의 이상"의 구조를 분석하고 있지만 "실제로 존재하는 놀이본능"을 다룰 수 있는 여지를 남겨 놓고 있다. 여기서 실러의 예술본능론을 현상학적으로 해석하기 위해서는 이념으로서의 미, 놀이본능의 이상 등 일체의 이념적인 것에 대해서는 일단 판단중지를 수행한 후 경험을 통해 생생하게 주어지는 "경험으로서의 미", "실제로 존재하는 놀이본능" 등 구체적인 예술 현상으로 돌아가 그에 대한 분석을 토대로 예술본능론을 정초하도록 노력해야 한다. 이때 비로소 실러의 예술본능론은 예술본능의 현상학으로 탈바꿈할 수 있다.

실러의 예술본능론을 현상학적으로 해석하기 위해서는 초월론적 길로서의 추상의 방법이 아니라, 앞서 1장 4절에서 살펴본 여러 가지 현상학적 환원의 방법을 비롯하여 다양한 현상학적 방법을 사용해야 한다. 여기서 추상의 방법과 구별되는 현상학적 방법의 핵심은 구체적인

사태 자체로 육박하여 그에 대한 철저한 분석을 토대로 그로부터 시작
하여 모든 가능한 이론을 구축하는 데 있다. 실러의 추상의 방법 역시
인간을 구성하는 두 가지 근본적인 원칙인 인격과 감각적 상태를 발견
하기 위하여 구체적인 인간에 대한 분석에서 시작하긴 하지만 그에 대
해 충분히 구체적으로 분석하지 않은 채 너무 조급하게 두 가지 원칙
을 도출하는 오류를 범하고 있다. 말하자면 그가 제시하는 두 가지 원
칙은 인간 존재에 대한 철저한 현상학적 분석을 토대로 정초된 것이
아니라, 사변적이며 독단적인 전제에 불과하다고 할 수 있다.

　실러의 예술본능론에 대한 현상학적 해석의 가능성과 관련하여 우
리는 칸트의 미학과 달리 실러의 예술본능론이 "인간학적 성격"을 가
지고 있다는 사실에 유의할 필요가 있다.[4] 여기서 실러의 미학이 인간
학적 성격을 가지고 있다 함은 그것이 초월론적 방법인 추상의 방법
을 사용하면서 전개된 칸트적인 형태의 미학의 한계를 넘어 구체적인
인간에 대한 분석에 토대를 두고 구체적인 미학으로 전개될 수 있는
가능성을 가지고 있음을 뜻한다. 실러의 예술본능론은 칸트적인 형태
의 추상적인 미학과 인간학적 미학의 혼합체라 할 수 있다. 만일 실
러의 예술본능론이 칸트적인 형태의 추상적인 미학의 한계를 넘어서
현상학적 환원의 방법을 비롯해 다양한 유형의 현상학적 방법을 적
절하게 사용하여 철저하게 인간학적 미학으로 전개될 경우 그것은 예
술본능의 현상학과 일치한다. 그 이유는 예술본능의 현상학 역시 인

4　실러 미학의 인간학적 성격에 대해서는 다음을 참고할 것: 김광명, 「실러 미학에
대한 인간학적 이해」, 미학대계간행회 편, 『미학대계』 제1권, 『미학의 역사』, 서울: 서
울대학교출판부, 2007; 하선규, 「살아 있는 '형태'와 예술적 '가상'의 구제 - 실러 미
학 사상의 사상사적 의미와 그 현대적 의의를 위하여」, 윤선구 외 옮기고 씀, 『프리드
리히 실러의 미적 교육론』, 서울: 대화문화아카데미, 2015, 320 이하; H.-G. Gadam-
er, *Wahrheit und Methode, Grundzüge einer philosophischen Hermeneutik*, Gesam-
melte Werke, Bd. 1, Tübingen: J. C. B. Mohr(Paul Siebeck), 1986, 88.

간의 구체적인 다양한 예술경험에 대한 분석을 토대로 전개되기 때문이다.

2) 실러의 예술본능론과 현상학적 통찰

실러의 예술본능론이 몇 가지 난점을 가지고 있음에도 불구하고 그것은 여러 가지 중요한 현상학적 통찰들을 담고 있으며 예술본능의 현상학의 전개를 위해 중요한 의미를 지닌다. 실제로 실러의 예술본능론에는 예술본능에 대한 다양한 현상학적 분석이 들어 있다. 그 대표적인 예는 예술본능의 노에시스-노에마 상관관계에 대한 분석이다. 잘 알려져 있듯이 현상학의 가장 중요한 주제는 지향성이며 지향성은 노에시스-노에마 상관관계를 특징으로 한다.[5] 노에시스-노에마 상관관계는 모든 유형의 의식의 본질적 속성이며 예술본능도 노에시스-노에마 상관관계를 가지고 있는데, 실러는 예술본능의 현상학을 전개하면서 예술본능에 대해 노에시스-노에마 상관관계를 분석한다. 앞서 살펴보았듯이 그는 예술본능을 해명하면서 그 대상에 대해 분석하는데, 예술본능의 대상이 노에마이며 따라서 그에 대한 분석은 노에시스-노에마 상관관계에 대한 분석에 해당한다.

예술본능에 대한 현상학적 분석의 또 다른 예는 예술본능의 충족 양상에 대한 분석이다. 지향(Intention)과 충족(Erfüllung)은 현상학의 두 가지 핵심 개념이다. 우리의 모든 의식은 일단 단순한 지향의 양상에서 대상을 향하며 이러한 지향은 충족을 향해 노력한다. 이 점에 있어서는 지향성의 일종으로서의 본능도 예외가 아니다. 본능이 발동할 경우 최초의 상태는 단순한 지향으로서 불만족 내지 미충족의 상태이

---

5   노에시스-노에마 상관관계에 대해서는 E. Husserl, Hua III/1, 200 이하; Hua VI, 169 이하 참조.

며 따라서 본능은 필연적으로 충족의 상태에 도달하려고 노력한다. 이 점에 대해 실러는 감각본능과 형식본능을 예로 들어 다음과 같이 기술한다: "이러한 원초적인 본능 각각은 그것이 발생할 때부터 그의 본성에 따라 불가피하게 충족의 상태에 도달하려고 노력한다. […]"(AE, 134) 감각본능과 형식본능과 마찬가지로 예술본능 역시 발동하기 시작하면서 충족의 상태에 도달하기 위해 노력한다. 이러한 맥락에서 실러는 예술본능론을 전개하면서 이념적 미를 발견하려는 인간의 노력을 "인간이 자신의 놀이본능을 충족시키는 방법"(AE, 106)과 관련지어 논의한다.

예술본능에 대한 현상학적 분석의 세 번째 예로는 예술세계에 대한 분석을 들 수 있다. 현상학의 핵심적인 주제 중의 하나인 세계는 본능현상과 밀접하게 연결되어 있다. 감각적 세계, 앎의 세계, 종교적 세계, 도덕적 세계 등 다양한 유형의 세계가 존재하는데, 이 각각의 세계의 발생적 토대로서 고유한 본능이 작동하고 있기 때문이다. 예를 들어 감각적 세계의 발생적 토대로서 감각본능이 작동하고 있고, 앎의 세계의 발생적 토대로서 앎의 본능이 작동하고 있으며, 종교적 세계의 발생적 토대로서 종교본능이 작동하고 있다. 이와 마찬가지로 예술적 세계의 발생적 토대로서 예술본능이 작동하고 있는데, 실러는『인간의 미적 교육에 관하여』의 스물일곱 번째 편지에서 예술세계를 "놀이와 가상으로 이루어진 세 번째 즐거움의 왕국"(AE, 214)이라 부르고 이러한 세 번째 왕국의 형성에서 미적본능으로서의 예술본능이 작동한다는 사실을 지적하면서 그에 대해 분석한다. 우리는 6장에서 미적 본능으로서의 예술본능과 미적 태도를 분석하면서 예술세계의 구조를 해명할 것이다.

3. 예술본능으로서의 실러의 예술충동

실러의 예술충동론을 비판적으로 수용하면서 예술본능의 현상학을 전개하기 위하여 필자는 우선 실러의 예술충동[6] 개념을 현상학적으로 해석하면서 예술본능에 대한 예비적인 해명을 시도하고자 한다. 실러의 예술충동을 현상학적으로 해석할 경우 그것은 예술본능이라 불려야 한다. 이 점과 관련해서 유의해야 할 점은 필자가 실러의 예술충동론에 대한 문헌학적 해석이 아니라, 현상학적 해석을 시도하고 있다는 사실이다. 문헌학적 입장에 설 경우 실러가 예술충동이라 부르는 것을 예술본능이라 불러야 한다는 필자의 견해는 타당하지 않다. 실러는 『인간의 미적 교육에 관하여』의 어디에서도 자신이 예술충동이라 부르는 것을 단 한 번도 예술본능이라 부르고 있지 않기 때문이다.[7] 그러나 현상학적 입장에서 보면 실러는 추상적인 칸트의 미학을 비판적으로 수용하면서 예술충동 개념에 대한 분석을 토대로 구체적인 미학을 전개하고자 시도하였으며 이처럼 현상학적 입장에 설 경우 그의 예술충동을 예술본능이라 부르는 것이 더 타당하다.

실러의 예술충동을 예술본능이라 부르는 것이 타당한 이유는 그것이 선천적 충동의 일종이기 때문이다. 여기서 우리는, 앞서 1장에서 살

---

6 실러는 "예술충동"(der ästhetische Trieb)이라는 개념을 사용하지 않는다. 그는 예술충동을 지칭하기 위하여 "놀이충동"(Spieltrieb)(AE, 96 이하) 또는 "예술적 놀이충동"(der ästhetische Spieltrieb)(AE, 210)이라는 표현을 사용한다. 필자가 예술충동이라 부르는 것은 "놀이충동"(Spieltrieb) 또는 "예술적 놀이충동"(der ästhetische Spieltrieb)을 뜻한다.

7 물론 뒤에서 논의하겠지만 실러의 『인간의 미적 교육에 관하여』에서 예술충동을 예술본능으로 이해할 수 있는 가능성이 전혀 없는 것은 아니다. 그럼에도 실러가 예술본능이라는 개념을 전혀 사용하고 있지 않기 때문에 그의 예술충동을 예술본능으로 불러야 한다는 견해는 문헌학적으로 타당하다고 할 수 없다.

제3장 예술본능 개념의 해명   91

펴보았듯이, 충동에는 선천적 충동과 후천적 충동 등 두 가지가 존재
하며 그중에서 선천적 충동이 다름 아닌 본능이라는 사실에 유의할 필
요가 있다. 선천적 충동인 본능은 특정한 종에 속하는 모든 개체에게
서 보편적으로 나타나는 현상인 데 반해, 충동은 특정한 종에 속한 일
군의 개체에게서만 나타나는 현상이다. 선천적 충동으로서의 본능과
충동에 대한 이러한 구별에 따르면 실러가 예술충동이라 부른 것이 후
천적 충동이 아니라, 선천적 충동의 일종이며 따라서 그것은 예술본능
을 뜻한다. 실러의 예술충동은 일군의 사람에게서만 확인할 수 있는
현상도 아니요, 일시적이며 간헐적으로 나타나는 현상도 아니기 때문
이다. 앞서 우리는 후천적 충동과 구별되는 선천적 충동으로서의 본능
의 속성 10가지를 살펴보았는데, 실제로 실러의 예술충동은 본능의 속
성을 모두 가지고 있다. 이와 관련하여 우리는 특히 중요한 의미를 지
니는 다음과 같은 3가지 속성을 살펴보고자 한다.

1) 우선 실러의 예술충동은 모든 유형의 본능과 마찬가지로 특정한
유형의 대상을 추구하도록 추동하는 생명적인 힘, 즉 일종의 지향성을
뜻하며 따라서 그것은 물리적 힘, 물리적 에너지와 구별된다. 실러의
예술충동은 "살아 있는 형태"로서의 미를 추구하도록 추동하는 지향성
이다.
2) 실러의 예술충동은 모든 유형의 본능과 마찬가지로 특정한 종
(들)에 속하는 모든 유기체들에게 속하는 보편적인 생명적인 힘이다.
여기서 특정한 종은 일차적으로 인간 종을 뜻한다.[8] 앞서 논의되었듯

---

[8]   물론 우리는 인간 이외에 다른 동물 종의 경우 예술충동 내지 예술본능을 가지고
있는지 하는 점을 살펴볼 필요가 있다. 만일 몇몇 동물 종에서 예술충동 내지 예술본능
을 확인할 수 있다면 예술본능은 인간과 그러한 동물 종들이 공유하는 본능이 될 것이
다. 우리는 동물이 예술본능을 가지고 있는지에 대해서 7장에서 간단히 살펴볼 것이다.

이 예술충동은 그 안에서 감각적 충동과 형식적 충동이 상호작용하는
충동이며, 감각적 충동과 형식적 충동이 인간을 구성하는 두 가지 원
리로서 인간에게 보편적으로 속한 것이기 때문에 그 안에서 이 둘이
상호작용하는 예술충동 역시 인간에게 보편적으로 속한 것인 본능, 즉
예술본능이다.

　3) 실러의 예술충동은 모든 유형의 본능과 마찬가지로 인간이라는
종에 속하는 선천적인 생명적인 힘이다. 예술충동의 선천성과 관련하
여 실러는 예술충동에 토대를 두고 등장하는 "미적 기분"(die ästhe-
tische Stimmung)을 "자연의 선물"(ein Geschenk der Natur)(AE,
192)로 규정한다.

　이처럼 실러의 예술충동은 충동과 구별되는 지속성과 더불어 본능
이 갖추어야 할 이러한 세 가지 중요한 속성을 가지고 있다. 더 자세한
논의를 통해 밝힐 수 있듯이 실러의 예술충동은 본능이 가지고 있는
여타의 속성들도 가지고 있으며, 따라서 그것은 충동이 아니라, 본능
으로 규정되어야 한다. 실러의 예술충동은 "아름다움이라는 특정한 유
형의 대상을 추구하도록 인간을 추동하는 보편적이며 선천적인 생명
적인 힘"으로서 일종의 본능, 즉 예술본능이다.

　필자는 실러 역시 『인간의 미적 교육에 관하여』에서 예술충동이라
는 개념 대신 예술본능 개념을 사용할 수도 있었다고 생각한다. 이 점
을 이해하기 위하여 우리는 실러가 이해하고 있는 본능 개념을 살펴볼
필요가 있다. 그는 『인간의 미적 교육에 관하여』에서 드물게 본능(Ins-
tinkt) 개념을 사용한다. 그런데 필자는 그의 본능 개념이 이중적인 의
미를 가지고 있다고 생각한다. 그는 본능을 한편으로는 동물적인 본능
행동으로 이해하고, 다른 한편으로는 특정한 유형의 대상을 추구하도
록 추동하는 생명적인 힘으로서의 지향성으로 이해하기도 한다. 예를

들어 그는 스물일곱 번째 편지에서 상상력을 통한 "미적 놀이로의 도약"(Sprung zum ästhetischen Spiel)을 논하면서 "법칙을 부여하는 정신"(der gesetzgebende Geist)이 "맹목적 본능의 행동"(Handlung des blinden Instinktes)(AE, 208)에 개입한다는 사실을 지적하고 있는데, 이 경우 "맹목적 본능의 행동"은 일종의 동물적인 본능행동을 뜻한다고 할 수 있다. 그러나 그는 첫 번째 편지에서는 이와는 다른 본능 개념을 사용한다. 그는 거기서 칸트의 실천철학에서 주도적인 이념이 무엇이냐에 관해서 철학자들은 의견이 갈라져 있지만 일반인들은 그렇지 않다고 말하면서, 전문적인 형식을 빼 버리고 나면 그것은 평범한 이성의 오래된 요구이고 지혜로운 자연이 인간이 성숙할 때까지 후견인으로 삼은 "도덕적 본능의 사실"(die Tatsache des moralischen Instinktes)(AE, 4)이라고 말하고 있다. 여기서 "도덕본능"은 인간이 도덕적 행동을 하도록 추동하는 힘을 뜻하며 따라서 그것은 동물적인 본능행동이 아니라, 특정한 유형의 대상을 추구하도록 인간을 추동하는 내적인 생명적인 힘으로서의 지향성을 뜻한다.

이처럼 실러는 본능 개념을 이중적인 의미로 사용한다. 만일 그가 자신이 사용하는 본능 개념이 이중적인 의미를 지니고 있으며 그중에서 특정한 유형의 대상을 추동하도록 추동하는 생명적인 힘으로서의 지향성을 뜻하는 본능이 철학을 비롯해 여러 학문에서 결정적으로 중요한 의미를 지닌다는 사실을 파악하였더라면 그는 예술충동 개념 대신에 예술본능 개념을 사용할 수도 있었을 것이다. 이와 관련해 필자는 실러가 『인간의 미적 교육에 관하여』를 저술하면서 충동 개념과 본능 개념에 대해 충분히 성찰하지 않은 채 칸트와 피히테로부터 결정적인 영향을 받아 예술본능 개념 대신 예술충동 개념을 자신의 미학의 핵심 개념으로 사용하고 있다고 생각한다. 이 점을 이해하기 위하여 우리는 칸트와 피히테가 본능 개념과 충동 개념을 어떻게 사용하는지 살펴볼 필요가 있다.

칸트는 그의 저술의 여기저기서 본능(Instinkt)에 대해 언급한다. 그러나 그는 현상학적 관점이 아니라, 동물행동학 내지 동물심리학의 관점에서 본능을 본능행동으로 이해하면서 지향성으로서의 예술본능이 존재한다는 사실을 간과하였다. 실제로 그는 동물행동학 내지 동물심리학과 마찬가지로 본능을 동물의 본능행동과 유사한 것 내지 동물적 본능으로 이해한다.[9] 그에 의하면 인간도 본능을 가지고 있으나, 이 경우 본능은 동물적인 것 내지 "동물성"(Tierheit)(KU, 298), 즉 본능행동을 뜻한다. 바로 이처럼 본능을 본능행동으로 이해하면서 그는 예술본능이 존재한다는 사실을 간과하였다. 물론 그는 우리말의 예술본능으로 그릇되게 번역될 가능성이 있는 "Kunstinstinkt"(KU, 312)라는 표현을 사용하기도 한다. 그러나 Kunstinstinkt에서 Kunst는 예술을 뜻하는 것이 아니라, 기술을 뜻하며 Kunstinstinkt는 동물들이 둥지 등을 지을 수 있는 기술본능으로서의 본능행동을 뜻하지 예술본능을 뜻하지 않는다.

피히테는 실러가 『인간의 미적 교육에 관하여』의 첫 번째 편지에서 도덕본능이라 부르는 현상을 체계적으로 분석하면서 자신의 도덕철학을 전개한다.[10] 그러나 그는 실러가 도덕본능이라 부르는 현상을 지칭하기 위하여 도덕본능이라는 개념 대신에 도덕충동(der moralische Trieb)이라는 개념을 사용한다. 그가 이처럼 도덕본능이라는 개념을 사용하지 않고 도덕충동이라는 개념을 사용하는 이유는 본능을 동물적인 본능행동으로 이해하는 칸트의 영향 때문이라 할 수 있다. 본능

9   KU, 155, 298, 312.
10   J. G. Fichte, *Das System der Sittenlehre nach den Principien der Wissenschaftslehre*(1798), in: *Fichtes Werke*. Bd. IV. *Zur Rechts- und Sittenlehre II*. Berlin: Walter de Gruyter & Co., 1971.

을 동물적인 본능행동으로 이해할 경우 도덕본능이란 존재할 수 없다. 그 이유는 도덕본능이란 도덕적인 것을 추구하도록 추동하는 힘을 뜻 하는데, 칸트에서와 마찬가지로 피히테에게 있어서도 도덕적인 것은 동물적인 것과 양립할 수 없기 때문이다.

이처럼 칸트와 피히테는 본능을 현상학적 개념이 아니라, 동물행동 학적 개념 내지 동물심리학적 개념으로 이해하고 있다. 그러나 실러는 본능을 동물행동학적 개념 내지 동물심리학적 개념으로도 이해하고 있으며 동시에 현상학적 개념으로도 이해하고 있다. 만일 그가 현상학 적 개념의 의의를 철저하게 인식하였더라면 그는 예술본능이라는 개 념을 사용할 수 있었을 것이다. 그럼에도 그가 예술본능이 아니라, 예 술충동을 자신의 미학의 핵심적인 개념으로 삼은 이유는 그가 칸트와 피히테의 영향에서 벗어나지 못하였기 때문이다. 여기서 우리는 특히 피히테의 영향을 주목할 필요가 있다. 실제로 피히테는 "예술충동"[11] 이라는 개념을 사용하고 있는데, 이 개념은 실러의 예술충동 개념의 형성을 위해 중요한 역할을 담당했다고 할 수 있다.[12]

지금까지의 논의를 통해서 알 수 있듯이 실러가 예술충동이라 부르 는 것은 예술본능을 뜻한다. 바로 이러한 이유에서 필자는 지금까지 실러가 충동, 예술충동, 놀이충동 등으로 부르는 것을 지칭하기 위하 여 본능, 예술본능, 놀이본능 등의 표현들을 사용해 왔으며 앞으로도 그러한 표현들을 사용할 것이다.

---

11 G. Fichte, "Über Geist und Buchstab in der Philosophie(1794)", in: *Vermischte Schriften und Aufsätze, Fichtes Werke*, Bd. VIII, ed. by I. H. Fichte, Berlin: Walter de Gruyter, 1971, 276 이하.
12 가다머 역시 실러가 예술충동론을 전개하면서 피히테로부터 결정적인 영향을 받 았다는 견해를 피력한다. 이 점에 대해서는 H.-G. Gadamer, *Wahrheit und Methode*, 87-88 참조.

4. 예술본능의 존재에 대한 해명

실러가 예술본능에 대한 분석을 출발점으로 삼아 "인간의 미적 교육
론"을 전개하고 있음에도 불구하고 필자는 그가 예술본능의 존재에 대
한 해명에 있어서 성공하지 못하였다고 평가한다. 앞서 살펴보았듯이
그는 감각본능과 형식본능의 "상호작용"을 통해 예술본능을 도출하면
서 그에 대한 초월론적 해명을 제시한다. 앞서 논의하였듯이 예술본능
의 존재에 대한 실러의 초월론적 해명은 그것이 지닌 임의성 때문에 설
득력이 없다. 필자는 실러와는 달리 예술본능의 존재에 대한 본질적 해
명을 우선 시도하고자 한다. 이러한 해명은 예술적 관점에서 정상인[13]
에 대한 자유 변경(freie Variation)[14]의 방법에 토대를 두고 있다. 이제
예술본능의 존재에 대한 본질적 해명을 시도해 보자.

1) 예술본능의 존재에 대한 본질적 해명

그러면 예술적 관점에서 정상인에 대한 자유 변경의 방법을 통해 예
술본능의 존재에 대한 해명을 시도하기 위하여 우선 정상인이 무엇인

---

13   필자는 정상인 개념을 다음에서 따왔다: 오병남, 『미술론 강의』, 서울: 세창출판
사, 2014, 258.

14   E. Husserl, *Erfahrung und Urteil*, Hamburg: Claassen Verlag, 1964, 410. 후
설은 본질직관의 방법적 절차로 자유 변경을 제시한다. 후설의 경우 본질은 일군의 대
상을 특정한 이름으로 부를 수 있도록 해 주는 것이다. 예를 들어, 현실적으로 존재하
든, 상상적으로 존재하든, 모든 인간을 인간이라 부를 수 있도록 해 주는 요소가 "이성
적 동물"이라면 "이성적 동물"이 인간의 본질이다. 어떤 본질, 예를 들어 인간의 본질
을 파악하기 위해서는 어떤 특정한 인간에서 출발하여 그를 구성하고 있는 여러 요소
들을 자유롭게 변경하면서 무수히 많은 인간들을 상상 속에서 생각해 보고 이 모든 인
간에 공통적인 요소인 본질을 추상하여 파악해야 한다. 이처럼 자유 변경을 통해 본질
을 파악하는 과정이 본질직관의 과정이다. 이 주제에 대한 자세한 논의는 이남인, 『현
상학과 해석학』, 서울: 서울대학교출판문화원, 2004, 53 이하를 참조.

지 살펴보자. 정상인은 최소한 다음과 같은 두 가지 조건을 갖추어야
한다.

첫째, 정상인은 예술창작 활동이나 예술감상 활동을 할 수 있기 위해
필요한 감각 능력을 가지고 있어야 한다.[15] 이 경우 감각 능력 모두가
정상적이어야 할 필요는 없다. 시각과 청각 중에서 최소한 한 가지만
정상적으로 작동할 수 있으면 된다. 여기서 시각과 청각 이외에 촉각,
미각, 후각 등을 정상인을 구성하는 요소로 간주하지 않은 이유는 그러
한 감각들에 토대를 두고 있는 예술 장르가 존재하지 않기 때문이다.

둘째, 정상인은 옳고 그름을 분별할 줄 아는 최소한의 이성적인 능
력을 가지고 있어야 한다. 사리분별을 할 수 없을 정도의 지력도 가지
고 있지 않은 사람은 정상인의 범주에 들어갈 수 없다. 플라톤은 『법
률』에서 어린이와 동물의 새끼를 비교하면서 둘 사이의 공통점과 차이
점에 대한 하나의 견해를 소개하는데, 이러한 견해는 정상인이 무엇인
지 이해함에 있어 중요한 역할을 한다. 플라톤이 소개하는 견해는 다
음과 같다.

"그 주장인즉, 어린 것은 거의 모두가 신체에 있어서도 그리고 음성에 있어
서도 조용한 상태로 있기가 불가능하고, 언제나 움직이려 들고 소리 지르려
든다는 것입니다. 뛰며 펄쩍거리기를, 이를테면 즐거워서 춤을 추듯 하며
장난을 하는가 하면, 온갖 소리를 질러 대기도 한다는 겁니다. 실상 다른 동
물들은 움직임들에 있어서의 질서들에 대한 감각도, 무질서들에 대한 감각
도 지니고 있지 않다는 겁니다. […] 그렇지만 우리에게는 우리가 말한 그
신들이 가무의 동반자들로 내려졌으며, 이것들이 또한 리듬과 선법에 대한

---

15   "그렇다고 할 때 예술의 창조는 인간의 감성의 토대에 뿌리를 둔 정상인에 기초
하여 수행되는 것으로 이해되지 않으면 안 될 것이다."(오병남, 『미술론 강의』, 서울:
세창출판사, 2014, 258)

즐거움이 동반된 감각(지각)을 우리에게 준 이들이기도 하다는 겁니다."[16]

플라톤이 소개하는 견해에 따르면 동물이나 사람이나 어린 것들은 모두 자신을 주체하지 못하고 펄쩍대고 소리 지른다는 점에서 공통점을 가지고 있다. 그러나 동물의 어린 것들은 "움직임들에 있어서의 질서들에 대한 감각도, 무질서들에 대한 감각"도 지니고 있지 않은 데 반해서 어린이는 그러한 감각을 가지고 있으며, 그러한 한에서 둘은 결정적으로 다르다. 여기서 알 수 있듯이 이 둘의 결정적인 차이점은 동물의 어린 것들은 "질서와 무질서에 대한 감각"을 가지고 있지 않은 데 반해 어린이는 바로 그러한 감각을 가지고 있다는 데 있다. 그러면 "질서와 무질서에 대한 감각"을 가능하게 하는 것은 무엇일까? 그것은 바로 옳고 그름을 분별할 줄 아는 이성적인 능력이다. 그리고 이러한 이성적인 능력이 바로 정상인과 비정상인을 구별해 주는 징표이다. 어린이가 정상인의 범주에 들어갈 수 있는 데 반해, 동물처럼 "질서와 무질서에 대한 감각"을 전혀 가지고 있지 않은 사람은 정상인의 범주에 들어갈 수 없다.

그러면 이제 정상인을 상상 속에서 떠올리고 자유롭게 변경해 가면서 그가 미적인 것, 예를 들어 아름다운 대상과 관련해 어떤 성향을 가지고 있을지 생각해 보자. 필자의 견해에 의하면 모든 정상인은 명료한 방식으로든 암묵적인 방식으로든 아름다운 것과 그렇지 않은 것을 구별할 수 있는 어느 정도의 능력을 가지고 있다. 그렇다고 해서 누구나 언제 어디서든 아름다운 것과 그렇지 않은 것을 일의적이며 명료하게 구별할 수 있다고 주장하는 것은 아니다. 아름다움이라는 관점에서 볼 때 대상 자체가 애매성을 지니고 있어서 그 무엇이 아름다운 것인

---

16 플라톤(저), 박종현(역주), 『법률』, 파주: 서광사, 2009, 151-152, 653d-654a.

지 그렇지 않은 것인지 일의적이며 명료하게 규정할 수 없는 경우가 있음은 두말할 나위도 없다. 또한 모든 사람이 동일한 미적 감식력을 가지고 있다고 주장하는 것도 아니다. 경우에 따라 미적 감식력이 부족해서 많은 사람들이 아름답다고 평가하는 것을 아름답다고 느끼지 못하는 사람도 있을 수 있다. 그리고 아름다운 것과 그렇지 않은 것을 구별하는 기준이 개인, 사회, 역사를 초월해 동일하다고 주장하는 것도 아니다. 두말할 것도 없이 양자를 구별하는 기준은 개인에 따라, 사회에 따라, 역사에 따라 차이가 날 수 있다. 그럼에도 정상인이라면 누구나 아름다운 것과 그렇지 않은 것을 구별할 수 있는 능력을 가지고 있다고 할 수 있다.

더 나아가 정상인은 아름답지 않은 것보다 아름다운 것을 더 좋아하고 추구하려는 성향을 가지고 있다. 아름다운 것보다 아름답지 않은 것을 더 좋아하고 추구하려는 성향을 가진 정상인을 상상하는 일은 쉽지 않다. 만일 그 누군가가 아름다운 것보다 아름답지 않은 것을 더 좋아하고 추구하려는 성향을 가지고 있을 경우 우리는 그를 정상인으로 간주하지 않을 것이다. 이러한 성향은 정상적인 성인뿐 아니라, 어린이, 심지어 유아의 경우에도 확인할 수 있다. 유아 역시 비록 암묵적인 양상에서이긴 하지만 아름다운 소리와 그렇지 않은 소리를 구별하고 앞의 것을 더 좋아하고 추구하려는 성향을 가지고 있다. 이러한 사실을 단적으로 보여 주는 예는 자장가이다. 정상적인 모든 유아는 비록 그에 대해 명료하게 의식하고 있지 못할지라도 자장가와 낯선 사람의 괴성을 구별하고 뒤의 것보다 앞의 것을 더 좋아하며 추구하려는 성향을 가지고 있다.

이처럼 아름답지 않은 것보다 아름다운 것을 더 좋아하고 그것을 추구하려는 성향이 모든 정상인에게 본질적으로 속해 있기 때문에 그것은 보편적이며 선천적인 성향이라 할 수 있다. 그리고 이러한 성향은 아름다운 것을 그렇지 않은 것보다 더 좋아하고 추구하도록 정상인을 추동하는 생명적인 힘이라 할 수 있다. 이처럼 이러한 성향이 정상인이 아름다운 것을 추구하도록 추동하는 보편적이며 선천적인 생명적인 힘이기 때문에 우리는 그것을 본능이라 부를 수 있다. 그리고 이러한 본능이 아름다운 것을 추구하도록 하는 본능이기 때문에 우리는 그것을 예술본능이라 부를 수 있을 것이다.

지금까지 우리는 예술적 관점에서 자유 변경의 방법을 통해 예술본능이 존재한다는 사실을 해명하였다. 우리는 일상적인 삶 속에서 예술본능이 실제로 존재함을 보여 주는 다양한 사례를 확인할 수 있다. 예를 들어 정상인은 남들로부터 아름답다거나 멋지다거나 하는 말을 들으면 좋아한다. 물론 자신이 객관적으로 볼 때 실제로 아름다운지 그렇지 않은지, 또는 멋진지 그렇지 않은지는 중요한 문제가 아니다. 객관적으로 볼 때 자신이 아름답지 않다는 사실을 알고 있는 사람도 "그 사이 더 멋져졌어!"라는 말을 들으면 좋아하는 경우도 있다. 성인뿐 아니라, 어린이, 심지어 유아까지도 남들로부터 아름답다는 평가를 받기를 좋아한다. 세상사에 대해 아무것도 모르는 유아가 예쁜 짓을 하는 것이 좋은 예이다. 또 많은 사람들은 정도의 차이는 있지만 자신이 사용하는 물건을 더 아름답게 꾸미고 주변을 더 아름답게 단장하기를 좋아한다. 같은 값이면 다홍치마라는 속담이 있다. 이 속담은 실용성이라는 관점에서 볼 때 동일한 가치를 가지고 있는 두 대상이 있을 경우 아름답지 않은 것보다 아름다운 것을 더 좋아하고 추구하려 한다는 사실을 보여 준다. 그뿐 아니라, 정상인은 정도와 방식에 있어서 차이가 있기는 하지만 자신의 모습을 아름답게 가꾸기 위해 화장이나 몸치장에 신경을 쓴다. 이러한 여러 가지 예들은 정상인이라면 누구든지 아름다운 것을 그렇지 않은 것보다 더 좋아하고 추구하려는 예술본능을 가지고 있음을 보여 준다.

2) 예술본능의 존재에 대한 경험적 자료와 연구

예술본능이 실제로 존재한다는 사실을 보여 주는 경험적 자료와 연구는 다양하다. 이러한 자료와 연구는 앞서 우리가 수행한 예술경험의 존재에 대한 본질적 해명을 보완하는 역할을 할 수 있을 것이다.

예술본능의 존재를 보여 주는 경험적 자료로는 우선 예술가들이 예술본능에 대한 그들의 경험을 남긴 여러 가지 기록들을 들 수 있다. 그 대표적인 예는 예술본능의 경험에 대한 전기적인 기록이다. 뒤에서 살펴보게 될 베토벤의 전기가 그 대표적인 예에 해당한다. 실제로 예술가들의 전기를 살펴보면 우리는 많은 예술가들이 다양한 방식으로 예술본능의 힘을 경험하였음을 확인할 수 있다.

더 나아가 예술본능이 실제로 존재함을 암시하는 다양한 경험적 연구들이 있다. 예를 들어 고고학은 현대사회뿐 아니라 원시사회도 다양한 예술을 가지고 있었음을 보여 준다. 그리고 문화인류학은 모든 인간 사회가 예술을 가지고 있음을 보여 주는 많은 증거들을 제시한다. 문명사회뿐 아니라, 미개사회도 노래, 춤, 시, 회화 등 예술을 가지고 있다. 이는 예술이 모든 인간 사회에 공통적인 보편적인 요소이며 모든 인간에게 보편적인 요소라는 사실을 함축한다.

이 점과 관련해 브라운(D. E. Brown)은 인간의 다양한 보편자를 담고 있는 목록을 제시하면서 미적 감각, 성악, 시/수사학, 시적 특징으로서의 반복과 변주, 시적 휴지(休止), 어린이를 위한 음악, 예술(창작물)로 간주되는 음악, 음악적 과잉, 음악적 반복, 음악적 변주, 춤, 춤에 결부된 음악 등 예술과 관련된 보편자들을 제시한다.[17] 물론 예술과 관련된 이러한 보편자 목록이 체계적이지 못한 것은 사실이다. 예를

---

17   S. Pinker, *The Blank Slate: the Modern Denial of Human Nature*, New York: Viking, 2002; 김한영(역), 『빈 서판: 인간은 본성을 타고나는가』, 서울: 사이언스북스, 2012, 761 이하 참조.

들어 "음악"이라는 요소를 보편자로 간주하고 거기에 덧붙여 어린이를
위한 음악, 예술(창작물)로 간주되는 음악, 춤에 결부된 음악 등 음악
의 몇 가지 유형을 제시하고 있는데, 이 몇 가지 유형의 음악 역시 상
호배제의 관계에 있지 않다. 또한 이 목록은 완벽하지도 않다. 예를 들
어 이 목록에는 시나 회화가 들어가 있지 않은데, 이 두 가지도 목록에
들어가야 하지 않을까 싶다.

  이처럼 이 목록이 한계를 안고 있음에도 불구하고 그것은 예술본능
의 존재에 대한 해명과 관련해 중요한 의미를 지닌다. 예술이 모든 인
간 사회에 공통적인 보편자라 함은 그것을 가능하게 하는 생명적인 힘
이 모든 사회에 공통적이며 그것이 후천적으로 교육을 통해 형성된 것
이 아니라 모든 인간에게 선천적으로 주어진 것일 수 있음을 암시한
다. 그런데 예술을 가능하게 하는 선천적으로 주어진 힘이 다름 아닌
예술본능이다. 바로 이러한 이유에서 예술과 관련된 보편자의 목록은
예술본능이 존재한다는 사실을 암시하고 있다.

  물론 예술과 관련된 보편자 목록이 예술본능의 존재를 필증적(必證
的)으로 증명하는 것은 아니다. 그 이유는 예술이 모든 인간 사회에 보
편적으로 속하는 요소라 할지라도 그것이 모든 인간에게 보편적으로
속하는 것은 아닐 수 있기 때문이다. 이는 모든 사회에 도둑이 있으며
그런 점에서 도둑이 모든 인간 사회를 구성하는 보편적 요소라는 사실
로부터 도둑이 모든 인간의 보편적 속성이라는 사실이 도출되지는 않
는 것과 마찬가지 이치이다. 그럼에도 예술과 관련된 보편자에 관한
이론은 예술본능이 존재한다는 사실을 어느 정도 암시하고 있다.

  음악발달심리학 역시 예술본능이 존재한다는 사실을 암시하고 있
다.[18] 무그(H. Moog)는 생후 6개월에서 5년 반 된 어린이들을 나이별

---

18   관련 문헌으로는 다음의 것들이 있다: D. J. Hargreaves, *The Developmental*

로 10등급으로 나누어 각 등급마다 50명씩 선택하여 각기 다른 5종
의 음악과 1종의 음악적이지 않은 소리를 들려주고 반응을 관찰하였
다. 그 이외에도 거의 1,000명에 이르는 어린이들이 노래하는 것을
녹음하였다. 자료분석을 통해 무그는 여러 가지 연구 결과를 제시한
다.[19] 예를 들어 그는 생후 3개월에서 6개월 사이의 어린이들이 음악
에 대해 능동적으로 반응을 보이며 소리가 나는 곳을 향하려 하고 그
에 대해 즐거움과 놀라움을 보인다고 보고하고 있는데,[20] 이는 이미
이 시기에 예술본능이 작동하고 있음을 보여 준다. 앞서 살펴보았듯
이 예술본능이란 미적인 것을 향하도록 추동하는 생명적인 힘을 뜻하
는데, 음악에 대해 능동적인 반응을 보이고 음악 소리가 나는 곳을 향
하려고 하며 그에 대해 즐거움과 놀라움을 보이는 것은 미적인 것을
향하도록 추동하는 생명적인 힘인 예술본능 없이는 불가능하기 때문
이다.

5. 근원적 본능으로서의 예술본능

실러에 의하면 감각본능과 형식본능은 근원적 본능인 데 반해 예술본
능은 파생적 본능이다. 그러나 이러한 견해는 문제점을 안고 있다. 필

Psychology of Music, Cambridge: Cambridge University Press, 1986; R. Shuter-
Dyson/C. Gabriel, *The Psychology of Musical Ability*, London: Methuen, 1981; H.
Moog, "The development of musical experience in children of preschool age", in:
Psychology of Music 4/2(1976).
19   이 점에 대해서는 D. J. Hargreaves, *The Developmental Psychology of Music*,
62 이하 참조.
20   이 점에 대해서는 D. J. Hargreaves, *The Developmental Psychology of Music*,
63 참조.

자의 견해에 의하면 감각본능과 형식본능이 근원적 본능이듯이 예술
본능 역시 근원적 본능이다. 그런데 실러가 예술본능을 파생적 본능으
로 규정한 것은 그의 예술본능론의 방법에서 유래하는 필연적인 귀결
이다.

실러가 예술본능을 파생적 본능으로 간주한 이유는 인격과 감각적
상태를 인간을 구성하는 두 가지 근원적인 개념으로 간주하고 있기 때
문이다. 그러나 인격과 감각적 상태뿐 아니라, 예술적 놀이까지도 인
간을 구성하는 근본적인 요소로 간주할 경우 형식본능과 감각본능뿐
아니라, 예술적 놀이를 가능하게 해 주는 힘인 예술본능까지도 근원적
본능으로 간주할 수 있는 가능성도 존재한다.

실제로 예술본능을 근원적 본능으로 간주하는 철학자도 있다. 예를
들어 피히테는 인식본능(der Erkenntnistrieb), 실천적 본능(der prak-
tische Trieb), 예술본능(der ästhetische Trieb) 등 세 가지 유형의 본
능을 근원적 본능으로 간주한다.[21] 그에 의하면 이 세 가지 본능 중에
서 그 어떤 본능도 다른 본능으로 환원되지 않으며 예술본능 역시 예
외가 아니다. 따라서 예술본능은 인식본능, 실천적 본능 등과 마찬가
지로 파생적 본능이 아니라 근원적 본능이다. 이처럼 예술본능의 성격
과 관련해 피히테는 실러와 다른 견해를 피력한다.

다양한 유형의 본능에 대한 발생적 현상학적 분석 역시 예술본능이
발생적 관점에서 볼 때 근원적 본능이라는 사실을 보여 준다. 만일 우
리가 본능들 사이의 근원적-파생적 관계를 발생적 현상학적 관점에서
고찰할 경우 시간적으로 비교적 일찍 활성화하는 본능과 시간적으로
비교적 나중에 활성화하는 본능을 구별할 수 있을 것이다. 이 경우 비
교적 일찍 활성화하는 본능을 근원적 본능이라 부르고, 비교적 나중에

---

21 J. G. Fichte, "Über Geist und Buchstab in der Philosophie(1794)", 276 이하.

활성화하는 본능을 파생적 본능이라 부른다면 예술본능은 근원적 본능이라 할 수 있다. 그 이유는 예술본능은 생의 초기 단계에서 활성화하기 때문이다.

실러 이외에도 예술본능을 파생적 본능으로 간주하는 학자들이 존재한다. 프로이트가 대표적인 예이다. 그는 실러와는 또 다른 이유에서 예술본능을 파생적 본능으로 간주한다. 프로이트는 예술을 성적 본능이 승화된 결과로 간주하면서 예술본능을 파생적 본능으로 간주한다.[22] 그는 레오나르도 다빈치의 엄청난 지식본능을 성적 본능[23]이 승화된 결과로 간주하면서 성적 본능 이외의 모든 본능을 파생적 본능으로 간주하는데, 이 점에 있어서는 예술본능도 예외가 아니다. 예술본능 역시 근원적 본능인 성적 본능이 승화하여 발생한 것으로 파생적 본능의 일종에 불과하다. 그러나 이러한 프로이트의 주장은 발생적 현상학적 관점에서 볼 때 타당하지 않다. 성적 본능이 작동하기 훨씬 이전인 유아기에 이미 예술본능이 작동하기 시작하기 때문이다.

6. 예술본능의 대상

예술본능의 정체를 해명하기 위해서는 예술본능의 대상을 해명할 필요가 있다. 앞서 살펴보았듯이 실러는 예술본능의 대상을 "살아 있는 형태"로 규정하면서 그것을 아름다움, 즉 미와 동일시한다. 이제 실러의 견해를 비판적으로 검토하면서 예술본능의 대상을 해명하고자 한

---

22   S. Freud, "Eine Kindheitserinnerung des Leonardo Da Vinci(1910)", in: *Bildende Kunst und Literatur*, Studienausgabe, Bd. X, Frankfurt/M.: S. Fischer Verlag, 1969, 87-159.

23   S. Freud, "Eine Kindheitserinnerung des Leonardo Da Vinci(1910)", 104.

다. 그의 견해는 현상학적 관점에서 볼 때 다음과 같이 두 가지 한계를 안고 있다.

첫째, 앞서 살펴보았듯이 실러는 "살아 있는 형태"라는 개념을 근원적 본능으로서의 감각본능과 형식본능의 상호작용을 토대로 도출한다. 그러나 감각본능과 형식본능에 대한 실러의 구별은 추상의 방법에 토대를 두고 있는데, 앞서 논의하였듯이, 그가 사용하고 있는 추상의 방법은 임의적인 성격을 가지고 있으며 한계를 안고 있다. 따라서 임의적인 성격을 가지고 있는 감각본능과 형식본능의 구별에 토대를 두고 도출된 "살아 있는 형태"라는 개념은 한계를 안고 있다.

둘째, 이처럼 "살아 있는 형태"라는 개념이 한계를 안고 있다는 앞서의 비판을 수용한다고 하더라도 실러는 예술본능의 대상이 미라는 견해를 포기하지는 않을 것이다. 이 점과 관련하여 그는 미가 "살아 있는 형태"와 동일한 것인지 아닌지 하는 점은 논외로 치더라도 예술본능의 대상이 미라는 사실은 확실하다는 견해를 피력할 것이다. 그러나 예술본능의 대상이 미라는 실러의 견해는 예술본능의 현상학의 입장에서 볼 때 한계를 안고 있다. 그 이유는, 뒤에서 논의하겠지만, 숭고한 것, 장엄한 것 등 미가 아니더라도 예술본능이 그를 향하고 그를 통해 충족될 수 있는 것들이 존재하기 때문이다. 실제로 예술본능의 대상을 미로 간주하는 실러의 견해는 플라톤 이래의 고전적인 미론의 입장과 궤를 같이한다. 그러나 이러한 고전적인 미론은 근대의 취미론의 등장 이후에는 타당성을 상실하고 말았다. 뒤에서 살펴보겠지만 근대의 취미론이 등장한 이래 현대에 이르기까지 미론의 대상은 더 이상 미와 동일한 것으로 간주되고 있지 않다.

그러면 예술본능의 대상은 무엇인가? 필자의 견해에 의하면 그것은 미뿐 아니라, 숭고한 것, 장엄한 것을 비롯해 다양한 것을 포괄하는 것으로서 "미적인 것"(the aesthetic)이라 불릴 수 있다. 미적인 것은 현

대 미론의 핵심적인 주제인데, 예술본능의 대상으로서의 미적인 것의
목록에 들어갈 수 있는 것이 무엇인지 살펴보기 위하여 우선 서양 미
학사에서 미론의 대상이 어떻게 변화해 왔는지 간단히 살펴보기로 하
자.[24]

서양 미학사에서 처음으로 등장한 미론은 "미의 본질"[25]을 발견함을
목표로 하면서 미의 본질에 대한 이론으로 전개된다. 우리는 이러한
미론의 예를 플라톤에게서 발견할 수 있다. 플라톤은 그의 이데아론에
따라 감각적인 미와 이데아로서의 미를 구별하며 전자는 후자에 참여
함으로써 미의 자격을 획득하게 되는 것으로 간주한다.[26] 그에 따라 플
라톤주의적 전통에서 어떤 철학자들은 이데아로서의 미를 미로 간주
하기도 하고 어떤 철학자들은 감각적인 것 속에 들어 있는 척도나 비
례를 미로 간주하기도 한다.

플라톤 이후 미론의 역사에서 중요한 위치를 차지하는 철학자는 플
로티노스이다. 그는 "미 자체의 경험은 감각적 경험이 아니라 지적 경
험이라고 주장한다."[27] 이러한 지적 경험이 관조요 따라서 관조는 미학
의 핵심 개념으로 간주된다. 관조가 미론의 핵심적인 개념으로 등장함
에 따라 "예술과 미에 대한 근엄하고 과장된 태도"[28]가 나타났다. 그런
데 이러한 태도는 예술경험을 해명함에 있어 커다란 한계를 가지고 있

24 이 주제에 대한 자세한 논의는 다음을 참고: 오병남,「'미': 그 말과 개념과 이
론」,『철학연구』20(1985).

25 G. Dickie, *Introduction to aesthetics: an analytic approach*, New York:
Oxford University Press, 1997; 오병남, 황유경(역),『미학입문: 분석철학과 미학』, 서
울: 서광사, 1982, 12. (『미학입문』으로 줄여 인용함)

26 플라톤의 미론에 대한 아래의 서술은『미학입문』, 15 이하를 참고하였다.

27 『미학입문』, 17.

28 G. Dickie, *Art and the aesthetics: an institutional analysis*, Ithaca, N.Y.: Cor-
nell University Press, 1974; 오병남(역),『현대미학. 예술과 미적 대상의 분석』, 서
울: 서광사, 1985. (『현대미학』으로 줄여 인용함)

다. 그 이유는 많은 예술경험은 "관조적이 아니라 오히려 명랑하며, 정신적(spiritual)이라기보다 생동적(spirited)이며, 흥취가 돋고 익살스럽고, 기막히게 우습기도 하기"[29] 때문이다.

중세 스콜라 철학을 집대성한 토마스 아퀴나스 역시 미론의 역사에서 중요한 위치를 차지한다. 그는 "미"를 "보여질 때 즐거움을 주는 것"으로 정의한다.[30] 그는 "아름다운 것이란 보여지거나 인식됨으로 인해서 욕망을 진정시켜 주는 것이다"라고 말하면서 미에 대한 경험이 욕망과 관련이 있음을 지적한다. 물론 보여지거나 알려진다고 해서 모든 것이 욕망을 진정시켜 주지는 않으며 따라서 그는 욕망을 진정시켜 주면서 기쁨을 주는 대상의 성질로서 완전성, 조화, 명료성 등을 제시하면서 그것을 미의 조건으로 간주하였다. 여기서 알 수 있듯이 아퀴나스는 미와 관련하여 대상의 성질이라는 객관적 측면과 욕망이라는 주관적 측면을 아울러 고찰한다.

18세기에 접어들면서 미의 본질에 대한 이론이 퇴조하고 취미론이 들어선다.[31] 미의 본질에 대한 이론이 퇴조하게 된 데는 여러 가지 이유가 있다. 예를 들어 18세기에 접어들면서 미학자들은 미뿐 아니라, 숭고한 것, 풍려한 것 등도 미학의 대상으로 간주하였는데, 미의 본질에 대한 이론은 그것들을 다룰 수 없었다. 미의 본질에 대한 이론을 밀어내고 등장한 취미론은 취미의 능력을 중심으로 전개된 주관화된 이론이다.[32] 취미의 능력은 미 혹은 미적인 것이 가지고 있는 객관적인 성질에 반응하면서 그것을 감지할 수 있는 능력을 뜻한다. 이때 취미의 능력은 미의 감관과 같은 하나의 특수한 능력으로 간주되기도 하고

---

29 『미학입문』, 18.
30 토마스 아퀴나스의 미론에 대해서는 『미학입문』, 19 이하를 참고하여 서술하였다.
31 이에 대해서는 『미학입문』, 19 이하를 참고하여 서술하였다.
32 이에 대한 논의는 『미학입문』, 23 이하를 참고하여 정리하였다.

미의 감관, 숭고의 감관 등 몇 개의 특수한 능력으로 간주되기도 하며 각기 다른 방식으로 작용할 뿐인 일상적인 인식능력 내지 정감능력으로 간주되기도 한다.

그러나 취미론이 주관화된 이론이라고 해서 그것이 미적 대상의 객관적 성질을 무시했던 것은 아니다. 취미론은 미적 대상이 가지고 있는 객관적 성질을 철저하게 인정한다. 취미론은 취미의 능력과 미적 대상의 객관적 성질 사이의 관계를 "객관적인 세계의 어떤 특유의 성질이 취미의 능력의 방아쇠를 당기는"[33] 관계로 묘사한다. 말하자면 취미론은 객관적인 미적 성질이 있고 이러한 성질이 취미능력을 자극하여 취미판단이 발생하는 것으로 간주한다.

그러나 18세기 말에 이르러 주관의 의식에 대한 분석을 토대로 미학을 수립하려는 주관주의적 경향이 더욱 극단화되면서 그 과정에서 취미론을 대신하여 미적 태도론이 등장하였다. 미적 태도론에 따르면 그 무엇을 미적으로 규정해 주는 것은 대상이 가지고 있는 객관적인 성질이 아니라, 대상을 대하는 주관의 의식의 상태로서의 태도이다. 디키는 미적 태도론에 대해 다음과 같이 기술한다.

"이 이론은 한 사물이 우리의 미적 관조의 대상이기 때문에 아름답다고 말해질 수 있다는 점에서 전적으로 주관화되어 있는 이론이다. 거기에는 어떤 사물이 아름답기 위해서 요구되는 어떠한 특수한 객관적 성질도 없다. 어느 대상의 미는 어느 사람의 미적 의식(aesthetic consciousness)의 대상이 되는 결과로서, 그 대상에 부과되고 있는 것일 뿐이다."[34]

---

33   『현대미학』, 47.
34   『미학입문』, 48.

미적 태도론은 "미적인 것"에 관한 이론으로 모습을 드러낸다. 미적인 것이라는 개념은 18세기에 섀프츠베리(A. A. C. Shaftesbury), 허치슨, 버크(E. Burke), 앨리슨(A. Alison), 칸트 등의 취미론 안에서 잉태되었다. 취미론자들은 미 이외에도 "부수적인 개념들, 이를테면 숭고한 것(the sublime)이나 풍려한 것(the picturesque) 같은 개념들에도 관심을 갖기 시작했다."[35] 그에 따라 전통적으로 미론의 주제로 간주되어 왔던 미뿐 아니라, "숭고한 것", "풍려한 것" 등도 미론의 대상이 되었으며 그에 따라 미를 포함하여 미론의 대상이 될 수 있는 일체의 것을 포괄하는 개념이 등장하였는데, 그것이 바로 "미적인 것"(the aesthetic)이라는 개념이다. "미적인 것"은 그 후 현대미학이 전개되면서 무엇보다도 미적 태도론의 핵심적인 개념으로 등장하게 된다. 그 이유는 미적 태도론에 따르면 미적 태도를 취할 경우 우리가 경험할 수 있는 모든 것은 미적인 것으로 탈바꿈할 수 있기 때문이다.

미의 본질에 대한 이론, 취미론, 미적 태도론 등 다양한 미론의 대상에 대한 지금까지의 논의는 예술본능의 현상학의 관점에서 미적인 것의 정체를 해명함에 있어 중요한 의미를 지닌다. 그동안 다양한 미론의 대상으로 간주되어 왔던 모든 것들이 미적인 것에 해당한다. 지금까지의 논의를 토대로 필자는 미적인 것의 유형을 다음과 같이 정리하고자 한다.

1) 우선 고전적인 미론에서 아름다운 것으로 간주되어 온 것들이 여기에 속한다. 예를 들어 형식, 질서, 통일성, 척도, 비례, 균형, 완전성, 조화, 명료성 등을 갖추고 있는 것들이 그에 해당한다.

2) 관조적인 것도 미적인 것으로 간주될 수 있다.

---

35   『미학입문』, 12.

3) 고전적인 미 개념을 해체하면서 미적인 것의 후보로 등장한 숭고한 것, 풍려한 것, 장엄한 것 등도 미적인 것에 해당한다.

4) 놀이적인 것, 진지한 삶의 현실로부터 해방시켜 주는 것도 미적인 것으로 간주될 수 있다.

5) 익살스러운 것, 귀여운 것, 자그마한 것 등도 미적인 것으로 간주될 수 있다.

6) 상상적인 것 내지 부단히 상상력을 자극할 수 있는 것도 미적인 것으로 간주될 수 있다.

7) 창조적인 것, 충격적인 것, 참신한 것, 일회적인 것 등도 미적인 것으로 간주될 수 있다.

8) 발상의 전환을 가져오는 것도 미적인 것으로 간주될 수 있다.

이처럼 다양한 것들이 예술본능의 대상이다. 예술본능은 다양한 유형의 미적인 것을 추구하도록 추동하는 힘으로서 바로 그것들에 대한 경험을 통해 충족된다. 예술본능과 미적인 것 사이에는 상관관계가 존재한다. 이 경우 예술본능이 노에시스요 미적인 것은 노에마이기 때문에 양자 사이에 존재하는 상관관계를 노에시스-노에마 상관관계라 부를 수 있을 것이다. 현상학의 근본원리 중의 하나인 노에시스-노에마 상관관계에 따르면 양자는 분리될 수 없다. 특정한 유형의 노에마는 그에 대응하는 특정한 유형의 노에시스를 통해 경험되며 특정한 유형의 노에시스는 그에 대응하는 특정한 유형의 노에마를 통해 충족될 수 있다. 이 점에 있어서는 노에시스로서의 예술본능과 노에마로서의 미적인 것도 예외가 아니다. 미적인 것은 예술본능을 통해 경험되며, 예술본능은 미적인 것에 대한 경험을 통해 충족된다.

예술본능의 현상학은 예술본능과 미적인 것 사이에 노에시스-노에마 상관관계가 존재하며 따라서 미적인 것이 객관적으로 실재하는 것이지 단순히 주관적인 관념적 존재가 아니라는 입장을 취한다. 그에 따르면 이 세상에 존재하는 모든 것이 미적인 것은 아니다. 따라서 미적인 것과 미적이지 않은 것이 구별되는데, 이러한 사실은 바로 미적인 것이 객관적으로 실재함을 보여 준다. 예술본능의 현상학에 의하면 극단적으로 주관화된 이론인 미적 태도론은 한계를 안고 있다. 앞서 살펴보았듯이 그처럼 주관화된 미적 태도론은 그 무엇을 미적인 것으로 규정해 주는 것은 대상이 가지고 있는 객관적인 성질이 아니라, 대상을 대하는 주관의 의식의 상태로서의 태도라고 주장하면서 미적인 것의 객관적 실재성을 부정하기 때문이다. 예술본능의 현상학에 의하면 미적인 것은 객관적으로 실재한다. 그러나 이처럼 객관적으로 실재하는 미적인 것이 경험되기 위해서는 예술본능의 작동이 필요하며 예술본능이 작동하지 않을 경우 그 누구도 객관적으로 실재하는 미적인 것을 경험할 수 없다. 예술본능이 전혀 작동하지 않는 사람에게는 미적인 것의 총체인 미적 세계가 전혀 경험될 수 없는데, 이러한 상태에 있는 사람이 5장 4절에서 살펴보게 될 예술맹이다.

이처럼 미적인 것의 객관적 실재성을 인정한다고 해서 예술본능의 현상학이 미적인 것이 개인적 차이, 사회적 차이, 역사적 차이를 초월해 모두에게 동일한 방식으로 객관적으로 경험될 수 있다고 주장하는 것은 아니다. 방금 전에 언급한 예술맹의 경우처럼 미적인 것을 전혀 경험할 수 없는 사람도 존재하듯이 객관적으로 실재하는 미적인 것은 개인적 차이, 사회적 차이, 역사적 차이를 드러내면서 다양한 방식으로 경험된다. 따라서 예술본능은 앞서 열거한 8가지 유형의 미적인 것이외의 새로운 유형의 미적인 것들을 통해서도 충족될 수 있으며 이처럼 새로운 유형의 미적인 것들 역시 미적인 것의 목록에 첨가될 수 있다. 미적인 것의 목록은 닫힌 것이 아니라, 열린 것으로서 개인, 사회, 시대가 변함에 따라 바뀔 수 있다. 그 누구도 시대가 변화함에 따라 미적인 것의 목록에 어떤 것들이 첨가될지 앞서 알 수 없다.

미적인 것을 모두 망라하면서 체계적으로 해명하는 일은 아주 어려운 작업이다. 실제로 앞서 제시한 미적인 것의 목록이 미적인 것을 모두 망라할 수 있을 정도로 총체적이지도 않으며 또 미적인 것을 일목요연하게 파악할 수 있을 정도로 체계적이지도 않다. 그럼에도 이 목록은 미적인 것의 윤곽을 파악하는 데 도움을 줄 수 있다. 이 목록과 관련해 다음과 같이 몇 가지 사실을 지적하고자 한다.

첫째, 그 어떤 것이 미적인 것이라 불릴 수 있기 위해서는 앞서 제시한 8가지 조건을 모두 충족시켜야 하는 것은 아니다. 앞서 제시한 8가지 내용을 원소로 포함하는 집합의 모든 부분집합(공집합 제외) 속에 들어 있는 내용만 갖추고 있어도 그 어떤 것은 미적인 것이라 불릴 수 있다.

둘째, 앞서 살펴본 8개 항목 각각은 서로 배제하는 관계에 있지 않다. 그것들 중에서 일부는 서로 겹칠 수 있다. 예를 들어 6)항에 있는 "상상적인 것"과 7)항에 있는 "창조적인 것"은 서로 배제하는 관계에 있지 않으며 부분적으로 겹칠 수 있다.

셋째, 우리는 "예술적인 것"이라는 개념과 "미적인 것"이라는 개념을 동일한 것으로 간주하면서 논의하였다. 그 이유는 지금까지의 논의가 인공물로서의 예술작품에 한정하여 이루어졌기 때문이다. 그러나 인공물뿐 아니라, 자연물까지 포함하여 논의할 경우 이 두 개념이 동일하지 않은 것으로 드러날 수도 있다. 그 이유는 아름다운 자연물의 예가 보여 주듯이 인공물뿐 아니라, 자연물 역시 미적인 것으로 간주될 수 있기 때문이다. 이처럼 자연물까지 포함하여 논의할 경우 미적인 것은 예술적인 것보다 외연이 더 넓다. 미적인 것은 인공적인 것과 자연적인 것의 두 가지 유형으로 나누어진다.

넷째, 인공물로서의 예술작품이 직업적인 예술가가 창작한 작품만을 뜻하는 것은 아니다. 일반인이 만든 인공물 역시 그 안에 앞서 살펴본 예술적인 것 내지 미적인 것이 들어 있는 한 예술작품으로 간주될 수 있다. 또 여기서 예술작품이란 능동적이든 수동적이든 사람의 손길, 정신이 깃든 일체의 것을 포함한다. 그것은 어린이가 무의식적으로 추는 춤, 아기들의 예쁜 짓까지도 포함한다.

7. 놀이본능과 예술본능

예술본능은 놀이본능과 밀접한 관계에 있다. 예술본능의 정체를 해명하기 위해서는 놀이본능의 정체를 해명할 필요가 있다. 실러 역시 양자 사이의 밀접한 관계에 주목하면서 예술본능을 놀이본능의 일종으로 규정하고 있다. 놀이본능과 예술본능의 관계에 대한 실러의 해명은 중요한 의의와 더불어 한계를 안고 있다. 이러한 실러의 견해를 비판적으로 언급하면서 하위징아(J. Huizinga)는 『호모 루덴스』[36]에서 놀이, 놀이와 예술, 놀이본능과 예술본능의 관계를 해명하고 있다. 그러나 뒤에서 살펴보겠지만 하위징아의 견해 역시 탁월한 통찰력을 가지고 있음에도 불구하고 몇 가지 중요한 한계를 가지고 있다. 이제 우리는 실러와 하위징아의 견해를 비판적으로 검토하면서 예술본능과 놀이본능의 관계를 해명하고자 한다.

---

36   J. Huizinga, *Homo Ludens. Vom Ursprung der Kultur im Spiel*, Hamburg: Rowohlt, 1987. (HL로 줄여 인용함) 국역으로는 김윤수(역), 『호모 루덴스. 놀이와 문화에 관한 한 연구』, 서울: 도서출판 까치, 1993이 있으며 놀이에 대한 국내의 연구로는 다음을 참고할 수 있다: 정낙림, 「놀이사유의 근대적 유형과 니체의 비판 – 쉴러 비판을 중심으로」, 『니체연구』 26(2014); 정낙림, 『놀이하는 인간의 철학: 호모 루덴스를 위한 철학사』, 서울: 책세상, 2017.

1) 예술본능과 놀이본능의 관계에 대한 실러의 견해에 대한 비판적 검토

앞서 살펴보았듯이 실러는 예술본능을 놀이본능과 동일시한다. 그에 의하면 예술본능은 다음과 같이 두 가지 의미에서 놀이본능으로 규정될 수 있다. 첫째, 예술본능이 놀이본능으로 규정될 수 있는 이유는 그 안에서 형식본능과 감각본능이 놀이하듯이 조화롭게 서로 영향을 주고받기 때문이다. 말하자면 예술본능은 그 안에서 형식본능과 감각본능이 상호작용하면서 놀이하는 본능이다. 둘째, 예술본능이 놀이본능이라 불릴 수 있는 이유는 그것이 "미를 가지고"(AE, 106) 놀도록 인간을 추동하는 본능이기 때문이다.

놀이본능으로서의 예술본능에 대한 실러의 첫 번째 규정은 추상의 방법에 토대를 두고 있다. 그런데 앞서 살펴보았듯이 추상의 방법이 문제점을 안고 있기 때문에 그에 토대를 둔 이러한 규정은 문제를 안고 있다.

그러면 두 번째 규정은 어떠한가? 실러의 예술본능론 안에서 두 번째 규정은 첫 번째 규정과 밀접하게 결합되어 있다. 그 이유는 예술경험의 주체에게서 예술본능이 작동하여 미와 더불어 놀고 있다 함은 그에게서 감각본능과 형식본능이 서로 놀이하고 있음을 뜻하며, 거꾸로 그에게서 감각본능과 형식본능이 놀이하고 있다 함은 그가 미와 더불어 놀고 있음을 뜻하기 때문이다. 이처럼 두 번째 규정이 첫 번째 규정과 밀접하게 결합되어 있기 때문에 첫 번째 규정이 문제점을 안고 있는 것과 마찬가지로 두 번째 규정도 문제점을 안고 있다.

그러나 실러의 예술본능론의 맥락을 벗어나 예술본능의 현상학의 입장에 설 경우 우리는 이러한 두 가지 규정을 분리해서 생각해 볼 수 있다. 이 둘을 분리해서 생각하기 위해서 우리는 예술본능의 대상을 실러의 예술본능론처럼 "살아 있는 형태"가 아니라, 예술본능의 현상학처럼 미적인 것으로 간주할 필요가 있다. 이처럼 예술본능의 대상을 미적인 것으로 간주할 경우 형식본능과 감각본능이 상호작용하면서 놀이하는 본능이라는 예술본능에 대한 실러의 첫 번째 규정은 설 자리를 잃고 만다. 미적인 것은 이러한 의미의 예술본능과 아무런 관계도 없기 때문이다. 그러나 놀이본능으로서의 예술본능에 대한 실러의 두 번째 규정은 나름의 의미를 가질 수 있다. 그 이유는 이 경우 예술본능은 "살아 있는 형태"인 미가 아니라, 미적인 것을 가지고 놀도록 인간을 추동하는 본능이라는 의미를 지니게 될 것이기 때문이다.

놀이본능으로서의 예술본능에 대한 실러의 견해에 대한 비판적 고찰을 통해 예술본능은 미적인 것을 가지고 놀도록 인간을 추동하는 본능으로 규정되어야 한다는 사실이 드러났다. 이러한 의미의 예술본능이 무엇을 뜻하는지 이해함에 있어 결정적으로 중요한 의미를 지니는 것은 도대체 놀이가 무엇을 뜻하느냐 하는 점이다. 놀이본능으로서의 예술본능의 정체를 이해하기 위해서는 놀이가 무엇인지 구체적으로 분석할 필요가 있다. 그러나 실러는 놀이를 "노동", "강요", "진지함" 등에 대립되는 것으로 간주할 뿐 그에 대한 구체적인 분석을 수행하지 않는다. 실러와는 달리 하위징아는 놀이에 대한 구체적인 분석을 수행하며 놀이와 놀이본능의 관계에 대해서도 분석한다. 그러면 이제 놀이와 놀이본능에 대한 하위징아의 분석을 살펴보자.

2) 놀이와 놀이본능

놀이에 대한 하위징아의 분석은 "놀이의 본질과 의미"(HL, 9)를 해명하고 있다는 점에서 현상학적 면모를 보이고 있다. 그에 의하면 놀이는 놀이 이외의 그 어떤 다른 영역과도 뒤섞일 수 없는 고유한 의미를 가지고 있다. 놀이는 "참과 거짓"을 구별하는 진리의 세계, "선과 악"을 구별하는 도덕의 세계 너머 가상의 세계, 또는 "마술 세계"(HL,

20)라 부를 수 있을 제3의 세계에 속한다. 이처럼 가상의 세계에 속하는 놀이는 나름의 형식적 특성을 가지고 있는데, 하위징아는 다음과 같이 세 가지를 제시한다.[37]

첫째, 모든 놀이는 자발적인 행위이다.[38] 명령에 의한 놀이는 놀이가 아니라, 기껏해야 놀이의 억지 흉내일 뿐이다. 놀이는 어떤 형태의 의무로서 부과될 수 있는 것이 아니며, 여유가 있을 때, 즉 자유 시간에 행해지는 것이다. 이러한 의미에서 놀이의 본질은 자유에 있다. 놀이의 자유는 놀이 주체가 일상적인 삶의 구속으로부터 벗어나 놀이에 자발적으로 참여할 수 있는 능력을 뜻한다. 여기서 우리는 놀이의 자유의 의미를 오해하지 않아야 한다. 놀이의 자유는 자유의지에 기초한 도덕적 자유를 뜻하는 것이 아니다. 도덕적 자유란 의무 개념과 밀접하게 연결되어 있으며 따라서 유아나 동물은 그러한 자유를 가지고 있지 않다. 그러나 유아나 동물도 놀이의 자유를 가지고 있다.

둘째, 놀이는 "일상적인" 생활 혹은 "실제의" 생활이 아니다.[39] 실제의 삶을 벗어나서 아주 자유스러운 일시적인 활동의 영역으로 들어가는 것이 바로 놀이다. 놀이는 재미로 하는 활동이며 하는 척하면서 하는 활동이다. 이처럼 놀이가 일상적인 생활의 영역 밖에서 이루어지기 때문에 놀이는 "무관심성"을 특징으로 한다. 이 경우 무관심성은 일상적인 삶의 관심을 벗어나 있다는 의미의 무관심성을 뜻한다. 이처럼 일상적인 생활을 벗어나 있으며 무관심성을 특징으로 하고 있기 때문에 놀이는 진지하지 않은 것으로 간주될 수 있다.[40]

---

37 아래에 기술된 세 가지 형식적 특성에 대해서는 HL, 15 이하 참조.
38 아래의 서술에 대해서는 HL, 16 참조.
39 아래의 서술에 대해서는 HL, 16 이하 참조.
40 하위징아는 『호모 루덴스』에서 놀이를 진지하지 않은 것으로 간주하지 않는 것처럼 보이기도 한다. 이와 관련해 그는 웃음을 자아내는 것, 우스꽝스러운 것처럼 진

셋째, 따라서 놀이는 일상적인 삶과는 다른 시간성과 공간성을 가지고 있다.[41] 일상적인 삶이 모든 가능한 시간과 공간에서 전개되는 것과는 달리 놀이는 특정한 시간과 특정한 공간 안에서 전개된다. 모든 놀이는 어느 시점에 시작하여 어느 시점에 끝나며, 미리 구획된 어떤 놀이 공간, 즉 놀이터에서 이루어진다. 이처럼 놀이터 안에서 진행되는 모든 놀이는 "질서와 긴장"이라는 두 가지 요소에 의해 지배된다. 우선 놀이는 나름의 절대적이고 고유한 질서에 의해 지배된다. 놀이를 지배하는 질서가 깨지면 놀이 역시 깨지고 만다. 이러한 점에서 질서는 놀이의 생명이다. 또 모든 놀이는 독특한 긴장에 의해 지배된다. 긴장이 없는 놀이는 상상해 볼 수 없으며, 따라서 긴장 역시 질서와 마찬가지로 놀이의 생명이다. 놀이가 경쟁적 요소를 더 많이 가지고 있을수록 긴장은 더욱 더 커지고 중요한 의미를 지니며 노름이나 스포츠 경기에서 절정에 달한다.

하위징아는 놀이의 구조를 분석하면서 그의 발생적 기원에 대해서도 논의한다. 그는 놀이의 발생적 기원을 지향성의 일종인 놀이본능으로 간주하면서 다음과 같이 말한다.

> "그럼에도 모든 시대에 놀이본능은 아주 발전한 형태의 문화에서도 다시 나타나 자신의 힘을 드러낼 수 있으며 개인뿐 아니라 대중도 거대한 놀이의 황홀경 속에 빠지게 할 수 있다."(HL, 57)

지하지 않은 것 중에서도 놀이가 아닌 것이 있으며, 거꾸로 놀이 중에서도 축구, 장기, 아이들의 게임처럼 그 무엇보다도 진지하게 이루어지는 놀이도 있음을 지적하면서 "진지하지 않음"이 놀이의 본질적 속성으로 간주될 수 없다고 말한다. (HL, 14 참조) 여기서 그는 "진지함"이라는 단어를 "사소하지 않고 중요함"이라는 의미로 사용하고 있다. 그럼에도 그는 놀이가 일상적인 삶을 벗어나 있다는 점에서 진지하지 않은 것임을 인정한다.

41 아래의 서술에 대해서는 HL, 18 이하 참조.

이 인용문에서 하위징아는 "개인뿐 아니라 대중도 거대한 놀이의 황홀경 속에 빠져들게 할 수 있는" "힘"에 대해 언급하고 있다. 이 힘은 놀이하는 주체의 편에서 보자면 놀이하고 싶은 욕구를 뜻한다. 그런데 이러한 놀이하고 싶은 욕구는 단순한 후천적 욕구가 아니라, 선천적이며 보편적인 욕구이다. 그 이유는 놀이가 보편적이며 선천적이기 때문이다. 실제로 하위징아는 놀이의 보편적이며 선천적인 성격에 주목한다. 이와 관련해 그는 놀이를 "모든 문화적 삶보다도 더 오래되고 원초적인" "기능"(HL, 146)으로 규정한다. 따라서 놀이하고 싶은 욕구는 그 어떤 문화적 삶에 앞서 모든 인간에게 선천적이며 보편적으로 주어진 욕구이다. 이처럼 놀이하고 싶은 욕구가 선천적이며 보편적인 욕구이기 때문에 그것은 일종의 본능, 즉 놀이본능이다. 인간의 놀이본능은 '인간이라는 종에 속한 유기체들이 놀이를 하도록 추동하는 보편적이며 선천적인 생명적인 힘'을 뜻한다.

이처럼 하위징아가 놀이를 하도록 인간을 추동하는 보편적이며 선천적인 생명적 힘인 놀이본능의 존재를 인정하고 있음에도 불구하고 그는 『호모 루덴스』의 여기저기서 놀이본능, 더 나아가 일반적으로 본능의 존재를 인정하지 않으려는 태도를 보이고 있다. 이와 관련해 그는 "우리가 놀이에 본질적 성격을 부여하는 것을 정신이라 부르면 너무 많은 것을 말한 것이고, 그것을 본능이라 부르면 아무것도 말하지 않은 것이나 마찬가지다"(HL, 9)라고 천명한다. 그는 다음의 인용문에서도 놀이본능 개념에 대해 부정적인 태도를 보이고 있다.

"프로베니우스는 하나의 선천적인 본능으로서의 '놀이본능'이라는 개념을 도입함으로써 할 일을 다 했다고 생각하는 아주 값싼 설명을 정당하게 거부한다. 그는 '본능이란 현실의 의미에 직면하여 무력감을 느낄 때 이러한 무력감이 고안해 낸 것이다'라고 말한다."(HL, 25)

그러면 하위징아가 놀이를 하도록 인간을 추동하는 선천적이며 보편적인 근원적인 힘인 놀이본능의 존재를 인정하고 있음에도 불구하고 정작 본능 및 놀이본능의 존재를 인정하지 않으려는 이유는 무엇일까? 이와 관련해 우리는 다음과 같은 세 가지 사실을 지적하고자 한다.

첫째, 문화인류학자로서 그는 당시 문화인류학이 본능에 대해 가지고 있었던 일반적인 선입견을 가지고 있다. 당시 문화인류학은 인간의 모든 것을 문화라는 개념을 토대로 설명하면서 문화의 토대로서 그에 앞서 주어진 그 어떤 선천적인 능력의 존재도 부정하였으며 그에 따라 본능의 존재 역시 부정하였는데, 그는 당시 문화인류학계를 지배했던 이러한 분위기로부터 영향을 받아 본능 개념에 대해 부정적인 태도를 보였다고 할 수 있다.

둘째, 그뿐 아니라 본능에 대해 논하면서 그는 본능 개념에 대해 그릇된 선입견을 가지고 있다. 그 선입견이란 다름 아닌 본능이란 본능행동을 의미한다는 생각이다. 이러한 선입견은 당시 동물심리학 등에서 사용되던 본능 개념에 토대를 두고 있다. 앞서 논의되었듯이 20세기 동물심리학 등에서 본능은 본능행동과 동일한 의미로 사용되었는데, 그 역시 암묵적으로 본능을 본능행동과 동일한 의미로 이해하고 있다.

셋째, 하위징아가 정당하게 지적하고 있듯이 본능행동으로 이해된 놀이본능은 놀이의 기원을 해명함에 있어 아무런 역할도 하지 못한다. 실제로 인간이 놀이본능이라는 본능행동을 통해 놀도록 유도된다고 말하는 것은 놀이의 기원에 대한 어떤 설명도 제공해 줄 수 없기 때문이다. 이러한 점에서 놀이의 기원을 해명하기 위해 놀이본능 개념을 끌어들이는 것은 미봉책에 불과하며 부당전제의 오류를 끌어들이는 것이라 할 수 있다. 그러나 놀이본능을 일종의 지향성으로 이해할 경

우는 사정이 다르다. 이 경우 인간의 놀이본능은 놀이를 하도록 인간
을 추동하는 근원적인 힘을 뜻하며, 우리 자신을 반성하면서 우리는
이러한 힘에 의해 추동되어 다양한 유형의 놀이를 한다는 사실을 확인
할 수 있기 때문에 그에 대해 분석하면서 놀이의 기원뿐 아니라, 놀이
의 다양한 특성도 현상학적으로 해명할 수 있다.

3) 놀이와 예술의 관계

하위징아에 의하면 놀이는 예술과 공통점을 가지고 있다. 그 공통점
이란 이 둘이 진리의 세계도 아니고 도덕의 세계도 아닌 제3의 세계와
관련된 활동이라는 데 있다. 이처럼 놀이와 예술이 모두 제3의 세계에
속한다고 해서 양자가 동일한 것은 아니다.[42] 놀이 중에서 일부는 예술
에 속하지만 일부는 예술에 속하지 않는다. 따라서 우리는 놀이를 예
술적인 놀이와 예술적이지 않은 놀이의 두 가지로 구별할 수 있다. 그
렇다고 해서 놀이가 예술보다 외연이 넓어서 모든 예술이 놀이로 규정
될 수 있는 것은 아니다. 일부의 놀이만이 예술이듯이 일부의 예술만
이 놀이이다. 이처럼 놀이와 예술은 일방적으로 어느 하나가 다른 하
나를 부분 집합으로 포함하는 관계에 있지 않다. 양자는 부분적으로
겹친다.

따라서 놀이 개념을 사용해서 예술을 분류하자면 모든 예술은 1) 놀
이로서의 예술과 2) 놀이가 아닌 예술로 분류될 수 있다. 놀이로서의
예술의 대표적인 예로는 음악, 무용, 시를 들 수 있으며 그렇지 않은
예술의 예로는 회화, 조각, 건축 등의 조형예술을 들 수 있다.

그러면 음악과 무용을 예로 들어 이 두 가지가 어떤 이유에서 놀이
로 규정될 수 있는지 살펴보자.

---

42   놀이와 예술의 관계에 대해서는 HL, 14-15를 참조.

음악이 놀이로 규정될 수 있다는 사실은 음악을 표현하는 언어에도 나타나 있다.[43] 예를 들어 아랍어의 la'iba, 독일어의 spielen, 영어의 play, 프랑스어의 jouer 등은 모두 "놀다"라는 뜻을 가지고 있는데, 이 단어들은 동시에 악기와 연결되어 사용될 경우 "악기를 연주하다"라는 뜻을 가진다. 예를 들어 영어의 play the piano는 "피아노를 연주하다"를 뜻한다. 이처럼 "피아노를 가지고 놀다"를 뜻하는 play the piano가 "악기를 연주하다"라는 뜻을 가지고 있다는 사실은 악기를 연주하는 행위, 즉 음악 활동이 놀이와 밀접한 관련을 맺고 있음을 암시한다.

그러나 이러한 어원학적 사실은 제쳐 두고 음악이라는 현상에 주목하면 우리는 음악이 놀이의 한 유형이라는 사실을 곧바로 확인할 수 있는데, 이 점에 대해 하위징아는 다음과 같이 기술한다.

"음악을 한다는 것은 처음부터 놀이 자체의 거의 모든 형식적인 특징들을 가지고 있다. 음악활동은 한정된 영역 안에서 전개되며 반복될 수 있고 질서, 리듬, 그리고 규칙적인 변화 속에서 이루어지며 청중과 연주자를 '일상적인' 영역에서 쾌활함으로 안내하는데, 이러한 쾌활함은 무거운 음악의 경우에도 즐거움과 고양을 가져다준다. 모든 음악을 놀이에 포함시키는 것은 완전히 납득할 수 있는 일이다."(HL, 53)

그러면 이제 무용에 대해 살펴보자. 무용은 음악보다 더 완전하게 놀이의 성격을 가지고 있다. 무용의 놀이적인 성격에 대해 하위징아는 다음과 같이 기술한다.

"우리가 음악이라 불리는 것과 더불어 본래 지속적으로 놀이의 한계 안에

---

[43]   이에 대해서는 HL, 37 이하 참조.

머문다면 이러한 사실은 그와 분리될 수 없는 쌍둥이 예술인 무용의 경우
에는 훨씬 더 그러하다. 우리가 야만부족들의 성스러운 춤 또는 마술적인
춤을 생각하든 아니면 그리스적 제의의 춤, 계약의 궤 앞에서 춘 다윗 왕
의 춤 또는 축제의 흥을 위해 추는 춤을 생각하든 […] 춤 자체는 놀이라는
단어가 가진 가장 완벽한 의미에서 놀이다라고 말할 수 있다."(HL, 180)

지금까지 우리는 음악과 무용이 놀이로 규정될 수 있음을 살펴보았
다. 그러나 음악, 무용과는 달리 조형예술은 놀이로서 규정될 수 없다.
하위징아는 그에 대한 이유를 세 가지 제시한다.[44] 첫째, 조형예술의
경우 예술활동은 질료에 구속되어 자유롭지 않기 때문에 놀이의 요소
가 들어 있지 않다. 둘째, 관객은 놀이를 구성하는 중요한 요소인데,
조형예술의 경우 예술가의 예술활동이 관객 앞에서 이루어지는 것이
아니기 때문에 조형예술은 놀이가 될 수 없다. 셋째, 조형예술의 경우
예술작품이 완성되고 난 후 감상자에 의해 감상이 이루어질 경우에도
감상 행위가 놀이의 필수 요소인 행동을 결여하고 있기 때문에 조형예
술은 놀이가 될 수 없다.

그러나 필자는 조형예술이 놀이가 될 수 없다는 하위징아의 견해가
타당하지 않다고 생각한다. 그 이유는 그가 자신의 견해를 뒷받침하기
위해 제시하는 세 가지 논거가 타당하지 않기 때문이다.

우선 그는 조형예술의 경우 예술활동이 질료에 구속되어 있기 때문
에 놀이의 요소를 가지고 있지 않다고 주장하지만 질료로부터의 자유
가 놀이의 필수적인 요소는 아니다. 소꿉놀이처럼 질료가 없이는 불가
능한 놀이도 많기 때문이다. 그리고 그가 생각하듯이 절대적으로 자유
로운 놀이가 실제로 존재하는지 하는 점은 검토해 보아야 한다. 이와

44　이 점에 대해서는 HL, 181-183 참조.

관련해 그는 시와 음악을 예로 들고 있지만 시와 음악은 모두 소리라는 질료가 없이는 존재할 수 없다.

그리고 그는 조형예술의 경우 예술가의 예술활동이 관객 앞에서 이루어지는 것이 아니기 때문에 놀이가 될 수 없다고 주장하지만 관객의 존재가 놀이의 필수적인 요소는 아니다. 팽이치기가 보여 주듯이 관객이 없이도 혼자 이루어지는 놀이도 존재하기 때문이다. 이와 관련해 그는 조형예술가는 아무리 큰 본능에 사로잡힌다고 하더라도 진지하고 열심히 항상 시험하여 자신을 바로잡으면서 장인처럼 작업해야 한다고 말하지만 이는 조형예술가뿐 아니라, 모든 예술가들에게 타당한 것이다. 조형예술가뿐 아니라 시인, 음악가, 무용가도 자신의 작품을 창작하기 위하여 진지하고 열심히 항상 시험하여 자신을 바로잡으면서 장인처럼 작업하기 때문이다.

마지막으로 그는 조형예술의 경우 감상활동이 놀이의 필수요소인 행동을 결여하고 있기 때문에 조형예술은 놀이가 될 수 없다고 말하면서 행동을 놀이의 필수적인 요소로 간주한다. 그러나 감상자에게서 확인할 수 있는 눈에 띄는 행동이 놀이의 필수적인 요소는 아니다. 바둑두기처럼 감상자에게서 눈에 띄는 행동이 존재하지 않는 놀이도 존재하기 때문이다.

하위징아의 견해와는 달리 조형예술 역시 놀이의 본질적인 요소들을 가지고 있다. 조형예술 역시 진리의 세계, 도덕의 세계 너머에 존재하는 가상의 세계, 마술세계에 속한다. 그리고 조형예술 활동은 그것이 창작활동이든 감상활동이든 놀이와 마찬가지로 자발적인 행위이며, 일상적인 생활과 구별되는 활동으로서 일상적인 삶과는 다른 시간성과 공간성을 가지고 있다.

지금까지의 논의를 통해 예술과 놀이의 관계가 밝혀졌다. 앞서 살펴보았듯이 예술은 모두 놀이의 요소를 가지고 있다. 그러나 모든 놀이가 예술의 요소를 가지고 있는 것은 아니다. 소꿉놀이, 병정놀이 등 아름다움을 추구함을 목적으로 하지 않으며 그러한 한에서 예술의 요소를 가지고 있지 않은 다양한 놀이가 존재한다. 이는 놀이가 전체이며 예술은 놀이의 부분임을 뜻한다. 말하자면 놀이라고 하는 전체는 1) 아름다움을 추구함을 목표로 하는 예술이라는 놀이와 2) 아름다움을 추구함을 목표로 하지 않는 놀이 등 두 가지 유형으로 나누어진다.

4) 놀이본능과 예술본능의 관계

예술과 놀이의 관계가 해명되었기 때문에 예술본능과 놀이본능이 어떤 관계에 있는지도 이해할 수 있다. 예술이 놀이의 일종이기 때문에 예술의 발생적 원천인 예술본능은 놀이의 발생적 원천인 놀이본능의 일종이다. 말하자면 예술본능은 놀이본능과 동일한 뿌리에서 나온 것이다. 앞서 살펴보았듯이 실러는 "아름다움을 가지고 놀려는" 본능을 놀이본능으로 규정하면서 그것을 예술본능과 동일시하는데, 이처럼 양자를 동일시할 수 있는 이유는 예술본능이 놀이본능과 동일한 뿌리에서 나왔기 때문이다.

이처럼 예술본능이 놀이본능과 동일한 뿌리에서 나오긴 했지만 그것이 놀이본능과 동일한 것은 아니다. 놀이에 예술적인 놀이와 예술적이지 않은 놀이 등 두 가지 유형이 존재하기 때문에 그에 대응해 놀이본능 역시 예술적 놀이본능과 예술적이지 않은 놀이본능 등 두 가지 유형으로 나누어진다. 실러가 예술본능을 놀이본능이라고 부르면서도 경우에 따라 그것을 특별히 "예술적 놀이본능"(AE, 210)이라 부르는 이유는 놀이본능이 이처럼 두 가지 유형으로 나누어지기 때문이다.

놀이본능과 예술본능의 관계와 관련하여 필자는 이 주제에 대한 하위징아의 견해를 비판적으로 검토하고자 한다. 그는『호모 루덴스』에서 놀이본능과 예술본능에 관한 실러의 이론을 검토하면서 자신의 견해를 피력하고 있다. 앞서 살펴보았듯이 실러는 모든 예술활동의 발생적 원천인 예술본능을 놀이본능과 동일한 것으로 간주한다. 그런데 실러의 견해에 대한 하위징아의 태도는 일의적이지 않다. 그는 한편으로는 실러의 견해의 타당성을 인정하면서도, 다른 한편으로는 그에 대해 비판적인 입장을 취하고 있다. 그는 우선 실러의 견해의 타당성을 인정하면서 다음과 같이 말한다.

"예술형식의 산출을 선천적인 인간적 본능으로부터 설명하고자 한 형태의 이론 안에서(F. Schiller, *Über die ästhetische Erziehung des Menschen*(1795), 14번째 편지) 이미 오래전부터 조형예술과 놀이 사이에 연관이 존재한다는 사실이 인정되었다. 정당하게 놀이기능이라 불릴 수 있는 거의 본능적이며 즉흥적인 장식욕구가 종종 발견된다. 언젠가 한번 손에 연필을 들고 지루한 회의에 참석해 본 사람은 모두 이러한 사실을 알고 있다. 아무런 주의도 기울이지 않은 채 거의 무의식적으로 선을 그리고 면을 그려 가며 놀이하는 중에 환상적인 장식적 동기들이 생겨나는데, 많은 경우 그처럼 괴팍스러운 인간의 모습이나 동물의 모습을 갖춘 장식적 동기들이 생겨나기도 한다. 우리는 […] 의심의 여지없이 이러한 기능을 놀이라 부를 수 있을 것이다. […]"(HL, 184)

여기서 하위징아는 조형예술의 기원을 놀이본능을 통해 설명하려는 실러의 이론을 소개하면서 그것이 나름의 타당성을 가지고 있다는 사실을 논하고 있다. 우선 그는 사물을 장식하려는 "거의 본능적이며 즉흥적인 장식욕구"가 있다는 사실을 인정한다. 이처럼 사물을 장식하려는 "거의 본능적이며 즉흥적인 장식욕구"가 예술본능임은 두말할 필요도 없다. 앞서 필자 역시 자기 자신과 주위 사물을 보다 더 아름답게 꾸미려고 하는 근원적인 욕구가 존재하며 이 욕구를 예술본능으로 규정하였다. 더 나아가 하위징아는 예술본능의 존재를 뒷받침하는 것처럼 보이는 예를 제시한다. 그것은 바로 지루한 회의에 참석한 사람이 지루함을 견디다 못해 들고 있던 연필을 가지고 거의 의식하지 못한 채 놀이를 하면서 인간의 모습, 동물의 모습 등을 만들어 내는 예이다.

그런데 하위징아는 이처럼 놀이본능으로서의 예술본능의 존재를 인정하면서도, 다른 한편 그에 대해 회의적인 태도를 보이면서 다음과 같이 비판한다.

"그럼에도 이러한 심리적 기능은 […] 예술에서 장식적 동기의 발생에 대한 설명으로는 다소 부족한 것처럼 보인다. 목적 없는 손의 놀이로부터는 그 어떤 양식도 생겨나지 않는다. […] 예술 전체를 '놀이본능'으로부터 도출할 수 있기 위해서 우리는 건축과 조각도 거기에 포함시켜야 한다. 그러나 구석기 시대의 동굴벽화가 놀이본능의 산물이란 말인가? 이것은 틀림없이 무모한 정신의 비약일 것이다. 그리고 꿀벌이나 비버의 집짓기가 보여 주듯이 건축에서는 심미적 충동이 주도적인 것이 아니기 때문에 이러한 가설은 아예 건축에 대해서는 타당할 수 없다. 이 책의 의도가 그러하듯이 우리가 또한 문화적 요소로서의 놀이에 그처럼 근원적인 의미를 부여하려고 할지라도 우리는 선천적인 예술본능을 지시하면서 예술의 기원이 해명된 것으로 간주할 수는 없다." (HL, 184)

하위징아는 여기서 놀이본능으로서의 예술본능이 예술의 기원이 될 수 없다고 주장한다. 인용문에 나타나 있듯이 그는 자신의 주장을 뒷받침하기 위해 나름의 논거를 제시한다. 우선 지루한 회의에 참석한 사람이 지루함을 견디다 못해 놀이본능이 발동해 낙서를 하면서 어떤 형상을 만들어 내는 일이 가능한 것은 사실이지만 그것은 낮은 수준의 놀이에 불과할 뿐 진정한 의미의 예술활동은 아니다. 목적이 없이 이루어지는 손놀림과 같은 놀이본능이 고도의 정신 집중을 요구하며 예술가 개개인에 고유한 예술적 스타일을 만들 수 있다고 생각하는 것은 불합리하다. 놀이본능에서 유래하는 낙서는 단순한 표면의 장식에 불과하지만 예술은 표면의 장식만으로는 불충분하며 그 외에도 다양한 구성 요소를 가지고 있다. 우리는 낙서의 발생적 기원에 불과한 놀이본능을 통해 회화와 건축의 가능성을 설명할 수 없다. 예를 들어 알타미라 동굴벽화만 보더라도 단순한 표면적 장식에 불과한 낙서를 넘어서 다차원적인 구조를 가지고 있기 때문이다.

그러나 이러한 하위징아의 견해는 문제점을 가지고 있다. 앞서 살펴보았듯이 그는 본능을 본능행동과 동일시하면서 그릇된 본능 개념에서 출발해 논의를 진행하고 있다. 그가 놀이본능에 대해 논하면서 "무의식적 행동"으로서의 본능행동의 예에 해당하는 "목적 없는 손의 놀이"를 언급하는 데서 알 수 있듯이 그는 본능을 본능행동과 동일시한다. 앞서 논의하였듯이 문화인류학자로서 그는 당시 문화인류학의 분위기로부터 영향을 받아 본능행동으로서의 본능 개념을 부정한다. 그는 이처럼 본능행동으로서의 본능의 존재를 부정하면서 놀이본능을 통해 예술의 기원을 해명할 수 없다고 결론을 내리고 있는 것이다.

그러나 하위징아가 생각하는 것과는 달리 본능은 본능행동을 뜻하는 것이 아니다. 본능은 본능지향성, 즉 어떤 종에 속하는 유기체가 특정한 유형의 대상을 추구하도록 추동하는 보편적이며 선천적인 생명적인 힘을 뜻한다. 놀이본능으로서의 예술본능 역시 마찬가지다. 그것은 인간이 예술활동을 하도록 추동하는 보편적이며 선천적인 생명적인 힘을 뜻한다. 하위징아가 가정하듯이 놀이본능으로서의 예술본능이 발동할 경우 주체가 언제나 그에 대해 의식하지 못하면서 행동하는 것은 아니다. 모든 본능과 마찬가지로 놀이본능으로서의 예술본능의 경우에도 그것이 발동할 경우 주체는 그의 대상에 대해 의식할 수도 있고 그렇지 않을 수도 있다. 따라서 놀이본능으로서의 예술본능이 발동하고 주체가 그의 대상에 대해 의식하지 못할 경우, 말하자면 예술본능이 무의식적으로 발동하고 충족될 경우 주체는 낙서하는 수준의 예술활동밖에는 수행할 수 없다. 그러나 예술본능이 발동할 경우 주체가 그의 대상에 대해 의식할 경우 예술본능이 의식적으로 충족되면서 고차적인 수준의 예술활동이 이루어질 수 있다. 이 경우 예술가는 고도의 정신 집중을 요구하는 고유한 예술적 스타일을 만들 수도 있고, 단순한 낙서의 수준을 넘어서 알타미라 동굴벽화뿐 아니라, 더 높은 수준의 다양한 예술작품을 창조할 수도 있는 것이다.

8. 예술의 기능과 다양한 유형의 예술경험의 발생적 토대로서의 예술본능

놀이본능으로서의 예술본능이 작동하면 그것을 충족시켜 나가면서 다양한 유형의 예술경험이 발생한다. 예술본능의 편에서 보자면 다양한 유형의 예술경험은 예술본능을 충족시키기 위한 수단이다. 예술경험의 일차적인 기능은 노동, 강요, 삶의 진지함에서 벗어나 놀고 싶어 하는 본능적 욕구를 미적인 것에 대한 경험을 통해 충족시키는 데 있다. 모든 욕구의 충족이 인간에게 즐거움을 주듯이 예술본능이 충족될 경우 인간은 노동, 강요, 삶의 진지함에서 벗어나 예술적 즐거움을 경험한다. 이처럼 예술본능의 충족이 예술적 즐거움을 낳기 때문에 예술본능에 토대를 두고 전개되는 예술경험의 기능은 궁극적으로 노동, 강요, 삶의 진지함에서 벗어나 놀이하는 상태에서 예술적 즐거움을 향유하는 데 있다.

필자는 예술의 기능이 놀이하는 상태에서 예술적 즐거움을 향유하는 데 있다는 사실을 강조하고자 한다. 예술의 기능에 대한 이러한 이해는 예술의 기능에 대한 실러의 이해와 극명하게 대조를 이룬다. 앞서 살펴보았듯이 실러 역시 예술본능론을 전개하면서 예술본능의 충족의 문제에 대해 언급한다. 그러나 그는 예술의 기능을 예술본능의 충족과 예술적 즐거움의 향유라는 관점에서 구체적으로 분석하지 않는다. 앞서 살펴보았듯이 그는 예술의 기능을 개인적인 차원에서는 형식본능과 감각본능의 상호작용을 통한 조화롭고 통일적인 교양인의 탄생에서 찾고 사회적인 차원에서는 사회의 전 영역이 조화와 통일을 이루고 있는 미적 국가를 건설할 수 있는 가능성에서 찾는다.

그러나 현상학적 관점에서 볼 때 그는 예술의 기능을 너무 높게 설정하였다. 우선 개인적인 차원에서 보자면 인간이 할 수 있는 경험에는 과학적 경험, 종교적 경험, 도덕적 경험, 경제적 경험, 정치적 경험, 사회적 경험 등 다양한 유형의 것이 존재하며 예술경험은 그중의 하나에 불과할 뿐 이처럼 다양한 경험들을 종합하면서 조화롭고 통일적인 인격을 형성하는 기능을 수행할 수 없다. 이처럼 다양한 경험들을 종합하면서 조화롭고 통일적인 인격을 형성할 수 있기 위해서는 다양한 유형의 경험을 총체적이며 보편적으로 반성하고 조망할 수 있어야 하는데, 예술이라는 특수한 영역을 향하고 있는 예술경험은 총체적이며 보편적인 반성 능력을 가지고 있지 않다.

예술경험의 기능에 대한 실러의 분석이 설득력이 있으려면 그것이 이상적인 예술경험에 대해서뿐만 아니라, 현실적인 예술경험에 대해서도 어느 정도 타당성을 가지고 있어야 한다. 그러나 현실적인 예술경험을 살펴보면 그의 분석이 타당성이 없다는 사실이 드러난다. 그의 분석이 타당하다면 예술경험을 많이 한 사람일수록 보다 더 조화롭고 통일적인 인격을 가지고 있어야 할 것이다. 그러나 이는 전혀 사실이

아니다. 그 누구보다 예술경험을 많이 한 예술적 천재들 중에서 조화
롭고 통일적인 인격을 갖추지 못한 사람들이 많다는 사실이 이를 웅변
적으로 보여 준다. 이와 관련해 아인슈타인은『위대한 음악가, 그 위대
성』에서 다음과 같이 보고한다.

"그런데 모든 위대한 음악가들이 공통적으로 가지고 있는 것이 하나 있다.
그들 모두는 아주 화를 잘 낸다. 그리고 바흐의 경우 그를 한 인간으로서
속물 이상의 경지에 이르게 만들었던 것은 단지 과장되고 야만적으로 화를
잘 내는 성격이었던 것처럼 보인다. 만일 슈베르트가 화를 덜 내는 성격을
가진 사람처럼 보인다면 그것은 단지 그가 처해 있었던 어려운 처지 때문
에 그가 함부로 화를 낼 수 없었기 때문이다. 말하자면 그가 화를 덜 내는
것처럼 보이는 것은 그가 젊고 가난했기 때문이었다. 베토벤, 베를리오즈,
바그너와 브람스 등 잘 알려진 경우들은 언급할 필요도 없고 진정 여러 신
들의 총애를 받았던 멘델스존의 화 잘 내는 성격은 그의 모든 동시대인들
이 보증해 준다. 실제로 브람스와 함께 '붉은 고슴도치'라는 카페에 앉아
있곤 했던 여러 사람들 중 한 사람을 나는 빈에서 만난 적이 있다. 옛 시절
을 회상하며 그는 깊은 확신에 빠져 '나쁜 사람이었어.' 하고 말했다."[45]

이처럼 예술이 개인적인 차원에서 조화롭고 통일적인 인격의 형성
이라는 기능에 있어 한계를 가지고 있는 것과 마찬가지로 그것은 사회
적인 차원에서도 사회의 전 영역의 조화와 통일을 이루고 있는 미적
국가의 건설이라는 기능에 있어 한계를 가지고 있다. 예술은 놀이의
영역의 한 부분, 즉 예술적 놀이의 한 부분에 불과하며 놀이의 영역 이

---

45   A. Einstein, *Greatness in Music*, C. Saerchinger(tr.), New York: Da Capo
Press, 1972.

외에도 다양한 영역이 존재하는데, 예술이 이처럼 다양한 여타 영역들 사이에 조화와 통일을 가져다줄 수 없다. 예술이 그러한 기능을 가지고 있으리라고 기대하는 것은 현실을 직시하지 못한 시인의 꿈에 불과하다.

사회적인 차원에서 예술이 가지고 있는 기능에 대한 실러의 분석은 현실을 고려하면 커다란 한계가 있음이 드러난다. 실러의 견해에 따르면 사회적 차원에서 볼 때 예술이 크게 발달한 국가는 곧바로 사회의 여러 영역들이 조화롭게 통일된 국가가 되어야 할 텐데, 실제로는 그러리라는 보장이 없다. 오히려 그 반대의 경우도 많다. 실러 역시 이 점을 잘 알고 있었다. 그는 『인간의 미적 교육에 관하여』의 열 번째 편지에서 과거 역사를 돌이켜 보면 덕성이 사라진 국가에서 예술이 번성한 사례가 많이 있다는 사실을 지적한다.

실러가 이처럼 예술의 기능을 너무 높게 설정한 이유는 무엇인가? 그 이유는 그가 경험 속에서 주어지는 미를 향하고 있는 "실제로 존재하는 놀이충동[본능]"(das wirklich vorhandene Spieltrieb)(AE, 106), 즉 현실적인 예술본능을 도외시한 채 주로 "이념으로서의 미"를 향하고 있는 "놀이충동[본능]의 이상"(ein Ideal des Spieltriebes)(AE, 106), 즉 이상적인 예술본능을 주로 염두에 두면서 논의를 전개하고 있기 때문이다. 그가 현실적인 예술본능에 대한 구체적인 분석을 염두에 두면서 예술의 기능을 고찰하였더라면 그는 예술의 기능을 앞서 기술하였듯이 그처럼 높게 설정하지는 않았을 것이다. 그의 예술본능론의 체계 안에서 볼 때 이상적인 예술본능과는 달리 현실적인 예술본능이 작동하는 방식은 형식본능과 감각본능이 어떻게 상호작용하느냐에 따라 무수히 다양한데, 그중에는 예술경험이 앞서 기술한 이상적인 방식이 아니라, 그와는 정반대의 방식으로 이루어지는 경우도 무수히 많이 있을 수 있기 때문이다. 그리고 이처럼 현실적인 예술본능을 구체적으로 고려하면서 예술경험을 분석할 경우 예술의 일차적인 기능은 실러가 도외시한 예술본능의 충족과 그를 통한 예술적 즐거움의 향유에 있다는 사실이 보다 더 쉽게 드러날 수 있을 것이다.

현실적인 예술본능이 작동하는 방식은 다양하며 이처럼 다양한 방식으로 작동하는 다양한 예술본능을 토대로 다양한 유형의 예술경험이 발생한다. 그러나 실러는 현실적인 예술본능을 도외시하고 이상적인 예술본능에 초점을 맞추어 예술경험을 해명하면서 다양한 유형의 예술경험을 체계적으로 분석할 수 없었다. 실제로 예술본능은 다양한 방식으로 작동하면서 다양한 유형의 예술경험을 낳게 된다. 예술본능의 다양한 작동방식에 토대를 둔 예술경험의 다양성과 관련해 다음과 같이 다섯 가지 사실을 지적하고자 한다.

첫째, 현실적인 예술본능은 예술창작 과정에서 작동할 수도 있고 예술감상 과정에서 작동할 수도 있다. 그에 따라 예술경험은 예술창작 경험과 예술감상 경험으로 나누어진다. 실러가 분석하고 있는 예술경험이 예술창작 경험인지 예술감상 경험인지는 분명하지 않다. 필자의 견해에 의하면 그는 예술본능론을 전개하면서 이 두 유형의 예술경험을 명료하게 나누고 있지 않다. 예술본능의 현상학은 이 두 유형의 경험을 명료하게 나누고 양자 각각을 체계적으로 분석해야 한다.

둘째, 9절에서 살펴보겠지만 서로 다른 예술 장르는 서로 다른 존재론적 구조를 가지고 있으며 따라서 예술 장르가 다름에 따라 예술본능이 작동하고 충족되는 양상은 서로 다른 모습을 보인다. 이처럼 예술본능이 작동하고 충족되는 양상이 예술 장르에 따라 서로 다른 모습을 보이며 그에 상응해 예술경험 역시 예술 장르에 따라 서로 다른 모습을 보인다. 실러는 예술본능론을 전개하면서 예술 장르가 다름에 따라 예술경험의 유형이 다르다는 사실을 지적하면서도 그러한 차이에 따

른 다양한 유형의 예술경험에 대해 분석하지 않는다.[46] 그 이유는 그
가 이념으로서의 미에 대한 경험 속에서 주어지는 자유로운 예술적 기
분을 최고의 미적 가치로 여기고 어떤 예술 장르에 속한 것이든 모든
예술경험의 목표는 바로 이러한 기분에 도달하는 데 있으며 그러한 목
표에 도달할 경우 예술 장르에 따른 구별은 의미가 없다고 생각하기
때문이다. 그에 의하면 이처럼 최고의 기분에 도달할 경우 음악은 회
화가 되고 회화는 시가 되며 시는 건축이 되면서 예술 장르 사이의 경
계가 사라진다. 따라서 최고의 예술가는 예술 장르에 따른 "특수한 성
격"(der spezifische Charakter)과 "특수한 소재"(der besondere Stoff)
(AE, 154)가 주는 한계를 극복해야 한다. 예술에서 핵심적인 것은 "내
용"(Inhalt)이 아니라, "형식"(Form)이다.

그러나 최고의 기분에 도달할 경우 예술 장르 사이의 경계가 사라진
다는 실러의 견해가 타당한지 하는 점은 논외로 하더라도 그러한 견해
를 토대로 예술 장르의 차이에 따른 다양한 유형의 예술경험의 차이를
소홀히 한 것은 실러의 예술본능론이 안고 있는 한계이다. 예술경험에
서 핵심적인 것은 "감각"이며 예술 장르에 따라 각기 다른 감각이 각
기 다른 방식으로 작동하는데, 형식만을 강조하면서 감각의 차이에서
유래하는 소재의 차이를 가볍게 여기는 것은 심각한 문제이다. 실제로
예술 장르에 따라 예술본능이 작동하는 방식은 각기 다르며 그에 따
라 예술 장르에 따른 다양한 유형의 예술경험이 구별되는데, 예술본
능의 현상학은 이처럼 다양한 유형의 예술경험을 체계적으로 분석해
야 한다.[47]

---

46   이와 관련해서는 『인간의 미적 교육에 관하여』의 스물두 번째 편지, 그중에서도
AE, 152 이하를 참조할 것.

47   우리는 9절에서 예술 장르에 따른 예술경험의 유형에 대해 간단히 살펴볼 것이
다. 그러나 그에 대한 상세한 분석은 이 책의 연구범위를 넘어선다.

셋째, 실러가 주로 분석하고 있는 예술경험은 "순수하게 이상적인 인간"(ein reiner idealistischer Mensch)(AE, 16)인 교양인의 예술경험이다. 그러나 교양인 이외에도 다양한 유형의 인간이 존재하며 그들에게서 예술본능이 작동할 경우 다양한 예술경험이 발생한다. 실러의 예술본능론의 한계는 교양인 이외에 이처럼 다양한 유형의 인간에 의해 이루어지는 다양한 예술경험을 거의 분석하고 있지 않다는 데 있다. 예술본능의 현상학은 예술본능이 작동하는 다양한 방식에 초점을 맞추어 다양한 유형의 인간에 의해 수행되는 다양한 유형의 예술경험을 분석해야 한다. 이와 관련해 우선 지적할 것은 실러가 미개인과 야만인이라 부르는 두 가지 유형의 인간도 예술본능이 작동할 경우 나름의 예술경험을 할 수 있다는 사실이다. 또 현대인뿐 아니라, 원시인도 예술본능이 작동함에 따라 다양한 유형의 예술경험을 가지고 있다. 또 현대인에 국한하여 논의할 경우 성숙한 인간뿐 아니라, 청소년, 어린이, 유아 등도 예술본능이 작동할 경우 예술경험을 할 수 있다. 더 나아가 인간뿐 아니라, 동물, 식물의 경우에도 예술본능이 작동할 경우 예술경험을 할 수 있는 가능성도 배제할 수 없다. 실러 역시 『인간의 미적 교육에 관하여』의 스물일곱 번째 편지에서 인간뿐 아니라, 동물, 더 나아가 식물도 미미하지만 나름의 자유를 가지고 있기 때문에 삶의 강요에서 벗어나 나름의 놀이를 할 수 있으며, 이처럼 삶의 강요에서 벗어나 자유로운 놀이인 "미적 놀이"(ästhetisches Spiel)(AE, 208)로 이행하면서 예술경험을 할 수 있는 가능성에 대해 논한다. 예술본능의 현상학은 이처럼 다양한 유형의 주체에 의해 수행되는 다양한 유형의 예술경험을 체계적으로 분석해야 한다.

넷째, 실러의 경우 예술본능의 대상은 "살아 있는 형태"로서의 미이다. 앞서 6절에서 살펴보았듯이, 이처럼 예술본능의 대상을 미로 한정하는 것은 문제를 안고 있다. 예술본능의 대상은 다양한 유형의 미적인 것이다. 이처럼 예술본능의 대상이 다양한 유형의 미적인 것이기 때문에 예술본능의 작동에 토대를 두고 발생하는 예술경험에는 다양한 유형이 존재한다. 앞서 우리는 예술이 일종의 놀이라는 사실을 살펴보았는데, 다양한 유형의 미적인 것이 존재하기 때문에 그에 상응해 다양한 유형의 놀이로서의 예술경험이 존재한다. 앞서 살펴보았듯이 실러는 미와의 놀이인 예술경험이 일상적인 의미의 "단순한 놀이"(ein blosses Spiel)(AE, 104)와 다르다는 사실을 강조한다. 이 경우 단순한 놀이는 어린이들이 하는 놀이처럼 진지하지 않은 것, 사소한 것, 있어도 그만 없어도 그만인 것을 뜻한다. 예술본능의 대상을 살아 있는 형태로서의 미로 규정하는 실러의 입장에서 보자면 미에 대한 경험으로서의 놀이가 단순한 놀이로 규정될 수 없음은 당연하다. 그러나 예술본능의 대상을 미적인 것으로 규정할 경우 미에 대한 경험으로서의 놀이 중에는 단순한 놀이와 같은 것도 존재한다. 이 점과 관련해 우리는 예술본능의 대상으로서 미적인 것이 고전적인 미론에서 아름다운 것으로 간주되어 온 것처럼 실러의 살아 있는 형태로서의 미와 유사한 것뿐 아니라, 그와는 아주 거리가 먼 것처럼 보이는 익살스러운 것, 귀여운 것, 자그마한 것 등도 포함한다는 사실에 유의할 필요가 있다. 예술본능의 현상학은 이처럼 다양한 유형의 미적인 것을 대상으로 하는 다양한 유형의 미적 경험을 체계적으로 분석해야 한다.

다섯째, 성숙한 인간의 경우 이처럼 다양한 유형의 미적인 것은 예술본능이 작동하는 양상의 차이에 따라 각기 다른 방식으로 경험될 수 있다. 예를 들어 어떤 예술경험의 주체는 어떤 음악작품을 대하면서 예술본능을 충족시키기 위해 매 순간 울려 퍼지는 멜로디를 단순한 감각의 차원에서 감상할 수도 있고, 기억, 예상, 상상 등 감각을 넘어서는 차원에서 감상할 수도 있으며, 더 나아가 멜로디를 해명하면서 또는 해명한 후에 그것을 감상할 수도 있다. 9절에서 간단히 살펴보고 다시 5장에서 자세하게 살펴보겠지만 필자는 이러한 세 가지 유형의 예술경험 각각을 현전적 미적 경험, 현전화적 미적 경험, 해명적 미적 경험이라 부를 것이다. 예술본능의 현상학은 예술본능의 작동방식을 염두에 두면서 이러한 세 가지 유형의 예술경험을 구별하고 그 구조를 해명할 필요가 있다. 또 예술경험의 주체는 작동하는 예술본능을 충족시키기 위하여 그 무엇인가를 재현하는 방식으로 예술경험을 할 수도 있고 자신의 감정이나 마음을 표현하는 방식으로 예술경험을 할 수도 있다. 이러한 두 가지 유형의 예술경험은 예술창작의 차원뿐 아니라, 예술감상의 차원에서도 발생한다. 실러의 경우 이념으로서의 미에 대한 경험을 주로 분석하면서 여기서 논의되고 있는 예술경험의 유형들에 대해서는 논의하고 있지 않은데, 예술본능의 발생적 현상학은 이처럼 다양한 유형의 예술경험도 체계적으로 분석해야 한다.

9. 예술본능의 유형들

예술본능이 예술경험의 발생적 토대이기 때문에 다양한 유형의 예술경험이 진행되는 동안 예술본능이 계속해서 작동하면서 그것들을 관통해 흐른다. 모든 유형의 예술경험을 관통해 흐르는 예술본능은 비록 하나의 예술본능이지만 그것이 다양한 유형의 예술경험을 관통해 흐르는 양상은 예술경험의 유형에 따라 다르게 나타난다. 따라서 이처럼 예술본능이 예술경험을 관통하여 흐르는 양상의 차이를 구별하면서 우리는 다양한 유형의 예술본능을 구별할 수 있다. 이제 이처럼 다양한 유형의 예술본능을 1) 예술창작 본능과 예술감상 본능의 구별과 2) 예술 장르에 따른 예술본능의 유형의 구별 등 두 가지 구별에 따라 고찰하고자 한다.

1) 예술창작 본능과 예술감상 본능의 구별

미적인 것을 추구하도록 인간을 추동하는 예술본능은 예술창작의 과정에서도 작동할 수도 있고 예술작품을 감상하는 과정에서도 작동할 수 있다. 그에 따라 예술본능은 두 가지 유형으로 나누어지는데, 1) 예술적인 것을 창작하도록 추동하는 힘으로서의 예술본능, 즉 예술창작 본능과 2) 예술적인 것을 경험하면서 감상하도록 추동하는 힘으로서의 예술본능, 즉 예술경험 본능이 그것이다. 앞서 1장에서 지적하였듯이 우리는 예술창작 본능을 간단히 예술본능이라 부를 것이며, 예술감상 본능을 미적 본능이라 부를 것이다. 여기서 알 수 있듯이 예술본능은 넓은 의미의 예술본능과 좁은 의미의 예술본능으로 나누어지는데, 넓은 의미의 예술본능은 예술창작 본능과 예술감상 본능을 포함하지만 좁은 의미의 예술본능은 예술창작 본능만을 포함한다. 그런데 4장 5절에서 자세하게 논의하겠지만 좁은 의미의 예술본능, 즉 예술창작 본능은 미적 본능을 그 구성 요소로 포함한다. 그 이유는 예술창작자는 예술창작의 과정에서 자신이 창작하고 있는 예술작품을 감상자의 입장에서 늘 점검해야 하기 때문이다. 예술창작 본능으로서의 예술본능과 예술감상 본능으로서의 미적 본능은 각각 다양한 유형으로 나누어진다.

예술창작 본능으로서의 예술본능은 예술가가 예술창작을 통하여 의도하는 것이 무엇이냐에 따라 다양한 유형으로 나누어진다. 예를 들어 예술가는 예술창작을 통해 무엇인가를 재현하고자 의도할 수도 있고 자신의 감정을 표현하고자 의도할 수도 있다. 그에 따라 재현적 예술창작 경험, 표현적 예술창작 경험 등 다양한 유형의 예술창작 경험이 발생한다. 그리고 예술본능이 어떤 유형의 예술창작 경험을 가능하게 하면서 그것을 관통해 흐르느냐에 따라 재현적 예술본능, 표현적 예술본능 등 다양한 유형의 예술본능이 구별된다.

더 나아가 예술창작을 하면서 예술창작자의 의식 상태는 다양할 수 있는데, 이처럼 다양한 유형의 의식 상태에 대응해 다양한 유형의 예술본능이 나누어진다. 4장에서 살펴보겠지만 예술창작은 무의식적으로 이루어질 수도 있고 의식적으로 이루어질 수도 있다. 예술창작이 무의식적으로 이루어질 경우 이처럼 무의식적으로 이루어지는 예술창작의 발생적 토대가 되는 예술본능은 무의식적 예술본능이라 불리며, 예술창작이 의식적으로 이루어질 경우 이처럼 의식적으로 이루어지는 예술창작의 발생적 토대가 되는 예술본능은 의식적 예술본능이라 불린다. 또 예술창작은 직업적 의식을 가지고 수행될 수도 있고 그렇지 않을 수도 있다. 그에 따라 직업적 의식을 가지고 수행되는 예술창작의 발생적 토대가 되는 직업적 예술본능과 직업적 의식을 가지고 수행되지 않는 비직업적 예술본능이 구별된다.

예술감상 본능으로서의 미적 본능 역시 다양한 유형으로 나누어진다. 예술가가 예술창작을 통하여 의도하는 것이 표현, 재현 등 다양한 것일 수 있듯이 예술감상자가 예술감상을 하면서 수행하는 것 역시 표현, 재현 등 다양한 것일 수 있다. 그에 따라 재현본능, 표현본능 등 다양한 유형의 미적 본능이 구별된다.

5장 3절에서 자세하게 논의하겠지만 예술감상 경험으로서의 미적 경험은 현전적 미적 경험, 현전화적 미적 경험, 해명적 미적 경험 등으로 나누어진다. 여기서 현전적 미적 경험은 감각, 지각 등 현전적 경험의 차원에서 수행되는 미적 경험을 뜻하고, 현전화적 미적 경험은 기억, 예상, 상상 등 현전화적 경험의 차원에서 수행되는 미적 경험을 뜻하며, 해명적 미적 경험은 미적 대상에 대한 해명을 동반하면서 수행되는 미적 경험을 뜻한다. 이처럼 미적 경험이 세 가지로 나누어지기 때문에 그에 대응해 현전적 미적 본능, 현전화적 미적 본능, 해명적 미적 본능 등 세 가지 유형의 미적 본능이 구별된다.

우리는 4장부터 예술본능의 현상학을 전개하면서 이처럼 다양한 유형의 예술본능 각각이 무엇을 뜻하는지 구체적으로 살펴볼 것이다.

2) 예술 장르에 따른 예술본능의 유형의 구별

다양한 예술 장르가 존재하며 예술 장르가 다름에 따라 예술작품의 존재론적 구조는 서로 다르다. 예를 들어 음악작품과 미술작품은 서로 다른 존재론적 구조를 가지고 있다. 음악작품은 음을 소재로 하고 있으며 음은 공간성도 가지고 있지만 일차적으로 시간 속에서 흘러가면서 시간성을 가지고 있기 때문에 음악작품은 일차적으로 시간적인 존재 방식을 가지고 있다. 그러나 미술작품은 색, 형태 등을 소재로 하고 있으며 색, 형태 등은 시간 속에서도 존재하지만 일차적으로 공간 속에서 존재하기 때문에 미술작품은 일차적으로 공간적인 존재 방식을 가지고 있다.

이처럼 음악작품과 미술작품이 존재론적 구조가 다르기 때문에 이 두 유형의 예술작품에서 예술본능을 충족시킬 수 있는 것, 즉 예술적인 것은 서로 성격을 달리한다. 음악작품의 경우 예술적인 것은 음으로서 일차적으로 시간적이지만 미술작품의 경우 예술적인 것은 색, 형태 등으로서 일차적으로 공간적이다. 따라서 이 두 유형의 예술작품의 창작 과정과 경험 과정에서 예술본능이 작동하는 방식은 본질적으로 서로 다를 수밖에 없다. 예술작품의 경험 과정에 한정해서 말하자면 음악작품의 경험 과정에서 예술본능은 대체로 동적으로 작동하지만 미술작품의 경험 과정에서 예술본능은 대체로 정적으로 작동한다. 이처럼 예술작품의 경험 과정에서 예술본능이 작동하는 방식이 본질적으로 서로 다르기 때문에 이러한 차이점을 고려하면서 우리는 음악작품의 경험 및 창작 과정에서 작동하는 예술본능을 음악본능이라 부르고, 미술작품의 경험 및 창작 과정에서 작동하는 예술본능을 미술본능이라 부르면서 양자를 구별할 수 있다.

그러나 음악, 미술 이외에도 문학, 연극, 무용 등 다양한 예술 장르가 존재한다. 그리고 구체적인 분석을 통해 확인할 수 있듯이 문학작품, 연극작품, 무용작품의 존재론적 구조는 음악작품의 존재론적 구조, 미술작품의 존재론적 구조와 다르며 그것들 각각의 존재론적 구조도 서로 다르다. 이처럼 각각의 예술작품의 존재론적 구조가 다르기 때문에 각각의 예술작품의 창작 과정과 감상 과정에서 예술본능이 작동하는 방식은 서로 다르다. 따라서 다양한 예술 장르에 따라 각기 다른 유형의 예술본능이 존재하며 예술 장르의 구별에 따라 다양한 유형의 예술본능을 구별할 수 있다. 예술 장르의 구별에 따른 예술본능의 구별과 관련하여 다음과 같이 세 가지 점을 지적하고자 한다.

첫째, 앞서 우리는 음악, 미술, 문학, 연극, 무용 등의 예술 장르를 예로 들어 음악본능, 미술본능, 문학본능, 연극본능, 무용본능 등이 존재한다는 사실을 논하였다. 그런데 이 중에서 일부의 예술본능은 더 낮은 단계의 예술본능들로 세분될 수 없는 것처럼 보이지만, 일부의 예술본능은 더 낮은 단계의 예술본능들로 세분될 수 있는 것처럼 보인다. 전자의 예로는 음악본능이나 무용본능 등을 들 수 있다. 음악본능의 경우 교향곡 본능, 피아노 소나타 본능, 바이올린 협주곡 본능 등으로 세분되거나 국악본능, 서양음악본능 등으로 세분될 수 없는 것처럼 보이며 무용본능 역시 발레본능, 왈츠본능, 힙합본능 등으로 세분되거나 한국무용본능, 서양무용본능 등으로 세분될 수 없는 것처럼 보인다. 후자의 예로는 미술본능, 문학본능 등을 들 수 있다. 미술본능의 경우 회화본능, 조각본능, 건축본능 등으로 세분될 수 있는 것처럼 보이며 문학본능의 경우 소설본능, 시본능, 수필본능 등으로 세분될 수 있는 것처럼 보인다.

그러면 이처럼 일부의 예술본능은 더 낮은 단계의 예술본능들로 세분될 수 있고 일부의 예술본능은 그렇지 않은 이유는 무엇인가? 이 점을 이해하기 위하여 우리는 음악, 미술, 문학, 연극, 무용 등 서로 다른 예술 장르에 대응해 음악본능, 미술본능, 문학본능, 연극본능, 무용본능 등 서로 다른 명칭의 예술본능이 가능한 이유, 즉 동일한 하나의 예술본능이 이처럼 다양한 예술본능들로 세분될 수 있는 이유가 무엇인지 살펴볼 필요가 있다. 그 이유는 바로 비록 음악, 미술, 문학, 연극, 무용 등 다양한 예술 장르가 예술 장르인 한에서 유사성을 가지고 있지만 예술작품의 존재론적 구조가 서로 크게 다르기 때문이다. 여기서 알 수 있듯이 어떤 하나의 예술 장르를 세분할 경우, 세분하여 등장한 다양한 예술 장르들의 존재론적 구조가 서로 다를 경우 세분하여 등장한 다양한 예술 장르 각각에 개별적인 예술본능의 명칭을 부여하는 것은 자연스럽지만, 세분하여 등장한 다양한 예술 장르 각각의 존재론적 구조가 대체로 유사할 경우 세분하여 등장한 다양한 예술 장르 각각에 개별적인 예술본능의 명칭을 부여하는 것은 부자연스럽다.

둘째, 음악이나 무용처럼 세분할 경우 등장하는 하위 예술 영역들의 경우 그를 향한 인간의 욕구가 존재하는 것은 사실이다. 앞서 논의되었듯이 이러한 욕구를 본능이라 부르는 것은 어색하다. 그러면 이러한 욕구를 무엇이라 부르는 것이 적절할까? 그것은 바로 후천적인 충동이다. 그 이유는 이러한 욕구가 인간이라는 종 전체에 선천적으로 구비된 보편적인 능력이 아니기 때문이다. 이러한 사실은 이러한 욕구의 예를 살펴보면 알 수 있다. 음악의 경우 우리는 그것을 교향곡, 피아노 소나타, 바이올린 협주곡 등으로 세분할 수도 있고 국악, 독일 음악, 프랑스 음악, 스페인 음악, 미국 음악 등으로 세분할 수도 있다. 그런데 이 각각에 대한 인간의 욕구가 존재할 수 있다. 그러나 앞서 논의하였듯이 이 경우 그러한 욕구를 교향곡 본능, 피아노 소나타 본능, 바이올린 협주곡 본능, 국악본능, 독일 음악본능, 프랑스 음악본능 등으로 부르는 일은 적절하지 않다. 그 이유는 그러한 욕구가 실제로 선천적이지도 않고 보편적이지도 않기 때문이다. 교향곡에 대한 욕구, 피아노 소나타에 대한 욕구, 바이올린 협주곡에 대한 욕구 등을 비롯해 이 각각의 욕구가 선천적이지도 않고 보편적이지도 않음은 자명하다. 교향곡을 들어 보지 못한 사람, 국악을 들어 보지 못한 사람, 그런 것들을 들어 보았다고 하더라도 그에 대한 욕구를 가지고 있지 않은 사람들도 많이 존재하기 때문이다. 더 나아가 이러한 욕구는 상당히 오랜 기간을 두고 나타나면서 지속성을 보이지도 않고 대부분 일시적이다. 여기서 알 수 있듯이 그러한 욕구는 모두 후천적으로 형성된 것이며, 따라서 그것은 선천적인 충동으로서의 본능이 아니라, 후천적인 충동, 즉 후천적인 예술충동이라 불려야 한다.

후천적인 예술충동의 대상인 예술 분야, 예를 들어 교향곡, 피아노 소나타, 바이올린 협주곡 등도 더 세분화될 수 있다. 예를 들어 교향곡의 경우 고전주의 교향곡, 낭만주의 교향곡, 민족주의 교향곡 등으로 세분화될 수 있고 이 각각도 하위 분야, 예를 들어 낭만주의 교향곡의 경우 베토벤의 교향곡, 쇼팽의 교향곡, 슈만의 교향곡 등으로 세분될 수 있으며, 더 나아가 이 각각도 최종적으로는 구체적인 예술작품들, 예를 들어 베토벤의 교향곡의 경우 「영웅 교향곡」, 「전원 교향곡」 등으로 세분될 수 있다. 그런데 이것들 각각을 향한 인간의 욕구가 존재할 수 있으며 그러한 욕구 역시 예술본능이 아니라, 후천적인 예술충동이라 불려야 한다.

10. 예술본능과 발생적 예술 현상학

예술본능은 예술창작과 예술경험을 포괄하는 모든 유형의 예술활동의

발생적 원천이다. 따라서 예술본능이 존재하지 않으면 그 어떤 예술활
동도 존재할 수 없다. 바로 이러한 이유에서 모든 유형의 예술활동의
정체를 그 발생적 원천으로부터 구체적으로 해명하기 위해서는 예술
본능에 대한 철저한 분석이 필요하다. 이러한 점에서 예술본능은 예술
창작의 발생적 현상학과 예술경험의 발생적 현상학을 포괄하는 발생
적 예술 현상학의 근본개념이며 예술본능 개념에 대한 해명을 중심으
로 전개되는 예술본능의 현상학은 발생적 예술 현상학의 뿌리에 해당
하는 학문이다.

　발생적 예술 현상학의 뿌리에 해당하는 예술본능의 현상학은 예술
현상을 그 뿌리로부터 해명하고자 하는 구체적인 예술론을 지향한다.
그것은 예술 현상을 추상적인 차원에서 다루고 있는 일체의 추상적인
예술론과 대척점에 서 있다. 이러한 점에서 예술본능 개념을 체계적으
로 분석하면서 전개되고 있는 실러의 예술본능론은 구체적인 예술론
의 전개라는 점에서 결정적으로 중요한 의미를 지니고 있다. 앞서 2절
에서 살펴보았듯이 실러의 예술본능론은 미학사에서 볼 때 칸트의 미
학이 가지고 있는 추상성을 극복하고 구체적인 미학을 전개하기 위한
중요한 시도라 할 수 있다.

　실러의 예술본능론은 칸트의 미학이 가지고 있는 추상성을 극복하
고 구체적인 미학으로 전개될 수 있다는 점에서 예술본능의 현상학의
관점에서 볼 때 중요한 의미를 가지고 있다. 뒤에서 구체적으로 드러
나게 되겠지만 예술본능의 현상학은 발생적 예술 현상학으로 전개되
는데, 실러의 예술본능론은 예술본능을 모든 예술경험의 발생적 원천
으로 간주하고 다양한 예술경험의 발생 과정을 해명함을 목표로 하는
발생적 예술 현상학으로서의 예술본능의 현상학의 선구로 평가될 수
있다.

　여기서 우리는 실러가 발생적 예술 현상학으로서의 예술본능의 현

상학의 핵심 개념인 발생 또는 그와 연관된 몇몇 개념들을 사용하면서
예술본능론을 전개하고 있다는 사실에 유의할 필요가 있다. 예를 들어
그는 형식본능과 감각본능을 제시하면서 이처럼 양자를 제시한다고
해서 미의 "발생"(Genesis)(AE, 100)에 대한 해명이 이루어지 않았다
고 언급한다. 그 이유는 미의 발생이 해명되기 위해서는 두 본능들 사
이의 상호작용이 존재해야 하기 때문이다. 이런 맥락에서 그는 다른
곳에서 서로 대립되는 형식본능과 감각본능의 상호작용을 통해 아름
다움이 "솟아오르는"(hervorgehen)(AE. 110) 것을 보았다고 기술하
기도 한다. 여기서 "솟아오른다"는 것은 "발생한다"는 것을 뜻한다. 또
다른 곳에서 그는 "공허한 무한성"(eine leere Unendlichkeit)(AE,
128)이라 불릴 수 있는 무한한 시간과 무한한 공간이 한정되면서 특정
한 시간과 특정한 공간에 존재하는 것이 인식되는 과정을 가리켜 "하
나의 표상"(eine Vorstellung)이 "발생한다"(entstehen)(AE, 128)고
기술하기도 한다.

　물론 실러가 이처럼 발생적 예술 현상학으로서의 예술본능의 현상
학의 근본 개념인 발생 및 그와 연관된 개념을 사용하여 예술본능론을
전개하고 있긴 하지만 그가 언급하고 있는 발생이 예술본능의 현상학
이 탐구하고자 하는 바, 의식의 내재적 시간성 안에서 이루어지는 초
월론적 발생과 유사한지 하는 점은 불투명하다. 필자는 이 점과 관련
해 두 가지 해석이 가능하다고 생각한다. 실러가 미를 이념적인 미와
경험적인 미로 나누는 데서 알 수 있듯이 그의 예술본능론은 이념적인
미를 해명하고자 하면서 주로 이념적인 차원에서 전개되지만 경험적
인 미를 해명하고자 할 경우 부분적으로 경험적인 차원에서 전개되기
도 한다. 그런데 그의 예술본능론이 이념적인 차원에서 전개될 경우
발생은 이념적인 차원에서 초시간적으로 이루어지는 개념의 발생을
뜻하며 이러한 초시간적인 개념의 발생은 의식의 내재적 시간성 안에

서 이루어지는 초월론적 발생과 다르다고 할 수 있다. 그러나 그의 예술본능론이 경험적인 차원에서 전개될 경우 그가 언급하고 있는 발생은 시간적인 차원에서 이루어지는 발생을 뜻하며 이러한 발생은 의식의 내재적 시간성 안에서 이루어지는 초월론적 발생과 유사하다고 할수 있다. 이처럼 실러의 예술본능론을 이념적인 차원이 아니라, 경험적인 차원에서 전개되는 것으로 간주하면 그것과 발생적 예술 현상학으로서의 예술본능의 현상학이 해명하고자 하는 발생 사이에 존재하는유사성 때문에 그것은 예술본능의 현상학의 선구로 간주될 수 있다.

이처럼 두 가지 가능성을 가지고 있음에도 불구하고 실러의 예술본능론은 주로 이념적인 차원에서 추상적으로 전개되면서 구체적인 삶의 세계에서 작동하는 다양한 차원과 유형의 예술본능 및 예술경험, 그리고 그의 대상적 상관자인 미적 대상을 체계적으로 해명할 수 없었다. 앞서 살펴보았듯이 예술본능의 현상학의 입장에 의하면 다양한 유형의 예술본능이 존재하며 다양한 기준에 따라 다양한 방식으로 예술본능을 분류할 수 있다. 예술론이 구체적인 예술론으로 전개될 수 있기 위해서는 이처럼 다양한 유형의 예술본능을 다각도로 분석해야 한다. 그러나 실러는 이처럼 다양한 유형의 예술본능이 존재한다는 사실을 망각하고 주로 감각본능과 형식본능이 완벽하게 조화를 이루고 있다고 간주되는 이상적인 예술본능에 대한 분석을 중심으로 예술본능론을 전개하였다. 그를 통해 그의 예술본능론은 추상적인 예술본능론에 머물고 말았다. 따라서 그것은 다양한 예술 현상을 구체적으로 해명하기에는 심각한 한계를 가지고 있다. 예술본능의 현상학은 실러의 예술본능론이 가지고 있는 이러한 한계를 극복하고 구체적인 삶의 세계에서 작동하는 다양한 유형과 차원의 예술본능의 지향적 구조를 체계적으로 해명하면서 구체적인 예술본능론을 전개함을 목표로 한다.

이제 우리는 예술창작 본능과 예술감상 본능의 구별 및 그와 관련된 다양한 유형의 예술본능의 몇 가지 구별을 실마리로 삼아 예술본능의 현상학을 전개하고자 한다. 예술본능이 예술창작 본능과 예술감상 본능으로 나누어지기 때문에 뒤에서 이루어질 전체적인 논의 역시 이러한 구별을 토대로 수행될 것이다. 우선 4장에서는 무의식적 예술본능과 의식적 예술본능의 구별, 비직업적 예술본능과 직업적 예술본능의 구별, 재현적 예술본능과 표현적 예술본능의 구별 등 예술창작 본능의 유형의 몇 가지 구별을 실마리로 삼아 예술창작 경험의 구조를 해명하면서 예술본능의 현상학을 전개할 것이다. 거기에 이어 5장과 6장에서는 재현본능과 표현본능의 구별, 현전적 미적 경험, 현적화적 미적 경험, 해명적 미적 경험의 구별 등 예술감상 본능의 유형의 몇 가지 구별을 실마리로 삼아 예술감상 경험의 구조를 해명하면서 예술본능의 현상학을 전개하고자 한다. 우선 5장에서는 미적 대상에 대한 경험의 발생에서 다양한 유형의 예술감상 경험이 어떤 역할을 담당하는지 해명하면서 예술경험의 발생적 현상학을 전개할 것이다. 그런데 미적 대상에 대한 경험은 미적 태도를 통해 드러나는 미적 세계에 대한 경험의 토대 위에서 전개된다. 따라서 미적 대상에 대한 경험의 구조를 그 뿌리로부터 해명하기 위해서는 미적 태도를 통해 드러나는 미적 세계에 대한 경험을 체계적으로 분석해야 한다. 그에 따라 6장에서는 예술본능이 미적 세계에 대한 경험의 발생을 위해 어떤 역할을 담당하는지 해명하면서 예술본능의 현상학을 전개할 것이다.

이처럼 예술창작 본능과 예술감상 본능으로 나누어 각각을 실마리로 삼아 예술본능의 현상학을 전개한 후 예술 장르의 차이에 따른 다양한 유형의 예술본능을 실마리로 삼아 예술본능의 현상학을 전개할 수 있을 것이다. 예술 장르에 따른 다양한 유형의 예술본능 각각을 실마리로 삼아 예술본능의 현상학을 전개하는 일은 예술본능론의 중요한 과제 중의 하나에 속한다. 비록 현상학적 관점에서는 아니지만 그

동안 예술 장르에 따른 예술본능에 대한 분석이 부분적으로 이루어졌다. 그 대표적인 예는 음악본능에 대한 분석이다. 볼(P. Ball)은 2010년에 출간한『음악본능』이라는 저서에서 음악본능의 구조를 분석하고 있다. 그러나 음악본능에 대해서뿐만 아니라, 여타의 예술본능, 즉 미술본능, 문학본능, 연극본능, 무용본능 등 다양한 유형의 예술본능에 대해서도 분석을 수행하면서 그 구조를 해명하고 각각의 예술 장르의 정체를 해명할 수 있다. 이러한 작업은 현상학적 관점에서도 이루어질 수 있다. 그러나 우리는 이 책에서 이러한 작업을 수행할 수 없다. 이 책은 예술본능과 관련된 보다 더 일반적인 논의에 만족할 것이며, 각각의 개별적인 예술본능에 대한 구체적인 현상학적 분석은 이 책의 각론에 해당하는 것으로 앞으로의 과제로 남겨 두기로 한다.

4

예술본능과 예술창작

4장의 목표는 예술본능이 모든 유형의 예술창작을 추동하며 그러한 한
에서 그것이 예술창작의 발생적 원천이라는 사실을 해명하는 데 있다.
다양한 유형의 예술창작이 존재한다. 예술창작의 전형적인 예는 예술
가에 의해 이루어지는 예술창작이다. 그러나 예술가의 예술창작 이외
에도 일반인에 의해 이루어지는 다양한 형태의 예술창작도 존재한다.
본 연구에서 예술창작은 예술가들에 의해 수행되는 예술창작뿐 아니
라, 일반인에 의해 수행되는 예술창작도 포함한다. 우리는 우선 1절에
서 무의식적으로 이루어지는 예술창작 활동에서 예술본능이 어떤 역
할을 하는지 해명하고, 2절에서 일반인에 의해 이루어지는 비직업적
예술창작 활동에서 예술본능이 어떤 역할을 하는지 해명한 후, 3절에
서는 예술가의 예술창작 활동에서 예술본능이 어떤 역할을 하는지 해
명할 것이다. 거기에 이어 4절에서는 본래적 예술창작 활동과 비본래
적 예술창작 활동이 구별된다는 사실을 살펴보고 예술본능이 이러한
구별을 위해 어떤 역할을 하는지 검토할 것이다. 예술창작 본능은 다
양한 유형으로 나누어지는데, 5절에서는 다양한 유형의 예술창작 본능

의 구별에 대해 살펴볼 것이다. 6절에서는 칸트의 천재미학을 비판적으로 검토하면서 예술본능 개념을 토대로 현상학적 관점에서 예술적 천재론을 전개할 것이다. 천재를 포함한 예술가 및 일반인에 의해 수행되는 다양한 유형의 예술창작 활동은 다양한 예술작품을 낳는다. 예술작품론은 예술창작론의 중요한 주제 중의 하나인데, 7절에서는 예술본능에 대한 분석을 토대로 현상학적 예술작품론을 전개할 것이다. 8절에서는 예술창작을 추동하는 근원적인 힘인 예술창작 본능이 예술감상을 추동하는 근원적인 힘인 예술감상 본능을 하나의 구성 요소로 가지고 있다는 사실을 밝히면서 양자 사이의 관계를 해명할 것이다.

1. 예술본능과 무의식적 예술창작 활동

직업적인 예술가뿐 아니라, 일반인도 다양한 예술창작 활동을 하면서 살아간다. 일반인의 예술창작 활동은 크게 1) 의식적 예술창작 활동과 2) 무의식적 예술창작 활동으로 나누어진다. 여기서 의식적 예술창작 활동은 창작의 주체가 창작할 대상을 의식하면서 이루어지는 활동을 말하고 무의식적 예술창작 활동은 그렇지 않은 활동을 말한다. 이 중에서 발생적 현상학적 관점에서 볼 때 더 낮은 단계의 예술창작 활동은 무의식적 예술창작 활동이다. 그러면 이제 무의식적 예술창작 활동에서부터 시작하여 예술본능이 예술창작 활동에서 어떤 역할을 하는지 살펴보자.

　무의식적 예술창작 활동은 빈번하게 나타나지는 않는다. 그것은 또 모든 예술 장르에서 나타나는 것도 아니다. 그러나 몇몇 예술 장르에서 무의식적 예술창작 활동의 예가 존재한다. 누군가가 신나는 음악이 울려 퍼질 경우 자신도 모르는 사이에 그 음악에 맞추어 덩실덩실 춤을 추는 경우, 또는 누군가가 흥이 나서 자신도 모르는 사이에 콧노래를 부르는 경우 등이 그 예에 해당한다. 이러한 예를 통해 알 수 있듯이 무의식적 예술창작 활동은 주로 음악, 무용 등의 예술 장르에서 존재한다. 그것은 문학, 미술, 연극, 건축 등의 예술 장르에서는 존재할 수 없다. 이러한 문학 장르에서는 예술창작 활동을 위해 창작할 대상에 대한 주체의 의식이 필요하기 때문이다.

무의식적 예술창작 활동은 이미 생애의 초기 단계인 유아기에 나타난다는 발달심리학적 연구 결과가 있다. 무그(H. Moog)는 생후 6개월 이후에서 1년 사이의 어린이들이 옹알이를 하면서 선율을 창조할 수 있는 능력을 가지고 있다고 보고한다.[1] 그는 옹알이를 두 종류로 나누는데, 음악적이지 않은 옹알이와 음악적인 옹알이가 그것이다. 이 중에서 음악적인 옹알이를 살펴보면, 그것이 듣고 있는 어떤 음악에 대한 반응으로서 이루어지는 것이기는 하지만 이전에 들은 그 어떤 음악과도 유사성을 가지고 있지 않다. 이러한 사실은 유아가 아무런 학습 없이 음악적 옹알이를 할 수 있는 선천적인 능력을 가지고 있음을 함축한다. 이처럼 음악적 옹알이를 할 수 있는 선천적인 능력이 바로 예술본능이다. 이처럼 음악적 옹알이에 대한 무그의 연구는 무의식적 예술창작 활동을 하도록 추동하는 힘이 예술본능이라는 사실을 보여준다.

무의식적 예술창작 활동을 추동하는 힘인 예술본능은 외적 자극을 통해 촉발되어 작동할 수 있다. 앞서 살펴본 예 중에서 누군가가 신나는 음악이 울려 퍼질 경우 자신도 모르는 사이에 그 음악에 맞추어 덩실덩실 춤을 추는 경우 예술본능은 외적 자극을 통해 작동한다. 이 경

---

1 이와 관련된 아래의 논의는 D. J. Hargreaves, *The Developmental Psychology of Music*, Cambridge: Cambridge University Press, 1986, 63-64를 참조하였다.

우 "울려 퍼지는 신나는 음악"이 예술본능을 작동하도록 하는 외적 자극의 역할을 한다. 물론 이 경우 예술창작 활동의 주체는 "울려 퍼지는 신나는 음악"을 통해 촉발되긴 하지만 그에 대해 의식하지 못한 채 예술본능이 작동하면서 예술창작 활동에 임하고 있는 것이다.

그러나 예술본능이 늘 외적 자극을 매개로 하여 작동하는 것은 아니다. 그 어떤 외적 자극이 없이도 예술본능이 작동하면서 예술창작 활동을 유발하는 경우도 있다. 앞서 언급한 또 다른 예, 즉 누군가가 흥이 나서 자신도 모르는 사이에 콧노래를 부르는 경우가 그 예에 해당한다. 이 경우 예술본능이 작동하지만 그것이 그 어떤 외적 자극을 통하여 유발된 것은 아니다. 이 경우 예술본능은 예술창작 활동의 주체 내부에서 내생적으로 발생한다고 할 수 있다.

무의식적 예술창작 활동의 구조는 단순하다. 예술창작 활동을 추동하는 힘인 예술본능은 주체의 신체활동을 통해 직접 표출되면서 예술창작 활동이 이루어진다. 그리고 이 과정에서 예술창작 활동의 주체에게 낮은 단계의 즐거운 감정이 나타난다. 여기서 알 수 있듯이 무의식적 예술창작 활동은 1) 작동하는 예술본능, 2) 예술창작을 수행하는 주체의 신체활동, 3) 낮은 단계의 즐거운 감정 등을 구성 요소로 가지고 있다. 무의식적 예술창작 활동은 뒤에서 살펴보게 될 창작할 대상에 대한 존재정립 작용, 상상력, 미적 감식력 등 의식적 예술창작 활동의 요소들은 가지고 있지 않다.

무의식적 예술창작 활동을 구성하는 이러한 요소들은 서로 분리할 수 없이 결합되어 있다. 예술본능이 작동하면서 그것이 신체활동을 통해 표출되고 그와 더불어 낮은 단계의 즐거운 감정이 나타난다. 예술본능이 나머지 두 요소를 발생적으로 정초해 주기 때문에 그것은 나머지 두 요소와 비교해 볼 때 더 근원적이다. 그러나 나머지 두 요소만을 살펴보면 그것들은 근원성에 있어 동등한 위치를 차지한다. 즐거운 감정과 신체활동은 서로 분리할 수 없이 결합되어 있으나, 즐거운 감정은 신체활동을 통해 표출되는 감정이요, 신체활동은 즐거운 감정을 표출하는 활동으로서 둘 중에서 어느 하나가 다른 것을 정초해 주는 관계에 있지 않으며 따라서 어느 하나가 다른 것에 비해 더 근원적인 위치를 차지하고 있지 않다. 이 둘은 하이데거의 표현을 빌면 등근원적이다. 하이데거는 『존재와 시간』에서 세계개시성(Welterschlossen-heit)의 세 가지 계기로서 정황성, 이해, 말 등을 분석하면서 이 세 가지 계기가 서로 분리되어 존재할 수 없다는 사실을 강조하면서 그것들이 "등근원적"(gleichursprünglich)[2]이라고 말하는데, 세계개시성의 세 가지 계기와 마찬가지로 무의식적 예술창작 활동의 구성 요소인 신체활동과 낮은 단계의 즐거운 감정 역시 등근원적이다.

2. 예술본능과 비직업적 예술창작 활동

예술창작이 주체가 창작할 작품에 대한 의식을 가지고 수행되는 의식적 창작활동은 일반인에 의해 이루어지는 비직업적 창작활동과 직업적인 예술가에 의해 이루어지는 직업적 창작활동으로 나누어진다. 이절에서는 비직업적 예술창작 활동에 대해 살펴보기로 하자.

　우리의 일상적 삶을 돌아보면 알 수 있듯이 비직업적 예술창작 활동은 무수히 많다. 우리가 살아가면서 직업적 의식이 없이 하는 모든 예술활동, 예를 들어 노래하기, 그림 그리기, 연극하기, 시 짓기, 춤추기 등이 거기에 해당한다. 더 나아가 흔히 예술창작 활동의 예로 간주되지 않는 많은 활동도 그것이 미적인 것을 추구하는 활동으로 규정될

2　M. Heidegger, *Sein und Zeit*, Tübingen: Max Niemeyer, 1972, 161.

수 있는 한에서 의식적 예술창작 활동에 해당한다. 몸치장하기, 화장하기, 주위를 아름답게 가꾸기, 소꿉놀이하기, 역할극뿐 아니라, 모래성 쌓기, 눈사람 만들기 등이 그 예이다.

비직업적 예술창작 활동은 무의식적 예술창작 활동을 토대로 그의 연장선상에서 발생할 수 있다. 앞서 무의식적 예술창작 활동의 예로 살펴본 음악적 옹알이의 경우, 유아는 음악적 옹알이를 반복하다가 언젠가는 노래의 내용에 대한 존재정립 작용을 가지고 의식적으로 노래를 부를 수 있다. 그리고 누군가가 무의식적으로 콧노래를 부르다가 경우에 따라 자신이 부르는 노래에 대한 존재정립 작용을 가지고 노래를 부를 수 있다. 이 두 경우는 비직업적 예술창작 활동이 무의식적 예술창작 활동을 토대로 그 연장선상에서 발생한 예이다.

그러나 비직업적 예술창작 활동이 모두 무의식적 예술창작 활동을 토대로 발생하는 것은 아니다. 비직업적 예술창작 활동 중에서 많은 것은 무의식적 예술창작 활동이 선행하지 않고서도 발생한다. 우선 흔히 예술창작 활동으로 간주되는 예들, 즉 노래하기, 그림 그리기, 연극 활동하기, 시 짓기, 춤추기 등은 대부분 그의 발생적 선행조건으로서 무의식적 예술창작 활동을 필요로 하지 않는다. 사정은 몸치장하기, 화장하기, 주위를 아름답게 가꾸기, 소꿉놀이하기, 모래성 쌓기, 눈사람 만들기, 어린아이의 예쁜 짓 하기 등 흔히 예술창작 활동의 예로 간주되지 않는 활동들의 경우도 마찬가지이다. 이러한 활동을 하기 위하여 주체가 앞서 무의식적 예술창작 활동을 꼭 수행할 필요는 없다.

무의식적 예술창작 활동과 마찬가지로 의식적 예술창작 활동의 한 유형인 비직업적 예술창작 활동 역시 발생적으로 예술본능의 작동에 토대를 두고 있다.[3] 앞서 살펴보았듯이 비직업적 예술창작 활동은 무

___

3 필자가 여기서 예술창작 활동이라 부르는 것은 4절에서 논의하게 될 본래적 예술

의식적 예술창작 활동을 토대로 발생하는 활동과 그렇지 않은 활동이 있는데, 이 중에서 앞의 것은 무의식적 예술창작 활동의 발생적 토대로서 작동하였던 예술본능이 지속적으로 작동하면서 발생하는 것이다. 앞서 살펴본 음악적 옹알이를 반복하다가 노래를 부르는 경우, 음악적 옹알이를 하도록 추동하는 예술본능이 계속해서 작동하면서 음악적 옹알이가 노래 부르는 행위로 전환한다.

무의식적 예술창작 활동에 토대를 두고 있지 않은 비직업적 예술창작 활동 역시 발생적으로 예술본능의 작동에 토대를 두고 있다. 노래하기, 그림 그리기, 연극 활동하기, 시 짓기, 춤추기 등 일상적으로 예술창작 활동이라 불리는 활동은 그러한 활동을 하도록 추동하는 내적인 힘이 필요한데, 바로 이러한 힘이 예술본능이다. 몸치장하기, 화장하기, 주위를 아름답게 가꾸기, 소꿉놀이하기, 모래성 쌓기, 눈사람 만들기 등 흔히 예술창작 활동의 예로 간주되지 않는 예술창작 활동들의 경우도 마찬가지이다. 이러한 활동들 역시 주체가 그것들을 하도록 추동하는 내적인 힘인 예술본능을 필요로 한다.

비직업적 예술창작 활동은 무의식적 예술창작 활동보다 더 복잡한 구조를 가지고 있다. 그것은 1) 작동하는 예술본능, 2) 예술창작을 수행하는 주체의 신체활동, 3) 예술적 감정 등 무의식적 예술창작 활동에서 나타나는 요소들뿐 아니라, 무의식적 예술창작 활동에서는 나타나지 않는 4) 창작할 작품에 대한 전체적인 구상, 5) 창작할 작품에 대한 존재정립 작용, 6) 주체의 예술창작 의지, 7) 예술적 상상력, 8) 미적 감식력 등을 구성 요소로 가지고 있다. 이러한 요소들은 뒤에서 살

창작 활동이다. 4절에서 살펴보겠지만 예술창작 활동을 추동하는 힘은 예술본능 이외에도 여러 가지가 존재하며 필자는 예술본능이 예술창작 활동을 추동하는 동기 중의 하나로 작용하는 예술창작 활동을 본래적 '예술창작 활동이라 부르고, 그렇지 않은 예술창작 활동을 비본래적 예술창작 활동이라 부를 것이다.

펴볼 직업적인 예술가의 예술창작 활동에서도 발견된다. 그에 대해서는 뒤에서 자세하게 검토하기로 하고 여기서는 다음과 같은 네 가지 사실을 지적하고자 한다.

첫째, 비직업적 예술창작 활동의 여러 요소들 중에서 예술본능은 비직업적 예술창작 활동의 여러 여타의 요소들의 발생적 토대이다. 말하자면 그것은 이러한 여타의 요소들이 발생할 수 있도록 해 주는 요소이다. 그리고 그것은 이러한 여타 요소들이 발생한 후 계속해서 그것들을 관통해 흐른다. 이러한 점에서 그것은 비직업적 예술창작 활동을 구성하는 여타의 요소들과 병렬적인 관계에 있는 단순한 하나의 요소가 아니라, 그것들을 모두 지탱하고 있는 요소이다.

둘째, 예술창작의 주체는 무의식적 예술창작 활동의 경우와는 달리 비직업적 예술창작 활동을 수행하면서 창작할 대상에 대한 의식을 가지고 있다. 주체가 창작할 대상에 대한 의식을 가지고 있다 함은 주체가 작품 전체에 대한 구상, 존재정립 작용, 예술창작 의지 등과 더불어 예술적 상상력, 미적 감식력 등도 가지고 있음을 함축한다. 이러한 여러 작용들은 의식이 작동하지 않으면 존재할 수 없기 때문이다.

셋째, 비직업적 예술창작 활동의 나머지 두 가지 요소들, 즉 신체활동과 예술적 감정은 무의식적 예술창작 활동의 요소인 신체활동과 예술적 감정과는 다른 모습을 보인다. 우선 신체활동은 창작할 대상에 대한 존재정립 작용, 창작의지, 상상력, 미적 감식력 등과 결합되어 이루어지기 때문에 단순히 수동적인 활동이 아니라 능동적인 활동이며, 따라서 그것은 무의식적 예술창작 활동 속에 들어 있는 신체활동보다 훨씬 더 복잡한 구조를 보인다. 예술적 감정 역시 마찬가지이다. 이 경우 감정은 무의식적 예술창작 활동의 경우처럼 단순히 낮은 단계의 즐거운 예술적 감정이 아니라, 만족의 감정, 불만족의 감정, 중간적인 감정 등 다양한 유형으로 분화되는 높은 단계의 예술적 감정이다.

넷째, 비직업적 예술창작 활동을 구성하는 여러 요소들은 서로 분리할 수 없이 결합되어 있다. 그중에서 예술본능이 여타의 요소들이 발생할 수 있는 토대가 되기 때문에 그것은 여타의 요소들에 비해 더 근원적이다. 그러나 여타의 요소들만 살펴보면 그것들은 하이데거적인 의미에서 등근원적이라 할 수 있다. 발생적 현상학적 관점에서 볼 때 그것들은 서로 분리할 수 없이 결합되어 있으나, 그것들 중에서 그 어느 것도 다른 것에 비해 더 근원적인 위치를 차지하지 않는다. 그것들 중에서 어느 하나가 다른 것(들)을 정초해 주는 관계에 있지 않다.

3. 예술본능과 예술가의 예술창작

1) 예술가의 예술창작 활동의 구성 요소들

직업적인 예술가들의 경우에도 예술본능이 반복적으로 작동하면서 직업적 예술창작 활동이 이루어진다. 그러면 이 점을 살펴보기 전에 우선 예술가의 예술창작 활동의 구성 요소들을 검토하자.

① 예술적 태도와 작품에 대한 전체적인 구상

예술가의 예술창작은 진공 상태에서 이루어지는 것이 아니다. 그것은 그가 몸담고 살아가는 생활세계 속에서 일어난다. 예술가는 생활세계 속에서 예술적 태도를 취하면서 예술창작 활동을 해 나간다. 예술적 태도를 취하면서 예술가가 일차적으로 하는 일은 작품에 대한 전체적인 구상, 즉 밑그림을 마련하는 일이다. 예술작품에 대한 전체적인 구상이 없으면 예술창작은 한 발짝도 앞으로 나아갈 수 없다. 예술작품의 전체적인 구상은 예술창작을 위한 등대 역할을 담당한다. 예술창작 활동이란 이러한 전체적인 구상을 하나씩 구체적으로 채워 나가는 과정이다.

② 예술적 상상력

예술작품의 전체적인 구상을 구체화하기 위해 예술가가 일차적으로 해야 할 일은 예술적 상상력을 작동시키는 일이다. 물론 예술적 상상력은 예술작품의 전체적인 구상을 마련하는 단계에서도 작동한다. 그러나 예술가는 그러한 구상을 구체화해 나가는 과정에서도 계속해서 상상력을 작동시키며, 그를 통해 그러한 전체적인 구상을 구체화해 나간다. 예술적 상상력이 작동하지 않으면 예술창작 활동은 한 발짝도 앞으로 나아갈 수 없다.

③ 미적 판단력으로서의 취미[4]

그러나 예술적 상상력만으로는 예술작품이 창조될 수 없다. 상상력을 통해 예술작품이 창조될 수 있기 위해서는 미적 판단력으로서의 취미가 필요하다. 예술적 상상력은 무한히 나래를 펼 수 있으며 따라서 그것은 종종 미친 말처럼 자신의 한계를 모르고 날뛸 수 있다. 따라서 예술적 상상력을 견제하면서 연마할 수 있는 능력이 필요한데, 바로 이러한 능력이 미적 판단력으로서의 취미이다. 말하자면 취미는 무절제한 상상력으로부터 예술로의 전환을 가능하게 해 주는 요소이다.

④ 존재정립 작용

이처럼 예술적 상상력과 미적 판단력이 작동하면서 창작할 작품의 정체가 구체화된다. 그에 따라 창작할 작품에 대한 존재정립 작용이

---

4   5장 10절에서 살펴보게 되겠지만 칸트의 취미판단은 반성적 성격, 술어적 성격, 이념적 성격을 지닌다. 여기서 미적 판단력으로서의 취미는 칸트적인 의미의 취미뿐 아니라, 선반성적이고 선술어적인 취미까지 포함하는 넓은 의미의 취미를 뜻한다.

발생해 작품이 완성될 때까지 계속해서 작동한다. 예술적 상상력과 미적 판단력이 계속해서 작동함에 따라 창작할 작품의 모습이 구체화되어 가면서 존재정립 작용 역시 이처럼 구체화되어 가는 작품을 따라 변화해 나간다.

⑤ 예술창작 의지

예술작품의 전체적인 구상 작용을 비롯해 예술적 상상력, 미적 판단력, 존재정립 작용 등은 주체의 예술창작 의지와 밀접하게 결합되어 있다. 그것들은 한편으로 예술창작 의지 때문에 발생하며 예술창작 의지를 통해 발생한 여러 작용들은 다시 새로운 예술창작 의지를 낳는다. 이처럼 예술창작 의지가 예술적 상상력, 미적 판단력, 존재정립 작용 등과 역동적으로 상호작용하면서 작품창작이 이루어진다.

⑥ 예술적 감정

예술적 의지가 충족되느냐 여부에 따라 예술창작의 주체는 예술창작의 과정에서 다양한 감정을 느낄 수 있다. 예술적 창작의 주체는 예술적 의지가 충족될 경우 예술창작이 주는 만족감을 느끼고 예술적 의지가 충족되지 않을 경우 불만족감을 느낀다. 이처럼 예술창작 과정에서 예술적 의지의 충족 여부에 따라 예술가가 느끼는 감정이 예술적 감정이다.

⑦ 신체활동

예술창작 활동은 신체활동을 통해 수행된다. 문학의 경우처럼 예술창작을 위해 신체활동이 결정적으로 중요하지 않은 예술 장르도 존재한다. 그러나 무용, 음악, 연극 등 대부분의 예술 장르에서 신체활동은 예술창작을 위해 결정적으로 중요한 역할을 한다. 예술가들의 예술창

작 활동의 구성 요소인 신체활동은 비직업적 예술창작 활동의 구성 요
소인 신체활동과 비교해 볼 때 더 조직화되고 체계화되어 있다. 예술
가의 신체활동은 반복적인 훈련을 통한 연습의 결과 형성된 습성의 체
계이다.

2) 예술본능과 예술가의 예술창작 활동의 여러 요소들

지금까지 우리는 예술가가 예술작품을 창작하기 위해 필요한 요소
들이 무엇인지 재구성해 보았다. 예술본능은 이처럼 다양한 요소들을
포함하는 예술창작 활동의 발생적 원천이다. 실제로 자신의 예술창작
활동의 발생적 원천이 예술본능에 있다고 술회하는 예술가들이 있다.
예를 들어 피카소는 자신의 예술창작 활동에 대해 다음과 같이 술회하
고 있다.

"회화가 나보다 훨씬 더 힘이 강해서 자신이 원하는 것을 내가 하도록 만
든다."[5]

여기서 "회화"는 그림을 그리도록 만드는 거역할 수 없는 힘을 뜻한
다. 피카소는 바로 주체할 수 없이 저 힘에 이끌려 그림을 그리지 않을
수 없었다고 고백하고 있다. 말하자면 그는 그림을 그린 주체는 자신
이 아니라, 거역할 수 없는 저 힘이며 자신은 단지 저 힘의 노리개에
불과하다고 술회하고 있는 것이다. 그런데 그림을 그리도록 피카소를
추동했던 주체할 수 없는 저 힘이 바로 예술본능이다.

---

5   "La peinture est plus forte que moi, elle me fait faire ce qu'elle veut." "Paint-
ing is stronger than I am, it does what it wants with me." 2010년 10월 프랑스 파리
의 퐁피두센터(Centre Pompidou) 4층 전시관에 있었던 피카소의 작품세계에 대한 설
명의 한 부분이다.

베토벤 역시 예술창작 과정에서 예술본능의 힘을 강하게 체험하였다. 그는 11살의 어린 나이에 자신의 고향 본에서 쾰른의 선제후 막스 프리드리히(1708~1784)에게 헌정문을 보내는데, 거기서 그는 예술본능에 대한 체험을 다음과 같이 기록하고 있다.

"존경하옵는 전하. 저는 일찍이 네 살 때부터 음악에 매료돼 왔습니다. 이처럼 빨리 제 마음을 아름다운 하모니로 가득 채워 주신 뮤즈를 저는 진심으로 사모하고 있으며, 여신 또한 저를 아껴 주시는 듯합니다. 저도 이제 열한 살이 되었습니다. 뮤즈는 예전부터 '네 마음속의 하모니를 적어라' 라고 제 귀에 속삭여 왔습니다. 그러나 이제 겨우 열한 살인 제가 작곡가인 척하면 다른 음악가들이 뭐라고들 할까 생각하며 용기를 잃었습니다. 그러나 뮤즈가 계속하여 저를 재촉하는지라, 이에 복종하여 감히 작곡을 하게 되었습니다."[6]

이 헌정문에 나타나 있듯이 베토벤이 작곡을 하게 된 동기는 스스로 주체할 수 없는 그 어떤 힘이다. 이와 관련해 그는 뮤즈가 예전부터 "네 마음속의 하모니를 적어라"라고 자신의 귀에 속삭여 왔다고 말하기도 하고, 뮤즈가 계속하여 자기를 작곡하도록 재촉한다고 말하고 있다. 말하자면 그는 뮤즈의 속삭임에 따라서, 뮤즈의 재촉을 거부할 수 없어 작곡을 하게 된 것이다. 그런데 여기서 뮤즈의 속삭임, 뮤즈의 재촉은 다름 아닌 작곡을 하도록 베토벤을 추동한 힘, 즉 예술본능을 뜻한다. 물론 이 예술본능은 타인의 영향을 받아서 후천적이며 문화적으로 형성된 생명적인 힘이 아니라, 타고나면서부터 가지고 있었던 선천

6   루트비히 판 베토벤(저), 김주영(역), 『베토벤, 불멸의 편지』, 서울: 예담, 2000, 13-15.

적인 힘이다. 이와 관련해 베토벤은 인간이 아닌 여신 뮤즈가 자신의 마음을 아름다운 하모니로 가득 채워 주었기 때문에 일찍이 네 살 때부터 음악에 매료되어 왔다고 술회하고 있다. 이러한 사실은 다시 한번 베토벤이 작곡을 하도록 만든 것이 다름 아닌 예술본능이라는 사실을 보여 준다.

그러면 앞에서 살펴본 예술가의 예술창작 활동의 다양한 요소들이 어떻게 발생적으로 예술본능에 토대를 두는지 구체적으로 살펴보자.

예술본능은 우선 예술가가 예술적 태도를 취하는 단계에서 작동한다. 예술가가 늘 예술적 태도 속에서 예술창작 활동을 하면서 살아가는 것은 아니다. 예술가도 사람인 한 생활세계의 한 구성원으로 살아간다. 예를 들어 그는 집안에서 가족구성원의 한 사람으로서 가족들과 함께 일상적인 삶을 살아간다. 바로 이처럼 일상적인 삶을 살아가다가 그는 예술창작 활동을 하는 것이며 예술창작 활동을 하기 위해서는 일차적으로 예술적 태도를 취하고 그러한 태도를 계속해서 유지해야 한다.

그런데 예술가가 일상적인 생활세계적 태도에서부터 예술적 태도로 전환하여 예술적 태도를 취하는 일은 예술본능의 작동과 분리될 수 없다. 진정한 의미에서 예술적 태도로 전환하는 일은 예술본능이 작동하지 않고서는 불가능하다. 불현듯 시상(詩想)이 떠올라 예술적 태도를 취하면서 시를 쓰기 시작하는 시인의 경우 시상이 떠오르는 순간 예술본능이 작동하고 있는 것이며, 이처럼 작동하는 예술본능이 일상적인 생활세계적 태도로부터 예술적 태도로의 전환을 가능하게 해 준다. 물론 이처럼 예술본능이 먼저 작동하지 않고서도 예술가는 예술창작 활동을 시작할 수 있다. 예들 들어 그는 정해진 시간표에 따라 창작활동을 할 시간이 되었기 때문에 작업실에 들어가 예술창작 활동을 시작할 수 있다. 그러나 이 경우에도 본래적 예술창작 활동이 이루어지기 위해서는 예술본능이 작동해야 하며 따라서 진정한 의미의 예술적 태도는 예술본능의 작동을 통해 가능하다고 할 수 있다.

이처럼 예술본능은 진정한 의미에서 예술적 태도로의 이행을 가능하게 해 주는 요소이다. 그러나 예술본능은 예술적 태도로의 이행을 가능하게 해 주는 데서 자신의 역할을 다하는 것은 아니다. 어떤 형태로든 예술적 태도로 이행한 후 그러한 태도를 예술창작의 주체가 유지할 수 있도록 해 주는 것 역시 예술본능이다. 예술본능이 더 이상 작동하지 않을 경우 예술가의 예술적 태도는 그의 의식의 지평으로부터 사라지고 예술창작 활동은 중단될 것이다.

이처럼 예술본능의 작동을 통해 예술적 태도로 이행하면서 예술창작 활동이 이루어진다. 그런데 예술적 태도로의 이행뿐 아니라, 그 후 이루어지는 모든 예술창작 활동은 발생적으로 예술본능의 작동에 토대를 두고 있다.

우선 예술창작 활동의 최초의 단계인 예술작품의 전체적인 구상의 단계는 예술본능의 작동에 토대를 두고 있다. 앞서 살펴보았듯이 일상적 삶의 태도에서 예술적 태도로 이행한 후 예술가는 막 작동하기 시작한 예술본능을 충족시키기 위하여 다양한 단계에 걸친 노력을 한다. 예술본능은 최종적으로 미적인 것으로서의 예술작품의 창작을 통하여 충족되며 예술창작의 첫 번째 단계에 해당하는 예술작품의 전체적인 구상을 가다듬는 일은 예술본능을 충족시키기 위한 첫 단계라 할 수 있다. 바로 이러한 이유에서 예술작품의 전체적인 구상을 가다듬는 일은 예술본능의 작동에 토대를 두고 있다.

앞서 살펴보았듯이 예술가는 예술작품의 전체적인 구상을 마련한 후 그러한 구상을 구체화하기 위하여 상상력과 미적 판단력을 작동시키며 그와 더불어 창작할 작품에 대한 존재정립 작용이 나타난다. 그런데 예술작품의 전체적인 구상을 구체화하기 위한 이 모든 작용들 역시 발생적으로 예술본능의 작동에 토대를 두고 있다. 이 점과 관련해 우리는 예술본능이 최종적으로 미적인 것으로서의 예술작품의 창작을 통해 충족되며, 상상력, 미적 판단력, 존재정립 작용이 모두 미적인 것으로서의 예술작품의 창작을 위한 활동이라는 사실에 유의할 필요가 있다. 예술본능을 기준으로 해서 말하자면 상상력, 미적 판단력, 존재정립 작용은 모두 예술본능을 충족시키기 위한 활동들이다. 말하자면 예술본능이 작동하기 때문에 그것을 충족시키기 위하여 상상력, 미적 판단력, 존재정립 작용이 작동하는 것이며 바로 이러한 이유에서 그것들은 모두 발생적으로 예술본능의 작동에 토대를 두고 있다고 할 수 있다.

더 나아가 예술창작 의지도 발생적으로 예술본능에 토대를 두고 있다. 다양한 유형의 예술창작 의지는 바로 예술창작 활동을 통해 예술본능을 충족시키고자 하는 의지이기 때문이다. 여기서 우리는 예술본능과 예술창작 의지의 관계를 분명히 하기 위하여 리글(A. Riegl)의 예술적 의지론을 비판적으로 검토하고자 한다. 그는 젬페르(G. Semper)가 피력한 "예술작품의 본질에 대한 기계론적 입장"(die mechanistische Auffassung vom Wesen des Kunstwerkes)을 비판하면서 예술작품의 본질에 대한 "목적론적 입장"을 피력하는데,[7] 여기서 핵심적인 역할을 담당하는 것이 바로 "예술적 의지"(das Kunstwollen)라는 개념이다.[8] 젬페르가 피력하고 있는 예술작품의 본질에 대한 기계론적

---

7   A. Riegl, *Spätrömische Kunstindustrie*, Darmstadt: Wissenschaftliche Buchgesellschaft, 1992, 9.

8   흔히 Kunstwollen을 "예술의지"로 번역한다. 이 점에 대해서는 민주식, 「빈학파의 미술사학 – 리글 미술사학에서의 '예술의지' 개념」, 미학대계간행회 편, 『미학대계』 제2권, 『미학의 문제와 방법』, 서울: 서울대학교출판부, 2007, 831 이하를 참조할 것. 필자는 이러한 번역이 훌륭하다고 생각한다. 그럼에도 필자는 Kunstwollen을 "예술적 의지"로 번역하여 사용하고 있는데, 그 이유는 예술적 감각, 예술적 지각, 예술적 재현 등 예술적 경험의 발생적 현상학의 다른 개념들과 운을 맞출 필요가 있기 때문이다.

입장에 따르면 재료, 기술 등 물질적이며 기계적인 요소들이 예술작품의 출현에 있어서 핵심적인 역할을 담당한다. 그러나 리글에 의하면 예술작품은 "목적의식을 가지고 있는 특정한 예술적 의지"의 산물이며 예술적 의지야말로 "사용 목표, 재료, 그리고 기술"(Gebrauchszweck, Rohstoff und Technik)[9]의 차원을 넘어서는 것으로서 진정한 의미의 예술작품이 출현하는 원천이다. 이러한 예술적 의지가 다양한 방식으로 발현하면서 각각의 시대에 따라 각기 다른 예술적 양식이 나타나고 그에 토대를 둔 다양한 예술작품이 나타나게 되었다.

이처럼 예술적 의지를 예술창작의 원천으로 간주하면서 그에 대해 분석하고 있다는 점에서 리글의 견해는 예술창작에 대한 필자의 견해와 궤를 같이한다. 이 점과 관련해 필자 역시 리글처럼 예술적 의지를 예술창작의 중요한 요소로 간주한다. 그러나 필자와는 달리 리글은 예술적 의지의 발생적 원천이 예술본능이라는 사실을 간파하지 못하고 그에 대해 분석하고 있지 않다. 그 이유는 그가 본능 개념에 대한 그릇된 견해를 가지고 있기 때문이다. 그에 의하면 젬페르 등의 기계론자들은 "자유롭게 창조적인 예술적 의지"를 "본질적으로 기계적이며 물질적인 모방충동[모방본능]"[10]으로 대체할 수 있을 것으로 생각했다. 여기서 알 수 있듯이 리글은 예술적 의지와 예술본능의 한 유형인 모방충동[모방본능]을 서로 대립적인 것으로 간주한다. 그에 의하면 예술적 의지가 예술작품의 본질에 대한 목적론적 입장의 핵심 개념인 데 반해 모방충동[모방본능], 즉 예술본능은 예술작품의 본질에 대한 기

---

9 A. Riegl, *Spätrömische Kunstindustrie*, Darmstadt: Wissenschaftliche Buchgesellschaft, 1992, 9.

10 A. Riegl, *Stilfragen: Grundlegungen zu einer Geschichte der Ornamentik*, Berlin: Verlag von Georg Siemens, 1893, VII. 리글이 충동이라 부르는 것은 선천적 충동으로서의 본능을 뜻한다.

계론적 입장의 핵심 개념이다. 바로 이러한 이유에서 그는 예술적 의지의 발생적 토대인 예술본능을 천착할 수 없었던 것이다. 그런데 그가 이처럼 예술본능을 예술작품의 기계론적 입장의 핵심적인 개념으로 간주하게 된 이유는 그가 그릇된 본능 개념을 사용하고 있기 때문이다. 앞서 2장에서 살펴보았듯이 겔렌 등 일군의 연구자들은 그릇되게 본능을 본능행동과 동일시하는데, 바로 리글 역시 이들과 암묵적으로 견해를 같이하면서 예술본능을 예술본능 행동과 동일시하고 있다. 이처럼 예술본능을 예술본능 행동과 동일시할 경우 그것은 예술작품의 본질에 대한 기계론적 입장의 핵심적인 개념이 된다. 그러나 본능을 본능적 지향성으로 이해할 경우 본능은 예술작품의 본질에 대한 목적론적 입장의 핵심적인 개념이 된다. 리글 역시 이처럼 본능을 본능적 지향성으로 이해하였더라면 예술적 의지의 발생적 토대인 예술본능을 철저하게 분석하면서 예술본능을 예술작품의 본질에 대한 목적론적 입장의 핵심적인 개념으로 정초할 수 있었을 것이다.[11]

더 나아가 예술창작 과정에서 확인할 수 있는 다양한 유형의 예술적 감정 역시 발생적으로 예술본능의 작동에 토대를 두고 있다. 앞서 살펴보았듯이 다양한 유형의 예술적 감정은 예술적 의지가 충족되느냐 여부에 따라 발생하는 것이다. 그런데 예술적 의지가 발생적으로 예술본능에 토대를 두고 있기 때문에 예술적 감정 역시 궁극적으로 예술본능에 토대를 두고 있음이 드러난다. 말하자면 예술창작의 주체가 예술

---

11   리글의 영향을 받은 미술사가 보링거(W. Worringer)는 리글의 예술의지를 일종의 선천적 충동, 즉 본능으로 이해하면서 이 주제에 대해 필자와 유사한 견해를 피력한다. 이 점에 대해서는 W. Worringer, *Abstraktion und Einfühlung: Ein Beitrag zur Stilpsychologie*, München: R. Piper, 1976, 22 참조. 그러나 보링거의 입장이 필자의 입장과 동일하지는 않다. 보링거는 예술의지가 예술본능에 토대를 두고 있으며 따라서 양자가 서로 다르다는 사실을 주목하지 못했다.

창작 과정에서 경험하는 다양한 유형의 예술적 감정은 궁극적으로 예술본능이 충족되느냐 여부에 따라서 발생하는 것이다.

예술본능의 작동과 함께 이루어지는 예술창작 활동은 다양한 양상으로 전개될 수 있다. 그것은 성공적인 양상으로 전개될 수도 있고 그렇지 않은 양상으로 전개될 수도 있다. 그런데 이처럼 예술창작 활동이 전개되는 양상은 다시 예술본능의 작동에 영향을 미칠 수 있다. 만일 그것이 성공적이지 않은 양상으로 전개될 경우 예술가는 그에 대해 불만족스러워하고 이는 예술본능의 작동을 약화시킬 수도 있고 경우에 따라서는 예술본능의 작동을 중단하게 하면서 예술창작 활동을 중단하게 할 수도 있다. 그러나 예술창작 활동이 잘 이루어질 경우 그것은 예술본능의 작동을 강화하면서 예술작품을 완성하도록 예술가를 추동한다.

마지막으로 예술창작 활동을 구성하는 또 하나의 요소인 신체활동 역시 예술본능에 토대를 두고 있다. 앞서 우리는 본능에 대해 논하면서 본능이 다양한 행위를 통해 표출된다는 사실을 살펴보았는데, 이 점에 있어서는 예술본능도 예외가 아니다. 예술본능은 바로 신체활동이라는 다양한 행위를 통해 표출된다. 이러한 사실은 무용, 음악, 연극 등 신체활동이 결정적으로 중요한 의미를 지니는 예술 장르의 경우 더욱 더 분명히 드러난다. 무용수의 몸동작 하나하나는 예술본능이 표출되는 통로이며, 피아노 연주자의 손동작 하나하나 역시 예술본능이 표출되는 통로이다.

앞서 우리는 예술가의 예술창작 활동의 한 구성 요소인 신체활동이 습성의 체계라는 사실을 살펴보았다. 그런데 습성의 체계로서의 예술가의 신체활동이 형성되는 과정에서 예술본능은 결정적으로 중요한 역할을 담당한다. 이와 관련하여 우리는 모든 습성의 체계와 마찬가지로 예술가의 신체활동의 습성의 체계가 형성되기 위해서는 신체활동이 반복적으로 이루어져야 한다는 사실에 유의할 필요가 있다. 그런데 이처럼 예술가의 신체활동이 반복적으로 이루어질 수 있도록 해 주는 것이 바로 예술본능이다. 예술본능은 한 번 작동한 후 의식의 장에서 사라지는 것이 아니라, 때가 되면 반복해서 다시 작동하며, 이처럼 반복해서 작동함으로써 습성의 체계로서의 예술가의 신체활동이 형성될 수 있도록 해 준다.

지금까지 우리는 예술창작 활동을 구성하는 여러 요소들이 발생적 현상학적 관점에서 볼 때 최종적으로 예술본능에 뿌리를 두고 있다는 사실을 살펴보았다. 이처럼 예술창작 활동이 발생적으로 예술본능에 토대를 두고 있기 때문에 예술창작 활동이 수행되는 매 순간 그 활동을 관통해 예술본능이 작동하고 있으며 바로 이러한 이유에서 예술창작 활동은 예술본능의 체계로 규정될 수 있다.

작품 구상의 단계를 거쳐 본격적으로 예술창작 활동이 시작될 경우 예술본능을 비롯해 상상력, 미적 판단력, 존재정립 작용, 예술창작 의지, 예술적 감정 등 예술가의 예술창작 활동을 구성하는 여러 요소들은 분리할 수 없이 결합되어 작동한다. 이러한 여러 요소들 중에서 예술본능은 여타의 요소들이 작동하기 위한 발생적 토대가 되며 그러한 한에서 그것은 여타의 요소들보다 더 근원적이다. 그러나 여타의 요소들만 살펴보면 그들 중에서 그 어느 것도 다른 것에 비해 더 근원적인 위치를 차지하지 못한다. 다시 한번 하이데거적인 용어를 사용해서 표현하자면 그것들은 등근원적이다.

앞서 습성의 체계로서의 예술가의 신체활동에 대해 논하면서 살펴보았듯이 예술본능은 한 번 작동한 후 계속해서 반복적으로 작동하며 그를 통해 반복해서 예술창작 활동이 이루어지도록 한다. 그리고 이러한 반복 과정을 통해 신체활동의 습성 체계를 비롯해 상상력의 습성 체계, 판단력의 습성 체계, 예술창작 의지의 습성 체계, 예술적 감정의 습성 체계 등 다양한 유형의 습성 체계가 예술창작 활동의 습성 체계를 구성하는 부분 체계로서 형성된다. 원숙한 예술가들의 예술창작 활동은 과거에 형성된 다양한 예술창작 활동의 습성 체계가 현실적으로 작동하는 과정이다. 이 점과 관련해 우리는 어느 예술 장르를 막론하고 모든 원숙한 예술가들은 많은 경우 습성의 체계에 따라 물 흐르듯 예술창작 활동을 한다는 사실에 유의할 필요가 있다. 이처럼 원숙한 예술가가 예술창작 활동을 물 흐르듯 거침없이 할 수 있는 최종적인 토대가 바로 예술본능이다.

3) 방법론적 난점과 앞으로의 과제

예술가의 예술창작 활동에 대한 논의를 마무리하면서 방법론적 난점 하나를 지적하고자 한다. 예술본능을 비롯해 예술창작을 위해 필요한 다양한 영혼의 능력이 구체적으로 작동하는 과정을 올바로 해명할 수 있기 위해서는 방법론적 관점에서 볼 때 예술가들이 자신의 예술창작 활동에 대해 반성적으로 진술한 내용들을 해석해야 한다. 그러나 의외로 이처럼 진술한 내용을 담고 있는 자료들은 많지 않으며 설령 있다고 하더라도 불명료하고 체계적이지 않은 경우가 대부분이다. 대부분의 예술가들이 예술창작 활동은 탁월하게 하면서도 정작 자신의 예술창작 활동에 대해 반성하면서 그에 대해 명료하고 체계적으로 기술할 필요를 전혀 느끼지 못하고 또 그러한 능력을 가지고 있지 않은 경우가 대부분이기 때문이다. 모차르트에 대한 다음과 같은 일화는 이러한 사실을 잘 보여 준다.

"다른 천재들도 그렇지만, 모차르트는 자기가 어떻게 작품을 만들었는가에 대해 잘 설명하지 못했다. […] 모차르트는 이미 피아노를 꽤 잘 치는 열두 살짜리 소년을 대상으로 피아노 레슨을 한 적이 있다. 소년은 모차르

트에게 어떻게 하면 작곡을 잘할 수 있느냐고 물었다. 모차르트는 '아무것
도 필요 없다. 아무것도. 때를 기다려야지'라고 대답했다. 소년은 놀라서
반문했다. '하지만 선생님은 훨씬 어렸을 때부터 작곡을 했잖아요?' 모차
르트는 이렇게 대답했다. '물론이지. 하지만 난 작곡을 하려면 어떻게 해
야 하는지 물어본 적이 없단다. 그런 것을 마음에 담아 두면 그것에 짓눌
리고 괴로워지지. 바로 그럴 때 그걸 해야 하는 거야. 그냥 할 뿐 이유는
묻지 않는 거지."[12]

　　이러한 방법론적 난점을 극복하기 위해서는 예술창작 활동 체험에
대해 예술가들이 진술한 내용을 더 많이 확보해야 한다. 예술창작 활
동에 대해 예술가들이 남긴 자료가 충분하지 않기 때문에 자료 보충을
위해 현재 활동하고 있는 예술가들을 인터뷰하여 자료를 확보할 수 있
다. 실제로 그동안 예술창작 활동을 비롯한 다양한 유형의 체험에 대
한 연구가 수행되어 왔다. 무엇보다도 현상학을 철학적 토대로 하여
그에 대한 연구가 "현상학적 체험 연구"의 형태로 다방면으로 수행되
어 왔다.[13] 필자 역시 예술가의 예술창작 활동을 해명하기 위해 예술가
들의 예술창작 활동 체험에 대한 현상학적 체험 연구를 수행할 필요가
있었으나, 시간의 제약 때문에 그에 대한 연구를 수행할 수 없었다. 예
술가의 예술창작 활동에 대한 이 절에서의 해명은 앞으로 예술가의 예
술창작 활동 체험에 대한 현상학적 체험 연구를 통해 보충될 필요가
있다.

12   로베르 클라르크(저), 이세진(역), 『천재들의 뇌』, 서울: 해나무, 2003, 68.
13   현상학적 체험 연구에 대해서는 이남인, 『현상학과 질적 연구』, 파주: 한길사,
2014 참조.

4. 본래적 예술창작 활동-비본래적 예술창작 활동의 구별과 예술 본능

지금까지 우리는 예술본능이 예술가의 예술창작 활동을 추동하는 근원적인 힘이라는 사실을 살펴보았다. 물론 예술본능이 예술창작 활동을 추동하는 근원적인 힘이라고 해서 그것이 예술창작을 추동하는 유일한 힘은 아니다. 실제로 예술본능 이외에도 예술창작 활동을 추동하는 여러 가지 힘이 존재한다.

예를 들어 많은 예술가들에게 명예심은 예술창작 활동을 추동하는 힘으로 작동할 수 있다. 예술가에게 예술가로서의 명예는 예술가의 생명처럼 소중할 수 있다.

경쟁심 또한 많은 예술가들에게서 예술창작 활동을 추동하는 힘으로 작동할 수 있다. 앞서 놀이본능의 구조를 해명하면서 논의하였듯이 경쟁이 놀이의 핵심적인 요소인 것처럼 그것은 동시에 예술의 핵심적인 요소로서 예술을 추동하는 근원적인 힘일 수 있다. 경쟁이 경우에 따라 파국적인 결과를 낳을 수도 있지만 적절하게 이루어질 경우 그것은 활발한 예술창작 활동으로 이어질 수 있다.

종교적 믿음 또한 예술창작 활동을 추동하는 중요한 힘이 될 수도 있다. 바흐의 음악작품들, 미켈란젤로의 미술작품들이 이러한 사실을 잘 보여 준다. 무수히 많은 동서양의 종교예술작품들이 보여 주듯이 종교적 믿음은 예술창작 활동을 추동하는 근원적인 힘으로 작동한다.

이와 유사한 맥락에서 도덕적 심성 역시 예술창작 활동을 추동하는 힘으로 작동할 수 있다. 도덕적 심성은 경우에 따라 자유로운 예술창작 활동을 비판하고 견제하면서 그의 위축을 초래할 수 있는 것이 사실이다. 그러나 도덕적 심성이 언제나 예술창작 활동을 위축시키는 것은 아니다. 음악, 미술, 문학 등을 아우르는 다양한 유교 예술작품들이 보여 주듯이 도덕적 심성은 경우에 따라 예술창작 활동을 추동하는 근원적인 힘으로 작동할 수 있다.

더 나아가 생계유지의 필요성 또한 예술창작 활동을 추동하는 힘으로 작동할 수 있다. 예술가 역시 사람이며 사람인 한에서 생계유지는 필수적이다. 예술가들의 전기를 살펴보면 우리는 많은 예술가들이 생계유지를 위해서 예술창작 활동을 한 경우를 확인할 수 있다.

이처럼 예술창작 활동을 추동하는 힘으로는 예술본능을 비롯해 다양한 것들이 존재한다. 그런데 우리는 다양한 예술창작 활동을 1) 예술창작 활동을 추동하는 근원적인 힘인 예술본능을 전혀 가지고 있지 않은 활동과 2) 예술본능을 가지고 있는 활동으로 나누어 볼 수 있다. 방금 전에 논의하였듯이 예술본능이 충족될 경우 예술가는 예술창작의 즐거움을 체험할 수 있기 때문에 이 두 유형의 예술창작 활동은 각각 1) 예술창작의 즐거움이 전혀 없는 예술창작 활동과 2) 예술창작의 즐거움이 있는 예술창작 활동으로 규정될 수 있다.

그런데 필자는 이러한 두 가지 유형의 예술창작 활동 중에서 예술창작의 즐거움을 전혀 가지고 있지 않은 예술창작 활동을 비본래적 예술창작 활동이라 부르고, 예술창작의 즐거움을 가지고 있는 예술창작 활동을 본래적 예술창작 활동이라 부르고자 한다. 비본래적 예술창작 활동은 예술본능이 작동하지 않는 상태에서 이루어지는 예술창작 활동이요, 본래적 예술창작 활동은 예술본능이 작동하면서 그를 토대로 또는 그것과 다른 동기(들)를 토대로 이루어지는 예술창작 활동이다. 이 중에서 본래적 예술창작 활동만이 진정한 의미의 살아 있는 예술창작 활동이라 불릴 수 있다. 본래적 예술창작 활동은 1) 예술본능만을 발생적 토대로 가지고 있는 활동과 2) 예술본능과 더불어 앞서 살펴본 다른 동기(들)를 발생적 토대로 가지고 있는 활동으로 나누어진다. 이 두 유형의 예술창작 활동 중에서 앞의 것은 예술창작의 즐거움만 가지고 있으나, 뒤의 것은 예술창작의 즐거움 이외에도 다른 유형의 즐거움, 예를 들어 종교적 즐거움, 윤리적 즐거움, 명예심이 충족될 때 느끼는 즐거움, 경쟁에서 이겼을 때 느끼는 즐거움 등 다른 유형의 즐거움도 가지고 있다. 이 두 유형의 예술창작 활동은 모두 예술본능의 충족이 가져다주는 예술창작의 즐거움을 가지고 있기 때문에 본래적 예술창작 활동이다. 본래적 예술창작 활동은 예술창작의 즐거움을 안겨주는 살아 있는 예술창작 활동이다. 이와는 달리 예술본능의 작동 없이 이루어지는 비본래적 예술창작 활동은 말만 예술창작 활동이지 죽어 있는 예술창작 활동이다. 그 대표적인 예로는 예술본능이 작동하지 않아 연주가 주는 즐거움은 전혀 체험하지 못하면서 그저 생계를 위해 괴로움을 감수하면서 기계적으로 연주하는 연주자의 창작활동을 들수 있다.

본래적 예술창작 활동과 비본래적 예술창작 활동의 구별은 예술가의 창작활동에서뿐 아니라, 일반인의 예술창작 활동에서도 발견된다. 일반인의 예술창작 활동도 예술본능의 작동에 토대를 두고 이루어질 수도 있고 그렇지 않을 수도 있다. 예술본능의 작동에 토대를 두고 이루어지는 본래적 예술창작 활동은 흔히 발견된다. 흥에 겨워 춤추고, 노래 부르며, 그림 그리는 어린이의 활동이 여기에 해당한다. 물론 예술본능의 작동에 토대를 두고 이루어지지 않는 비본래적 예술창작 활동도 존재한다. 비본래적 예술창작 활동의 경우 예술본능이 작동하지 않기 때문에 창작의 주체는 예술창작의 즐거움을 경험할 수 없다. 이러한 활동의 대표적인 예는 주체가 강제적으로 예술적인 것을 창작하도록 강요된 경우를 들 수 있다. 미술시간에 그림을 그리고 싶은 마음이 전혀 없는데 선생님의 지시에 따라 억지로 그림을 그려야 하는 학생의 활동, 노래를 부르고 싶은 마음이 전혀 없는데 명령에 따라 억지로 군가를 부르는 군인의 활동 등이 그 예에 해당한다. 이 경우 학생은 미술작품을 만들어 내고 군인은 노래를 부르기 때문에 이 두 활동은 활동의 결과만 놓고 보면 예술본능에 토대를 두고 이루어지는 예술창작 활동과 아무런 차이도 없어 보인다. 그러나 이러한 예술창작 활동은 본래적 예술창작 활동이라 불릴 수 없다. 그 이유는 그것이 진정한 의미의 예술창작 활동을 구성하는 예술창작의 즐거움을 결여하고 있기 때문이다.

5. 다양한 유형의 예술창작 본능

지금까지 우리는 다양한 유형의 예술창작 활동을 추동하는 근원적 힘으로서 예술본능이 존재한다는 사실을 살펴보았다. 지금까지 살펴본 예술본능은 예술창작 활동을 추동하는 본능이기 때문에 예술창작 본능이라 불린다. 그것은 예술작품을 감상하도록 인간을 추동하는 본능인 예술감상 본능과 구별된다. 그런데 예술창작 본능이 발현하는 1) 발생적 차원의 차이와 2) 방식의 차이에 따라 다양한 유형의 예술창작 본능이 구별된다. 우선 예술본능이 발현하는 발생적 차원의 차이에 따른 예술창작 본능의 구별에 대해 살펴보자.

1) 발생적 차원의 차이에 따른 예술창작 본능의 구별

발생적 현상학적 관점에서 볼 때 예술창작 활동은 무의식적 예술창작 활동과 의식적 예술창작 활동으로 나누어진다. 그에 따라 무의식적 예술창작 활동을 추동하는 예술창작 본능과 의식적 예술창작 활동을 추동하는 예술창작 본능을 구별할 수 있다. 이 중에서 무의식적 예술창작 활동을 추동하는 예술본능은 발생적 현상학적 관점에서 볼 때 가장 근원적인 차원의 예술본능이다. 이러한 예술본능이 작동할 경우 예

술창작 활동의 주체가 창작될 대상에 대한 일체의 존재정립 작용을 가
지고 있지 않기 때문에, 다시 말해 주체가 창작할 대상에 대한 의식을
전혀 가지고 있지 않기 때문에 그것은 무의식적 예술본능이라 불릴 수
있다. 이와는 달리 의식적 예술창작 활동을 추동하는 예술본능이 작동
할 경우 예술창작의 주체는 자신이 창작하고자 하는 예술작품을 명료
하게 의식하고 있다. 따라서 이러한 예술창작 본능은 의식적 예술창작
본능이라 불릴 수 있다. 이 두 유형의 예술창작 본능은 전혀 다른 본능
이 아니다. 그것들은 동일한 예술창작 본능이 발현하는 발생적 차원의
차이에 있어서만 차이가 난다. 양자 사이의 결정적인 차이는 예술창작
본능이 작동하여 예술창작 활동이 일어날 때 예술창작의 주체가 창작
할 대상에 대한 존재정립 작용을 가지고 있느냐 그렇지 않으냐 하는
점에 있다. 창작할 대상에 대한 존재정립 작용을 가지고 있는 의식적
예술창작 본능은 무의식적 예술창작 본능보다 훨씬 더 복잡한 양상을
보인다.

　의식적 예술창작 활동은 일반인에 의해 이루어지는 비직업적 예술
창작 활동과 전문적인 예술가에 의해 이루어지는 직업적 예술창작 활
동으로 나누어진다. 그에 따라 의식적 예술창작 활동을 하도록 추동하
는 의식적 예술창작 본능은 비직업적 예술창작 본능과 직업적 예술창
작 본능으로 나누어진다. 앞서 무의식적 예술창작 본능과 의식적 예술
창작 본능이 본질적으로 서로 다른 본능이 아니라, 발생적 관점에서
볼 때 서로 다른 발생의 단계에 있는 동일한 예술창작 본능이라는 사
실을 살펴보았는데, 비직업적 예술창작 본능과 직업적 예술창작 본능
역시 서로 다른 예술창작 본능이 아니다. 이 둘은 주체가 직업적으로
예술창작 활동을 수행하겠다는 결단을 내렸는지 여부에 따라 나누어
진다. 이러한 결단을 내리기 전에 발현하는 예술본능이 비직업적 예술
본능이요, 그러한 결단을 내린 후 발현하는 예술본능이 직업적 예술본

능이다. 직업적 예술본능은 직업적으로 예술창작 활동을 하겠다는 주체, 즉 예술가의 결단을 통해 구조화되면서 비직업적 예술본능과는 다른 모습을 보인다. 직업적 예술본능이 비직업적 예술본능과 구별되는 가장 중요한 차이점은 직업적 예술본능의 경우 예술가의 반복되는 예술창작 활동과 더불어 예술본능이 반복적으로 작동하면서 예술본능의 습성의 체계가 형성되지만 비직업적 예술본능의 경우 예술본능의 습성의 체계가 형성되지 않는 경우도 많다는 데 있다.

2) 발현 방식의 차이에 따른 예술창작 본능의 구별

예술창작 본능이 예술창작 활동에서 어떤 방식으로 발현하느냐에 따라 다양한 유형의 예술창작 본능이 구별된다. 예를 들어 예술창작 본능은 예술창작 활동에서 대상을 재현하는 방식으로 작동할 수 있는데, 이러한 예술창작 본능은 재현적 예술창작 본능이라 불린다. 아리스토텔레스는『시학』의 4장에서 예술의 기원을 논의하면서 "선율과 리듬을 향한 본능"과 더불어 "재현본능", 즉 재현적 예술본능에 대해 논의한다.[14] 그에 따르면 인간은 어릴 적부터 그 무엇을 모방하고자 하는 본능인 재현본능을 가지고 태어났다. 동물들도 부분적으로 재현능력을 가지고 있긴 하지만 재현본능을 가지고 태어난 인간은 다른 동물보다 훨씬 더 모방하기를 좋아하며 이 점에서 인간은 다른 동물들과 구별된다.

---

14   미적 재현이 예술창작의 과정과 예술감상의 과정 등 두 과정에서 나타나기 때문에 그에 따라 재현의 발생적 토대인 재현본능은 1) 예술창작의 발생적 토대인 예술창작 본능으로서의 재현본능과 2) 예술감상의 발생적 토대인 예술감상 본능으로서의 재현본능 등 두 가지 유형으로 나누어진다. 이 두 유형의 재현본능에 대한 아리스토텔레스의 견해에 대해서는 5장 5절에서 "미적 본능과 재현적 미적 경험"의 문제를 다루면서 자세하게 논의할 것이다.

물론 재현을 목표로 하지 않는 예술작품이 넘쳐나는 현대에 재현본능을 예술창작의 원천으로 간주하는 아리스토텔레스의 견해는 다양한 유형의 예술창작의 기원을 해명할 수 없기 때문에 한계를 가지고 있다. 그럼에도 재현본능이 예술창작의 기원이라는 명제는 현대에 들어서도 예술의 본성을 이해함에 있어 중요한 의미를 가지고 있다. 그 이유는 예술창작의 발생적 기원을 추적해 보면 재현본능이 예술창작에 있어서 중요한 역할을 담당하는 경우가 많이 있기 때문이다. 예술창작의 원초적인 차원으로 들어가면 들어갈수록 재현본능의 중요성은 더욱 더 분명해진다. 예를 들어 예술창작의 다양한 단계에서 어린이의 예술창작 단계는 원초적인 단계에 해당하는데, 이 단계에서 재현본능은 언제나 중요한 역할을 담당한다. 이 점과 관련해 우리는 세상의 빛을 본 직후부터 어린이에게서 재현본능이 작동하면서 원초적인 예술창작이 다양한 방식으로 이루어진다는 사실에 주목할 필요가 있다.

또 예술창작 본능은 예술창작 활동에서 창작 주체의 마음 내지 감정을 표현하는 방식으로 작동할 수 있다. 예술창작 본능이 이러한 방식으로 작동할 경우 그것은 표현적 예술창작 본능, 즉 표현본능이라 불릴 수 있다. 표현본능은 재현본능과 더불어 예술창작 본능의 두 가지 중요한 유형에 해당한다.

더 나아가 예술창작 본능은 무엇을 창조하기 위해 작동하느냐에 따라 다양한 이름으로 불릴 수 있다. 예를 들어 음악에 한정해 논의하자면 예술창작 본능은 새로운 선율을 창조하기 위해 작동할 수도 있고, 새로운 리듬을 창조하기 위해 작동할 수도 있다. 예술창작 본능이 새로운 선율을 창조하기 위해 작동할 경우 그것은 선율본능이라 불릴 수 있으며 새로운 리듬을 창조하기 위해 작동할 경우 리듬본능이라 불릴 수 있다. 아리스토텔레스 역시 재현본능과 더불어 "선율본능", "리듬본능" 등을 예술창작 활동을 추동하는 힘인 예술창작 본능으로 간주한다.[15] 그에 의하면 사람들은 재현본능을 비롯한 이러한 본능들에서 시작하여 즉흥적으로 작품들을 만들어 보고 그것들을 더욱 더 발전시켜 가면서 시를 발전시켰다.

6. 예술본능과 예술적 천재론

수많은 예술가들 중에서 극소수의 예술가들은 천재적인 예술가로 발전한다. 예술본능은 예술적 천재의 정체를 해명함에 있어서도 중요한 의미를 지닌다. 예술적 천재에 대한 논의, 즉 천재미학에 대한 논의는 미학의 핵심적인 주제로서 현대에 이르기까지 지성사에서 끊임없이 이루어졌다. 천재미학의 핵심 쟁점으로는 다음과 같은 것을 들 수 있다: 천재는 예술 분야에서만 존재하는가 아니면 다른 분야에서도 존재하는가? 예술적 천재는 선천적으로 타고나는 것인가, 교육을 통해 후천적으로 형성되는 것인가? 예술적 천재는 어떤 능력을 가지고 있는가?

예술적 천재를 둘러싼 이러한 여러 가지 쟁점을 치밀하게 파헤치면서 천재미학을 전개한 철학자 중의 하나는 칸트이다. 칸트의 천재미학은 한편으로는 천재에 대한 여러 가지 예리한 통찰을 담고 있으나, 다른 한편으로는 나름의 한계도 가지고 있다. 이제 우리는 칸트의 천재미학을 비판적으로 검토하면서 예술본능 개념을 토대로 예술적 천재의 정체에 대해 살펴보고자 한다.

1) 칸트의 천재미학

칸트는 『판단력비판』의 46절에서 50절에 걸쳐 천재미학을 전개한

---

15 아리스토텔레스(저), 천병희(역), 『시학』, 서울: 문예출판사, 2002, 1448b.

다. 우리는 거기서 다루어진 핵심 쟁점을 다음과 같이 몇 가지로 나누
어서 정리하고자 한다.

① 천재의 정의

칸트는『판단력비판』의 46절의 첫 문단에서 다음과 같이 천재에 대
한 정의를 제시한다.

"천재란 예술에 규칙을 부여하는 재능(선천적 소질)이다. 이 재능이 예술
가의 선천적인 생산적 능력으로서 자연에 속하기 때문에 다음과 같이 표현
할 수도 있다: 천재는 그를 통해 자연이 예술에 규칙을 부여하는, 선천적
인 마음의 소질이다."(KU, 160)

칸트는 46절에서 이 정의가 함축하고 있는 내용을 크게 네 가지로
나누어 자세하게 해명한다.[16]

첫째, 천재는 어떤 규칙에 따라 만들 수 없는 것을 만들어 낼 수 있
는 능력을 가진 사람을 뜻한다.[17] 이러한 점에서 천재는 규칙에 따라
그 무엇을 만들어 낼 수 있는 숙련된 소질을 가지고 있는 사람과 구별
된다. 따라서 천재의 가장 중요한 특징은 "독창성"(Originalität)이다.

둘째, 독창적인 것이라 해서 모든 것이 의미 있는 것은 아니다. 독창
적임에도 불구하고 무의미한 것이 있을 수 있다. 천재란 독창적이면서
동시에 의미 있는 것을 만들어 낼 수 있는 능력을 가진 사람이다. 이

---

16   KU, 161.

17   칸트에 의하면 천재는 1) 특정한 재능, 즉 예술에 규칙을 부여하는 재능 내지 어
떤 규칙에 따라 만들 수 없는 것을 만들어 낼 수 있는 능력을 뜻하기도 하고, 2) 그런
능력을 가진 사람을 뜻하기도 한다. 필자는 천재가 가진 두 가지 의미를 구별하지 않
으면서 이 용어를 사용하고자 한다.

경우 "의미 있다" 함은 다른 사람들이 천재가 만들어 낸 것을 범형, 본보기로 삼을 수 있음을 뜻한다. 천재의 작품은 다른 것을 모방한 것이 아니지만 다른 작품들은 그것을 모방할 수 있는 것, 즉 다른 작품들을 판정할 때 표준이나 규칙으로 사용될 수 있는 것이다.

셋째, 천재는 자기가 만들어 낸 것을 어떻게 만들어 냈는지 기술하거나 학문적으로 설명할 수 없다. 천재는 자기가 만들어 낸 것을 반성을 통해 인위적으로 만들어 내는 것이 아니라, 자연이 그렇듯이 자신도 모르게 만들어 내기 때문이다. 이러한 이유에서 천재(Genie)라는 단어는 genius, 즉 어떤 사람에게 태어날 때부터 주어졌으며 그에게 모든 영감을 불어넣어 주는 수호신이라는 단어로부터 나왔다.

넷째, 자연은 천재를 통해 학문이 아니라, 예술에게 규칙을 부여한다. 천재는 예술에서만 존재하며 학문에서는 존재하지 않는다. 그렇다고 해서 학자를 천재적인 예술가보다 낮게 평가할 이유는 없다. 그 이유는 예술적 천재는 자연적으로 주어진 것이기 때문에 한계가 있으나, 학자는 배움을 통해 주어진 한계를 부단히 넘어서면서 상상하지 못한 위대한 업적을 낼 수도 있기 때문이다.

② 천재의 기예로서의 예술

칸트에 의하면 예술은 천재의 기예이다.[18] 예술을 포함하여 모든 기예는 규칙들을 전제한다. 여기서 규칙이란 기예의 산물을 만들어 내기 위해 필요한 것이다. 그러나 예술의 정의가 보여 주듯이 예술작품의 아름다움에 대한 판단은 어떤 개념을 규정근거로 가지는 어떤 규칙, 즉 예술작품이 어떻게 해서 가능한지에 대한 개념의 토대가 되는 어떤 규칙으로부터 도출될 수 없다. 이러한 사실은 예술가가 예술작품을 만

---

18 이에 대한 논의는 KU, 160 이하 참조.

들기 위하여 따라야 할 규칙을 개념에 따라 의식적이며 반성적으로 제시할 수 없음을 뜻한다. 그럼에도 모든 기예가 그렇듯이 미적 기예인 예술 역시 어떤 규칙이 없이는 예술작품을 산출할 수 없다. 따라서 예술은 예술작품을 산출하기 위해 필요한 규칙을 어디선가 확보해야 한다. 예술은 이러한 규칙을 의식, 반성, 개념 등을 통해서가 아니라, "자연"(die Natur)을 통해 확보한다. 말하자면 자연은 "주관의 능력들의 조율을 통해" 예술에 규칙을 부여한다. 이 경우 자연이란 바로 "주관 안의 자연"(die Natur im Subjekte)(KU, 160)을 뜻하는데, 그것이 다름 아닌 "천부적인 자질"로서 "예술에 규칙을 부여하는 재능"인 천재적 재능이다. 바로 이러한 이유에서 예술의 기예는 천재의 기예이다.

독창성을 뜻하기 때문에 천재는 "모방하는 정신"(Nachahmungs-geist)(KU, 161)과는 전적으로 다르다.[19] 모방이란 배움을 통해서 가능한 것이지만, 천재의 능력은 배움을 통해 획득될 수 있는 것이 아니다. 따라서 모방을 통해 배울 수 있는 분야에서는 아무리 뛰어난 사람이라 하더라도 천재라 불릴 수 없다. 예를 들어 고전물리학의 완성자인 뉴턴은 천재라 불릴 수 없다. 고전물리학이 아무리 어렵다고 하더라도 우리는 그 내용을 하나씩 밟아 가면서 모방하고 배울 수 있기 때문이다. 모방을 통해 배울 수 없는 분야에서만 천재가 존재할 수 있는데, 이 분야가 다름 아닌 예술이다. 예술에서는 모방하고 배우면서 작품을 창작하는 일이 원칙적으로 불가능하다. 아무리 철저하게 개념적으로 반성하고 명료한 의식을 동원하여 사유한다고 하더라도 호메로스의 시를 짓거나 셰익스피어의 희곡작품을 창작할 수 있는 것은 아니다. 오직 "자연의 총아"(die Günstlinge der Natur)(KU, 162)만이 천재의 능력을 통해 예술작품을 창조할 수 있을 뿐이다. 칸트의 경우 천

---

19 이 점에 대해서는 KU, 161 이하 참조.

재는 곧 예술적 천재를 뜻하며 과학적 천재, 종교적 천재, 철학적 천재, 정치적 천재 등은 존재할 수 없다.

천재의 능력이 배움을 통해서 획득될 수 없다고 해서 천재적인 능력을 가진 사람이 아무런 노력도 없이 처음부터 천재가 되는 것은 아니다.[20] 기계적 기예는 모방을 통해 배울 수 있는 것이기 때문에 근면과 학습의 기예인 반면, 미적 기예인 예술은 모방과 학습을 통해 배울 수 없는 것이기 때문에, 예술이 기계적 기예와 본질적으로 다른 것은 사실이다. 그럼에도 예술 역시 나름의 규칙을 준수해야 한다는 점에서 기계적 기예와 유사성을 가지고 있다. 천재적인 재능이란 예술작품을 산출하기 위한 재료 역할을 하는 것이며, 이러한 재료를 가공하여 예술작품을 만들기 위해서는 판단력이라는 시험대를 통과해야 하는데, 이를 위해서는 훈련과 도야가 필요하다. 판단력의 시험대를 통과하지 못한 천재적인 재능은 경우에 따라 날뛰는 말이 될 수도 있다. 날뛰는 말이 아니라, 잘 훈련된 말이 될 수 있기 위해서 천재적인 재능은 훈련을 통해 도야되어야 한다.

③ 천재를 이루는 마음의 능력들[21]

그 무엇이 진정한 의미의 예술작품이 되기 위해서는 "영혼"(Geist)을 가지고 있어야 한다. 그러나 우리는 영혼이 없는 작품을 종종 만난다. "어떤 시는 참 정연하고 우아할 수 있으나 영혼이 없다. 어떤 이야기는 정확하고 정연하나 영혼이 없다."(KU, 167) 여기서 영혼이란 미감적 의미에서 마음에 생기를 불러일으키는 원리를 뜻한다. 영혼이 없을 경우 어떤 작품은 미감적 의미에서 생기를 불러일으킬 수 없는 작

---

20 이 점에 대해서는 KU, 163 이하 참조.
21 이 주제에 대해서는 KU, 167 이하 참조.

품, 즉 죽은 작품이 되고 만다.

칸트는 미감적 의미에서 생기를 불러일으키는 원리인 영혼을 "미적 이념을 구현하는 능력"(das Vermögen der Darstellung der ästhetischen Ideen)(KU, 167)이라 부른다. 따라서 영혼이 무엇인지 구체적으로 이해하기 위해서는 미적 이념이 무엇인지 이해할 필요가 있다. 『판단력비판』의 핵심적인 개념 중의 하나인 미적 이념은 논리적으로 『순수이성비판』의 핵심적인 개념 중의 하나인 이념(die Idee)에 대응하는 것이다. 『순수이성비판』에서 이념은 영혼, 세계, 신을 뜻하며 그것은 경험의 한계를 벗어나는 것이다.[22] 미적 이념 역시 경험의 한계를 벗어나며 그 어떤 개념을 통해서도 완벽하게 파악될 수 없다. 그러나 우리의 마음은 미적 상상력의 나래를 펴면서 미적 이념을 경험하게 된다. 이러한 점에서 미적 이념은 "상상력의 표상"(diejenige Vorstellung der Einbildungskraft)(KU, 168)이다. 상상력의 표상으로서의 미적 이념은 경험의 한계를 넘어서는 지점에 있고 동시에 그 어떤 개념도 그것을 완벽하게 포착할 수 없다. 미적 이념의 예로는 천국, 지옥, 영원, 창조 등이 있다. 그러나 죽음, 질투, 패악, 사랑, 명예 등 우리가 일상적으로 경험하는 것들도 상상력을 통해 극단화되어 표상될 경우 미적 이념이 될 수 있다.

천재는 바로 어떤 개념이 있을 때 그에 대한 미적 이념을 찾아내 그 미적 이념을 적절한 표현 매체를 통해 적절하게 구현할 수 있는 재능을 갖춘 사람을 뜻한다. 이처럼 미적 이념이 적절한 표현 매체를 통해 적절하게 구현된 것이 바로 예술작품인데, 표현 매체가 언어냐 색이냐 소리냐에 따라 문학작품, 미술작품, 음악작품 등 다양한 예술작품이 탄생하게 된다. 바로 이처럼 적절한 표현 매체를 통해 미적 이념을 적

---

22 I. Kant, *Kritik der reinen Vernunft*, Hamburg: Felix Meiner, 1956, 348 이하.

절하게 구현하는 능력이 앞서 살펴본 영혼이다. 영혼의 능력이란 바로 "빨리 흘러가는 상상력의 유희[놀이]를 포착하여 규칙들의 강요 없이 전달될 수 있는 개념 속에 통합하는 능력"(KU, 172)이다.

이러한 논의를 통해 드러나듯이 천재의 마음의 능력으로 꼽을 수 있는 것은 일차적으로 미적 이념을 현시할 수 있는 능력인 영혼의 능력이다. 그런데 영혼의 능력은 "빨리 흘러가는 상상력의 유희[놀이]를 포착하는" 능력이기 때문에 상상력을 포함한다. 그리고 그것은 상상력의 유희[놀이]를 포착하여 "하나의 개념 속에 통합하는 능력"이기 때문에 동시에 오성의 능력을 포함한다. 영혼의 두 요소인 상상력과 오성을 염두에 두면서 칸트는 "그의 결합이 천재를 결정하는 마음의 힘은 따라서 […] 상상력과 오성이다"(KU, 171)라고 말한다. 그리고 정신이 살아 있기 위해서는 상상력과 오성이 유희하면서 조화를 이루어야 하는데, 이를 가능하게 하는 것이 "취미", 즉 미감적 판단력이다. 따라서 취미는 천재를 구성하는 또 하나의 요소이다. 바로 이러한 맥락에서 칸트는 천재의 기예인 예술을 위해서는 "상상력, 오성, 영혼과 취미"(KU, 175)가 필요하다고 말한다.

2) 천재에 대한 현상학적 해명

칸트의 천재미학은 여러 가지 점에서 심오한 통찰을 담고 있으나 나름의 문제점도 안고 있다. 그러면 이제 칸트의 천재미학을 비판적으로 검토하면서 발생적 현상학적 관점에서 천재미학을 전개해 보자.

칸트는 천재를 예술 분야에서만 가능한 것으로 생각하면서 천재를 예술적 천재와 동일시하는데, 이러한 그의 입장은 문제를 안고 있다. 그의 입장은 일반인의 상식뿐 아니라, 천재 문제를 천착한 전문적인 연구자들의 전반적인 견해와도 다르다. 칸트 자신도 자신의 천재 개념에 대해 그것이 전적으로 옳다는 확신을 가지고 있지는 않았다. 그는

『판단력비판』의 46절에서 천재미학에 대한 논의를 시작하면서 천재에
대한 예비적 정의를 제시한 후 "이러한 정의의 경우 사정이 또한 어떠
하든, 그것이 단지 임의적이든 아니면 사람들이 천재라는 단어와 결부
시키곤 하는 개념에 잘 어울리든 그렇지 않든"(KU, 160)이라고 말하
면서 자신의 견해에 대해 유보적인 입장을 취한다. 이처럼 칸트가 유
보적인 입장을 취하고 있듯이 천재 개념은 시대, 사회, 개인에 따라 각
기 다른 것이 사실이지만 천재를 예술적 천재와 동일시하는 경우는 흔
치 않다. 천재 문제를 전문적으로 연구한 몇몇 연구서들[23]을 살펴보아
도, 천재를 예술적 천재와 동일시하는 경우는 거의 없다. 칸트는 뉴턴
이 아무리 뛰어난 과학자라고 해도 그를 천재로 규정할 수 없다고 하
는데, 뉴턴을 과학적 천재로 간주하면서 그에 대해 분석한 연구서도
있다.[24] 그러나 예술적 천재, 과학적 천재 이외에도 도덕적 천재, 종교
적 천재, 정치적 천재 등도 존재하며 더 나아가 철학적 천재도 존재한
다. 칸트는 철학적 천재의 가능성에 대해 전혀 언급하고 있지 않음에
도 불구하고 그가『판단력비판』을 출간한 지 200년 이상이 지난 현대
에 그를 천재로 간주하면서 "이마누엘 칸트. 200년 전에 이미 현대 과
학을 꿰뚫어본 철학자"라는 제목으로 한 장을 할애하여 그를 연구한
저서도 존재한다.[25]

　　그러면 이처럼 다양한 분야에서 확인할 수 있는 다양한 유형의 천재
에게 공통적인 속성은 무엇일까? 과연 천재에 대한 일반적인 정의가

23　로베르 클라르크(저), 이세진(역),『천재들의 뇌』, 서울: 해나무, 2003; 이원용
편저,『세계를 움직인 12인의 천재들』, 서울: 을유문화사, 1996.

24　로베르 클라르크(저), 이세진(역),『천재들의 뇌』, 서울: 해나무, 2003; 이원용
편저,『세계를 움직인 12인의 천재들』, 서울: 을유문화사, 1996.

25　다케우치 가오루(저), 홍성민(역),『천재의 시간. 고독을 다스린 몰입의 기록』,
서울: 뜨인돌출판사, 2009.

가능한가? 이 점을 살펴보기 위하여 어떤 분야에 어떤 천재들이 있는
지 살펴보자. 과학의 천재로는 뉴턴과 아인슈타인을 들 수 있고 도덕
적 천재로는 공자, 왕양명 등을 들 수 있다. 정치적 천재로는 알렉산더
대왕, 나폴레옹, 비스마르크 등을 들 수 있고 철학적 천재로는 플라톤,
아리스토텔레스, 데카르트, 칸트 등을 들 수 있다. 그리고 예술적 천재
로는 문학 분야에서는 호메로스, 단테, 셰익스피어, 괴테 등을 들 수
있고, 음악 분야에서는 바흐, 모차르트, 베토벤, 바그너 등을 들 수 있
으며, 미술 분야에서는 미켈란젤로, 다빈치에서 시작해 세잔, 피카소
등에 이르기까지 다양한 사조에 속하는 여러 화가들을 들 수 있다. 그
러면 이들 천재들의 공통점은 무엇인가? 천재란 "어떤 분야에서 거의
신적인 경지에 이르는 독창적인 업적을 내면서 그 분야에서 새로운 장
을 연 탁월한 사람"이다.

　천재에 대한 이러한 일반적인 정의는 그에 대한 칸트의 정의와 부분
적으로 일치하고 부분적으로 일치하지 않는다. 앞서 살펴보았듯이 칸
트는 천재를 4가지 항으로 나누어 정의하는데, 그중에서 처음 두 개의
항은 천재에 대한 우리의 정의와 대체로 일치한다. 칸트에 따르면 천
재의 가장 중요한 특징은 "독창성"(Originalität)이다. 이 점에서 우리
의 정의는 칸트의 정의와 대체로 일치한다. 그리고 칸트에 의하면 독
창적임에도 불구하고 무의미란 것이 있을 수 있으므로 천재란 독창적
이면서 동시에 의미 있는 것을 만들어 낼 수 있는 능력을 가진 사람이
다. 이 점에 있어서도 우리의 정의는 칸트의 정의와 대체로 일치한다.
그러나 천재에 대한 우리의 정의는 칸트의 4개 항 중에서 3번째 항과 4
번째 항에 나타난 것과는 다르다. 3번째 항에 따르면 천재는 자기가 만
들어 낸 것을 어떻게 만들어 냈는지 기술하거나 학문적으로 설명할 수
없으며 4번째 항에 따르면 자연은 천재를 통해 학문이 아니라, 예술에
규칙을 부여하는데, 이러한 두 가지 규정은 천재에 대한 우리의 정의

에 나타나 있지 않다. 말하자면 천재에 대한 우리의 정의에 따르면 천재는 자기가 만들어 낸 것을 어떻게 만들어 냈는지 기술하거나 학문적으로 설명할 수도 있고 자연만이 천재를 통해 예술에 규칙을 부여하는 것도 아니다.

천재에 대한 이러한 일반적인 정의는 예술적 천재의 경우에도 적용된다. 예술적 천재의 가장 중요한 특징 역시 독창성이며 예술적 천재는 독창적이면서 동시에 의미 있는 것을 만들어 낼 수 있는 사람이다. 그렇다고 해서 칸트가 생각하듯이 예술적 천재가 모두 자기가 만든 것을 기술하거나 학문적으로 설명할 수 없는 것은 아니다. 물론 앞서 살펴보았듯이 모차르트처럼 자기가 만든 것을 기술하거나 학문적으로 설명할 수 없는 예술적 천재가 있는 것은 사실이지만 자기가 만든 것을 기술하거나 학문적으로 설명할 수 있는 예술적 천재도 존재한다. 레오나르도 다빈치, 미켈란젤로 등의 르네상스 시대의 화가뿐 아니라, 20세기의 칸딘스키 등의 미술가가 그 대표적인 예에 해당한다. 따라서 예술적 천재의 경우 자연만이 천재를 통해 예술에 규칙을 부여하는 것은 아니다. 자연뿐 아니라, 명료한 반성적 의식 역시 천재를 통해 예술에 규칙을 부여할 수도 있다.

이처럼 천재가 "어떤 분야에서 거의 신적인 경지에 이르는 독창적인 업적을 내면서 그 분야에서 새로운 장을 연 탁월한 사람"으로 규정될 수 있음에도 불구하고, 천재의 마음의 능력의 구체적인 모습은 분야가 다름에 따라 각기 다른 모습을 보인다. 예를 들어 과학적 천재가 가지고 있는 마음의 능력은 종교적 천재가 가지고 있는 마음의 능력과 다르다. 과학적 천재의 경우 여러 가지 마음의 능력 중에서 지성적 능력이 가장 중요한 역할을 하는 데 반해, 종교적 천재의 경우 신비적 직관 능력이 가장 중요한 역할을 할 수도 있다.

그러면 이러한 사실을 염두에 두면서 예술적 천재의 마음의 능력을 살펴보기로 하자. 이와 관련해 우리는 앞서 예술가의 예술창작 활동을 가능하게 하는 마음의 능력들을 살펴보았다. 거기서 논의하였듯이 그러한 마음의 능력으로는 상상력, 판단력, 예술적 의지, 예술적 감정 등이 있으며 이 모든 능력들은 예술본능을 발생적 뿌리로 가지고 있다. 이 점에 있어서는 예술적 천재의 마음의 능력도 마찬가지이다. 예술적 천재의 마음의 능력 역시 상상력, 판단력, 예술적 의지, 예술적 감정 등으로 구성되어 있으며 이 모든 능력들은 예술본능을 발생적 뿌리로 가지고 있다. 이와 관련해 우리는 앞서 피카소나 베토벤처럼 자신의 천재적인 예술창작 능력의 원천이 발생적으로 예술본능에 있다고 술회하는 예술적 천재들이 있음을 살펴보았다.

이처럼 일반적인 예술가와 마찬가지로 천재의 마음의 능력이 발생적으로 예술본능에 토대를 두고 있음에도 불구하고 그것은 일반적인 예술가들의 마음의 능력과 동일하지 않다. 그것은 다음과 같이 몇 가지 점에서 후자와 차이를 보인다.

첫째, 예술적 천재의 예술본능은 일반적인 예술가들의 그것보다 대체로 훨씬 더 강하며 이처럼 강한 예술본능을 충족시킬 수 있는 상상력, 판단력 등도 일반적인 예술가들보다 훨씬 더 탁월하다. 따라서 예술적 천재의 경우 예술본능이 일단 작동하면 상상력, 판단력 등이 전광석화처럼 작동하면서 예술본능을 즉시 충족시키는 경우도 있을 수 있다. 우리는 이러한 대표적인 예를 모차르트에게서 발견한다.

둘째, 예술적 천재의 경우 예술본능과 그것을 충족시킬 수 있는 상상력과 판단력은 많은 경우 선순환 속에서 작동하면서 서로를 보강시켜 준다. 말하자면 강하게 작동하기 시작한 예술본능은 상상력과 판단력을 강하게 작동시키고 또 이처럼 강하게 작동하는 상상력과 판단력은 다시 예술본능이 이전보다 더 강하게 작동하도록 한다. 또 이처럼 강화된 예술본능은 다시 상상력과 판단력을 이전보다 더 강하게 작동하도록 한다. 이처럼 양자는 선순환 과정 속에서 서로를 보강하면서 예술작품의 창작을 가능하게 한다.

셋째, 강한 예술본능을 가지고 있는 천재는 일반적인 예술가에 비해 대체로 더 강한 예술적 감정과 예술적 의지를 가지고 있다.

앞서 살펴보았듯이 칸트는 천재를 이루는 마음의 능력으로 "미적 이념을 구현하는 능력"(das Vermögen der Darstellung der ästhetischen Ideen)(KU, 167)인 영혼을 꼽고 있다. 물론 칸트의 견해처럼 영혼을 가지고 있는 천재도 있음은 확실하다. 예술사를 살펴보면 이러한 의미의 천재가 많이 존재함은 부인할 수 없다. 그럼에도 영혼이 천재를 이루는 마음의 능력의 필수불가결한 요소라 할 수는 없다. 무엇보다도 칸트 이후의 예술사는 "미적 이념을 구현하는 능력"이라는 의미의 영혼을 구현하고 있지 않은 천재들의 작품도 많이 존재함을 보여 준다. 대표적인 예는 인상주의 미술작품, 뒤샹(M. Duchamp)의「샘」등을 들 수 있다. 인상주의 미술작품이나 뒤샹의「샘」등은 어떤 특정한 미적 이념을 구현하고 있지 않으며 그리한 한에서 천재적인 인상주의 미술가들이나 뒤샹의 경우 "미적 이념을 구현하는 능력"으로서의 영혼이 그들의 마음의 능력 중의 하나라고 단정할 수는 없다.

이제 우리는 마지막으로 예술적 천재는 타고나는 것인가, 훈육될 수 있는 것인가 하는 문제를 검토하고자 한다. 이 주제에 대해 예술본능의 현상학은 모든 유형의 천재와 마찬가지로 예술적 천재 역시 부분적으로 타고난 것이며 부분적으로 훈육의 결과라는 입장을 지지한다. 이러한 점에서 예술본능의 현상학은 천재는 처음부터 천재로 태어난다는 입장도 부정하며 동시에 모든 것은 교육의 문제이기 때문에 천재란 존재하지 않는다는 입장도 부정한다.[26]

---

26 음악과 관련된 이 주제에 대한 최근의 논의는 오희숙, 『음악과 천재. 음악적 천

예술본능의 현상학에 의하면 천재는 우선 일반인보다 훨씬 더 강한 예술본능과 더불어 그것을 충족시킬 수 있는 탁월한 상상력, 오성, 판단력 등을 타고났다. 그럼에도 이러한 능력을 타고난 모든 사람이 천재로 성장하는 것은 아니다. 비록 어떤 사람이 그처럼 강한 예술본능과 탁월한 상상력, 오성, 판단력 등을 가지고 태어났다고 하더라도 이러한 마음의 능력이 발휘될 수 있는 다양한 조건들이 충족되지 않으면 천재로서 성장할 수 없다. 예를 들어 어떤 사람이 그처럼 강한 예술본능과 탁월한 상상력, 오성, 판단력 등을 가지고 태어났다고 하더라도 그의 마음에 그것을 압도할 수 있는 다른 본능 및 그와 연관된 능력들이 존재한다면 그가 예술적 천재로 성장할 수 있는 가능성은 줄어들 것이다. 또는 그가 예술 교육을 올바로 받을 수 없는 여건에서 태어났을 경우 그가 예술적 천재로 성장할 수 있는 가능성은 줄어들 것이다. 더 나아가 그가 속한 사회적 분위기가 예술적 천재를 허용하지 않는다면 그가 아무리 훌륭한 재능을 가지고 태어났다고 하다라도 그가 천재로 성장할 수 있는 가능성은 줄어들 것이다.

물론 이러한 개인적 성격, 외적 조건 등이 갖추어져 있다고 하더라도 탁월한 재능을 가지고 태어난 사람이 모두 천재로 성장할 수 있는 것은 아니다. 그가 천재로 성장하기 위해서는 강한 예술본능이 계속해서 작동하도록 하면서 탁월한 상상력과 판단력을 끊임없이 연마해 나가야 한다. 우리는 예술사를 통해 레오나르도 다빈치, 베토벤 등 많은 예술가가 얼마나 피나는 노력을 통해 예술적 천재로 성장했는지 알고 있다.

재미학의 역사와 담론』, 서울: 서울대학교출판문화원, 2012, 267 이하를 참조할 것.

7. 예술본능의 현상학과 현상학적 예술작품론

칸트는 천재미학을 토대로 예술작품론을 전개하고 있다. 그러나 천재
미학을 토대로 한 그의 예술작품론은 특정한 유형의 예술작품만을 예
술작품으로 인정하면서 무수히 많은 여타의 예술작품을 예술작품으로
인정하지 않는다는 점에서 문제점을 가지고 있다. 이제 우리는 칸트의
예술작품론의 문제점을 검토하면서 예술본능의 현상학에 토대를 둔
현상학적 예술작품론의 세 가지 특징을 살펴보고자 한다.

　우리가 살펴보게 될 현상학적 예술작품론의 세 가지 특징은 칸트의
예술작품론의 세 가지 특징에 대응한다. 따라서 현상학적 예술작품론
의 세 가지 특징을 살펴보기 위해 먼저 칸트의 예술작품론의 세 가지
특징을 살펴보고자 한다.

　앞서 살펴보았듯이, 칸트에 따르면 1) 예술은 천재의 기예이다. 오
직 독창성의 원천인 천재적인 재능을 통해 창작된 것만이 진정한 의미
의 예술작품이라 불릴 수 있다. 그리고 2) 천재의 능력이 미적 이념을
구현하는 능력을 뜻하기 때문에 예술작품은 바로 미적 이념이 적절한
표현 매체를 통해 구현된 것으로 규정된다. 미적 이념을 구현하고 있
지 않은 것은 예술작품이라 불릴 자격이 없다. 더 나아가 3) 여러 예술
장르 중에서 가장 탁월한 예술 장르는 시인데,[27] 그 이유는 시가 그 어
떤 장르보다도 미적 이념을 더 잘 구현하고 있기 때문이다. 그러면 이
제 칸트의 예술작품론이 가지고 있는 이러한 세 가지 특징을 비판적으
로 검토하면서 현상학적 예술작품론의 세 가지 특징을 살펴보자.

27　KU, 183.

1) 다원적 예술작품론

예술본능의 현상학의 관점에서 볼 때 예술은 천재의 기예이며 오직 독창성의 원천인 천재적인 재능을 통해 창작된 것만이 예술작품이라 불릴 수 있다는 칸트의 주장은 예술작품의 기준을 너무 높게 설정하고 있다는 점에서 문제가 있다. 물론 천재적인 재능을 통해 창작된 예술작품이 존재하며 이러한 예술작품이 인류에게 커다란 영향력을 행사하는 것은 사실이다. 그러나 예술본능의 현상학의 입장에서 볼 때 천재적인 재능을 통해 창작된 작품만 예술작품이라 불릴 수 있는 것은 아니다. 앞서 우리는 예술가의 작품창작과 일반인의 작품창작으로 나누어 예술창작에 대해 살펴보았는데, 거기서 논의된 내용을 반성해 보면 천재적인 재능을 통해 창작된 작품만 예술작품이라 불릴 수 있는 것이 아님을 알 수 있다. 우선 직업적인 예술가들 중에는 천재적 재능을 소유하고 있지 않은 예술가들도 많지만 그럼에도 그들이 창작한 것들 역시 정당하게 예술작품이라 불린다. 더 나아가 직업적인 예술가들 뿐 아니라, 일반인들도 다양한 유형의 예술창작 활동을 하며 그를 통해 다양한 것들을 창작하는데, 그것들 역시 예술작품이라 불린다. 여기서 알 수 있듯이 예술본능의 현상학의 관점에서 전개된 예술작품론은 칸트의 예술작품론과 크게 다르다. 현상학적 예술작품론은 다양한 유형의 예술작품의 존재와 권리를 인정하는 다원적인 예술작품론이다. 이와는 달리 칸트의 예술작품론은 너무 추상적이고 협소하며 다양한 차원과 유형의 예술작품을 포괄적이며 구체적으로 해명할 수 없는 단점을 가지고 있다.

앞서 논의되었듯이 모든 예술창작은 발생적 관점에서 볼 때 예술본능의 작동에 토대를 두고 있으며, 따라서 그 무엇이 예술작품이라 불릴 수 있는지 하는 점은 그것이 예술본능의 작동에 토대를 두고 있느냐 여부에 달려 있다. 예술본능의 현상학에 의하면 예술본능의 작동에 토대를 두고 인간이 만들어 낸 모든 것은 예술작품이라 불릴 자격을 갖추고 있다. 그에 따르면 다양한 차원의 예술작품이 존재한다. 칸트의 예술작품론에 비해 예술본능의 현상학에 토대를 두고 있는 현상학적 예술작품론은 예술작품의 정체를 해명함에 있어 여러 가지 장점을 가지고 있는데, 이와 관련해 다음과 같은 두 가지 사실을 지적하고자 한다.

첫째, 천재의 재능을 통해 창작된 작품으로서의 칸트의 예술작품에 대한 정의는 너무 협소하다. 예술작품에 대한 칸트의 정의는 21세기에 많은 사람들이 가지고 있는 예술작품에 대한 일반적인 이해와 부합하지 않는다. 예를 들어 우리는 어린이의 예술작품, 민중의 예술작품, 원시인의 예술작품 등 다양한 인간 집단에 의해 창작된 예술작품에 대해 말한다. 물론 이 경우 예술작품이 칸트적인 의미에서 천재의 재능을 통해 창작된 작품을 뜻하는 것은 아니다. 이러한 점에서 예술작품에 대한 칸트적인 규정은 너무 협소하다고 할 수 있다. 이와는 달리 예술본능 개념을 토대로 정립한 현상학적 예술작품론은 칸트적인 의미의 예술작품뿐 아니라, 일반적으로 예술작품이라 불리는 다양한 유형의 예술작품을 모두 포괄할 수 있을 정도로 일반적이다.

둘째, 칸트의 예술작품론은 천재적 재능을 통해 창작된 작품만을 예술작품으로 규정하면서 예술작품이 산출되는 구체적인 생활세계적 맥락을 주목하지 못한다. 이처럼 생활세계적 맥락을 주목하지 못하는 칸트의 예술작품론은 추상적인 예술작품론이라 할 수 있다. 실제로 추상적 성격을 지니는 칸트의 예술작품론은 구체적인 생활세계적 맥락에서 존재하는 무수히 많은 예술작품의 존재에 대해 무감각하며 그의 구조를 해명할 수 없다. 앞서 우리는 어린이의 미술작품, 민중의 예술작품, 원시인의 예술작품 등 구체적인 생활세계에서 살아가는 다양한 인간 집단에 의해 창작된 다양한 유형의 예술작품이 존재한다는 사실을 지적하였는데, 추상적인 칸트의 예술작품론은 이처럼 다양한 예술작품의 정체 및 구조를 해명할 수 없다. 이와는 달리 예술본능의 현상학에 토대를 두고 있는 현상학적 예술작품론은 구체적인 생활세계에서 존재하는 그처럼 다양한 유형의 예술작품의 정체 및 구조를 해명할 수 있는 장점을 가지고 있다. 현상학적 예술작품론은 천재의 예술작품론을 비롯해 다양한 유형의 예술작품론으로 전개될 수 있다. 이 점과 관련해 최근 대중예술론에 대한 논의가 이루어지고 있는데, 현상학적 예술작품론은 대중 예술작품론으로 전개될 수 있는 가능성을 가지고 있다. 그뿐 아니라 현상학적 예술작품론은 어린이의 예술작품론, 원시인의 예술작품론 등 다양한 유형의 예술작품론으로 전개되면서 구체화될 수 있다.

2) 탈이념적 예술작품론

칸트의 미학에 의하면 천재의 능력은 미적 이념을 구현하는 능력을 뜻하기 때문에 예술작품은 바로 미적 이념이 적절한 표현 매체를 통해 구현된 것으로 규정된다. 미적 이념을 구현하고 있지 않은 것은 예술작품이라 불릴 자격이 없다. 이처럼 예술작품이 미적 이념을 구현하고 있는 것이라는 칸트의 예술작품론은 이념적 예술작품론으로 규정될 수 있다. 여기서 이념적 예술작품론이란 예술작품을 어떤 특정한 이념을 구현하고 있는 것으로 규정하는 일체의 예술작품론을 지칭한다.[28]

---

28   이념적 예술작품론의 대표적인 예는 특정한 형이상학을 토대로 정립된 미학, 즉 "형이상학적 미학"에서 전개된 예술작품론이다. 형이상학적 미학이 전제하는 형이상학에 다양한 유형의 것이 존재하기 때문에 다양한 유형의 형이상학적 미학이 존재한다. 형이상학적 미학이 가지고 있는 문제점에 대한 비판에 대해서는 다음의 논문을 참조: 오병남, 「형이상학적 미학에 대한 비판 – Hegel의 〈미학 강의〉를 중심으로」, 『낭만음악』 13(1991).

칸트의 예술작품론 이후 서양 미학사에는 다양한 유형의 이념적 예술
작품론이 등장하였다. 그 대표적인 예로는 예술을 "절대정신의 자기인
식의 한 과정"²⁹으로 규정하면서 절대정신의 자기운동과의 관계 속에
서 예술작품을 규정하는 헤겔(G. W. F. Hegel)의 예술작품론을 들 수
있다. 쇼펜하우어(A. Schopenhauer)의 예술작품론 역시 "물자체로서
의 근원적인 의지와 근거율에 종속된 표상의 세계에 속한 개별자들 사
이"³⁰를 매개하는 역할을 하는 이념을 직관하는 일을 예술의 목표로 간
주하면서 예술작품을 그가 규정한 의미에서 이념을 구현하는 것으로
규정하기 때문에 일종의 이념적 예술작품론으로 규정될 수 있다.

　이념적 예술작품론은 현대철학에서도 찾아볼 수 있다. 예를 들어 하
이데거는 예술작품을 존재진리라는 이념을 구현하고 있는 것으로 간
주하면서 이념적 예술작품론을 전개하고 있고³¹ 레비나스(E. Levinas)
는 자신의 타자의 현상학의 이념을 구현하고 있는 예술작품을 중심으
로 예술철학을 전개하면서 이념적 예술작품론을 전개하고 있다.³² 또

29　이진석,「헤겔의 예술개념」, 미학대계간행회 편,『미학대계』제1권,『미학의 역
사』, 서울: 서울대학교출판부, 2007, 398. 헤겔의 예술작품론에 대해서는 이 논문을
참고할 것.
30　공병혜,「쇼펜하우어의 미학사상」, 미학대계간행회 편,『미학대계』제1권,『미학
의 역사』, 서울: 서울대학교출판부, 2007, 354. 쇼펜하우어의 예술작품론에 대해서는
이 논문을 참고할 것.
31　M. Heidegger, "Der Ursprung des Kunstwerkes"(1935/36), in: M. Hei-
degger, *Holzwege*(Gesamtausgabe, Bd. 5), 1-74; 오병남, 민형원(역),『예술작품의
근원』, 서울: 경문사, 1982. 이 주제에 대해서는 다음의 연구들을 참고할 것: F. W.
von Herrmann, *Heideggers Philosophie der Kunst*, Frankfurt/M.: Vittorio Klos-
termann, 1980; 이기상, 강태성(역),『하이데거의 예술철학』, 서울: 문예출판사,
1997; 염재철,「니체, 하이데거, 가다머의 예술철학」, 미학대계간행회 편,『미학대계』
제1권,『미학의 역사』, 서울: 서울대학교출판부, 2007.
32　이 점과 관련해 레비나스는 타자의 현상학의 관점에서 예술적 관조, 즉 무관심
성을 "타인에 대한 관계"로 이해한다: 이 점에 대해서는 서동욱,「레비나스의 미술론:

들뢰즈(G. Deleuze)는 자신의 초월론적 경험주의 철학의 이념을 구현하고 있는 베이컨(F. Bacon)의 미술작품들을 탁월한 의미의 예술작품으로 간주하면서 이념적 예술작품론을 전개하고 있다.[33]

 이념적 예술작품론은 예술작품의 다양성을 인정하지 않기 때문에 예술작품이라는 사태 자체를 올바로 해명할 수 없다는 점에서 심각한 문제점을 지니고 있다. 앞서 살펴보았듯이 칸트의 예술작품론은 미적 이념을 구현하고 있는 예술작품의 정체만을 해명할 수 있을 뿐 미적 이념의 구현과는 무관하다고 간주되는 무수히 다양한 예술작품의 정체를 해명할 수 없다는 점에서 문제점을 안고 있다. 그러나 칸트 이후에 등장한 다양한 유형의 예술작품론은 칸트의 예술작품론보다 더 심각한 문제점을 안고 있다. 그 이유는 칸트의 예술작품론에서는 미적 이념이 작품 평가를 위해 핵심적인 역할을 하지만 그 후 등장한 대부분의 예술작품론에서는 미적 이념이 아니라, 각각의 철학자들이 전개하고 있는 철학적 이념이 작품 평가를 위해 핵심적인 역할을 담당하고 있기 때문이다. 말하자면 칸트의 예술작품론은, 미적 이념이 핵심적인 역할을 하기 때문에, 미적 이념을 구현하고 있는 예술작품은 올바로 해명할 수 있으며 그러한 한에서 제한적이긴 하지만 예술 고유의 논리에 따라서 전개된다고 할 수 있지만, 그 후 등장한 대부분의 예술작품론은, 미적 이념이 아니라 철학적인 이념이 핵심적 역할을 담당하기 때문에, 예술 고유의 논리에 따라서가 아니라 철학의 논리에 따라서 전개된다. 이 경우 예술작품은 예술작품으로서 파악되지 않고 그 본성에 있어 일종의 철학 작품으로 파악된다. 그 대표적인 예는 하이데거의 예술작품론이다. 하이데거의 예술작품론에 따르면 철학의 궁극적

우상 또는 타인의 얼굴」, 『철학과 현상학 연구』 60(2014), 86 참조.

33 G. Deleuze, *Francis Bacon. Logique de la sensation*, Paris: Édition de la Différence, 1981.

인 목표가 존재진리를 정초하고 보존하는 일이듯이 예술의 목표 역시 존재진리를 정초하고 보존하는 일이며, 그에 따라 예술작품론은 존재진리의 정초와 보존이라는 관점에서 예술작품을 해명하고자 시도한다.[34] 그러나 이러한 방식으로 예술작품론을 전개할 경우 존재진리의 정초와 보존이라는 목표를 성실히 수행하고 있다고 간주되는 극소수의 예술작품들의 정체만 올바로 해명할 수 있을 뿐 그러한 목표와 무관하게 창작된 수많은 예술작품들의 정체는 올바로 해명할 수 없다. 하이데거의 예술작품론과 같은 이념적 예술작품론은 그것이 추구하는 이념과 무관한 무수히 많은 작품들에 대해서는 폭력을 가하는 것이라 할 수 있다. 이러한 예술작품론은 예술작품을 예술작품 아닌 것으로 대체하려고 시도하기 때문에 폭력성을 보일 수밖에 없다.

예술본능의 현상학으로 전개되는 현상학적 예술작품론은 탈이념적 예술작품론이다. 탈이념적 예술작품론으로서의 현상학적 예술작품론은 예술작품을 예술본능의 표출로 간주하면서 무수히 다양한 예술작품들 각각의 고유한 가치를 인정한다. 이처럼 현상학적 예술작품론은 예술작품이라는 사태의 본성에 충실하다는 점에서 "사태 자체로!"라는 현상학의 본래적 구상에 충실하다고 할 수 있다. 현상학적 예술작품론은 다양한 유형의 이념적 예술작품론이 해명하고자 하는 예술작품의 정체를 해명할 수 있을 뿐 아니라, 그들이 해명할 수 없는 다양한 예술작품의 정체를 해명할 수 있다는 장점을 가지고 있다.

현상학의 역사에는 탈이념적 예술작품론으로서의 현상학적 예술작품론의 싹 내지 선구적인 형태가 존재한다. 예를 들어 후설은 이론이성, 실천이성, 가치 평가적 이성 등 서로 다른 본질 구조를 가지고 있

---

34 M. Heidegger, "Der Ursprung des Kunstwerkes(1935/36)"; 오병남, 민형원 (역), 『예술작품의 근원』, 1982.

는 다양한 유형의 이성이 존재한다는 사실을 지적하면서[35] 가치 평가
적 이성의 구조에 대한 분석을 토대로 현상학적 예술론을 전개할 수 있
는 가능성을 암시하고 있는데, 이러한 현상학적 예술론을 체계적으로
전개할 경우 그의 한 분야로서 예술작품을 그 어떤 예술 외재적인 이념
으로 환원하지 않는 탈이념적 예술작품론을 전개할 수 있는 가능성이
열릴 수 있다.[36] 그리고 이러한 후설의 근본 통찰을 이어받아 잉가르덴
은 다양한 예술 장르의 고유성을 인정하는 존재론적 예술작품론을 전
개하고 있는데,[37] 잉가르덴의 예술작품론은 탈이념적 예술작품론으로
서의 현상학적 예술작품론으로 평가받을 수 있다.

3) 예술 장르 사이의 우열의 문제

칸트에 의하면 여러 예술 장르 중에서 가장 탁월한 예술 장르는 시
이다. 이 점에 대해 그는 "모든 예술 가운데서 […] 시가 최상의 지위를
차지한다"(KU, 183)고 말한다. 시가 최상의 지위를 차지하는 이유는
시가 그 어떤 장르보다도 미적 이념을 더 잘 구현하고 있기 때문이다.
하이데거 역시 『예술작품의 근원』에서 칸트와 유사하게 시를 가장 탁
월한 예술 장르로 간주한다.[38] 그러나 시를 가장 탁월한 예술 장르로
간주하는 이러한 견해는 여러 가지 문제점을 안고 있다.

우선 다양한 예술 장르 중에서 시가 가장 탁월한 예술 장르라는 칸

---

35   E. Husserl, Hua III/1, 324.

36   실제로 후설은 이러한 맥락에서 가치 평가적 이성에 의해 구성되는 대상 중의
하나로 "예술작품"(das Kunstwerk)(Hua III/1, 267)에 대해 언급한다.

37   R. Ingarden, *Das literarische Kunstwerk*, Tübingen: Niemeyer, 1960; R.
Ingarden, *Ontology of the work of art: the musical work, the picture, the architec-
tural work, the film*, tr. by Raymond Meyer with John T. Goldthwait, Athens:
Ohio University Press, 1989.

38   M. Heidegger, "Der Ursprung des Kunstwerkes(1935/36)", 61.

트의 견해에 대해 모든 예술철학자들이 동의하는 것은 아니다. 실제로
다양한 예술 장르 중에서 어떤 장르가 가장 탁월한지에 대해서는 이론
가마다 다른 견해를 피력하는 경우가 흔하다.

예를 들어 쇼펜하우어는 칸트나 하이데거와는 달리 시가 아니라, 음
악을 가장 탁월한 예술 장르로 간주한다. 그의 예술작품론에 따르면
다양한 예술 장르 중에서도 음악은 독특한 위치를 차지하는데, 그 이
유는 다른 예술 장르는 의지의 "그림자"(Schatten)라 할 수 있는 이념
들을 표현하는 데 반해 음악은 의지 자체의 표현, 즉 "의지의 모상"
(Abbild des Willens)이기 때문이다.[39] 이 점과 관련해 쇼펜하우어는
여타의 예술 장르는 "그림자"에 대해 말하는 반면, 음악은 "본질"(We-
sen)에 대해 말한다고 주장한다.[40]

레오나르도 다빈치는 가장 탁월한 예술 장르에 대해 칸트와도 다르
고 쇼펜하우어와도 다른 견해를 피력한다. 그는 시나 음악이 아니라 회
화를 가장 탁월한 예술 장르로 간주한다.[41] 회화가 가장 탁월한 예술
장르인 이유는 회화의 원천인 시각의 가치가 시의 원천인 청각의 가치
보다 훨씬 더 크기 때문이다. 그에 의하면 시각의 가치는 청각의 가치,
후각의 가치, 촉각의 가치를 더한 것에 필적할 만큼 크기 때문에 그것은
청각의 가치보다 3배는 크다. 청각을 잃은 사람과는 달리 시각을 잃은
사람은 "세계의 모습과 아름다움"(den Anblick und die Schönheit)[42]

39 A. Schopenhauer, *Die Welt als Wille und Vorstellung* I, Darmstadt: Wissen-
schaftliche Buchgesellschaft, 1989, 359. 이 점에 대해서는 공병혜, 「쇼펜하우어의 미
학사상」, 358 이하를 참고할 것.

40 A. Schopenhauer, *Die Welt als Wille und Vorstellung* I, 359.

41 이 주제에 대해서는 Leonardo Da Vinci, *Sämtliche Gemälde und die Schriften
zu Malerei*, ed. by A. Chastel, München: Schirmer/Mosel, 1990, 138 이하를 참조
하여 정리하였다.

42 Leonardo Da Vinci, *Sämtliche Gemälde und die Schriften zu Malerei*, 138.

을 잃은 것이다. 이러한 맥락에서 그는 눈은 천문학의 주인이고 수학의 제후이며 별의 관찰을 통해 천문학을 낳았고 건축을 낳았다고 말한다. 이처럼 여러 감각 기관들 중에서 특히 눈을 칭송하면서 그는 그 본성상 시각이 없으면 존재할 수 없는 회화를 가리켜 "신적인 회화"(die göttliche Malerei)[43]라 부른다. 이처럼 "신적"이라 불릴 수 있기 때문에 회화는 시보다 더 탁월하다. 더 나아가 음악작품이 연주되자마자 사라지는 것과는 달리 회화는 작품으로 태어난 후 곧장 사라지지 않고 존속하기 때문에 회화는 "저 불행한 음악"(die unglückliche Musik)[44]보다 더 탁월한 예술 장르에 해당한다. 바로 이러한 이유에서 다빈치는 음악을 회화의 "어린 누이"(die kleine Schwester)[45]라 부른다.

이처럼 모든 이론가들이 시가 가장 탁월한 예술 장르라는 칸트의 견해에 동의하는 것이 아니라는 점에서 칸트의 견해는 문제를 안고 있다. 필자는 다양한 예술 장르 중에서 어떤 장르가 가장 탁월한지 하는 문제 제기가 본질적으로 그릇되었다고 생각한다. 무엇보다도 예술작품의 우열을 가리는 기준 자체의 객관성이 문제가 될 수 있다. 앞서 살펴보았듯이 칸트와 쇼펜하우어의 경우 나름의 고유한 이념적 예술작품론을 전개하면서 나름의 고유한 이념을 예술 장르 사이의 우열을 판단할 수 있는 기준으로 제시하고 있다. 그러나 그들이 제시하는 이념이 각기 다르다는 사실 하나만 보아도 그러한 이념들이 예술 장르 사이의 우열을 가리는 객관적 기준이 될 수 없음은 자명하다.

이처럼 이념적 예술작품론을 토대로 예술작품의 우열을 논하는 것이 문제가 있기 때문에 우리는 이념적 예술작품론을 논의에서 배제하고 예술 장르 사이의 우열을 가리기 위한 객관적인 기준이 과연 존재

43   Leonardo Da Vinci, *Sämtliche Gemälde und die Schriften zu Malerei*, 138.

44   Leonardo Da Vinci, *Sämtliche Gemälde und die Schriften zu Malerei*, 146.

45   Leonardo Da Vinci, *Sämtliche Gemälde und die Schriften zu Malerei*, 146.

하는지 생각해 볼 수 있다. 이 점과 관련해 레오나르도 다빈치처럼 다양한 예술 장르의 원천인 다양한 감각이 가지고 있는 가치의 많고 적음을 예술 장르 사이의 우열을 판단할 수 있는 기준으로 제시할 수 있다. 물론 우리는 다빈치가 제시하는 기준 이외에 다른 기준들도 고려해 볼 수 있을 것이다. 예를 들어 예술작품이 가져다주는 즐거움의 양이 얼마나 되는가, 예술작품이 가져다주는 즐거움이 얼마만큼 지성적인가, 예술작품이 가져다주는 즐거움이 얼마나 지속적인가, 예술작품이 가져다주는 즐거움이 얼마나 강렬한가 등 여러 가지 기준을 예술 장르 사이의 우열을 가리는 기준으로 제시할 수 있다. 그러나 이 경우 동일한 예술 장르에 속하는 서로 다른 두 작품이 이러한 여러 가지 기준에 따라 평가할 경우 각기 다른 평가를 받을 수 있기 때문에 이러한 기준들에 따라 예술 장르 사이의 우열을 논하는 일이 불가능할 수 있다. 그리고 설령 이처럼 다양한 기준들 각각에 따라 예술 장르 사이의 우열을 가리는 일이 가능하다고 하더라도 그 모든 기준을 종합하여 예술 장르 사이의 우열을 가리는 일은 거의 불가능한 일일 수 있다.

　현상학적 예술작품론에 따르면 다양한 예술 장르 사이의 우열을 가리려는 시도는 불가능하다. 다양한 유형의 예술 장르 각각은 예술본능이 각기 다른 방식으로 발현되어 정립된 것으로서 그 어떤 다른 것으로 환원될 수 없는 고유한 가치를 가지고 있기 때문이다. 이러한 우리의 견해는 "사태 자체로!"라는 현상학의 근본입장에서 유래하는 필연적인 귀결이다. 예술본능이 각기 다른 방식으로 발현되어 정립된 예술이라는 사태는 다원성을 보이기 때문이다.

8. 예술창작 본능과 예술감상 본능

그러면 이제 예술창작 본능과 예술감상 본능의 관계를 살펴보기로 하자. 앞서 우리는 칸트의 천재미학을 살펴보면서 천재와 취미의 관계를 살펴보았는데, 양자의 관계에 대한 칸트의 논의는 예술창작 본능과 예술감상 본능의 관계를 해명함에 있어 중요한 실마리를 제공한다. 그러면 칸트의 천재미학에서 천재와 취미의 관계를 살펴보고 그를 토대로 예술창작 본능과 예술감상 본능의 관계를 해명해 보자.

칸트는『판단력비판』에서 천재미학을 전개하면서 48절과 50절에서 천재와 취미의 관계를 해명한다. 그는 48절에서는 "천재와 취미의 관계"를 해명하고 50절에서는 "예술작품에서 천재와 취미의 결합"의 문제를 해명한다. 천재와 취미의 관계를 이해하기 위해서는 양자 각각의 정체성을 이해할 필요가 있다.

우선 취미는 판정하는 능력이다. 판정(Beurteilung)은 미적 대상에 대한 미적 판정뿐 아니라, 미적이지 않은 대상에 대한 비미적(非美的) 판정까지도 포함한다. 이 중에서 미적 판정은 예술작품에 대한 판정과 아름다운 자연적 사물에 대한 판정 등 두 가지로 나누어진다. 그리고 비미적 판정은 기계적 기예의 산물, 학문, 설교 등 다양한 비미적 대상에 대한 판정을 모두 포함한다. 이러한 두 가지 유형의 판정 중에서 미학의 관점에서 볼 때 중요한 의미를 지니는 것은 미적 판정이다.

취미와는 달리 천재, 즉 천재성은 한편으로는, 어떤 개념이 있을 때 그에 대한 미적 이념을 찾아내는 능력을 뜻하며, 다른 한편으로는 그 미적 이념을 적절한 표현 매체를 통해 적절하게 구현할 수 있는 재능을 뜻한다. 여기서 알 수 있듯이 천재는 예술작품을 산출하는 능력이다. 어떤 개념이 있을 때 그에 대한 미적 이념을 찾아내는 능력도 산출하는 능력이요, 그 미적 이념을 적절한 표현 매체를 통해 적절하게 구현할 수 있는 능력 역시 산출하는 능력이기 때문이다. 바로 이러한 이유에서 천재의 재능이 없으면 그 누구도 예술작품을 산출할 수 없다.

취미와 천재는 각기 분리되어 존재할 경우 예술작품을 산출할 수 없다. 아직 완성되지 않은 작품을 보면 극단적인 경우 "취미 없이 천재"(Genie ohne Geschmack)만 들어 있는 작품도 존재할 수 있으며 "천재 없이 취미"(Geschmack ohne Genie)만 들어 있는 작품도 존재할 수 있다.[46] 그러나 이러한 두 유형의 작품은 진정한 의미의 예술작품이 될 수 없다. "취미 없이 천재"만 들어 있는 작품은 고삐 풀려 발호(跋扈)하는 야생마에 비유할 수 있다. 이와는 반대로 "천재 없이 취미"만 있는 작품은 영혼이 없는 작품이며 그러한 의미에서 그것은 진정한 의미에서 예술작품이라 불릴 수 없다. 천재와 취미를 모두 갖추고 있고 또 양자가 조화를 이루어야만 진정한 의미의 예술작품이 탄생할 수 있다.

그러면 취미와 천재 중에서 예술작품의 창작에 있어서 더 중요한 의미를 지니는 것은 무엇인가?[47] 우선 천재가 없이는 예술작품이 탄생할 수 없으므로 천재는 예술작품이 존재하기 위한 필수조건이다. 그러한 한에서 천재는 예술작품의 탄생을 위해 중요한 의미를 지닌다. 그럼에도 예술작품의 창작에서 더 중요한 의미를 지니는 것은 취미이다. 천재의 재능에서 나오는 미적 이념이 아무리 탁월하다고 해도 취미를 통한 도야가 없으면 그것은 "무의미한 것"(Unsinn), 즉 고삐 풀린 야생마에 불과할 수도 있기 때문이다. 취미를 통한 천재의 훈육은 예술창작을 위해 결정적으로 중요한 의미를 지닌다.[48]

천재와 취미의 관계에 대한 이러한 칸트의 분석은 예술창작 과정

---

46   KU, 167.

47   이 점에 대해서는 KU, 174 이하 참조.

48   이 점에 대해서는 KU, 175 참조.

의 두 가지 핵심적인 측면을 보여 준다. 그에 따르면 예술창작 과정은
1) 상상력을 통해 예술작품을 일차적으로 창작하는 과정과 2) 이처럼
일차적으로 창작된 예술작품을 취미를 통해 연마하여 예술작품을 완
성해 나가는 과정 등 두 가지 과정을 포함한다. 물론 이러한 두 가지
과정이 결합하여 예술작품이 창작되는 과정은 다양한 양상을 보일 수
있다. 예를 들어 이 두 과정이 어떤 시간 간격도 없이 한꺼번에 진행될
수도 있고 시간 간격을 두고 순차적으로 이루어질 수도 있다. 그리고
이러한 두 과정이 한 번에 마무리될 수도 있고 여러 번 반복하여 이루
어지면서 마무리될 수도 있다. 그러나 핵심적인 것은 예술작품의 창작
에는 언제나 1) 상상력을 통해 예술작품을 일차적으로 창작하는 과정
과 2) 이처럼 일차적으로 창작된 예술작품을 취미를 통해 연마하면서
예술작품을 완성해 가는 과정을 포함하고 있다는 점이다.

그런데 예술작품의 창작 과정을 구성하는 이러한 두 가지 과정 중에
서 두 번째 과정, 즉 일차적으로 창작된 예술작품을 취미를 통해 연마
하면서 예술작품을 완성해 가는 과정은 예술창작자의 관점에서 보자
면 일종의 예술감상의 과정이라 할 수 있다. 말하자면 예술가는 자신
이 창작한 작품을 나름의 방식으로 그때그때 취미를 통해 감상하면서
예술작품을 창작하는 것이다. 그리고 예술가는 자신이 창작한 작품을
취미를 통해 감상하는 과정에서 그 작품을 감상할 사람들의 입장에 서
서 자신의 작품을 바라보게 된다. 그런데 이때 작동하는 마음의 능력
이 칸트의 취미론에서 핵심적인 역할을 담당하는 "공통 감각"(sensus
communis)(KU, 80)이다. 이처럼 공통 감각의 작동을 통해 자신이 일
차적으로 창작한 작품을 취미를 통해 감상하는 일은 예술작품의 창작
과정을 구성하는 본질적인 요소이다.

이러한 논의를 통해 예술작품의 감상 과정이 예술작품의 창작 과정
을 구성하는 본질적인 한 가지 요소라는 사실이 드러났다. 앞서 살펴

보았듯이 예술작품의 감상 과정은 발생적 현상학적 관점에서 볼 때 그 최종적인 발생적 뿌리를 예술감상 본능에 두고 있으며 예술작품의 창작 과정은 그 최종적인 발생적 뿌리를 예술창작 본능에 두고 있다. 말하자면 예술감상 본능 없이는 예술작품의 감상 과정은 존재할 수 없으며 예술창작 본능 없이는 예술창작 과정은 존재할 수 없다. 이러한 논의를 통해 우리는 예술감상 본능과 예술창작 본능의 관계를 이해할 수 있다. 예술작품의 감상 과정이 예술작품의 창작 과정을 구성하는 한 가지 요소이기 때문에 예술감상 본능은 예술창작 본능을 구성하는 하나의 요소임이 드러난다. 말하자면 예술창작 본능은 1) 취미를 통한 감상과 무관하게 일차적으로 예술작품을 창작하고자 하는 예술창작 본능과 2) 취미를 통해 예술작품을 감상하면서 그에 대해 미적 평가를 내리고자 하는 예술감상 본능으로 구성되어 있다.

우리는 예술창작 본능과 예술감상 본능의 관계와 관련하여 혹시 있을 수도 있을 오해 한 가지를 해명하고자 한다. 우리는 천재와 취미의 관계에 대한 칸트의 이론을 토대로 예술창작 본능과 예술감상 본능의 관계를 해명하였다. 앞서 살펴보았듯이 칸트에 의하면 예술은 천재의 기예이기 때문에 혹자는 예술창작 본능과 예술감상 본능의 관계에 대한 우리의 논의가 단지 천재의 기예로서의 예술에 대해서만 타당한 것이 아닌가 생각할 수 있다. 그러나 예술창작 본능과 예술감상 본능의 관계는 칸트가 규정하는 천재의 기예로서의 예술에 대해서뿐만 아니라, 무의식적 예술창작 활동을 제외한 모든 유형, 모든 차원의 예술에 대해 타당하다. 무의식적 예술창작 활동을 제외한 모든 예술창작 과정을 추동하는 예술창작 본능은 1) 상상력을 통해 일차적으로 예술작품을 창작하고자 하는 예술창작 본능과 2) 취미를 통해 예술작품을 감상하면서 그에 대해 미적 평가를 내리고자 하는 예술감상 본능으로 구성되어 있으며 그러한 한에서 예술감상 본능은 예술창작 본능의 한 구성 요소이다.

　예술본능을 구성하는 한 가지 요소인 예술감상 본능과 관련하여 우리는 그것이 예술가의 예술감상 본능이자 동시에 예술감상자의 예술감상 본능이라는 사실에 유의할 필요가 있다. 따라서 그것은 우선 예술가와 예술감상자 사이의 소통을 가능하게 해 주는 본능이다. 예술감상 본능이 존재하지 않는다면 예술가와 감상자 사이의 소통은 불가능할 것이다. 예술가와 감상자가 그에 대해 의식하고 있든 그렇지 않든 간에 양자 사이의 소통이 이루어지고 있을 경우 그것을 가능하게 해 주는 것은 예술감상 본능이다. 더 나아가 예술감상 본능은 예술가(들)의 예술작품(들)에 관심을 가진 예술감상자들의 공동체가 형성될 수 있도록 해 주는 본능이다. 말하자면 그 많은 사람들을 미술관으로 불러들이는 것도 예술감상 본능이요, 연주홀로 불러들이는 것도 예술감상 본능이며 무용공연장으로 불러들이는 것도 예술본능이다.

　앞서 언급하였듯이 우리는 이 책에서 예술창작 본능을 예술본능이라 부르고 그와 구별해 예술감상 본능을 미적 본능이라 부르기로 하였다. 이제 예술창작 본능으로서의 예술본능에 대한 논의를 마무리하고, 5장과 6장에서는 예술감상 본능으로서의 미적 본능에 대해 해명할 것이다. 5장에서는 "미적 본능과 미적 경험"의 문제를 살펴보고, 6장에서는 "미적 본능과 미적 태도"의 문제를 살펴볼 것이다.

5

미적 본능과 미적 경험

5장의 목표는 미적 경험에서 미적 본능이 어떤 역할을 담당하는지 살펴보면서 미적 경험의 발생적 현상학을 전개하는 데 있다. 현상학적 전통에서 미적 경험의 현상학과 관련해 중요한 업적을 남긴 현상학자는 뒤프렌느(M. Dufrenne)이다. 그는 1953년에 출간한 『미적 경험의 현상학』[1]에서 미적 대상, 미적 세계, 다양한 유형의 미적 경험 등을 분석하면서 미적 경험의 현상학을 전개하고 있다. 그런데 그의 미적 경험의 현상학은 미적 경험의 정체를 해명함에 있어 한편으로는 중요한 기여를 했지만 다른 한편으로는 여러 가지 문제점을 안고 있다. 바로 이러한 이유에서 5장에서는 뒤프렌느의 미적 경험의 현상학에 대한 비판적 고찰을 출발점으로 삼아 미적 본능의 구조를 해명하면서 미적 경험의 발생적 현상학을 전개할 것이다.

---

1 M. Dufrenne, *Phénoménologie de l'expérience esthéthique 1–2*, Paris: Presses Universitaires de France, 1953. (PEE로 줄여 인용함); *The Phenomenology of Aesthe-ic Experience*, E. S. Casey(tr.), Evanston, Il: Northwestern University Press, 1973; 김채현(역), 『미적 경험의 현상학』, 서울: 이화여자대학교출판부, 1991.

5장의 전체적인 논의의 출발점을 마련하기 위하여 1절에서는 뒤프렌느의 미적 경험의 현상학의 핵심적인 내용을 살펴보고, 2절에서는 그것이 가지고 있는 여러 가지 문제점을 살펴보면서 그에 대해 비판적으로 검토할 것이다. 3절에서는 뒤프렌느의 미적 경험의 현상학이 가지고 있는 여러 가지 문제점을 극복할 수 있는 것이 바로 미적 경험의 발생적 현상학이라는 사실을 확인하고 그 전체적인 구도를 살펴볼 것이다. 4절에서는 1) 미적 본능과 예술맹의 문제와 2) 미적 본능과 본래적 미적 경험의 관계를 검토하면서 미적 본능이 미적 경험의 발생적 토대라는 사실을 일차적으로 해명할 것이다. 5절에서는 재현적 미적 경험에서 미적 본능이 수행하는 역할을 분석하면서 다시 한번 미적 본능이 미적 경험의 발생적 토대라는 사실을 해명할 것이다. 4절과 5절의 논의를 토대로 6절에서는 현전적 미적 경험, 현전화적 미적 경험, 해명적 미적 경험 등 모든 유형의 미적 경험을 관통하여 미적 본능이 흐르고 있기 때문에 모든 유형의 미적 경험의 체계는 미적 본능의 체계로 규정될 수 있다는 사실을 해명할 것이다. 미적 본능의 체계로서의 미적 경험의 체계의 내적인 구조를 보다 더 생생하게 보여 주기 위하여 7절에서는 현전적 미적 경험, 현전화적 미적 경험, 해명적 미적 경험 등 모든 유형의 미적 경험이 1) 미적 정립작용, 2) 미적 의지, 3) 미적 감정, 4) 미적 관심 등의 구성 요소를 가지고 있다는 사실을 해명한 후 8절에서 11절 사이에서는 이 각각의 요소가 발생적으로 미적 본능에 토대를 두고 있으며 따라서 이 각각의 요소를 관통하여 미적 본능이 흐르고 있다는 사실을 해명할 것이다. 이처럼 4절에서 11절 사이의 논의를 통해 미적 경험의 주체의 현재 지평에서 이루어지는 미적 경험의 발생적 토대가 미적 본능이라는 사실이 드러날 것이다. 그러나 미적 경험의 주체의 현재 지평에서 이루어지는 미적 경험은 이 주체의 과거 지평에서 형성된 미적 경험의 습성 체계가 발현한 것이다. 따라서 미적 경험의 발생적 현상학을 심화하기 위해서는 미적 경험의 주체의 과거 지평에서 미적 경험의 습성 체계가 형성되는 과정을 해명해야 하는데, 12절에서 미적 본능의 작동을 토대로 미적 경험의 습성 체계가 형성되는 과정을 해명할 것이다. 그러나 이처럼 미적 경험의 습성 체계가 해명되었다고 해서 미적 경험의 발생적 현상학의 과제가 모두 해결된 것은 아니다. 13절에서는 미적 본능과 관련하여 미적 경험의 발생적 현상학의 남은 과제를 살펴보고 아울러 뒤프렌느의 미적 경험의 현상학의 중요한 주제 중의 하나인 미적 경험의 진보가 무엇을 뜻하는지 검토할 것이다.

1. 뒤프렌느의 미적 경험의 현상학

5장의 전체적인 논의를 시작하기 위하여 뒤프렌느의 『미적 경험의 현상학』을 중심으로 미적 경험의 구조를 살펴보기로 하자. 뒤프렌느는 미적 경험의 구조를 해명하면서 그의 세 가지 "단계"(les niveaux)(PEE, 448)로서 1) 현전(présence), 2) 재현(représentation)과 상상(imagination), 3) 반성(réflexion)과 감정(sentiment) 등을 제시한다.[2] 그에

---

2 필자는 1) 현전, 2) 재현과 상상, 3) 반성과 감정 등 세 단계를 포괄하는 개념으로 미적 경험이라는 개념을 사용하고자 한다. 뒤프렌느는 이 세 단계를 포괄하기 위하여 "미적 경험"이라는 개념을 사용하기도 하고 "미적 지각"이라는 개념을 사용하기도 한다. 그의 저서가 『미적 경험의 현상학』이라는 제목을 가지고 있는 데서 알 수 있듯이 그는 1) 현전, 2) 재현과 상상, 3) 반성과 감정 등 세 가지를 포괄하기 위하여 "미적 경험"이라는 개념을 사용한다. 그러나 1) 현전, 2) 재현과 상상, 3) 반성과 감정 등 세 단계를 본격적으로 분석하고 있는 이 책의 3부가 "미적 지각의 현상학"(Phénoménologie de la perception esthétique)이라는 제목을 달고 있는 데서 알 수 있듯이 그는 이 세 단계를 포괄하기 위하여 "미적 지각"이라는 개념을 사용하기도 한다. 그러나 일반적으로 "경험"이라는 개념이 "지각"이라는 개념보다 더 포괄적이기 때문에 필자는

의하면 미적 경험은 현전에서 시작하여 재현과 상상으로 이행하고 다시 재현과 상상에서 반성과 감정으로 이행한다.[3] 따라서 미적 경험의 구조에 대한 뒤프렌느의 견해를 이해하기 위해서는 1) 현전, 2) 재현과 상상, 3) 반성과 감정 등 미적 경험의 세 가지 단계가 무엇인지 살펴볼 필요가 있다. 그러면 현전에서부터 시작하여 미적 경험의 세 가지 단계에 대해 살펴보자.

1) 현전

현전, 즉 미적 현전은 미적 대상이 가장 근원적으로 주체에게 현출하는 작용이다. 미적 대상은 미적 경험의 주체에게 가장 근원적으로 감각적 대상으로 현출하는데, 이처럼 미적 대상이 감각적 대상으로 미적 경험의 주체에게 현출하는 작용이 미적 현전이다. 미적 현전은 신체를 통해서 이루어진다. 여기서 우리는 이 신체의 정체를 분명히 해 둘 필요가 있다. 세계 안에 존재하는 모든 여타의 대상과 마찬가지로 신체 역시 인식의 대상으로서 경험된다. 이 경우 신체는 특정한 색, 특정한 모양, 특정한 부피, 특정한 무게 등을 가지고 있는 대상으로 경험된다. 그러나 이러한 의미의 신체를 통해 현전이 이루어지는 것은 아니다. 현전은 이처럼 대상화된 신체가 아니라, 세계 및 대상을 경험하는 신체를 통해 이루어진다. 메를로퐁티는 대상화된 신체가 아니라, 그를 통해 현전이 이루어지는 신체를 "고유한 신체"(le corps

---

1) 현전, 2) 재현과 상상, 3) 반성과 감정 등 세 단계를 포괄하는 개념으로 "미적 지각"이라는 개념 대신에 "미적 경험"이라는 개념을 사용하고자 한다. 뒤프렌느의 미적 경험의 현상학을 비판적으로 검토하면서 밝혀지겠지만 미적 지각은 미적 경험의 한 가지 유형에 불과하기 때문에 1) 현전, 2) 재현과 상상, 3) 반성과 감정 등 세 단계를 포괄하기 위하여 "미적 지각"이라는 개념을 사용하는 것은 적절하지 않다.

3 뒤프렌느는 미적 경험의 진행 과정을 지칭하기 위해 "이행"(le passage)(PEE, 436, 463)이라는 단어를 사용한다.

propre)⁴라고 부른다.

신체는 미적 대상이 현전하는 장소로서 미적 대상이 가장 근원적인 차원에서 하나의 통일체로 경험되기 위한 조건이다. 신체가 없다면 그 어떤 미적 대상도 통일성을 지닌 대상으로 지각될 수 없다. 물론 미적 대상이 신체를 통해 통일체로 경험되는 방식은 예술 장르에 따라 다를 수 있다. 회화작품 또는 음악작품처럼 시각, 청각 등 하나의 감각을 통해 통일성을 지닌 대상으로 지각되는 미적 대상도 있다. 그러나 오페라나 발레와 같은 "복합예술작품"(PEE, 426)처럼 시각, 청각 등 여러 가지 감각이 협동하면서 통일성을 지닌 대상으로 지각되는 미적 대상도 있다.

이처럼 신체가 미적 대상이 현전하면서 미적 경험의 주체에게 현출하는 장소이기 때문에 구성적 관점에서 볼 때 신체와 미적 대상 중에서 우선권을 가지고 있는 것은 신체이다. 신체는 현전의 차원에서 미적 대상을 구성하는 초월론적인 것의 위치를 차지한다. 말하자면 신체는 현전 작용 속에서 미적 대상과 근원적으로 조우하면서 그것을 나름의 의미를 지닌 것으로서 경험한다. 이러한 점에서 신체는 미적 대상을 나름의 의미를 지닌 대상으로 구성하는 기능을 가지고 있다. 말하자면 신체는 미적 대상의 의미를 이해하기 위하여 그에 적응하는 것이 아니라, 거꾸로 미적 대상이 "몸의 요구"(les exigences du corps)(PEE, 426)에 부응하면서 미적 경험의 주체에게 의미의 통일체로서 구성되는 것이다. 이처럼 신체는 미적 대상의 현전을 위해 결정적으로 중요한 의미를 가지고 있다.

고유한 신체를 통한 미적 대상의 현전은 주체의 반성 작용에 앞서며

---

4 M. Merleau-Ponty, *Phénoménologie de la perception*, Paris: Gallimard, 1945, 127.

이러한 점에서 우리는 그것을 "선반성적인 것"(PEE, 423)이라 부를 수 있다. 이러한 선반성적인 것의 영역에는 주체에게 생생하게 현전하는 것을 넘어서는 것은 존재하지 않는다. 거기에는 어떤 재현 작용, 판단 작용, 이론적 작용, 반성 작용도 존재하지 않는다. 이러한 선반성적 영역에서 주체는 자신의 신체를 통해 세계 및 대상과 근원적으로 조우하고 있다.

그런데 신체적 차원에서 선반성적으로 이루어지는 이러한 현전 작용은 대상이 세계에 실재한다는 의식 작용, 즉 존재정립 작용을 가지고 있지 않다. 뒤프렌느는 현전이 가지고 있는 이러한 특성을 해명하기 위하여 현전과 신체 사이의 밀접한 연관을 강조하면서 칸트의 경험판단(Erfahrungsurteil)과 지각판단(Wahrnehmungsurteil)의 구별을 끌어들인다.[5] 그러면 양자의 차이를 살펴보자.

내가 어떤 갈색 책상을 바라보면서 "이 책상은 갈색이다"라고 판단할 경우를 살펴보자. 이러한 판단을 내리면서 나는 이 책상이 모든 사람이 경험할 수 있는 객관적인 세계에 존재하며 따라서 모든 사람이 이러한 판단이 옳은지 그른지 객관적으로 검토할 수 있으리라고 상정한다. 그리고 이처럼 모든 사람이 이러한 판단이 옳은지 그른지 객관적으로 검토할 수 있기 때문에 이러한 판단은 "객관적 타당성"을 가지고 있다고 불린다. 여기서 유의해야 할 점은 경험판단이 객관적 타당성을 지니는 판단이라고 해서 모든 경험판단이 참인 판단인 것은 아니라는 사실이다. 경험판단이 객관적 타당성을 지닌다 함은 모든 사람이 그것이 옳은지 그른지 객관적으로 검토할 수 있음을 뜻할 뿐이다. 바

---

5   PEE, 423. 경험판단과 지각판단의 구별에 대해서는 다음을 참조: I. Kant, *Prolegomena zu einer jeden künftigen Metaphysik, die als Wissenschaft wird auftreten können*, Hamburg: Felix Meiner, 1965, A 77-78; I. Kant, *Kritik der reinen Vernunft*, Hamburg: Felix Meiner, 1956, B 142.

로 이처럼 모든 사람이 그 판단이 옳은지 그른지 객관적으로 검토할 수 있기 때문에 경험판단은 참일 수도 있고 거짓일 수도 있다. 예를 들어 실제로 갈색인 책상을 보고 누군가가 "이 책상은 갈색이다"라고 판단할 경우뿐 아니라, "이 책상은 갈색이 아니다"라고 판단할 경우에도 이러한 판단은 객관적 타당성을 지니는 판단이다.

그러나 내가 동일한 갈색 책상을 바라보면서 "이 책상은 갈색 책상처럼 보인다"라고 판단할 경우 이러한 판단은 지각판단이다. 지각판단은 주관적 타당성만을 지닌다. 여기서 지각판단이 주관적 타당성만을 지닌다 함은 그것이 그러한 판단을 내리는 주체에게 타당한 것처럼 보일 뿐이라는 사실을 함축한다. 이처럼 지각판단이 판단을 내리는 주체에게 타당한 것처럼 보일 뿐이기 때문에 그것은 단지 판단을 내리는 주체의 주관적 상태를 표현하는 판단에 불과하다. 따라서 저 책상에 대해 지각판단을 내릴 경우 나는 저 책상이 모든 사람이 경험할 수 있는 객관적인 세계에 존재한다고 상정하지 않는다. 나는 다만 저 책상이 나에게 갈색으로 보인다고 판단할 뿐이다. 따라서 지각판단이 객관적으로 옳은지 그른지 검토하려고 하는 것은 모순적이다.

뒤프렌느는 신체를 통한 대상의 현전을 주관적 타당성을 지닌 칸트의 지각판단과 유사한 것으로 간주한다. 신체를 통한 대상의 현전은 객관적 타당성을 지니지 못하기 때문에 엄밀한 의미에서 지식을 가지고 있지 않다. 그럼에도 그것이 주관적 타당성을 가지고 있는 지각판단을 산출할 수 있는 능력을 가지고 있기 때문에 그것은 어떤 점에서 미적 대상에 대한 원초적인 앎, 즉 지성을 가지고 있다고 할 수 있는데, 뒤프렌느는 그러한 앎을 "신체적 지성"(une intellection corporelle)(PEE, 424)이라 부른다. 물론 신체가 현전 작용을 통해 미적 대상에 대한 원초적인 앎을 가지고 있다고 해서 신체와 미적 대상이 분리되어 존재하는 것은 아니다. 현전이란 미적 경험의 주체인 신체와 미적 대상이 분리할 수 없이 하나로 혼융되어 있는 영역이다. 뒤프렌느는 이러한 영역을 가리켜 주체와 객체가 아직 구별되지 않는 "주체-객체의 총체"(une totalité objet-sujet)(PEE, 421)라 부른다.

2) 재현과 상상

미적 경험은 현전의 단계에서만 머물 수는 없다. 미적 대상이 주체에게 영원히 감각적인 것으로만 경험될 수는 없기 때문이다. 예를 들어 모든 감각적인 것은 그 어떤 대상의 감각적인 것으로서 파악된다. 회화의 경우 그 어떤 색은 재현된 그 어떤 대상의 색으로 파악되며 음악의 경우 그 어떤 소리는 그 무엇을 재현하는 그 어떤 악기의 소리로 파악된다. 이처럼 주체의 삶은 현전의 영역을 넘어서는데, 이처럼 현전의 영역을 넘어서는 주체의 삶의 영역에는 "재현과 상상", "반성과 감정" 등이 있다. 우선 "재현과 상상"에 대해 살펴보자.

뒤프렌느의 경우 재현과 상상은 분리할 수 없다. 그 이유는 모든 재현은 상상을 통해 일어나기 때문이다. 따라서 재현의 정체를 이해하기 위해서는 상상에 대해 살펴볼 필요가 있다. 상상은 앞서 살펴본 현전과 구별된다. 앞서 살펴보았듯이 현전은 감각적인 것으로서의 미적 대상이 지금-여기에서 신체에게 경험되는 방식을 뜻한다. 이처럼 현전은 지금-여기에서 주어지는 미적 대상에 한정되어 있다. 그러나 상상은 현전이 가지고 있는 "지금-여기"라는 구속을 벗어난다.

상상은 우선 시간적인 관점에서 볼 때 지금에 얽매여 있지 않다. 그것은 한편으로는 과거를 향해 뻗어 나가며 다른 한편으로는 미래를 향해 뻗어 나간다. 상상은 기억 작용을 통해 과거를 향해 뻗어 나가며, 예상 작용을 통해 미래를 향해 뻗어 나간다. 여기서 알 수 있듯이 기억도 상상의 일종이며, 예상도 상상의 일종이다.

더 나아가 상상은 공간적인 관점에서 볼 때 여기에만 한정되지 않는다. 예를 들어 내가 지금 생생하게 경험하는 어떤 집의 정면을 보면서 이 집의 뒷면이나 옆면 등을 떠올릴 경우 이러한 정신 작용 역시 상상이다. 더 나아가 내가 이 집 뒤로 늘어서 있는 다른 집들, 이 집들 뒤로 굽이쳐 흐르는 시냇물, 그 시냇물 뒤로 펼쳐진 산, 그리고 그 산 너머로 펼쳐진 들 등을 떠올릴 경우 이처럼 떠올리는 작용 역시 상상이다. 또는 내가 내 뒤로 펼쳐진 풍경을 떠올릴 때 이처럼 떠올리는 작용 역시 상상이며, 고개를 들어 창공 위로 펼쳐진 세계를 떠올릴 때 이처럼 떠올리는 작용 역시 상상이다.

여기서 우리는 뒤프렌느의 상상 개념이 일상적인 의미의 상상 개념과 동일하지 않다는 사실에 유의할 필요가 있다. 일상적으로 상상은 실재하지 않는 대상 혹은 사건을 의식 속에 떠올리는 작용을 뜻한다. 예를 들어 하늘로 올라가는 용을 머릿속에 떠올릴 때 이처럼 떠올리는 작용 또한 상상이다. 그러나 뒤프렌느의 상상 개념은 이러한 일상적 의미의 상상 개념보다 넓다. 뒤프렌느의 경우 상상은 현전하지 않는 것을 떠올리는 모든 작용을 뜻한다. 따라서 상상은 실재하지 않는 대상 혹은 사건을 떠올리는 상상과 실재하는 대상 혹은 사건을 떠올리는 상상 등 두 가지 유형으로 나누어진다.

앞서 논의하였듯이 상상을 통하여 주체의 세계는 지금-여기에 국한되어 있는 감각의 세계를 넘어서 한편으로는 과거와 미래로 뻗어 나가는 시간의 지평을 가지고 있으며, 다른 한편으로는 여기로부터 앞과 뒤, 왼쪽과 오른쪽, 위와 아래로 펼쳐지는 공간의 지평을 가지고 있는 세계로 탈바꿈한다. 이처럼 상상은 본격적인 의미에서 시간도 가지고 있지 않고 공간도 가지고 있지 않은 감각적인 세계를 폭과 깊이를 가지고 있는 시간적인 세계, 공간적인 세계로 변환시킨다. 이처럼 상상이 없이는 시간과 공간은 존재할 수 없으며 바로 이러한 이유에서 뒤프렌느는 상상을 시간과 공간의 "뿌리"(racine)(PEE, 440)라고 부른다.

이처럼 상상을 통하여 지금-여기에 국한된 감각적인 세계가 폭과 깊이를 가지고 있는 시간적이며 공간적인 세계로 탈바꿈하면 주체는 자신이 세계 안에서 만나는 여러 가지 대상들을 시간적이며 공간적인 대상으로 경험하게 되는데, 바로 이러한 새로운 경험 방식이 다름 아닌 재현이다.[6] 이러한 점에서 재현은 대상을 단지 지금-여기에서 존재하는 감각적인 대상으로 경험하는 현전과 구별된다.

3) 반성과 감정

주체가 현전의 영역을 벗어나면서 무수히 다양한 유형의 상상이 등장한다. 그러나 상상은 늘 객관적 타당성을 지니는 것은 아니다. 상상은 늘 의심 가능성을 포함하고 있다. 상상이 지닌 의심 가능성을 극복해야만 미적 경험은 타당성을 확보할 수 있다. 미적 경험의 타당성을 확보하기 위하여 상상력을 "교정하는"(corriger)(PEE, 462) 능력이 필요한데, 그것이 바로 오성이다.

뒤프렌느가 재현을 낳는 상상과 "판단을 내리는 오성"을 대비시키는 데서 알 수 있듯이,[7] 오성은 판단을 내리는 능력을 뜻한다. 여기서 판단을 내리는 능력이란 타당한 것과 타당하지 않은 것을 가려 내면서 진리를 발견하는 능력을 뜻한다. 상상이 지닌 의심 가능성을 지속적으로 극복하고 타당한 판단을 내릴 수 있기 위해서 오성은 상상을 통해 주어진 것을 무비판적으로 받아들여서는 안 되며 그에 대해 끊임없이 반성해야 한다. 여기서 알 수 있듯이 판단하는 능력으로서의 오성의 핵심적인 기능은 반성이며 바로 이러한 이유에서 뒤프렌느는 반성을 오성과 동일한 개념으로 사용한다.

---

6 PEE, 433 이하.

7 PEE, 462.

미적 대상에 대한 반성은 미적 대상의 구조를 해명하고 미적 대상을 구성하는 부분들의 의미를 분석하며 미적 대상의 창조 과정을 캐묻는 등 다양한 방식으로 이루어질 수 있다. 그런데 미적 대상에 대한 반성에는 두 가지 유형이 존재한다. "분리형 반성", 즉 "우리를 미적 대상으로부터 분리시키는 반성"과 "접근형 반성" 또는 "참여적 반성", 즉 "우리를 미적 대상에 다가서도록 하는 반성"이 그것이다.[8] 이 두 유형의 반성은 내용에 있어서는 차이가 없고 단지 "태도"(PEE, 488)에 있어서만 차이가 난다. 주체가 자신이 가지고 있는 틀이나 선입견에 따라 미적 대상을 접하면서 미적 대상의 고유한 존재를 무시할 경우 분리형 반성이 나타나고, 반대로 미적 대상을 향해 마음을 열어 그것이 자신의 고유한 존재를 드러내도록 할 때 참여적 반성이 나타난다.

우리는 참여적 반성을 통해 미적 대상이 가지고 있는 의미를 미적 대상이 스스로 표현하도록 한다. 미적 대상이 자신의 의미를 스스로 표현한다 함은 미적 대상의 편에서 "자기발생"(auto-genèse)(PEE, 488)이 일어남을 뜻한다. 미적 대상의 자기발생은 미적 대상에 대한 진정한 참여가 없이는 불가능하다. 미적 대상에 대한 참여적 반성을 통해 미적 대상의 자기발생이 일어나 그에 대해 참되게 이해하기를 원할 경우 미적 경험의 주체는 자신의 실존을 변화시켜 그 깊이를 더해 가도록 해야 한다. 이처럼 미적 경험의 주체의 실존이 변화하면서 깊이를 더해 감에 따라 미적 대상은 주체에게 지금까지 드러내지 않았던 자신의 새로운 의미를 드러내게 된다. 미적 대상 역시 인간 실존과 유사하게 측량할 수 없는 깊이를 가지고 있는데, 미적 대상을 감상하는 우리의 실존이 깊이를 더해 감에 따라 미적 대상의 의미 역시 더 깊어져 간다.

---

8   양자의 구별에 대해서는 PEE, 487 이하 참조.

이처럼 참여적 반성을 통해 주체의 실존이 깊이를 더해 가고 미적 대상의 의미가 더 깊이 체험되면서 주체에게서 미적 감정이 발생한다. 뒤프렌느에 의하면 이러한 미적 감정은 작품에 내재한 "필연성"(né-cessité)(PEE, 490)에 대한 감정이다. 여기서 필연성은 우리가 살아가면서 실존적으로 그 무엇을 선택하거나 판단을 내릴 때 느끼는 것과 유사한 필연성을 뜻하며 따라서 그것은 "실존적 필연성"(la nécessité existentielle)(PEE, 491)이라 불린다. 뒤프렌느에 의하면 미적 대상은 무수히 많은 실존적 필연성을 가지고 있다. 예를 들어 보쉬(H. Bosch)의 그림에 괴물들이 등장하는 이유는 우리를 "마술적 세계"(univers magique)(PEE, 491)에 빠지게 할 필연성이 있어서고, 어떤 교향곡 마지막 장에 갑자기 장조를 삽입한 이유는 청중을 환한 빛 속으로 안내할 필연성이 있어서이며, 어떤 동화의 어느 부분에 토끼가 등장하는 이유는 독자들에게 삶의 지혜를 전달할 필연성이 있어서이다. 미적 대상에 대한 참여적 반성을 통해 이처럼 다양한 실존적 필연성을 경험하면서 미적 경험의 주체는 자신의 실존이 변할 때 감정을 느끼듯 다양한 미적 감정을 체험하게 된다.

미적 경험의 과정에서 참여적 반성과 미적 감정은 상호 역동적인 관계 속에서 발전한다. 최초의 참여적 반성을 통해 미적 감정이 발생하면 이처럼 발생한 미적 감정은 새로운 차원의 참여적 반성을 낳는다. 그리고 이처럼 등장한 새로운 차원의 참여적 반성은 다시 새로운 차원의 미적 감정을 낳고 이러한 새로운 차원의 미적 감정은 다시 새로운 차원의 반성을 낳는다. 이처럼 참여적 반성과 미적 감정이 서로에게 영향을 미치면서 미적 경험이 진행하는 과정은 변증법적 과정이라 불릴 수 있다. 이와 관련해 뒤프렌느는 미적 경험을 통해 미적 대상의 의미가 점점 더 심화된 형태로 이해되어 가는 과정을 "변증법적 진보"(un progrès dialetique)(PEE, 524)라 부른다. 참여적 반성과 미적 감정 사이의 역동적인 변증법적 과정을 통해 미적 감정은 깊이를 더해 간다.

2. 뒤프렌느의 미적 경험의 현상학에 대한 비판적 검토

뒤프렌느의 미적 경험의 현상학은 여러 가지 크고 작은 문제점을 안고 있다. 그것은 그의 전체적인 구도에서뿐 아니라, 여러 가지 구체적인 내용에 있어서도 문제점을 안고 있다. 이 절에서는 뒤프렌느의 미적 경험의 현상학의 전체적인 구도에 들어 있는 문제점만을 살펴보고자 한다. 그것이 가지고 있는 세부적인 문제점은 3절 등에서 관련 논의를 진행하면서 살펴볼 것이다. 이 절에서는 1) 현전 개념과 관련된 문제점, 2) 재현과 상상 개념과 관련된 문제점, 3) 반성 개념 및 감정 개념과 관련된 문제점, 4) 미적 경험의 현상학의 전체 구도와 관련된 문제점 등만을 살펴볼 것이다. 이러한 논의를 통하여 우리는 뒤프렌느의 미적 경험의 현상학이 가지고 있는 여러 가지 문제점을 극복하기 위하여 미적 경험의 발생적 현상학을 전개해야 할 필요성이 있다는 사실을 확인할 수 있을 것이다.

1) 현전 개념과 관련된 문제점

뒤프렌느에 의하면 신체를 통해 이루어지는 선반성적 경험으로서 현전은 칸트적인 의미의 경험판단이 아니라, 지각판단에 해당한다. 그리고 이러한 의미의 현전이 미적 경험의 출발점이다. 그러나 이러한 뒤프렌느의 견해는 타당하지 않다. 이 점을 확인하기 위하여 베토벤의 피아노 소나타 한 곡을 감상할 경우를 예로 들어 보자. 이 소나타가 막 연주되기 시작한 순간 나는 그에 대한 미적 경험을 가지고 있다. 그러나 이 경우 나는 선율을 경험하면서 칸트적인 의미의 지각판단이 아니라, 경험판단을 내리고 있다. 그 이유는 막 연주되기 시작한 저 선율을 경험하면서 나는 이 경험이 나의 주관적인 감정에 불과하다고 생각하는 것이 아니라, 객관적으로 존재하는 세계에서 울려 퍼지는 선율에 대한 경험이라고 생각하고 있기 때문이다. 말하자면 나는 저 피아노 소리를 들으면서 "저 소리는 피아노 소리인 것 같다"고 판단하지 않고 "저 소리는 피아노 소리이다"라고 판단한다. 이처럼 나는 저 소리를 들으면서 주관적 타당성을 지닌 지각판단을 내리는 것이 아니라, 객관적 타당성을 지닌 경험판단을 내린다.

물론 뒤프렌느가 현전이라고 부르는 형태로 미적 경험이 이루어지는 경우가 없는 것은 아니다. 예를 들어 내가 깊은 잠에서 깨어나는 순간 우연히 피아노 소나타 한 곡이 연주되기 시작했다고 가정해 보자. 더 나아가 내가 아직 잠에서 충분히 깨지 않아 울려 퍼지는 피아노 소리를 들으면서 그것이 객관적으로 존재하는 소리인지 아니면 주관적으로 나에게만 그렇게 들리는 소리인지 모르는 상태에 있다고 가정하자. 이 경우 나는 저 소리를 들으면서 "저 소리는 피아노 소리인 것 같다"고 말하면서 그에 대해 주관적 타당성만을 지닌 지각판단을 내릴 수 있다. 이 경우 미적 경험이 뒤프렌느적인 의미의 현전의 형태로 시작한다고 할 수 있다. 그러나 이러한 방식으로 미적 경험이 이루어지는 것은 거의 예외적이라 할 수 있으며, 따라서 이러한 예를 토대로 미적 경험이 뒤프렌느가 이해하는 현전의 형태로 이루어진다고 결론지을 수는 없다.

이러한 논의를 통해 알 수 있듯이 미적 대상에 대한 직접적이며 근원적인 미적 경험에는 칸트적인 의미의 지각판단의 형태로 이루어지는 미적 경험과 칸트적인 의미의 경험판단의 형태로 이루어지는 미적 경험 등 두 가지 유형의 것이 존재한다. 그중에서 칸트적인 의미의 지각판단의 형태로 이루어지는 미적 경험은 주관과 대상이 분리되지 않은 선반성적 미적 경험이며, 칸트적인 의미의 경험판단의 형태로 이루어지는 미적 경험은 주관과 대상이 분리된 반성적 경험이다. 우리는 이 두 유형의 경험을 구별하면서 주관과 객관이 분리되지 않은 선반성적 미적 경험을 미적 감각이라 부르고 주관과 객관이 분리된 반성적인 미적 경험을 미적 지각이라 부르고자 한다.

뒤프렌느에 의하면 미적 감각과 미적 지각 중에서 미적 감각만이 현전이고 미적 지각은 현전이 아니다. 건축물에 대한 미적 지각의 예가 보여 주듯이 미적 지각은 지각 대상의 후면에 대한 떠올림을 포함하기 때문에 일종의 상상이다. 그러나 미적 대상에 대한 직접적인 경험인 미적 지각을 상상으로 간주하는 것은 상식에 어긋난다. 일상적 지각과 마찬가지로 미적 지각 역시 현전이라 부르는 것이 타당하다. 이러한 입장에서 보자면 뒤프렌느는 미적 감각과 미적 지각 등 두 가지 유형의 현전이 존재한다는 사실을 깨닫지 못하고 미적 감각만을 현전으로 간주하는 오류를 범했다고 할 수 있다.

2) 재현과 상상 개념과 관련된 문제점

뒤프렌느의 경우 재현과 상상 개념은 일차적으로 현전 개념과의 대비 속에서 정립된 개념이다. 따라서 현전 개념이 문제를 안고 있기 때문에 재현과 상상 개념 역시 문제를 안고 있을 수밖에 없다. 실제로 앞서 살펴보았듯이 그의 현전 개념은 문제점을 안고 있으며 이러한 문제점은 그의 재현 개념과 상상 개념에도 투영되어 있다. 그러면 이제 그의 현전 개념이 안고 있는 문제점을 염두에 두면서 그의 재현 개념과 상상 개념이 안고 있는 문제점을 살펴보자.

뒤프렌느에 의하면 현전은 "지금-여기"에 구속되어 있는 의식 형태로서 "지금"을 넘어선 시간, "여기"를 넘어선 공간을 가지고 있지 않다. 그러나 현전과는 달리 상상은 "지금"이라는 시간을 넘어 과거와 미래로 뻗어 나가는 시간 지평을 가지고 있고 동시에 "여기"를 넘어서는 공간 지평을 가지고 있으며 이러한 점에서 상상은 "시간과 공간의 뿌리"에 해당한다.

그러나 뒤프렌느의 상상 개념은 문제점을 안고 있다. 가장 심각한 문제점은 그의 상상 개념이 현전까지 포함할 정도로 너무 넓고 느슨하다는 사실이다. 앞서 우리는 미적 감각과 미적 지각 등 두 가지 유형의 현전을 구별할 필요가 있음을 살펴보았다. 그런데 그중에서 미적 감각은 뒤프렌느가 지적하고 있듯이 지금-여기에 구속되어 있는 의식 형태로서 그의 상상 개념과 분명하게 구별된다. 그러나 미적 지각의 경우는 사정이 다르다. 뒤에서 자세하게 살펴보겠지만 미적 지각은 우선 "지금"에만 한정되지 않고 파지(Retention)라는 과거 지평과 예지(Protention)라는 미래 지평 등 시간 지평을 가지고 있는 의식이다. 더 나아가 미적 지각은 주체와 대상이 분리될 수 없이 결합되어 있는 형태로 "여기"에만 한정되어 있지 않고 이미 "저기"를 향해 있는 의식 형태이다. 앞서 살펴본 예에서 나는 소나타의 선율을 들으면서 주객 미분의 상태인 "여기"에 한정되어 있지 않고 이미 "여기"를 넘어서 선율이 울려 퍼지는 "저기"를 향하고 있다. 이처럼 미적 지각이 "지금-여기"를 넘어선 의식 형태이기 때문에 그것은 뒤프렌느의 정의에 따르면 일종의 상상이라 할 수 있다. 그러나 미적 지각을 이처럼 상상으로 규정하는 것은 타당하지 않다. 미적 지각은 신체를 통해 미적 대상과 직접적이며 근원적으로 관계 맺고 있는 의식 형태이며 그러한 한에서 현전으로 규정되어야 하기 때문이다.

3) 반성 개념 및 감정 개념과 관련된 문제점

앞서 살펴보았듯이 뒤프렌느에 의하면 반성의 핵심적인 기능은 판단을 내리는 기능, 즉 타당한 것과 타당하지 않은 것을 구별하면서 진리를 발견하는 능력을 뜻한다. 이러한 의미의 반성의 기능은 상상과 구별되는데, 그 이유는 상상은 단지 재현이 발생하도록 하긴 하지만 타당한 것과 타당하지 않은 것을 구별할 수 없는 "무질서의 능력"이기 때문이다. 여기서 상상이 무질서의 능력이라 함은 그것이 칸트적인 의미의 주관적 타당성만을 가진 경험임을 뜻한다. 이와는 달리 상상과 구별되는 반성은 칸트적인 의미의 객관적 타당성을 가진 경험을 뜻한다.

그러나 이러한 뒤프렌느의 견해는 타당하지 않다. 그 이유는 재현을 가능하게 하는 상상은 이미 칸트적인 의미의 객관적 타당성을 가진 경험이기 때문이다. 이 점을 미적 상상의 몇 가지 예를 검토하면서 해명해 보자. 우리가 어떤 선율을 들은 후 그것을 기억하는 경우를 살펴보자. 이 경우 우리는 기억된 선율에 대해 "그것은 베토벤의 피아노 소나타 32번 1악장의 첫 번째 소절이다"라고 말하지 "그것은 베토벤의 피아노 소나타 32번 1악장의 첫 번째 소절처럼 느껴진다"고 말하지 않는다. 이는 미적 기억이 칸트적인 의미의 객관적 타당성을 가진 경험임을 뜻한다. 미적 예상의 경우도 마찬가지이다. 이 경우 우리는 이제 막 울려 퍼질 선율을 예상하면서 "이제 막 울려 퍼질 선율은 베토벤의 피아노 소나타 32번 1악장의 마지막 소절이다"라고 말하지 "이제 막 울려 퍼질 선율은 베토벤의 피아노 소나타 32번 1악장의 마지막 소절처럼 느껴진다"라고 말하지 않는다. 이는 미적 대상에 대한 상상의 한 유형인 미적 예상이 칸트적인 의미의 객관적 타당성을 가진 경험을 뜻한다. 좁은 의미의 미적 상상, 즉 존재하지 않는 대상을 떠올리는 작용으로서의 미적 상상도 마찬가지이다. 예를 들어 내가 단테의『신곡』「천국」편을 읽으면서 거기서 묘사된 장면을 상상할 경우 나는 "주인공이 베아트리체의 모습을 보고 있다"고 말하지 "주인공이 베아트리체의 모습을 보고 있는 것 같다"고 말하지 않는다. 이는 좁은 의미의 상상 역시 칸트적인 의미의 객관적 타당성을 지닌 경험임을 뜻한다.

이러한 예를 통하여 우리는 뒤프렌느적인 의미의 미적 상상이 칸트적인 의미의 객관적 타당성을 가진 경험임을 알 수 있다. 따라서 미적 상상은 타당한 것과 타당하지 않은 것을 구별할 수 있는 경험이지 단순히 무질서한 경험이 아니다. 더 나아가 현전 작용 중에서 미적 감각은 그렇지 않지만 미적 지각은 칸트적인 의미의 객관적 타당성을 가진 경험이다. 이처럼 반성뿐 아니라, 상상, 부분적으로 현전도 객관적 타당성을 가진 경험이기 때문에 반성만을 객관적 타당성을 가지고 있는 경험으로 간주하는 것은 타당하지 않다. 따라서 객관적 타당성을 가진 경험을 반성의 본질적 특성으로 간주하면서 반성을 미적 경험의 세 가지 단계 중의 하나로 설정해야 할 이유도 없다.

이와 더불어 지적해야 할 것은 반성과 미적 감정의 관계에 대한 뒤프렌느의 견해 역시 문제점을 가지고 있다는 사실이다. 그는 미적 경험이 현전에서 시작하여 재현과 상상을 거쳐 반성의 단계에 이르러 참여적 반성이 수행되어야만 비로소 미적 감정이 발생하는 것처럼 기술한다. 이러한 맥락에서 그는 우선 "오성"의 문제를 다룬 후 "오성에서 감정으로" 이행하는 과정을 다루면서 반성과 결부된 미적 감정을 "본래적 감정"(le sentiment authentique)(PEE, 518)이라 부르고 그에 대해 자세하게 분석하고 있다. 그러나 미적 감정에 대한 뒤프렌느의 분석은 다음과 같은 몇 가지 문제점을 가지고 있다.

첫째, 뒤프렌느는 참여적 반성이 수행되어야만 비로소 미적 감정이 발생하는 것처럼 기술하고 있음에도 불구하고 미적 감정이 현전의 차원에서도 존재하는 것으로 간주한다. 실제로 그는 현전의 차원에서 등장하는 미적 감정을 "직접적 감정"(le sentiment immédiat)(PEE, 518)이라 부르고 그것을 신체와 결부된 감정으로 규정하면서 그에 대해 분석한다. 이처럼 미적 감정이 반성의 차원뿐 아니라, 현전의 차원에서도 존재하는 것이라면 뒤프렌느는 반성의 차원과 관련해서만 "반

성과 감정"이라는 제목을 붙이고 이 차원에서 등장하는 미적 감정을
분석할 뿐 아니라, 현전의 차원과 관련해서도 "현전과 감정"이라는
제목을 붙이고 현전과 결부된 감정을 상세하게 해명했어야 한다. 그
러나 그는 현전의 문제를 다루면서 "현전과 감정"이라는 제목을 달지
도 않고 현전과 결부된 감정에 대해 상세하게 분석하지도 않았다. 물
론 뒤프렌느의 입장에서 볼 때 반성의 차원에서 등장하는 미적 감정
이 본래적 감정이요 따라서 그것이 중요하기 때문에 그에 대해서만
상세하게 분석하였다고 답할 수 있을 것이다. 그러나 미적 경험의 발
생적 현상학의 입장에서 보자면 가장 근원적인 미적 경험의 차원인
현전의 차원에서 확인할 수 있는 미적 감정 역시 나름의 중요한 의미
를 지닌다.

둘째, 뒤프렌느는 재현과 상상의 차원과 관련해서는 미적 감정의 문
제를 분석하기는 고사하고 언급조차 하고 있지 않다. 그러나 뒤에서
살펴보겠지만,[9] 재현과 상상의 차원에서도 나름의 고유한 미적 감정이
존재한다. 따라서 재현과 상상의 차원에서 존재하는 미적 감정에 대한
분석을 수행하지 않은 것은 그의 미적 경험의 현상학이 지닌 문제점
중의 하나라 할 수 있다.

셋째, 이처럼 미적 감정이 반성의 차원뿐 아니라, 현전과 재현의 차
원에서도 존재하는 것이라면 이 세 차원에서 존재하는 세 가지 유형의
미적 감정이 어떤 관계에 있는지도 해명해야 한다. 그러나 뒤프렌느는
그에 대해 전혀 분석하고 있지 않으며, 따라서 미적 감정에 대한 그의
분석은 체계적이지 못하다는 비판을 면할 수 없다.

---

9 우리는 10절: 「미적 본능과 다양한 유형의 미적 감정의 발생」에서 이 문제를 살펴
볼 것이다.

4) 미적 경험의 현상학의 근본 구상과 관련된 문제점

뒤프렌느의 미적 경험의 현상학은 미적 경험의 "세 가지 단계"를 해명하고 앞의 단계로부터 뒤의 단계로 이행하는 과정을 분석하면서 미적 경험의 과정을 해명함을 목표로 하고 있음에도 불구하고 그러한 목표를 달성할 수 없다. 그러면 이러한 목표를 달성하기에 적합한 현상학은 무엇인가? 그것은 바로 미적 경험의 발생적 현상학이다. 그 이유는 현전으로부터 상상과 재현으로의 이행뿐 아니라, 상상과 재현으로부터 오성과 감정으로의 이행을 포함한 미적 경험의 과정은 초월론적 발생의 과정이며 바로 미적 경험의 발생적 현상학은 이러한 초월론적 발생의 구조를 해명함을 목표로 하기 때문이다.

뒤프렌느 역시 자신의 미적 경험의 현상학을 미적 경험의 발생적 현상학으로 전개해야 할 필요성을 부분적으로 의식하고 있었다. 이 점과 관련하여 그는 『미적 경험의 현상학』에서 발생의 문제를 언급하고 있다. 예를 들어 그는 "접근형 반성" 내지 "참여적 반성"을 분석하면서 이러한 반성이 이루어질 경우 예술작품 편에서 나타나는 작품의 "자기발생"(auto-genèse)(PEE, 488)에 대해 언급하고 있다. 여기서 예술작품의 자기발생이란 미적 대상으로서의 예술작품이 미적 경험을 통해 스스로를 산출하고 전개해 나가는 과정을 의미한다. 그럼에도 그는 미적 경험의 현상학을 전개하면서 미적 경험의 초월론적 발생의 문제를 체계적으로 전개하지 않고 있다.

그러면 뒤프렌느가 미적 경험의 초월론적 발생을 해명해야 할 필요성을 부분적으로 의식하고 있었음에도 불구하고 미적 경험의 현상학을 미적 경험의 발생적 현상학으로 체계적으로 전개하지 않은 이유는 무엇인가? 이와 관련하여 필자는 메를로퐁티의 영향과 칸트의 영향을 지적하고 싶다.

우선 그는 메를로퐁티의 영향을 받아 가면서 미적 경험의 초월론적

발생을 해명해야 할 필요성을 부분적으로 의식하고 있었다. 메를로퐁
티의 지각의 현상학은 신체 경험에서 출발하여 지각경험의 초월론적
구조를 해명하고 있으며 이러한 점에서 일종의 발생적 현상학으로 규
정될 수 있다.[10] 그런데 뒤프렌느의 미적 경험의 현상학 3부가 "미적
지각의 현상학"이라는 제목을 달고 있는 데서 알 수 있듯이 그는 미적
경험의 현상학을 전개하면서 메를로퐁티로부터 커다란 영향을 받았
다. 그 제목이 보여 주듯이 3부는 일상적 지각의 구조에 대한 분석을
토대로 메를로퐁티가 전개한 지각의 현상학을 미적 지각의 구조에 대
한 분석을 토대로 미학에 응용한 것이라 할 수 있다. 따라서 뒤프렌느
의 미적 경험의 현상학은 미적 경험의 발생적 현상학으로 체계적으로
전개될 가능성을 가지고 있었다.

그럼에도 뒤프렌느는 미적 경험의 현상학을 미적 경험의 발생적 현
상학으로 전개하지 못했다. 그 이유는 그가 칸트로부터 결정적으로 영
향을 받아 가면서 미적 경험의 현상학을 전개했기 때문이다. 뒤프렌느
는 『예술경험의 현상학』에서 논의를 전개하면서 여기저기서 칸트의 철
학을 인용하며 그에 호소한다. 예를 들어 그는 미적 지각의 현상학을
전개하면서 현전, 상상, 오성을 구별하고 있는데, 이러한 구별은 형식
적인 관점에서 볼 때 『순수이성비판』에 나오는 감성, 상상력, 오성의
구별에 대응한다고 할 수 있다. 실제로 그는 상상력에 대해 논의하면
서 상상력에 대한 칸트의 논의를 끌어들이고 있으며,[11] 오성에 대해 논
의하면서 칸트의 『순수이성비판』과 『판단력비판』을 인용한다.[12] 그리
고 그는 현전의 구조를 분석하면서 주로 메를로퐁티의 지각의 현상학

---

10   이 점에 대해서는 이남인, 『지각의 현상학. 후설과 메를로-퐁티』, 파주: 한길사,
2013을 참조할 것.

11   PEE, 441.

12   PEE, 463 이하.

에 의지해 논의를 전개하고 있음에도 불구하고 자신이 전개하고자 하
는 미적 지각의 현상학에서 현전이 차지하는 위치를 명료하게 하기 위
해서 지각판단과 경험판단에 대한 칸트의 구별을 인용한다.[13]

그런데 여기서 유의해야 할 점은 칸트의 철학이 초월론적 발생의 구
조를 해명함을 목표로 하는 발생적 현상학이 아니라는 사실이다. 예를
들어 칸트의『순수이성비판』이 감성, 상상력, 오성을 구별하고 있음에
도 불구하고 그것은 뒤프렌느의 미적 경험의 현상학과는 달리 이 셋을
독자적인 세 가지 단계로 간주하지도 않았고 또 감성에서 상상력으로
의 이행, 상상력에서 오성으로의 이행 등을 해명함을 목표로 삼지도
않는다. 칸트의 경우 감성, 상상력, 오성은 경험판단을 구성하는 세 가
지 구성 요소로서 이론적으로만 서로 분리될 수 있지, 실제적으로는
서로 분리될 수 없으며 그러한 점에서 그것들 각각은 뒤프렌느적인 의
미의 "단계"가 아니다. 바로 이처럼 칸트의 철학이 발생적 현상학이
아니라는 사실을 누구보다도 잘 알고 있었기 때문에 칸트로부터 결정
적인 영향을 받아 가면서 뒤프렌느는 자신의 미적 경험의 현상학을 미
적 경험의 발생적 현상학으로 체계적으로 전개하기를 주저하였던 것
이다.

3. 미적 경험의 발생적 현상학의 근본 구도

1) 미적 경험의 발생적 현상학의 구상

미적 경험의 발생적 현상학의 일차적인 과제는 발생적 관점에서 다
양한 유형의 미적 경험을 분류하고 그것들의 발생적 정초 연관을 밝히

---

13 PEE, 423.

며, 더 나아가 그것들 각각이 가지고 있는 발생의 구조를 해명하는 데
있다. 앞서 살펴보았듯이 뒤프렌느는 미적 경험의 "세 가지 단계"로 현
전, 재현과 상상, 반성과 감정을 제시한다. 앞서 우리는 이 주제에 대
한 뒤프렌느의 견해가 많은 문제점을 안고 있다는 사실을 살펴보았다.
따라서 우리는 미적 경험의 "단계"라는 표현 대신 미적 경험의 "유형"
이라는 표현을 사용하면서 미적 경험을 유형별로 분류하고 그를 출발
점으로 삼아 미적 경험의 발생적 현상학을 전개하면서 모든 유형의 미
적 경험의 체계가 미적 본능의 체계라는 사실을 해명할 것이다.

2) 일상적 경험의 유형들

미적 경험은 현전적 미적 경험, 현전화적 미적 경험, 해명적 미적 경
험 등 크게 세 가지 유형으로 나누어진다. 현전적 미적 경험은 "현전"
(Gegenwärtigung)의 양상에서 이루어진 미적 경험이요, 현전화적 미
적 경험은 "현전화"(Vergegenwärtigung)의 양상에서 이루어진 미적
경험이며, 해명적 미적 경험은 "해명"(Explikation)을 통해 이루어진
미적 경험이다. 따라서 이 세 유형의 미적 경험을 이해하기 위해서는
"현전", "현전화", "해명"이 무엇을 뜻하는지 살펴볼 필요가 있다. 그
러면 우선 일상적 경험을 예로 들어 "현전", "현전화", "해명"이 무엇
을 뜻하는지 살펴보자.

"현전"(Gegenwärtigung)[14]이란 대상에 대한 직접적이고 근원적이
며 생동적인 경험을 뜻한다. 예를 들어 내가 일상적인 삶을 살아가면
서 나를 둘러싼 환경세계를 경험할 경우 나의 감각을 통하여 직접적이
며 근원적으로 조우할 수 있는 모든 대상들은 나에게 현전의 양상으로
경험된다. 풀, 나무, 자동차, 건물, 거리, 땅, 하늘 등 시각적 대상뿐 아

---

14   현전에 대해서는 E. Husserl, Hua III/1, 232, Hua X, 38, Hua XV, 14 등 참조.

니라, 선율, 자동차 경적 소리, 다양한 소음 등 청각적 대상 등 감각을
통하여 직접 경험되는 일체의 것들은 현전의 양상에서 경험된다. 그러
나 이처럼 현전의 양상에서 경험되는 것들도 나의 주의가 그로부터 벗
어나게 되면 더 이상 현전의 양상으로 경험되지 않는다. 예를 들어 내
가 어느 시점(t_1)에 어떤 집(A)을 바라보다가 다음 순간(t_2) 그 집으로
부터 주의를 돌려 그 옆에 있는 다른 집(B)을 바라볼 경우를 살펴보자.
집 A는 t_1이라는 시점에는 현전의 양상으로 경험되었지만 t_2라는 시점
에는 더 이상 현전의 양상으로 경험되지 않는다. t_2라는 시점에는 집 A
대신 집 B가 현전의 양상에서 경험된다.

　현전에는 두 가지 유형이 존재하는데, 하나는 감각이요 다른 하나는
지각이다. 감각(Empfindung)은 대상에 대한 명료한 존재정립 작용을
수반하지 않은 채 이루어진 경험을 뜻하고 지각(Wahrnehmung)은 대
상에 대한 명료한 존재정립 작용을 수반하면서 이루어진 경험을 뜻한
다. 앞서 칸트의 지각판단과 경험판단에 대한 구별을 살펴보았는데,
지각판단의 토대가 되는 것이 감각이며 경험판단의 토대가 되는 것이
지각이다. 칸트식으로 말하자면 감각은 주관적 타당성을 지닌 경험이
요, 지각은 객관적 타당성을 지닌 경험이다. 발생적 관점에서 볼 때 감
각이 지각에 선행하기 때문에 감각이 지각의 발생적 토대가 된다.

　"현전화"(Vergegenwärtigung)[15]란 직접적이며 근원적으로 주어지지
않는 대상을 의식 앞에 떠올리는 형태의 경험을 뜻한다. 앞서 예로 든
나무 A의 경우 나는 t_1이라는 시점에서 현전의 한 유형인 지각 속에서
그것을 경험한 후 시간이 흐른 후 t_3라는 시점에서 그것을 기억할 수
있다. 그런데 이처럼 t_3라는 시점에서 A를 기억할 경우 A는 직접적이

15　현전화에 대해서는 E. Husserl, Hua III/1, 232; Hua XV, 14, 77, 242, 357 등
을 참조.

며 근원적으로 생생하게 경험되는 것이 아니라, 이미 과거에 경험되었던 대상으로 나의 의식 속에서 다시 떠올려진 것이다. 이처럼 기억은 현전화의 한 유형이다. 기억과 마찬가지로 미래의 어느 시점에 경험될 대상을 떠올리는 작용 역시 현전화이다. 예를 들어 내가 내일 방문할 도시를 떠올릴 경우 이처럼 떠올리는 작용 역시 현전화이다.

기억과 예상 이외에도 다양한 유형의 현전화 작용이 존재한다. 예를 들어 내가 우주 비행사가 되어 우주선을 타고 우주를 여행하는 상상을 할 경우 이러한 상상 작용 역시 현전화이다. 내가 어떤 사람과 대화할 때 그 사람의 마음의 상태를 떠올리면서 그의 마음의 상태를 파악할 경우 이러한 작용 역시 현전화이다. 그 이유는 이러한 작용 속에서 나는 타인의 마음을 직접적이고 근원적이며 생생하게 파악하지 못하기 때문이다. 또 내가 내 친구의 어린 시절의 사진을 보고 그를 떠올릴 경우 이처럼 떠올리는 작용, 즉 사진 지각 작용 역시 현전화이다.

"해명"(Explikation)[16]이란 이미 경험된 대상의 내용을 보다 더 상세하게 분석하는 과정을 뜻한다. 해명은 대상의 여러 속성들을 "풀어서 펼쳐 놓는 고찰"(die entfaltende Betrachtung)[17]을 뜻한다. 예를 들어 어떤 대상이 a, b, c, d … 등 여러 가지 속성을 가지고 있으며 이러한 속성들이 이 대상을 처음 지각할 때 드러나지 않았을 경우 이러한 속성들을 풀어서 펼쳐 놓고 제시하는 과정이 해명이다. 그리고 이처럼 "풀어서 펼쳐 놓는 고찰"로서의 해명을 통해 이루어진 경험이 해명적 경험이다. 해명적 경험이 가능하기 위해서는 현전적 경험 또는 현전화적 경험이 앞서 주어져야 한다. 해명적 경험은 현전 작용을 통해 경험

---

16 해명에 대해서는 E. Husserl, Hua I, 85, 102, 112, 113, 131, 132; Hua III/1, 43, 77, 94, 301, 307, 308; E. Husserl, *Erfahrung und Urteil*, Hamburg: Claassen Verlag, 1964, 112 이하 참조.

17 E. Husserl, *Erfahrung und Urteil*, 126.

된 대상 또는 현전화적 작용을 통해 경험된 대상에 대한 해명을 통해 이루어지기 때문이다. 따라서 해명적 경험에는 현전적 경험을 토대로 한 해명적 경험과 현전화적 경험을 토대로 한 해명적 경험 등 두 가지가 존재한다.

현전적 경험을 토대로 한 해명적 경험의 예로는 어떤 집에 대한 지각을 토대로 이루어지는 해명적 경험을 들 수 있다. 내가 어떤 집을 지각하였을 경우 나는 지각된 집의 내용을 보다 더 상세하게 해명하면서 해명적 경험을 할 수 있다. 예를 들어 나는 집의 모양, 색깔, 크기 등을 지각을 통해 주어진 것보다 더 상세하게 해명하면서 해명적 경험을 할 수 있다. 나는 물론 현전화적 경험을 토대로 해서도 해명적 경험을 할 수 있다. 앞서 우리는 다양한 유형의 현전화적 경험을 살펴보았는데, 그중의 어느 유형의 경험을 토대로 해서도 해명적 경험을 하는 일이 가능하다. 예를 들어 내가 우주 비행사가 되어 우주 비행선을 타고 우주를 여행하는 상상의 경우 나는 내가 타고 갈 우주 비행선의 모습, 우주 비행사로서의 나의 모습, 내가 상상 속에서 경험하게 될 우주의 모습 등을 보다 더 상세하게 해명하면서 해명적 경험을 할 수 있다.

3) 미적 경험의 유형

이처럼 일상적 경험이 현전적 미적 경험, 현전화적 미적 경험, 해명적 미적 경험 등 세 가지 유형으로 나누어지듯이 미적 경험 역시 현전적 미적 경험, 현전화적 미적 경험, 해명적 미적 경험 등 세 가지 유형으로 나누어진다. 앞서 살펴보았듯이 뒤프렌느 역시 미적 경험을 현전, 재현과 상상, 반성과 감정 등 세 가지로 나누고 있기 때문에 필자의 구분과 뒤프렌느의 구분 사이에는 유사성이 존재하는 것처럼 보인다. 그러나 양자 사이에는 단지 외적인 유사성만 존재할 뿐 그 구체적인 내용에 있어서는 커다란 차이가 존재한다. 그러면 이제 앞서 살펴본 일상적 경험의 세 가지 유형을 참조하고 동시에 미적 경험의 세 가지 단계에 대한 뒤프렌느의 견해를 비판적으로 검토하면서 미적 경험의 세 가지 유형에 대해 살펴보자. 우선 현전적 미적 경험부터 살펴보자.

① 현전적 미적 경험

일상적 경험과 마찬가지로 미적 경험 역시 현전의 양상에서 이루어질 수 있는데, 이처럼 현전의 양상에서 이루어진 미적 경험이 현전적 미적 경험이다. 현전적 미적 경험이란 미적 대상에 대한 직접적이고 근원적이며 생동적인 경험을 뜻한다. 현전적 미적 경험은 고유한 신체를 통해 이루어지는 경험이다. 미적 대상에 대한 직접적이고 근원적이며 생동적인 경험은 고유한 신체 없이는 불가능하다.

일상적인 현전적 경험이 감각과 지각으로 나누어지듯이 현전적 미적 경험 역시 미적 감각과 미적 지각으로 나누어진다. 미적 대상에 대한 직접적이고 근원적이며 생동적인 경험이라는 점에서 미적 감각과 미적 지각은 공통점을 가지고 있다. 그러나 미적 감각은 칸트의 지각판단의 토대가 되는 경험, 즉 주관적 타당성을 가지고 있는 경험의 한 유형이요 미적 지각은 칸트의 경험판단의 토대가 되는 경험, 즉 객관적 타당성을 가지고 있는 경험의 한 유형을 뜻한다.

그러면 우선 미적 감각에 대해 살펴보자. 미적 감각의 예로는, 앞서 언급한, 잠에서 막 깨어난 사람이 어디선가 울려 퍼지는 선율을 들으면서 그의 정체를 정확하게 알지 못한 채 그것을 경험할 경우를 들 수 있다. 또는 어떤 사람이 어떤 일에 몰두하면서 주위에서 울려 퍼지는 선율을 들으면서 자신도 모르게 그 선율을 따라 흥얼거리며 감상하는 경우도 미적 감각의 예라 할 수 있다. 이 두 경우 주체는 미적 대상이 세계에 존재한다는 명료한 의식을 가지지 않은 채 미적 경험을 하고 있기 때문이다.

미적 감각이 모든 예술 장르에서 존재하는 것은 아니다. 그것은 단지 음악 장르에서만 확인할 수 있다. 음악 이외의 장르에서는 미적 감각이 존재하지 않는다. 미적 감각이란 미적 대상에 대한 존재정립이 명료한 형태로 이루어지지 않은 의식 상태를 뜻하는데, 음악 이외의 장르에서는 예술감상이 가능하기 위해서는 명료한 존재정립적 의식의 발생이 필수적이기 때문이다. 문학 장르를 예로 들어 보자. 문학작품을 감상할 수 있기 위해서는 문학작품을 읽고 그것을 이해할 수 있어야만 한다. 그런데 이처럼 문학작품을 읽고 이해하는 작업은 예술작품에 대한 명료한 존재정립 작용이 없이는 불가능하다. 이러한 사실은 문학 장르뿐 아니라, 건축, 회화, 조소, 무용, 연극 등의 장르에 대해서도 타당하다.

음악 장르에서만 확인할 수 있는 미적 감각은 미적 감상의 주체가 미적 대상에 대한 명료한 존재정립을 가지게 될 경우 미적 지각으로 탈바꿈한다. 앞서 든 예에서 흘러나오는 어떤 선율을 무의식적으로 흥얼거리면서 감각하던 주체는 그 선율이 계속해서 자신의 관심을 끌 경우 때에 따라 그 선율에 대한 명료한 존재정립을 가지고 선율을 경험할 수 있는데, 바로 이 순간 동일한 선율에 대한 미적 감각은 미적 지각으로 탈바꿈한다.

지금까지의 논의를 통하여 우리는 감각과 지각의 관계에 초점을 맞추어 고찰할 경우 일상적 경험과 미적 경험 사이에 차이점이 존재함을 알 수 있다. 이 점과 관련해 다음과 같은 두 가지 점을 지적하고자 한다.

첫째, 미적 경험의 경우 감각이 지각에 선행하는 경우는 아주 드물다. 이런 경우는 청각에 토대를 두고 있는 음악 장르에서만 드물게 확인할 수 있을 뿐이다. 그러나 일상적 경험의 경우 감각이 지각에 선행하는 경우는 많다. 일상적 경험의 경우 청각의 영역뿐 아니라, 여타의 영역에서도 감각이 지각에 선행하는 경우는 두루두루 확인할 수 있다. 미적 경험과는 달리 일상적 경험의 경우 그 어떤 대상에 대해 감각적 경험을 하다가 지각적 경험으로 이행하는 일은 원리적으로 얼마든지 가능하기 때문이다.

둘째, 미적 경험의 경우 감각은 아주 드물게 존재하는 데 반해 일상적 경험의 경우 감각은 아주 풍부하게 존재한다. 일상적 경험의 경우 지각에 비해 감각이 훨씬 더 다양한 형태로 존재한다. 예를 들어 내가 대상에 대한 명료한 존재정립을 가지고 어떤 책상을 경험할 경우를 생각해 보자. 이 경우 우리의 정신적인 시선이 이 책상을 향해 있기 때문에 그에 대한 경험은 지각적 경험이다. 그러나 이 책상과는 달리 그 주위에 있는 수없이 많은 대상들은 명료한 존재정립을 가지고 지각되지 않는다. 그렇다고 해서 그것들이 우리의 의식의 시선에서 완전히 사라진 것은 아니다. 그것들은 바로 수동적인 양상으로 경험된다. 그런데 이처럼 수동적인 양상에서 이루어지는 경험은 지각적 경험이 아니라, 감각적 경험이라 불린다. 말하자면 저 책상이 능동적인 양상에서 지각될 경우 그 주위에 있는 수없이 많은 대상들은 수동적인 양상으로 감각되는 것이다. 여기서 알 수 있듯이 일상적 경험의 경우 지각은 수동적인 감각이라는 빙산의 일각과도 같다. 이와는 달리 미적 경험의 경우 감각은 극히 드물게 나타난다.

미적 지각은 그보다 낮은 단계의 미적 경험인 미적 감각 이외의 모든 미적 경험의 기본적인 구성 요소이다. 그것이 없이는―미적 감각을 제외하고―예술작품에 대한 그 어떤 경험도 존재할 수 없다. 우리는 이러한 사실을 음악작품에 대한 감상을 예로 들어 확인할 수 있다. 예를 들어 베토벤의 「운명 교향곡」 1악장에 대한 미적 경험의 경우 우리는 연주가 시작되는 처음 순간부터 그것이 끝나는 마지막 순간까지 매 순간 그때그때 생생하게 주어지는 음에 대한 미적 지각을 수행하면서 미적 경험을 수행한다. 그러나 이러한 사실은 음악작품에 대한 미적 경험에만 한정된 것은 아니다. 문학작품에 대한 미적 경험 역시 미적 지각이 없이는 존재할 수 없다. 예를 들어 시낭송에 대한 경험은 매 순간 울려 퍼지는 음성에 대한 미적 지각이 없이는 불가능하다. 더 나아가 건축에 대한 경험이나 회화에 대한 경험도 마찬가지이다. 그림 감상의 경우 그림 감상을 시작하는 순간부터 끝나는 순간까지 미적 지각이 이루어지면서 그에 대한 경험이 이루어진다.[18]

이러한 논의를 통하여 현전적 미적 경험이 뒤프렌느의 현전과 동일한 것이 아니라는 사실이 드러난다. 물론 현전적 미적 경험은 그 정의에 있어 뒤프렌느가 현전이라고 부르는 경험과 유사성을 가지고 있다. 현전적 미적 경험이란 미적 대상에 대한 직접적이고 근원적이며 생동적인 경험으로서 고유한 신체를 통해 이루어지는 경험이다. 앞서 살펴보았듯이 뒤프렌느 역시 현전을 고유한 신체를 통해 이루어지는 경험으로 규정한다. 그럼에도 현전적 미적 경험은 뒤프렌느의 현전과 동일한 것이 아니다. 뒤프렌느의 경우 현전은 미적 감각을 뜻하지만 현전적 미적 경험은 미적 감각뿐 아니라, 미적 지각까지 포함한다. 여기서 알 수 있듯이 뒤프렌느는 미적 감각만 염두에 두고 미적 지각을 도외시하면서 현전적 미적 경험에 대해 논하고 있다.

---

18   이러한 의미의 미적 지각 개념은 뒤프렌느의 『미적 경험의 현상학』에 나오는 미적 지각 개념과 다르다. 『미적 경험의 현상학』의 III부가 "미적 지각의 현상학"(Phénomenologie de la perception esthétique)이라는 제목을 달고 있듯이 "미적 지각" 개념은 그의 미적 경험의 현상학의 핵심적인 개념이다. 그러나 그에게서 미적 지각 개념은 현전, 재현과 상상, 반성과 감정 등 모든 유형의 미적 경험을 포괄하는 개념이지 우리가 현전적 미적 경험의 한 유형으로 분류한 미적 지각을 지칭하는 것이 아니다.

② 현전화적 미적 경험

현전적 미적 경험이 미적 경험의 필수적인 요소이긴 하지만 미적 경험이 현전적 미적 경험으로만 이루어져 있지는 않다. 미적 경험을 분석해 보면 알 수 있듯이 미적 경험 속에는 현전적 미적 경험을 넘어서는 다양한 요소들이 존재한다. 그러면 이제 음악작품에 대한 미적 경험을 예로 들어 이러한 사실을 확인해 보자.

우리가 음악작품에 대한 미적 경험을 수행할 경우 이러한 미적 경험이 수행되는 매 순간 현전적 미적 경험이 존재하는 것이 사실이다. 매 순간 울려 퍼지는 선율에 대한 그때그때의 미적 지각이 그것이다. 그러나 음악작품에 대한 미적 경험은 미적 지각을 넘어서는 수많은 요소들을 가지고 있다. 예를 들어 우리는 지금 울려 퍼지는 선율을 미적 지각을 통해 경험하면서 이 선율과 유사한, 앞서 울려 퍼진 선율을 기억할 수 있다. 이처럼 과거 시점에 울려 퍼진 선율에 대한 기억은 현전적 미적 경험이 아니다. 더 나아가 우리는 지금 울려 퍼지는 선율을 미적 지각을 통해 경험하면서 앞으로 울려 퍼질 선율을 예상할 수 있다. 이처럼 앞으로 울려 퍼질 선율에 대한 예상 역시 현전적 미적 경험이 아니다. 더 나아가 우리는 지금 울려 퍼지는 선율이 재현적 기능을 가지고 있을 경우 그것을 들으면서 그 선율이 재현하고 있는 풍경을 떠올릴 수 있다. 이처럼 선율이 재현하고 있는 풍경에 대한 재현적 경험 역시 현전적 미적 경험이 아니다. 더 나아가 우리는 지금 울려 퍼지는 선율이 표현적 기능을 가지고 있을 경우 그것을 들으면서 그 선율이 표현하고 있는 미적 감정을 경험할 수 있다. 이처럼 선율이 표현하고 있는 미적 감정에 대한 경험 역시 현전적 미적 경험이 아니다.

이러한 예를 통해 알 수 있듯이 현전적 미적 경험을 넘어서는 미적 경험이 존재한다. 이러한 미적 경험은 현전화적 미적 경험이라 불린다. 일상적 경험의 경우 현전적 경험을 넘어서 다양한 유형의 현전화적 미적 경험이 존재하듯이 미적 경험의 경우에도 현전적 미적 경험을 넘어서는 다양한 유형의 현전화적 미적 경험이 존재한다. 거기에는 미적 기억, 미적 예상, 미적 상상, 미적 재현, 미적 표현 등 다양한 유형의 미적 경험이 속한다. 그러면 이제 현전화적 미적 경험 각각에 대해 보다 더 자세하게 살펴보자.

미적 기억은 과거에 경험했던 미적 대상을 다시 떠올리는 작용이다. 미적 기억은 미적 경험의 발생에서 중요한 역할을 담당한다. 예를 들어 어떤 음악작품을 감상할 경우 나는 앞서 감상했던 어떤 선율과 유사한 선율이 반복해서 등장하면 앞서 감상했던 선율을 다시 떠올릴 수 있다. 또는 어떤 음악작품을 감상한 후 나는 이전의 다른 기회에 감상했던 동일한 작품에 대한 다른 연주자의 연주를 기억할 수도 있다. 미적 기억은 음악 장르뿐 아니라, 다른 예술 장르에서도 광범위하게 자신의 역할을 수행한다.

미적 예상은 앞으로 경험하게 될 미적 대상을 앞서 떠올리는 작용이다. 앞서 살펴보았듯이 우리는 어떤 선율을 들으면서 앞으로 경험하게 될 어떤 선율을 앞서 떠올릴 수 있다. 미적 예상 역시 음악 장르에서뿐만 아니라, 다양한 예술 장르에서 광범위하게 확인할 수 있다. 예를 들어 미켈란젤로의 「천지창조」를 감상하면서 나의 미적 경험의 시선은 현재 현전적 미적 경험의 양상에서 주어진 화폭의 한 부분을 넘어서 장차 주어질 화폭의 다른 부분을 예상할 수 있다. 건축 감상의 경우도 마찬가지이다. 우리는 쾰른 성당을 정면에서 경험하면서 장차 오른쪽 면에서 경험하게 될 성당의 모습을 앞서 떠올리고 예상할 수 있다. 미적 예상 역시 음악 장르뿐 아니라, 다양한 예술 장르에 대한 미적 경험에서 광범위하게 확인할 수 있다.

미적 상상이 예술경험의 발생에서 결정적인 역할을 담당함은 두말할 필요도 없다. 예를 들어 어떤 소설을 읽을 경우 나는 소설이 펼치고 있는 세계를 상상하면서 작품을 감상하며, 어떤 건축물을 감상할 경우 나는 그것이 가지고 있는 미적 가치를 상상하면서 작품을 감상한다. 이 경우 상상 개념은 뒤프렌느가 예술경험의 현상학을 전개하면서 사용하고 있는 의미의 상상 개념과 다르다. 뒤프렌느의 상상 개념은 현재 필자가 사용하고 있는 현전화와 유사한 것으로서 현재 눈앞에 존재하지 않는 대상을 떠올리는 작용으로서의 상상뿐 아니라, 기억, 예상, 더 나아가 이제 살펴보게 될 재현적 미적 경험, 표현적 미적 경험 등도 포함한다.

현전화적 미적 경험의 한 유형인 재현적 미적 경험 역시 예술경험의 발생에서 중요한 역할을 담당한다. 그 무엇을 재현함을 목표로 하는 예술작품에 대한 감상의 경우 재현적 미적 경험은 예술경험의 발생의 본질적 요소이다. 물론 재현적 미적 경험이 모든 예술경험의 발생에서 핵심적인 역할을 담당하는 것은 아니다. 단지 부분적으로 그 무엇을 재현하고 있는 예술작품의 경우 재현적 미적 경험은 미적 경험의 발생에서 제한적인 역할밖에 수행하지 못한다. 더 나아가 그 무엇도 재현하고 있지 않은 예술작품도 있으며 이 경우 재현적 미적 경험은 미적 경험의 발생에서 아무런 역할도 수행하지 못한다.

마지막으로 미적 경험의 발생에서 중요한 역할을 담당하는 현전화적 경험으로 표현적 미적 경험을 들 수 있다. 표현적 미적 경험은 표현적 성격이 강한 예술작품에 대한 미적 경험을 구성하는 핵심적인 요소이다. 우리는 표현적 성격이 강한 작품을 접할 때 도대체 이 작품을 창작한 예술가는 그를 통해 무엇을 표현하고자 했는지 궁금해하면서 그에 대해 경험할 수 있다. 이러한 점에서 표현적 미적 경험은 타인의 감정 상태를 이해하고자 하는 현전화적 미적 경험이라 할 수 있다. 여기서 타인의 감정 상태라 할 경우 타인은 예술작품을 창작한 예술가를 뜻한다.

지금까지 살펴본 현전화적 미적 경험을 뒤프렌느의 재현 및 상상과 비교해 보면 그의 정체가 보다 더 분명하게 드러난다. 이 점과 관련해 다음의 두 가지 사실에 유의할 필요가 있다.

첫째, 현전화적 미적 경험은 뒤프렌느의 재현 내지 상상과 유사하다. 그에게 있어 상상 내지 재현은 현전의 양상에서 신체를 통해 직접적이며 생생하게 주어지지 않는 것을 떠올리는 작용을 뜻하며 따라서 그것은 현전화적 미적 경험과 유사하다. 여기서 유의해야 할 점은, 앞서 언급되었듯이, 뒤프렌느가 상상을 실재하지 않는 대상을 떠올리는 작용과 동일한 의미로 사용하고 있지 않다는 사실이다. 그의 경우 상상은 실재하지 않는 대상을 떠올리는 작용뿐 아니라 현전의 양상에서 직접적이며 생생하게 경험되지 않는 대상을 떠올리는 일체의 작용을 뜻한다. 따라서 그의 경우 미적 상상은 현전화적 미적 경험과 거의 유사하다.

둘째, 뒤프렌느는 미적 경험의 현상학을 전개하면서 표현적 미적 경험의 문제를 재현과 상상의 문제를 다루는 대목이 아니라, 반성과 표현의 문제를 다루는 대목에서 분석한다. 여기서 알 수 있듯이 그는 표현적 미적 경험을 미적 상상의 한 유형으로 간주하지 않는다. 그러나 이러한 그의 견해는 타당하지 않다. 그 이유는 앞서 살펴보았듯이 표현적 미적 경험은 타인의 미적 감정을 떠올리는 작용이며, 따라서 그것은 현전화적 미적 경험의 한 유형, 즉 뒤프렌느의 개념 규정에 따르면, 상상의 한 유형에 해당하기 때문이다. 물론 통상적으로 미학에서 재현적 미적 경험과 표현적 미적 경험은 서로 구별되는 두 가지 미적 경험으로 간주된다. 필자는 바로 이러한 이유에서 뒤프렌느 역시 재현적 미적 경험과 표현적 미적 경험을 구별하면서 재현적 미적 경험의 문제는 미적 상상과 관련하여 분석하고 표현적 미적 경험의 문제는 미적 반성과 관련하여 분석하고 있는 것이 아닌가 생각한다. 그러나 재현적 미적 경험과 표현적 미적 경험은 현전화적 미적 경험의 두 가지 유형으로서 구별되는 것이지, 뒤프렌느가 상정하듯이 1) 상상, 즉 현전화적 미적 경험의 한 가지 유형과 2) 반성과 결부된 미적 경험으로서 구별되는 것이 아니다.

③ 해명적 미적 경험

미적 경험의 또 하나의 유형은 해명적 미적 경험(the explicative aesthetic experience)이다. 해명적 미적 경험은 미적 대상의 여러 가지 측면을 해명하면서 지금까지 알려지지 않은 미적 경험의 대상을 보다 더 구체적으로 이해해 나가는 경험을 뜻한다. 해명적 미적 경험은 다음과 같이 크게 세 가지 방식으로 이루어질 수 있다.

첫째, 해명적 미적 경험은 우선 현전적 미적 경험의 대상의 여러 가지 측면을 해명하는 방식으로 이루어질 수 있다. 예를 들어 연주홀에서 연주되는 어떤 교향곡을 들을 경우 나는 지금 현전적 미적 경험을 통해 직접 주어지는 선율에 대해 그것이 어떤 악기들의 조합으로 이루어진 선율인지, 그것의 조성적 구조는 어떠한지 등 다양한 측면을 해명할 수 있다. 어떤 회화작품을 감상할 경우 나는 지금 직접 경험되는 화폭과 관련해 여러 측면을 해명하면서 해명적 미적 경험을 수행할 수 있다. 예를 들어 미켈란젤로의 「천지창조」를 감상할 경우 나는 현재 현전의 양상에서 직접적으로 경험되는 화폭과 관련해 거기서 묘사된 장면이 무엇인지, 거기에 어떤 인물들이 등장하는지, 그것은 어떤 색들로 묘사되어 있는지 등 여러 가지 측면을 해명할 수 있다.

둘째, 해명적 미적 경험은 현전화적 미적 경험의 대상의 여러 가지 측면을 해명하는 방식으로 이루어질 수 있다. 예를 들어 나는 재현적 미적 경험을 수행하면서 재현되는 대상의 여러 가지 측면을 해명할 수 있다. 베토벤의 교향곡 6번의 1악장을 감상할 경우 거기서 재현되고 있는 시골 풍경의 여러 가지 측면을 해명하면서 해명적 미적 경험을 수행할 수 있다. 또는 어떤 동화를 읽어 가면서 상상을 통해 경험된 대상의 여러 가지 측면, 예를 들어『백설공주』를 읽어 가면서 백설공주와 일곱 난쟁이가 만나는 장면을 상상할 경우 상상된 내용과 관련해 백설공주는 언제, 어디에서, 어떤 모습으로 일곱 난쟁이들을 만났는지, 그때 백설공주의 기분은 어떠했는지 등 여러 가지 내용을 해명하면서 해명적 미적 경험을 할 수 있다.

셋째, 앞서 살펴본 두 가지 해명적 미적 경험은 현전적 미적 경험과 현전화적 미적 경험을 수행하면서 그와 동시에 수행된다. 그러나 현전적 미적 경험과 현전화적 미적 경험을 하기 전에 미적 대상과 관련된 여러 가지 사실들을 미리 해명한 후 해명적 미적 경험을 할 수도 있다. 예를 들어 우리는 미적 대상의 전체적인 내용, 작가의 창작 동기, 작가의 삶, 작품이 등장하게 된 사회적 배경, 역사적 배경, 이념적 배경, 문화적 배경 등 미적 대상의 다양한 측면을 해명한 후 미적 대상을 경험할 수 있는데, 이런 방식으로 이루어지는 미적 경험 역시 해명적 미적 경험이라 할 수 있다.

이처럼 세 가지 유형으로 이루어질 수 있는 해명적 미적 경험은 다시 선이론적 해명적 미적 경험과 이론적 해명적 미적 경험으로 나누어진다. 앞의 것은 말 그대로 선이론적 차원에서 상식을 바탕으로 수행되는 해명적 미적 경험이며, 뒤의 것은 이론적 차원에서 학문적으로 수행되는 해명적 미적 경험이다. 이론적 해명적 미적 경험은 예술학의 다양한 이론들을 토대로 미적 대상을 해명하면서 수행될 수 있다.

해명적 미적 경험은 뒤프렌느의 미적 경험의 현상학에 등장하는 세 가지 단계 중에서 마지막으로 제시된 "반성과 감정"이라는 단계와 부분적으로 일치한다. 물론 해명적 미적 경험이 이러한 단계와 완전히 일치하는 것은 아니다. 앞서 살펴보았듯이 "반성과 감정"이라는 단계와 관련하여 뒤프렌느는 반성의 중요한 한 요소로서 옳고 그름을 구별하는 능력인 판단의 능력, 즉 오성의 능력을 제시한다. 그러나 앞서 논의하였듯이 오성의 능력은 이미 현전적 미적 경험의 한 유형인 지각적 미적 경험뿐 아니라 다양한 유형의 현전화적 미적 경험에서도 자신의 기능을 발휘하며 따라서 이러한 의미의 오성의 능력을 현전적 미적 경험 및 현전화적 미적 경험과 구별되는 미적 경험의 제3의 단계로 간주하는 것은 타당하지 않다. 그럼에도 뒤프렌느가 미적 경험의 세 번째 단계로 간주하는 반성은 우리가 미적 경험의 세 번째 유형으로 간주하는 해명적 미적 경험의 요소를 가지고 있다. 뒤프렌느는 "반성과 감정"의 문제를 해명하면서 분리적 반성으로부터 참여적 반성을 구별하는데, 이 경우 참여적 반성은 바로 해명적 미적 경험과 일치한다. 앞서 살펴보았듯이 이러한 의미의 반성은 미적 경험을 통해 주어진 미적 대상의 여러 가지 측면을 해명하는 작업이기 때문이다. 이 점과 관련해 뒤프렌느는 접근형 반성을 설명하면서 접근형 반성을 통해 미적 대상이 자신의 의미를 스스로 표현한다고 말하기도 하고 예술작품 편에서 "자기발생"(auto-genèse)(PEE, 488)이 일어난다고 말하기도 한다. 이 경우 미적 대상이 자신의 의미를 표현하는 과정으로서의 예술작품의 자기발생의 과정은 다름 아닌 해명적 미적 경험의 과정이다. 그 이유는 해명적 미적 경험이란 바로 지금까지 드러나지 않았던 미적 대상의 다양한 의미가 드러나는 과정이기 때문이다. 해명적 미적 경험이 뒤프렌느의 반성과 부분적으로 일치한다는 사실과 관련해 우리는 미적 해명이 수동적인 작용이 아니라, 능동적인 작용이라는 사실에 유의할 필요가 있다.

이처럼 해명적 미적 경험이 뒤프렌느의 반성과 부분적으로 일치한다는 사실을 지적한다고 해서 필자가 해명적 미적 경험으로서의 반성과 관련된 뒤프렌느의 견해를 모두 수용하는 것은 아니다. 그의 견해는 여러 가지 문제점을 가지고 있는데, 이와 관련해 다음과 같이 두 가지 사실을 지적하고자 한다.

첫째, 뒤프렌느에 의하면 우리의 실존이 그러하듯이 미적 대상은 측량할 수 없이 깊은 내면성을 가지고 있으며 우리는 바로 접근형 반성 내지 참여적 반성을 통해 미적 대상의 내면성, 즉 본질에 도달하게 된다. 그리고 이처럼 미적 대상의 내면성에 이르기 위해서 우리는 우리의 실존을 변화시켜야 한다. 그런데 1) 우리의 실존과 2) 내면성을 지닌 미적 대상은 상관관계 속에서 존재하며 우리의 실존이 심화되면 될수록 미적 대상 역시 더 심화된 형태로 자신의 내면성을 드러내게 된다. 그러나 미적 대상에 대한 이러한 이해는 지나치게 이념적이어서 다양한 미적 대상을 모두 설명할 수 없다. 물론 뒤프렌느가 제시하는 방식으로 존재하는 미적 대상이 존재함은 두말할 필요도 없다. 고전적 작품 중에는 부단히 반복되는 접근형 반성을 통해 무한히 깊은 자신의 내면성을 드러내는 것들이 있다. 그러나 고전의 반열에 오르지 않은 예술작품 중에는 무한히 깊은 자신의 내면을 가지고 있지 않은 경우도 많다. 접근형 반성에 대한 뒤프렌느의 이론은 이처럼 예외적인 일부의 미적 대상에 대한 해명적 미적 경험의 정체를 드러낼 수는 있지만 다양한 유형의 미적 대상에 대한 해명적 미적 경험을 설명하기에는 커다란 한계를 가지고 있다.

둘째, 뒤프렌느에 의하면 미적 대상에 대한 참여적 반성이 이루어지면 "본래적 미적 감정"(le sentiment authentique)(PEE, 518)이 발생한다. 본래적 미적 감정은 미적 경험의 주체에게 어떤 세계를 열어 주는 깊이를 가진 감정이다. 물론 참여적 반성을 통하여 미적 감정이 처음으로 발생하는 것은 아니다. 현전, 재현과 상상의 경우에도 미적 감정이 발생한다. 그러나 이 경우 미적 감정은 주체에게 어떤 세계를 열어 주는 깊이를 가진 본래적 감정이 아니라, 피상적인 감정일 수도 있다. 본래적 미적 감정이 미적 감정의 주체에게 하나의 세계를 열어 주면서 그러한 세계를 인식하도록 하기 때문에 뒤프렌느는 본래적 미적 감정을 일종의 "지식"(connaissance)(PEE, 471)으로 규정한다. 그러나 이러한 뒤프렌느의 본래적 미적 감정론은 미적 경험의 주체에게 새로운 세계를 열어 줄 수 있는 몇몇 예외적인 예술작품에 대해서는 타당할지 몰라도 예술작품 일반에 대해서는 타당하지 않다. 탁월하다고 평가받는 모든 예술작품이 미적 경험의 주체에게 본래적 감정을 불러일으키면서 어떤 세계를 열어 주는 것은 아니다. 본래적 미적 감정을 불러일으키느냐 그렇지 않으냐 여부가 그 어떤 대상이 예술작품이냐 그렇지 않으냐 내지는 훌륭한 예술작품이냐 그렇지 않으냐 여부를 결정할 수 있는 기준이 될 수 있는 것도 아니다. 그 어떤 대상이 본래적 미적 감정을 불러일으키지 않더라도 그것은 예술작품의 자격을 가질 수 있을 뿐 아니라, 더 나아가 훌륭한 예술작품의 자격을 가질 수도 있다.

4. 미적 경험의 발생적 토대로서의 미적 본능

지금까지 살펴본 다양한 유형의 미적 경험의 발생적 토대는 미적 본능이며, 따라서 그것들은 미적 본능이 작동하지 않으면 존재할 수 없다. 이제 우리는 몇 가지 논의를 통하여 미적 본능이 미적 경험의 발생적 토대라는 사실을 해명할 것이다. 우선 이 장에서는 1) 미적 본능과 예술맹의 문제와 2) 본래적 미적 경험의 원천으로서의 미적 본능의 문제를 검토하면서 미적 본능이 미적 경험의 발생적 토대라는 사실을 해명하고자 한다.

1) 미적 본능과 예술맹의 문제

어떤 예술작품을 대하면서 그것을 전혀 다른 방식으로 경험하는 두 사람이 있다고 가정하자. 예를 들어 어떤 음악작품이 연주되고 있을 때 한 사람(A)은 이 음악작품을 음악작품으로 경험하면서 그로부터 미적 즐거움을 느끼는 반면 다른 한 사람(B)은 그것을 음악작품으로 경험하지 못하고 시끄러운 소리의 연속으로 경험한다고 치자. 이 경우 앞의 사람이 예술작품에 대해 미적 경험을 하는 반면에 뒤의 사람은 예술작품에 대해 비미적 경험, 즉 일상적 경험을 하고 있다고 할 수 있다.

그러면 이 두 사람은 무슨 이유로 이처럼 동일한 음악작품을 듣고도 각기 다른 방식으로 경험하게 되는 것인가? 혹자는 A가 음악작품을 경험하면서 미적 감정을 갖고 있는 데 반해 B는 미적 감정을 갖지 못하기 때문이라고 답할지 모른다. 물론 음악작품을 들으면서 A가 미적 감정을 갖는 데 반해 B는 그렇지 않다는 지적은 타당하다. 그러나 이러한 사실을 지적하는 일이 주어진 문제에 대한 최종적인 답이 될 수 있는 것은 아니다. 그 이유는 어떤 사람이 미적 대상에 대해 미적 경험을 한다 함은 그가 그 대상에 대해 미적 감정을 가지고 있다는 사실과 동일하며 어떤 사람이 미적 대상에 대해 미적 경험을 하지 못한다 함은 그가 그 대상에 대해 미적 감정을 가지고 있지 않다는 사실과 동일하기 때문이다. 따라서 우리의 질문은 다음과 같은 방식으로 다시 제기될 수 있다: 도대체 미적 대상을 대하면서 A는 그것을 미적 대상으로 경험하면서 그에 대해 미적 감정을 갖고 있는 데 반해 B는 그렇지 못한 이유는 무엇인가?

A의 경험과 B의 경험의 결정적인 차이는 A의 경우 미적 본능이 발동하여 작동하고 있고 B의 경우 그렇지 않다는 데 있다. 여타의 본능과 마찬가지로 미적 본능 역시 일종의 욕구이며 그것이 욕구인 한 충족을 향하며, 만일 그 욕구가 충족될 경우 즐거움의 감정으로서의 미

적 감정을 낳는다. 이러한 일반적인 사실에 비추어 보면 A의 경우 미적 본능이 작동하고 있기 때문에 그것이 충족되면서 즐거움이라는 미적 감정을 느끼는 데 반해 B의 경우 미적 본능이 전혀 작동하지 않기 때문에 즐거움이라는 미적 감정을 전혀 느낄 수 없는 것이다.

　미적 본능의 작동 여부와 관련한 A의 경험과 B의 경험의 차이는 다른 유형의 본능의 작동과 관련된 경험의 차이를 살펴보면 분명히 드러난다. 예를 들어 어떤 음식이 있다고 치자. 이 음식을 대하면서 한 사람(C)은 그것을 맛있는 음식으로 경험하고 그것을 먹으면서 즐거운 감정을 갖게 되었으나 다른 사람(D)은 그것을 먹고 싶은 생각조차 들지 않았다고 가정하자. 이 경우 C와 D의 차이는 무엇일까? 그 이유는 C의 경우는 섭생본능이 작동하여 섭생본능의 지향성을 통해 이 음식을 맛있는 음식으로 구성하면서 경험할 수 있기 때문이고 B의 경우는 섭생본능이 작동하지 않아 동일한 음식을 맛있는 음식으로 구성하면서 경험할 수 없기 때문이다. 말하자면 C와 D의 차이는 섭생본능이 작동하느냐 그렇지 않으냐 하는 점에 있다. 또 두 학생이 수학 수업을 듣고 있는데, 한 학생(E)은 "수업 내용에 흥미와 즐거움을 느끼면서" 열심히 수업에 참여하고 있지만 다른 학생(F)은 수업 내용에 대해 아무런 흥미도 느끼지 못한 채 마지못해 수업에 참여하고 있다고 가정하자. 이 두 학생의 차이는 E의 경우 "수업 내용에 흥미와 즐거움을 느끼도록" 해 주는 호기심 본능이 작동하고 있고 F의 경우 그러한 호기심 본능이 작동하고 있지 않다는 데 있다. 이처럼 양자의 결정적인 차이는 호기심 본능이 작동하고 있느냐 그렇지 않으냐에 달려 있다. 물론 호기심 본능이 작동하지 않은 채 열심히 수업에 참여하는 경우가 있을 수 없는 것은 아니다. 예를 들어 어떤 학생(G)은 오직 기말고사를 잘 치러야겠다는 동기 때문에 열심히 수업에 참여할 수도 있을 것이다. 이 경우 그는 "수업 내용에 흥미와 즐거움을 느끼기" 때문이 아니라,

"기말고사를 잘 치를 때 누릴 수 있는 즐거움" 때문에 열심히 공부한다고 할 수 있다. 그러나 E처럼 "수업 내용에 흥미와 즐거움을 느끼면서" 수업에 열심히 참여할 경우 그 이유는 바로 그에게서 호기심 본능이 작동하기 때문이다.

이러한 논의를 통해서 드러나듯이 미적 본능은 미적 대상을 미적 대상으로 경험할 수 있도록 해 주는 발생적 토대이다. 미적 본능이 작동한 적이 없어 미적 대상을 미적 대상으로 경험하지 못하면서 미적 감수성이 전혀 없는 상태를 "예술맹"(the aesthetic blindness)이라 부르고자 한다. 마치 색맹인 사람이 어떤 색을 감지하지 못하거나 색들 사이의 차이를 식별할 수 없고 맹인이 아무것도 볼 수 없듯이 예술맹은 미적 대상을 미적 대상으로 보고 경험할 수 없는 사람을 뜻한다.

실제로 우리는 살아가면서 다양한 형태의 예술맹을 발견한다. 앞서 예로 들었듯이 어떤 음악작품이 연주될 경우 그것을 음악작품이 아니라, 소음으로 경험하는 사람이 있다. 이 사람은 그 작품이 가지고 있는 미적 가치를 경험하지 못하기 때문에 그로부터 즐거움을 느끼는 것이 아니라 고통을 느끼기도 한다. 이런 사람은 주위에서 나오는 여러 가지 소음이 사라지기를 원하듯이 저 음악작품 연주도 빨리 끝나기를 바랄 수도 있는 것이다. 이런 부류의 사람을 우리는 음악맹이라 부를 수 있을 것이다. 그러나 음악맹뿐 아니라 미술맹도 존재한다. 어떤 회화작품을 대하면서 그것과 칠판 사이에 존재하는 근본적인 차이점을 깨닫지 못하는 사람이 그 대표적인 예이다. 이런 사람은 회화작품과 칠판이 모두 나름의 틀을 가지고 있기 때문에 칠판과 마찬가지로 회화작품 역시 일종의 생활용품으로 간주할 수 있다. 말하자면 이 사람은 회화작품이 칠판 등의 생활용품과는 달리 그 무엇을 재현하거나 표현하고 있는 예술작품이라는 사실을 깨닫지 못하고 있는 것이다. 더 나아가 문학맹도 존재한다. 예를 들어 어떤 소설을 읽어 가면서 그 속에서 전개되는 이야기가 비현실적이기 때문에 읽을 가치가 없다고 생각하는 사람이 그 예에 해당한다. 이러한 부류의 사람은 문학작품과 역사서 내지 사회과학서 사이에 본질적인 차이가 존재한다는 사실을 깨닫지 못하고 있는 것이다.

예술맹은 어떤 한 예술 분야 또는 몇 개의 예술 분야에서 미적 감수성이 작동하지 않는 부분적 예술맹과 모든 예술 분야에서 미적 감수성이 작동하지 않는 총체적 예술맹 등 두 가지 유형으로 분류할 수 있다. 앞서 우리는 음악 분야에서의 예술맹, 회화 분야에서의 예술맹 등 부분적 예술맹의 예를 살펴보았다. 그러나 모든 예술 장르에서 미적 감수성이 작동하지 않는 총체적 예술맹도 존재할 수 있다. 총체적 예술맹은 미적 대상을 경험할 능력이 전혀 없기 때문에 미적 세계에 대해 전혀 알지 못한다. 부분적 예술맹은 특정한 예술 장르 혹은 몇몇 예술 장르에서 미적 본능이 작동하지 않기 때문에 나타난 것이고 총체적 예술맹은 모든 예술 장르에서 미적 본능이 작동하지 않기 때문에 나타난 것이다.

미적 본능은 다양한 이유로 작동하지 않을 수 있다. 예를 들어 어떤 사람의 삶이 총체적으로 너무 어려워 그 어떤 여유도 찾을 수 없을 때 미적 본능이 작동하지 않을 수 있다. 고흐나 베토벤처럼 특별히 강한 예술본능을 가지고 태어난 천재적인 예술가들이 아닌 일상인의 경우 하루하루 벌어먹기도 힘든 상황에 처할 경우 미적 본능이 작동하기를 기대할 수는 없을 것이다. 이 경우 이 사람의 삶이 총체적으로 너무 진지한 상황에 처해 있기 때문에 삶의 진지함이 주는 무게를 감당하지 못하고 미적 본능이 작동하지 않게 되는 것이다. 이 점과 관련해 우리는 예술의 본질이 놀이에 있으며 따라서 삶의 진지함에서 해방될 때 놀이본능으로서의 예술본능이 싹틀 수 있다는 사실에 유의할 필요가 있다.

또는 미적 본능이 인간 삶의 다른 영역으로부터 침해받아 힘을 잃어 작동하지 않을 수도 있다. 예를 들어 어떤 사람에게서 감각적 삶이 삶의 전 영역을 지배하면서 감각주의가 그를 지배할 경우 미적 본능은 힘을 잃고 작동하지 않을 수 있다. 이 사람에게 모든 것은 감각적 쾌락을 추구하기 위한 수단의 의미밖에 지니지 않을 수 있으며, 이 점에 있어서는 예술도 마찬가지이다. 따라서 이런 사람에게는 미적 본능이 꽃필 여지가 전혀 없을 것이다. 또는 앎이라는 가치를 유일한 이상적인 가치로 간주하면서 그 이외의 가치를 인정하지 않으려는 학문 지상주의에 빠져 있을 경우에도 미적 본능이 힘을 잃고 작동하지 않을 수 있다. 앞서 우리는 예술맹의 예로 어떤 소설을 읽어 가면서 그 속에서 전개되는 이야기가 비현실적이기 때문에 읽을 가치가 없다고 생각하는 사람의 예를 지적하였는데, 이러한 예술맹은 학문 지상주의에 대한 신봉에서 유래한 것일 수도 있다. 더 나아가 도덕적 가치, 종교적 가치 등을 최고의 가치로 간주하면서 여타의 가치가 지닌 의미를 부정하는 사람에게서도 미적 본능이 힘을 잃고 작동하지 않을 수 있다. 너무 진지하고 외곬으로 도덕적 가치나 종교적 가치만을 추구할 경우 예술은 부도덕의 극치로 보일 수도 있으며 이는 미적 본능이 작동할 수 없도록 하면서 예술맹을 낳을 수도 있다.

2) 미적 본능과 본래적 미적 경험

미적 본능은 본래적 미적 경험과 비본래적 미적 경험의 구별을 위해 결정적으로 중요한 역할을 담당한다. 미적 본능과 관련하여 양자의 구별을 살펴보면 미적 본능이 미적 경험의 발생적 토대라는 사실이 다시 한번 드러난다. 그러면 우선 본래적 미적 경험과 비본래적 미적 경험의 구별에 대해 살펴보자.

본래적 미적 경험이란 진정한 의미의 미적 경험을 뜻하며 비본래적 미적 경험이란 겉보기에는 미적 경험처럼 보이지만 진정한 의미에서 미적 경험이라 불릴 자격이 없는 경험을 뜻한다. 양자의 결정적인 차이점은 본래적 미적 경험의 경우 주체가 미적 대상을 경험하면서 미적 즐거움을 느끼지만 비본래적 미적 경험의 경우 주체는 동일한 대상을 경험하면서도 미적 즐거움을 느끼지 못한다는 데 있다. 한 가지 예를 살펴보면 이 두 유형의 경험 사이의 구별이 분명히 드러난다. 학교에서 선생님이 A라는 학생과 B라는 학생에게 어떤 연주회에 가서 거기서 연주될 어떤 음악작품을 듣고 그 음악작품을 연주할 때 사용된 악기 이름을 모두 적어 내라는 숙제를 내 주었으며 A와 B 모두 연주회에 참석하여 음악작품을 듣고 연주를 위해 사용된 악기를 모두 올바로 적어 냈다고 가정하자. 그러나 A는 미적 즐거움을 느끼면서 음악작품을 감상하였고 B는 그 어떤 미적 즐거움도 느끼지 못하고 심지어 괴로움조차 느껴 가면서 숙제를 하기 위해 마지못해 음악작품을 들었다고 가정하자. 이 경우 A와 B가 연주회에 참석하여 음악작품을 듣고 거기서 사용된 악기를 모두 올바로 적어 냈기 때문에 겉보기에 두 학생 사이에는 아무런 차이도 존재하지 않는다. 그러나 A가 미적 즐거움을 느끼면서 음악작품을 감상한 반면, B는 미적 즐거움을 전혀 느끼지 못하면서 음악작품을 들었다고 하는 점에서 양자 사이에는 결정적인 차이점이 존재한다. 이 경우 A는 음악작품을 음악작품으로서 감상하면서 미적 즐거움을 느꼈기 때문에 A의 미적 경험은 본래적 미적 경험이지만, B의 경우 그렇지 못하기 때문에 B의 경험은 겉보기에는 미적 경험처럼 보이지만 진정한 의미의 미적 경험이 아니라 비본래적 미적 경험이다. 이러한 예를 통해 알 수 있듯이 예술작품을 대하면서 사람들은 대부분 본래적 미적 경험을 한다. 그러나 예술작품을 대하면서 본래적 미적 경험이 아니라, 비본래적 미적 경험을 하는 경우도 많다. 위의 예에서 B처럼 숙제를 하기 위해 그 어떤 미적 즐거움도 느끼지 못하면서 마지못해 예술작품을 경험하는 경우가 아니라 하더라도 그 어떤 미적 즐거움도 느끼지 못하면서 예술작품을 경험하는 예는 수없이 많다. 예를 들어 동일한 연주회에 참석한 정치가 C의 경우 음악작품을 들으면서 즐거움을 느끼긴 하였지만 그가 느낀 즐거움이 미적 즐거움이 아니라, 그저 유명한 연주회에 참석했다는 자부심 때문에 느낀 즐거움이었다고 하면 음악작품에 대한 그의 경험 역시 본래적 의미의 미적 경험이 아니다. 어떤 미술관에 가서 대가들의 수많은 미술작품을 대하기는 하되 그 어떤 미적 즐거움도 느끼지 못하는 경우, 어떤 건축물을 경험하기는 하되 그 어떤 미적 즐거움도 느끼지 못하는 경우 등 비본래적 미적 경험은 수없이 많다.

이러한 예를 통해 알 수 있듯이 본래적 미적 경험과 비본래적 미적 경험의 차이는 주체가 미적 대상을 대하면서 미적 즐거움을 느끼느냐 그렇지 않으냐에 달려 있다. 그러면 미적 대상을 대하면서 어떤 주체는 미적 즐거움을 느끼고 어떤 주체는 그렇지 않을 경우 양자 사이의 결정적인 차이점은 무엇인가? 그 차이점은 바로 미적 즐거움을 느끼면서 본래적 미적 경험을 하는 주체에게서는 미적 본능이 작동하고 있으나 미적 즐거움을 느끼지 못하면서 비본래적 미적 경험을 하는 주체에게서는 미적 본능이 작동하고 있지 않다는 데 있다. 이 점과 관련해 우리는 앞서 살펴보았듯이 미적 즐거움의 발생적 원천이 바로 미적 본능이라는 사실에 유의할 필요가 있다. 미적 경험의 주체가 미적 경험을 하면서 미적 본능이 충족되느냐 그렇지 않으냐에 따라 그는 미적 즐거움을 느낄 수도 있고 그렇지 않을 수도 있기 때문이다.

미적 본능의 작동은 본래적 미적 경험이 가능하기 위한 필수조건이다. 따라서 본래적 미적 경험은 1) 미적 본능의 작동만을 발생적 동기로 가지는 미적 경험과 2) 미적 본능의 작동과 더불어 다른 것을 발생적 동기로 가지는 미적 경험 등 두 가지 유형으로 나누어진다. 첫 번째 유형의 본래적 미적 경험의 예는 흔하다. 그저 아무 다른 목표도 없이 미적 본능이 발동하여 음악을 듣고 싶어 음악회에 참석하거나 미술작품을 감상하고 싶어 미술관을 찾는 사람들의 미적 경험이 그 예에 해당한다. 첫 번째 유형의 본래적 미적 경험의 예와 마찬가지로 두 번째 유형의 본래적 미적 경험의 예 역시 흔하다. 앞서 살펴본 A의 미적 경험이 그 예에 해당한다. A의 경우 미적 본능의 작동과 더불어 숙제를 해야겠다는 생각이 그의 미적 경험의 동기이며 따라서 그의 미적 경험 역시 미적 본능의 작동을 발생적 동기로 가지고 있기 때문에 본래적 미적 경험에 해당한다. 미적 본능의 작동과 더불어 본래적 미적 경험의 발생적 토대로서 기능할 수 있는 동기는 무수히 많으며 따라서 두 번째 유형의 본래적 미적 경험 역시 다양하게 존재한다.

비본래적 미적 경험은 앞서 살펴본 예술맹과 유사성을 가지고 있다. 양자 모두 미적 본능이 작동하지 않아서 나타난 현상이다. 그럼에도 필자는 양자를 개념적으로 구별하고자 한다. 예술맹은 미적 본능이 아예 작동한 적이 없고 현재도 작동할 수 없는 상태에 있는 미적 경험의 주체에게 나타나는 현상이다. 이와는 달리 비본래적 미적 경험은 미적 본능의 작동을 토대로 미적 경험을 할 수 있는 능력을 가지고 있음에도 일시적으로 미적 본능이 작동하지 않는 상태에 처해 있는 주체에게 나타나는 현상이다.

5. 재현본능과 재현적 미적 경험

이제 재현적 미적 경험을 예로 들어 그러한 경험 속에서 미적 본능이 어떻게 작동하는지 해명하면서 미적 본능이 미적 경험의 발생적 토대라는 사실을 다시 한번 살펴보자. 다양한 유형의 미적 본능 중에서 재현본능은 재현적 미적 경험의 발생적 토대이다. 재현본능과 재현적 미적 경험의 관계는 미학사에서도 단편적이긴 하지만 주목을 받아 온 주제이다. 아리스토텔레스는 『시학』에서 재현본능과 재현적 미적 경험의 관계에 대해 논의하고 있는데, 우리는 이제 양자의 관계에 대한 아리스토텔레스의 견해를 비판적으로 검토하면서 양자의 관계를 해명하고자 한다.

재현에는 예술창작 과정에서 작동하는 재현과 예술감상 과정에서 작동하는 재현 등 두 가지 유형의 재현이 존재한다. 그에 따라 이 두 유형의 재현의 발생적 토대가 되는 재현본능에도 두 가지 유형이 존재하는데, 예술창작 과정에서 작동하는 예술창작 본능으로서의 재현본능과 예술감상 과정에서 작동하는 예술감상 본능으로서의 재현본능이 그것이다. 이제 재현본능에 대한 아리스토텔레스의 견해를 검토하고 그의 견해를 비판적으로 살펴보면서 재현본능과 재현적 미적 경험의 구조를 해명하기로 하자.

1) 아리스토텔레스와 예술창작 본능으로서의 재현본능

아리스토텔레스는 『시학』의 4장에서 예술의 기원에 대해 논의한다. 그는 『시학』에서 주로 시 등 문학 장르를 중심으로 논의하고 있으나 여기저기서 음악, 미술 등에 대해서도 언급하며 논의하고 있기 때문에 『시학』의 논의는 예술 전반에 대한 논의로 간주될 수 있다. 아리스토텔레스는 『시학』의 4장에서 예술의 기원에 대해 해명하면서 예술의 기원으로 선율과 리듬을 향한 본능과 더불어 재현본능에 대해 논의한다. 물론 고대 희랍어에 본능에 해당하는 단어가 존재하지 않기 때문에, 그가 재현본능이라는 개념을 사용하고 있지는 않다. 그러나 그 내용을 살펴보면 그가 예술의 기원으로 간주하는 것 중의 하나는 재현본능이다. 이 점을 이해하기 위해서 『시학』 4장의 해당 부분을 자세히 살펴볼 필요가 있다. 거기서 아리스토텔레스는 예술의 기원에 대해 다음과 같이 말한다. 다소 길지만 해당 부분 전체를 옮겨 보면 다음과 같다.

"시는 일반적으로 인간 본성에 내재해 있는 두 가지 원인에서 발생하는 것같다. 모방한다는 것은 어렸을 적부터 인간 본성에 내재한 것으로서 인간이 다른 동물들과 다른 점도 인간이 가장 모방을 잘하며, 처음에는 모방에 의하여 지식을 습득한다는 점에 있다. 또한 모든 인간은 날 때부터 모방된 것에 대하여 쾌감을 느낀다. 이러한 사실은 경험이 증명하고 있다. 아주 보기 흉한 동물이나 시신의 모습처럼 실물을 볼 때 불쾌감만 주는 대상이라도 매우 정확하게 그려 놓았을 때에는 우리는 그것을 보고 쾌감을 느낀다. 그럴 것이 무엇을 배운다는 것은 비단 철학자들뿐만 아니라 그 밖에 다른 사람들에게도—비록 그들의 배움의 능력이 적다고 하더라도—최상의 즐거움이기 때문이다. 그림을 보고 쾌감을 느끼는 것은 봄으로써 배우기 때문이다. 말하자면 '이건 사람을 그린 것이로구나' 하는 식으로 각 사물이 무엇인가를 추지(推知)하기 때문이다. 우리가 그 실물을 본 적이 없는 경우에는 모방의 대상이 아니라 기교라든가 색채라든가 그 밖에 그와 유사한 원인에 의하여 쾌감을 느낄 것이다. 이와 같이 모방한다는 것과 화성과 율동에 대한 감각은(운율은 율동의 일종임이 명백하다) 인간이 타고난 본성인바 인간은 이와 같은 본성에서 출발하여 이를 전적으로 개량함으로써 즉흥적인 것으로부터 시를 만들어 냈다."[19]

예술의 기원에 대해 논하는 『시학』 4장의 도입부는 여러 가지 점에서 분명하지 않다. 아리스토텔레스는 여기서 예술이 "인간 본성에 내제해 있는 두 가지 원인"에서 발생한다고 말하고 있으나, 우선 그가 여

---

19   아리스토텔레스(저), 천병희(역), 『시학』, 서울: 문예출판사, 2002, 37-38, 1448b.

기서 언급하고 있는 두 가지 원인이 정확하게 무엇을 뜻하는지 분명하
지 않다. 이 점에 대해『시학』주석가들 사이에서도 일치된 의견이 존
재하지 않는다. 예를 들어 천병희는 두 가지 원인을 두 가지 방식으로
해석할 수 있다는 견해를 피력한다. 그에 의하면 한 가지 해석 방식은
두 가지 원인을 1) 모방에 대한 쾌감과 2) 타인에 의하며 모방된 것에
대하여 느끼는 쾌감으로 이해하는 것이고, 다른 한 가지는 1) 모방에
대한 쾌감(여기에는 모방에 대한 쾌감뿐만 아니라 타인에 의하여 모방
된 것에 대하여 느끼는 쾌감도 포함된다)과 2) 화성과 율동에 대한 본
능으로 이해하는 것이다.[20] 파이페(W. H. Fyfe) 역시 두 가지 원인을
두 가지 방식으로 해석할 수 있다는 견해를 피력한다. 그에 의하면 한
가지 해석 방식은 두 가지 원인을 1) "인간 본성에 내재한 것"인 "모방
본능"(the instinct for imitation)과 2) "모방을 통해 타인들이 느끼는
자연적 즐거움"(the natural enjoyment of mimicry by others)으로 이
해하는 것이고, 다른 한 가지는 1) 이러한 두 가지의 통합물과 2) 인간
이 타고난 또 하나의 본성인 "선율과 리듬을 향한 본능"(the instinct
for tune and rhythm)으로 이해하는 것이다.[21]

　　앞서 제시한 인용문의 내용이 불투명하기 때문에 문헌학적 관점에
서 볼 때 이 두 가지가 무엇인지에 대해 또 다른 견해들이 가능할 수
있다. 실제로 논리적으로 다양한 해석 가능성이 존재하기 때문에[22] 문

20　아리스토텔레스(저), 천병희(역),『시학』, 서울: 문예출판사, 2002, 1448b.

21　Aristotle, *Poetics*, W. H. Fyfe(tr.), Cambridge: Harvard University Press, 1960, 14.

22　할리웰(S. Halliwell)은 "모방 행위에 몰두하는 보편적 본능"(a universal instinct to engage in mimetic activity)과 "모방의 결과물에서 즐거움을 취하려는 성향"(a propensity to take pleasure in the products of mimesis)을 예술의 두 가지 기원으로 간주한다. 이 점에 대해서는 S. Halliwell, *The Poetics of Aristotle, Translation and Commentary*, London: Duckworth, 1987, 79 참조. 또 루카스(D. W. Lucas)는 두

헌학적 해석만으로는 이 두 가지 원인이 무엇인지 확정하는 일은 불가
능하다. 필자의 견해에 의하면 이 문제를 해결하기 위해서는 문헌학적
해석과 더불어 예술의 발생적 기원이라는 사태 자체에 대한 통찰을 토
대로 한 현상학적 해석을 수행할 필요가 있다.

  이 주제에 대한 현상학적 해석과 관련하여 우선 염두에 두어야 할
것은 예술의 기원은 예술창작의 기원과 예술감상의 기원을 포함하며,
따라서 예술의 기원에 대해 논할 때 예술창작의 기원과 예술감상의 기
원을 나누어 논의해야 한다는 사실이다. 그러나 아리스토텔레스는『시
학』4장에서 예술의 기원을 논하면서 이 두 가지를 명료하게 나누어
논의하고 있지 않다. 물론 예술의 기원을 논한다고 할 때 그의 일차적
인 관심사는 예술창작의 기원이다. 이 점은 그가 앞서 살펴본 인용문
마지막에서 "인간은 이와 같은 본성에서 출발하여 이를 전적으로 개량
함으로써 즉흥적인 것으로부터 시를 만들어 냈다"고 말하는 것을 보면
분명하다. 그러나 그는 예술의 기원을 논하면서 예술창작의 기원뿐 아
니라, 예술감상의 기원에 대해서도 논의한다. 이 점은 앞의 인용문에
서 그가 쾌감에 대해 논의하면서 "그림을 보고 쾌감을 느끼는 것은 봄
으로써 배우기 때문이다"라고 말하면서 그림에 대한 감상을 예로 들어
설명하는 것을 보면 분명하다. 뒤에서 논의하겠지만 실제로 이 인용문
은 예술창작의 기원보다 예술감상의 기원을 해명하기 위해 더 많은 부

가지 해석가능성을 제시한다. 하나는 두 가지 원인을 "모방하려는 자연적 성향"(the
natural tendency to imitate)과 "모방에서 느끼는 자연적 즐거움"(the natural plea-
sure in imitations)으로 해석하는 것이고 다른 하나는 "모방하려는 경향"(the tenden-
cy to imitation)과 "선율과 멜로디를 향한 본능"(the instinct for rhythm and melo-
dy)으로 해석하는 것이다. 이 점에 대해서는 D. W. Lucas, *Aristotle. Poetics: Intro-
duction, Commentary and Appendixes*, Oxford: Clarendon Press, 1988, 74 참조. 그
이외의 몇몇 해석 가능성에 대해서는 D. W. Lucas, *Aristotle. Poetics: Introduction,
Commentary and Appendixes*, 74를 참조.

분을 할애하고 있다.

이처럼 현상학적 관점에서 볼 때 예술의 기원에 대한 문제는 예술창작의 기원에 대한 문제와 예술감상의 기원에 대한 문제로 나누어 논의해야 한다. 예술감상의 기원에 대해서는 뒤에서 살펴보기로 하고, 여기서는 우선 앞의 두 주석가의 견해를 검토하면서 예술창작의 기원에 대해 살펴보자. 앞서 살펴보았듯이 두 주석가는 각기 두 가지 해석 가능성을 제시하고 있으며 따라서 그들이 제시한 해석가능성은 모두 4가지이다. 그러면 이제 이 각각에 대해 검토해 보면서 아리스토텔레스가 염두에 두고 있는 예술창작의 두 가지 기원이 무엇인지 살펴보자.

첫 번째 해석에 따르면 예술창작의 두 가지 기원은 1) "모방에 대한 쾌감"과 2) "타인에 의하여 모방된 것에 대하여 느끼는 쾌감"이다. 그러나 이러한 견해는 문제점을 안고 있다. 이 경우 "모방에 대한 쾌감"은 그 무엇을 모방하면서 느끼는 쾌감을 뜻하기 때문에 예술창작의 과정에서 경험할 수 있는 쾌감을 뜻한다. 말하자면 예술가는 이러한 쾌감을 느끼기 위해 예술창작을 한다고 할 수 있다. 따라서 "모방에 대한 쾌감"은 예술창작의 기원의 후보가 될 수 있다. 그러나 "타인에 의하여 모방된 것에 대하여 느끼는 쾌감"은 예술가가 아닌 "타인"이 경험하는 쾌감이기 때문에 그것은 예술창작의 과정에서 경험할 수 있는 쾌감이 아니라, 예술감상의 과정에서 경험할 수 있는 쾌감이다. 따라서 "타인에 의하여 모방된 것에 대하여 느끼는 쾌감"은 예술감상의 기원에 대한 논의에서 등장할 수 있는 것이지, 예술창작의 기원에 대한 논의에서 등장할 수 있는 것이 아니다. 여기서 알 수 있듯이 이러한 첫 번째 해석은 예술의 기원을 논할 때 예술창작의 기원과 예술감상의 기원을 나누어 논의해야 한다는 기본적인 사실을 위반하고 양자를 뒤섞고 있기 때문에 문제점을 안고 있다.

두 번째 해석에 따르면 예술창작의 두 가지 기원은 1) "모방에 대한 쾌감(여기에는 모방에 대한 쾌감뿐만 아니라 타인에 의하여 모방된 것에 대하여 느끼는 쾌감도 포함된다)"과 2) "화성과 율동에 대한 본능"이다. 그러나 이러한 견해 역시 문제점을 안고 있다. 물론 두 번째로 제시된 "화성과 율동에 대한 본능"이 예술창작을 추동하는 원인이 될 수 있기 때문에 이러한 본능은 당연히 예술창작의 기원의 후보로 제시될 수 있다. 또 "모방에 대한 쾌감" 역시 예술창작을 추동하는 원인이 될 수 있기 때문에 그것 역시 예술창작의 기원의 후보로 제시될 수 있다. 그러나 이러한 쾌감은 예술창작 과정에서 경험할 수 있는 쾌감이기 때문에 예술감상 과정에서 경험할 수 있는 쾌감인 "타인에 의하여 모방된 것에 대하여 느끼는 쾌감"은 포함할 수 없는데, 이러한 두 번째 해석은 이처럼 예술감상 과정에서 경험할 수 있는 쾌감을 예술창작의 기원으로 간주하면서 문제점을 안게 되었다. 이러한 해석은 크게 보아 앞서 살펴본 첫 번째 해석처럼 예술창작의 기원과 예술감상의 기원을 명료하게 나누지 못한 문제점을 가지고 있다고 할 수 있다.

세 번째 해석에 따르면 예술창작의 두 가지 기원은 1) "인간 본성에 내재한 것"인 "모방본능"(the instinct for imitation)과 2) "모방을 통해 타인들이 느끼는 자연적 즐거움"(the natural enjoyment of mimicry by others)이다. 이러한 해석 역시 문제점을 안고 있다. 우선 "인간 본성에 내재한 것"인 "모방본능"은 예술창작의 기원의 후보가 될 수 있다. 그러나 "모방을 통해 타인들이 느끼는 자연적 즐거움"은 예술가가 아니라, 감상자인 타인이 경험하는 즐거움이기 때문에 예술감상의 기원의 후보는 될 수 있어도 예술창작의 기원의 후보는 될 수 없다. 이러한 세 번째 해석 역시 앞의 두 해석과 유사한 형식상의 문제점을 안고 있다.

네 번째 해석에 따르면 예술창작의 두 가지 기원은 1) "모방본능"과 "모방을 통해 타인들이 느끼는 자연적 즐거움"의 통합물과 2) 인간이 타고난 또 하나의 본성인 "선율과 리듬을 향한 본능"(the instinct for tune and rhythm)이다. 이러한 해석 역시 나름의 문제점을 안고 있다. 그 이유는 "모방을 통해 타인들이 느끼는 자연적 즐거움"은 예술가가 아니라, 감상자인 "타인"이 느끼는 즐거움이기 때문에 예술감상의 기원의 후보는 될 수 있지만 예술창작의 기원의 후보는 될 수 없기 때문이다. 그러나 이러한 해석은 첫 번째 항, 즉 "모방본능"과 "모방을 통해 타인들이 느끼는 자연적 즐거움"의 통합물에서 "모방을 통해 타인들이 느끼는 자연적 즐거움"을 빼면 형식적으로는 타당한 해석으로 탈바꿈할 수 있다. 1) "모방본능"과 2) 인간이 타고난 또 하나의 본성인 "선율과 리듬을 향한 본능"은 모두 예술창작의 기원의 후보가 될 수 있기 때문이다.

실제로 아리스토텔레스의 관점에서 볼 때 1) "모방본능"(the instinct for imitation)과 2) 인간이 타고난 또 하나의 본성인 "선율과 리듬을 향한 본능"은 예술창작의 기원의 후보를 넘어서 실제로 예술창작의 기원이라 할 수 있다. 우선 아리스토텔레스에 의하면 예술의 핵심적인 기능은 모방에 있기 때문에 이러한 모방의 기원을 추적할 필요가 있으며, 이처럼 모방의 기원을 추적할 경우 모방본능이 그 기원임이 밝혀진다. 그리고 여러 예술 장르 중에서 음악, 시낭송, 연극 등의 경우 선율과 리듬이 핵심적인 역할을 하며, 따라서 선율과 리듬의 기원을 추적할 경우 "선율과 리듬을 향한 본능"이 그 기원으로 드러난다. 바로 이러한 맥락에서 아리스토텔레스는 앞의 인용문의 마지막에서 다음과 같이 말한다: "이와 같이 모방한다는 것과 화성과 율동에 대한 감각은(운율은 율동의 일종임이 명백하다) 인간이 타고난 본성인바 인간은 이와 같은 본성에서 출발하여 이를 전적으로 개량함으로써 즉흥적인 것으로부터 시를 만들어 냈다."

필자는 아리스토텔레스가 『시학』 4장에서 염두에 두고 있는 예술창작의 두 기원은 바로 1) "모방본능"과 2) 인간이 타고난 또 하나의 본성인 "선율과 리듬을 향한 본능"이라고 생각한다. 이 두 가지가 예술창작의 기원이라는 사실은 앞의 인용문을 잘 살펴보아도 드러난다. 앞의 인용문에서 예술창작의 기원을 언급하고 있는 문장은 두 번째 문장과 마지막 문장밖에 없다. 인용문을 자세히 살펴보면 드러나듯이, 두 번째 문장과 마지막 문장 사이에 있는 문장들은 모두 예술감상과 관련된 내용을 다루고 있고, 첫 번째 문장은 도입부에 불과하기 때문이다. 그리고 이처럼 예술창작의 기원을 언급하고 있는 두 문장을 살펴보면 첫 문장은 "모방본능"에 대해 논의하고 있고 두 번째 문장은 "모방본능"과 더불어 인간이 타고난 또 하나의 본성인 "선율과 리듬을 향한 본능"에 대해 논의하고 있다. 따라서 이 인용문에서 예술의 두 기원으로 언급하고 있는 것은 "모방본능"과 "선율과 리듬을 향한 본능"이다.

필자는 앞서 살펴본 두 해석자의 견해를 비판적으로 검토하면서 필자의 견해를 제시했는데, 사실 필자의 견해와 그들의 견해 사이에는 유사성도 존재한다. 이 점과 관련해 우리는 앞서 살펴본 두 해석가 중에서 파이페는 그의 두 번째 해석에서 "모방본능"과 "선율과 리듬을 향한 본능"(화성과 율동에 대한 본능)을 언급하고 있고, 천병희는 그의 두 번째 해석에서 예술창작의 기원으로 "선율과 리듬을 향한 본능"(화성과 율동에 대한 본능)을 언급하고 있다는 사실을 지적하고자 한다. 우선 파이페의 경우 그가 제시한 두 번째 해석 방식은 필자의 견해와 거의 동일하다. 차이가 존재한다면 그가 예술감상의 차원에서 등장하는 "모방을 통해 타인들이 느끼는 자연적 즐거움"까지도 부당하게도 예술창작의 기원으로 간주한다는 데 있다. 그리고 천병희의 해석도 겉보기와는 달리 그 내용에 있어서는 필자의 견해와 거의 동일하다. 물론 그가 예술감상의 차원에서 등장하는 "타인에 의하여 모방된 것에 대하여 느끼는 쾌감"을 예술창작의 기원 중의 하나로 간주한 것은 타당하지 않다. 그러나 그는 그 이외에도 "선율과 리듬을 향한 본능"(화성과 율동에 대한 본능)과 더불어 "모방에 대한 쾌감"을 예술창작의 기원으로 제시하는데, 이 중에서 "선율과 리듬을 향한 본능"(화성과 율동에 대한 본능)이 예술창작의 기원임은 두말할 필요도 없다. 그리고 "모방에 대한 쾌감" 역시 예술창작의 기원과 관련되어 있다. 그 이유는 예술가가 "모방에 대한 쾌감"을 맛보기 위해 예술창작을 한다고 할 수 있기 때문이다. 다만 이와 관련하여 주의해야 할 점은 "모방에 대한 쾌감"은 그보다 더 근원적인 모방본능에 토대를 두고 있다는 사실이다. 이 점과 관련해 우리는 어떤 예술창작자에게서 모방본능이 충족될 경우 그에게 모방에 대한 쾌감이 나타난다는 사실에 유의할 필요가 있다. 따라서 천병희 역시 모방에 대한 쾌감을 예술창작의 최종적인 기원으로 간주하지 않고 그보다 더 깊은 기원을 더 추적해 들어갔더라면 그것이 모방본능임을 확인할 수 있었을 것이고, 그렇다면 그역시 필자와 마찬가지로 "모방본능"과 "선율과 리듬을 향한 본능"(화성과 율동에 대한 본능)이 예술창작의 두 가지 기원이라는 결론에 도달할 수 있었을 것이다.

지금까지의 논의를 통해 드러나듯이 아리스토텔레스에 의하면 모방본능, 즉 재현본능은 선율과 리듬을 향한 본능과 더불어 예술창작의 발생적 기원이다. 이 경우 재현본능이 예술창작의 발생적 기원이기 때문에 그것은 구체적으로 예술창작 본능으로서의 재현본능이라 불린다. 그것은 예술감상 본능으로서의 재현본능, 즉 예술감상의 발생적 기원이 되는 재현본능과 구별된다.

2) 아리스토텔레스의 본능 개념

이러한 필자의 해석에 대해 앞의 인용문에 "본능"이라는 단어가 나오지 않는데, 무슨 이유로 아리스토텔레스가 본능을―그것이 재현본

능이든, 선율과 리듬을 향한 본능이든—예술창작의 기원으로 간주할
수 있었겠느냐는 반론이 제기될 수 있다. 물론 이러한 반론이 올바로
지적하고 있듯이 앞의 인용문에 본능이라는 단어가 나오지 않는 것이
사실이다. 사실 고대 희랍어에 현대어의 본능에 대응하는 단어가 없으
므로 앞의 인용문에 본능이라는 단어가 나올 수 없다. 그러나 그 내용
을 살펴보면 실제로 재현본능이나 선율과 리듬을 향한 본능과 같은 본
능이 예술창작의 기원으로 논의되고 있다고 할 수 있다. 그러면 앞의
인용문에서 예술창작의 첫 번째 기원을 언급하고 있는 다음의 문장을
다시 한번 살펴보자.

"모방한다는 것은 어렸을 적부터 인간 본성에 내재한 것으로서 인간이 다
른 동물들과 다른 점도 인간이 가장 모방을 잘하며, 처음에는 모방에 의하
여 지식을 습득한다는 점에 있다."[23]

이 문장에서 아리스토텔레스는 "모방한다는 것은 어렸을 적부터 인
간 본성에 내재한 것"이라고 말하면서 모방하는 능력, 즉 재현하는 능
력을 인간에게 선천적으로 주어진 것으로 간주한다. 그리고 이러한 능
력은 모든 인간에게 공통적으로 주어진 것으로서 바로 그것이 인간과
여타의 동물을 구별해 주는 본질적인 징표이다. 이처럼 재현하는 능력
이 여타의 동물을 제외하고 모든 인간에게 선천적으로 주어진 능력이
기 때문에 그것은 일종의 본능이다. 물론 앞서 지적하였듯이 고대 희
랍어에 현대어 본능에 해당하는 단어가 존재하지 않기 때문에 아리스
토텔레스의 이 문장에는 본능이라는 단어가 등장하지 않는다. 그럼에
도 아리스토텔레스가 『시학』 4장에서 내용에 있어서 볼 때 예술의 기

23　아리스토텔레스(저), 천병희(역), 『시학』, 서울: 문예출판사, 2002, 37, 1448b

원으로 본능을 논의하고 있기 때문에 아리스토텔레스『시학』의 영어
번역자 중의 한 사람인 파이페는 이 문장을 본능 개념을 사용하여 다
음과 같이 번역한다.

> "어렸을 적부터 인간은 재현본능을 가지고 있고, 이러한 점에서 인간은 다
> 른 동물과 달리 그가 훨씬 더 모방을 잘하며 사물을 재현하면서 그의 첫
> 번째 학습 내용들을 배운다."
>
> ("From childhood men have an instinct for representation, and in this
> respect, man differs from the other animals that he is far more imitative
> and learns his first lessons by representing things.")[24]

엄격히 문헌학적 입장에서 볼 때 원문에 등장하지도 않는 "본능"
(instinct)이라는 단어를 사용하고 있기 때문에 파이페의 번역은 문제
를 안고 있는 것이 사실이다. 그의 번역이 안고 있는 문제점은 앞서 소
개한 한글 번역과 비교해 보면 분명히 드러난다. 그러나 예술본능의
현상학의 입장에서 필자는 파이페의 번역이 타당하다고 생각한다. 그
이유는 아리스토텔레스가『시학』의 4장에서 그 내용에 있어서 볼 때
"예술창작의 기원"으로 두 가지 본능, 즉 모방본능과 더불어 선율과 리
듬을 향한 본능을 제시하고 있기 때문이다. 바로 이러한 이유에서 허
턴(J. Hutton) 역시 방금 전에 살펴본 파이페가 해석한 부분을 "본능"
(instinct), "본능적"(instinctive)라는 단어들을 사용해 다음과 같이 번
역한다.

> "이처럼 어렸을 적부터 모방한다는 것은 인간에게 본능적이며, 가장 모방

---

24   Aristotle, *The Poetics*, W. H. Fyfe(tr.), 1448b.

을 잘하고 모방을 통해 첫 번째 학습 내용을 배우기 때문에 인간은 다른 동물들과 구별된다. 모든 인간은 본능적으로 모방에서 즐거움을 느낀다." ("Thus from childhood it is instinctive in human beings to imitate, and man differs from the other animals as the most imitative of all and getting his first lessons by imitation, and by instinct also all human beings take pleasure in imitations.")[25]

파이페, 허턴 이외에도 『시학』 4장의 서두를 해석하면서 예술의 기원 내지 기원 중의 하나로 본능을 제시하는 연구자들이 있다. 예를 들어 할리웰(S. Halliwell)은 『시학』 4장 서두를 해석하면서 "모방 행위에 몰두하게 하는 보편적 본능"(a universal instinct to engage in mimetic activity)[26]을 언급하고 예술이 "모종의 인간본능들이라는 뿌리"(the roots of certain human instincts)[27]에서 나왔다고 말한다. 또 루카스(D. W. Lucas)는 예술의 기원 중의 하나로 "리듬과 선율을 향한 본능"(the instinct for rhythm and melody)[28]을 제시한다. 더 나아가 『시학』의 한국어판 번역자 천병희 역시 『시학』 서두에서 언급되고 있는 예술의 기원을 해석할 수 있는 가능성을 논의하면서 그중의 하나로 본능, 즉 "화성과 율동에 대한 본능"[29]을 제시한다.

25   J. Hutton, *Aristotle's Poetics. Translated with an Introduction and Notes*, New York: W. W. Norton & Company, 1982, 47.
26   S. Halliwell, *The Poetics of Aristotle, Translation and Commentary*, London: Duckworth, 1987, 78.
27   S. Halliwell, *The Poetics of Aristotle, Translation and Commentary*, 79.
28   D. W. Lucas, *Aristotle. Poetics: Introduction, Commentary and Appendixes*, 74.
29   아리스토텔레스(저), 천병희(역), 『시학』, 서울: 문예출판사, 2002, 1448b. 천병희가 언급하고 있는 "화성과 율동에 대한 본능"은 파이페(W. H. Fyfe)가 "선율과 리듬을 향한 본능"(the instinct for tune and rhythm)으로 번역한 것을 뜻한다.

물론 이러한 연구자들의 견해를 비판하는 연구자도 존재한다. 슈미트(A. Schmitt)는 할리웰의 견해를 비판하면서 『시학』 4장의 서두에서 논의되고 있는 예술의 기원을 진화론적 관점에서 일종의 본능으로 이해해서는 안 된다고 말한다.[30] 그러나 그가 할리웰의 견해를 비판하고 있음에도 불구하고 그가 예술의 기원에 대해 논하고 있는 대목을 주의해서 살펴보면 그 역시 예술의 기원을 본능으로 간주하고 있음이 드러난다. 이 점과 관련하여 그는 모방의 능력을 인간의 "자연적인 소질"(die natürliche Anlage)[31]로 간주하는데, 이는 그가 모방의 능력을 일종의 본능으로 간주하고 있음을 보여 준다. 이 점과 관련해 우리는, 앞서 2장에서 자세하게 살펴보았듯이, 본능이란 "자연적 소질"을 뜻한다는 사실에 주목할 필요가 있다. 이처럼 슈미트가 한편으로는 예술의 기원을 일종의 본능으로 간주하고 있음에도 불구하고 다른 한편으로는 예술의 기원을 본능으로 간주해서는 안 된다고 주장하는 이유는 그가 본능 개념을 일종의 지향성이 아니라, 본능행동으로 이해하고 있기 때문이다. 이와 관련해 그는 인간의 "자연적 소질"로서의 모방의 능력이 "방법적으로 훈련된 교육"(eine methodisch geübte Ausbildung)[32]을 필요로 하며 따라서 그것은 그러한 교육을 필요로 하지 않는 본능, 즉 본능행동이 될 수 없다고 생각한다. 여기서 알 수 있듯이 그는 본능을 암묵적으로 "방법적으로 훈련된 교육"을 필요로 하는 일종의 지향성이 아니라, 그러한 교육을 전혀 필요로 하지 않는 본능행동으로 이해하고 있다. 슈미트가 본능을 본능행동이 아니라, 일종의 지향성으로 이해했더라면 그는 『시학』 4장 서두에서 언급된 예술의 기원이 본능이라는

---

30   Aristoteles, *Poetik*, übersetzt und erläutert von A. Schmitt, Berlin: Akademie Verlag, 2011, 280-281.

31   Aristoteles, *Poetik*, übersetzt und erläutert von A. Schmitt, 278.

32   Aristoteles, *Poetik*, übersetzt und erläutert von A. Schmitt, 278.

사실을 이해할 수 있었을 것이다.

물론 슈미트가 비판하고 있는 할리웰이『시학』4장의 서두에서 논의되고 있는 예술의 기원을 본능으로 간주하면서 본능을 진화론과 연관지어 이해하는 것은[33] 문제를 안고 있다. 우선 아리스토텔레스가 예술의 기원을 진화론적 관점에서 논의하고 있지 않기 때문이다. 그의 목적론적 형이상학의 전반적인 특징에 비춰 볼 때 예술의 기원에 대한 그의 논의는 목적론적이지 진화론적일 수 없다. 더 나아가 진화론이 일종의 자연과학인 한 진화론의 관점에서 본능을 연구할 경우 본능은 쉽게 본능행동으로 이해될 소지가 있는 것도 사실이다. 그러나 필자는 할리웰이 본능을 진화론과 연관 지어 이해하고 있음에도 불구하고 그가 본능을 본능행동이 아니라, 일종의 지향성으로 이해하고 있다고 생각한다. 그 이유는 그러한 본능의 대상이 물질적인 것 내지 동물적인 것이 아니라, 많은 경우 고도의 정신활동이 없이는 창작될 수 없는 예술작품이기 때문이다. 또 아리스토텔레스『시학』의 전문가인 그가 아리스토텔레스의 목적론적 형이상학에 대해 몰랐을 리가 없기 때문이다.

3) 아리스토텔레스의 예술감상 본능으로서의 재현본능

그러면 이제 예술감상 본능으로서의 재현본능에 대한 아리스토텔레스의 견해를 살펴보자. 앞의 인용문을 살펴보면 드러나듯이 아리스토텔레스는『시학』의 4장에서 예술창작 본능으로서의 재현본능에 대해서는 다루고 있지만 예술감상 본능으로서의 재현본능에 대해서는 다루고 있지 않다. 그러나『시학』4장에는 예술감상 본능으로서의 재현본능에 대한 논의의 단초가 들어 있다. 그 단초는 다름 아닌 거기에 나

---

33 S. Halliwell, *The Poetics of Aristotle, Translation and Commentary*, 78-79.

오는 재현적 미적 경험의 구조에 대한 논의이다. 이 점과 관련해 우리
는 앞서 살펴본 『시학』 4장의 인용문의 대부분은 재현적 미적 경험의
구조에 대해 논의하고 있다는 사실에 유의할 필요가 있다. 인용문의
앞의 두 문장과 마지막 문장을 제외한 다음의 부분이 모두 재현적 미
적 경험에 대해 논하고 있다.

"또한 모든 인간은 날 때부터 모방된 것에 대하여 쾌감을 느낀다. 이러한
사실은 경험이 증명하고 있다. 아주 보기 흉한 동물이나 시신의 모습처럼
실물을 볼 때 불쾌감만 주는 대상이라도 매우 정확하게 그려 놓았을 때에
는 우리는 그것을 보고 쾌감을 느낀다. 그럴 것이 무엇을 배운다는 것은
비단 철학자들뿐만 아니라 그 밖에 다른 사람들에게도—비록 그들의 배
움의 능력이 적다고 하더라도—최상의 즐거움이기 때문이다. 그림을 보
고 쾌감을 느끼는 것은 봄으로써 배우기 때문이다. 말하자면 '이건 사람을
그린 것이로구나' 하는 식으로 각 사물이 무엇인가를 추지(推知)하기 때
문이다. 우리가 그 실물을 본 적이 없는 경우에는 모방의 대상이 아니라
기교라든가 색채라든가 그 밖에 그와 유사한 원인에 의하여 쾌감을 느낄
것이다."[34]

주의를 기울여 이 인용문을 살펴보면 알 수 있듯이 이 인용문은 모
두 재현적 미적 경험에 대해 논의하고 있다. 다시 말해 이 인용문에 나
오는 모든 문장은 예술창작의 기원이 무엇인지에 대해 논의하는 것이
아니라, 그 무엇을 재현하고 있는 예술작품에 대한 경험, 즉 재현적 미
적 경험에 대해 논의하고 있다. 이러한 점에서 이 인용문은 그에 앞서
는 문장과 그다음에 나오는 문장과 성격을 달리하고 있다. 앞서 살펴

34   아리스토텔레스(저), 천병희(역), 『시학』, 서울: 문예출판사, 2002, 1448b.

보았듯이 이 두 문장은 재현적 예술작품의 창작의 발생적 기원에 대해 다루고 있기 때문이다.

아리스토텔레스는 이 인용문에서 재현적 미적 경험의 구조를 분석하면서 그 기원에 대해서도 언급하고 있다. 그것은 다름 아닌 재현적 미적 경험을 하면서 사람들이 느끼는 쾌감이다. 아리스토텔레스에 의하면 경험이 증명하듯이 "모든 인간은 날 때부터 모방된 것에 대하여 쾌감을 느낀다."「모나리자」감상의 예가 보여 주듯이 아름다운 그 무엇을 훌륭하게 재현하고 있는 예술작품을 감상하면서 인간은 쾌감을 느낀다. 그러나 아름다운 그 무엇을 훌륭하게 재현하고 있는 작품을 감상할 때만 인간이 쾌감을 느끼는 것은 아니다. 램브란트의「도살된 황소」처럼 "아주 보기 흉한 동물이나 시신의 모습처럼 실물을 볼 때면 불쾌감만 주는 대상이라도 매우 정확하게 그려 놓았을 때에는 우리는 그것을 보고 쾌감을 느낀다." 여기서 알 수 있듯이 아리스토텔레스는 예술작품을 감상하면서 느끼는 쾌감을 재현적 미적 경험의 기원으로 간주한다.

그러나 이 인용문에서 아리스토텔레스는 예술작품을 감상하면서 느끼는 쾌감을 재현적 미적 경험의 기원으로 제시하는 데서 그치지 않는다. 거기서 한 걸음 더 나아가 그는 재현적 미적 경험이 주는 쾌감의 기원에 대해 분석한다. 그에 의하면 우리가 재현적 미적 경험을 하면서 쾌감을 느끼는 이유는 우리가 그것을 통해 무엇인가를 배우기 때문이다. 이와 관련해 그는 "그림을 보고 쾌감을 느끼는 것은 봄으로써 배우기 때문이다"라고 말한다. 그리고 그는 재현적 미적 경험을 통해 무엇을 배운다고 할 때 그것이 어떻게 이루어지는지 예를 제시한다. 그에 의하면 그 과정은 회화작품에 대한 감상을 예로 들어 볼 경우 "이건 사람을 그린 것으로구나." 하는 식으로 이루어진다. 이러한 논의를 통해 알 수 있듯이 아리스토텔레스에 따르면 배움의 즐거움이 재현적 미적 경험을 하면서 느끼는 쾌감의 기원이다.

　재현적 미적 경험이 주는 즐거움과 관련하여 유의할 점은 아리스토
텔레스의 경우 그러한 즐거움과 학문을 통한 즐거움이 모두 배움을 통
한 즐거움이기 때문에 둘 사이에 그 어떤 본질적인 차이도 존재하지
않는다는 사실이다. 이러한 이유에서 그는 재현적 미적 경험이 주는
즐거움의 정체를 해명하면서 "무엇을 배운다는 것은 비단 철학자들뿐
만 아니라 그 밖에 다른 사람들에게도—비록 그들의 배움의 능력이
적다고 하더라도—최상의 즐거움이기 때문이다"라고 천명한다. 그에
따르면 재현적 미적 경험을 통한 배움과 학문을 통한 배움 사이에 아
무런 본질적인 차이가 존재하지 않는다. 재현적 미적 경험의 예가 보
여 주듯이 예술 역시 철학을 비롯한 모든 학문과 마찬가지로 배움과
진리 탐구를 목표로 한다. 이와 관련해 그는 『니코마코스 윤리학』의 6
권 2장에서 진리를 추구하는 것으로서 학문적 지식(episteme), 실천적
지혜(phronesis), 직관적 지성(nous), 철학적 지혜(sophia) 등과 더불
어 예술(techne)를 제시한다.[35] 이런 점에서 그는 하이데거를 따라 "예
술의 진리에 대한 물음"(die Frage nach der Wahrheit der Kunst)[36]을
현대미학의 핵심적인 과제로 천명한 가다머의 철학적 해석학의 선구
자로 간주될 수 있을 것이다.

　그러면 이처럼 그 무엇을 재현하고 있는 작품을 감상하면서 그 무엇
을 배우고 그를 통해 감상자가 즐거움을 느끼는 이유는 무엇인가? 아
리스토텔레스는 『시학』에서 그 이유에 대해 논의하고 있지 않다. 그러

35　아리스토텔레스(저), 이창우, 김재홍, 강상진(역), 『니코마코스 윤리학』, 서울:
이제이북스, 2006, 1139b.

36　H.-G. Gadamer, *Wahrheit und Methode, Grundzüge einer philosophischen
Hermeneutik*, Gesammelte Werke, Bd. 1, Tübingen: J. C. B. Mohr(Paul Siebeck),
1986, 87.

나 예술본능의 현상학의 입장에서 보자면 그 이유는 분명하다. 그 이유는 인간이 배우고자 하는 욕구를 가지고 있으며 바로 이러한 욕구가 그 무엇을 재현하고 있는 작품을 감상하면서 그 무언가를 배움으로써 충족되기 때문이다. 말하자면 재현적 미적 경험이 이러한 욕구를 충족해 주기 때문에 그것은 미적 경험의 주체에게 즐거움을 줄 수 있는 것이다. 그런데 이 욕구로부터 발생하는 즐거움이 본성적인 것이기 때문에 이 욕구 역시 본성적인 것일 수밖에 없다. 따라서 이 욕구는 후천적인 욕구가 아니라, 선천적인 욕구이며, 선천적인 욕구이기 때문에 그것은 일종의 본능이라 불릴 수 있다. 그리고 이러한 본능이 주체가 그 무엇을 배워 알 수 있도록 해 주는 본능이기 때문에 우리는 이 본능을 인식적 호기심 본능이라 부를 수 있다.

아리스토텔레스는 『시학』에서 재현적 미적 경험을 분석하면서 배움의 즐거움에 대해 논의하면서도 그의 발생적 원천인 인식적 호기심 본능에 대해 논의하지 않는다. 그러나 인식적 호기심 본능은 아리스토텔레스 철학의 핵심적인 주제이다. 우리는 그와 관련된 언급을 『형이상학』에서 발견한다. 아리스토텔레스는 『형이상학』 1권 1장에서 형이상학에 대한 논의를 시작하면서 인식적 호기심 본능을 형이상학을 비롯한 모든 학문의 원천으로 간주하고 있다.[37] 그는 거기서 "모든 인간은 본성상 알기를 원한다"고 말하면서 형이상학에 대한 논의를 시작한다. 그런데 "본성상 알기를 원하는" 이 욕구는 모든 인간이 가지고 있는 본성적인 욕구이기 때문에 후천적 욕구가 아니라, 선천적이며 보편적인 욕구인 본능이며, 이것이 다름 아닌 인식적 호기심 본능이다.

이처럼 아리스토텔레스는 암묵적으로 재현적 미적 경험에서 미적

---

37 Aristotle, *Metaphysics*, W. D. Ross(tr.), Oxford: Clarendon Press, 1924, 980a. 이 주제에 대해서는 Plato, *Theaitetos*, Leipzig: Reclam, 1916, 155d 참조.

경험의 주체가 느끼는 즐거움의 원천으로 인식적 호기심 본능을 제시하고 있다. 그런데 이러한 인식적 호기심 본능이 예술감상으로서의 재현적 미적 경험을 가능하게 해 주는 본능이기 때문에 그것은 바로 예술감상 본능으로서의 재현본능이라 불릴 수 있다. 이러한 논의를 통해 알 수 있듯이 아리스토텔레스는 암묵적으로 재현적 미적 경험의 발생적 토대인 예술감상 본능으로서의 재현본능을 『형이상학』 1권 1장에서 언급하고 있는 인식적 호기심 본능과 동일시하고 있다.

4) 아리스토텔레스의 견해에 대한 평가

서양의 예술사를 살펴보면 재현적 미적 경험의 발생적 토대인 재현본능을 학문의 영역에서 작동하는 인식적 호기심 본능과 동일시하는 아리스토텔레스와 궤를 같이하는 이론가들이 존재하였다. 그들에 의하면 예술 역시 학문과 마찬가지로 인식적 호기심 본능의 작동을 토대로 인식을 추구하는 활동의 소산이다. 그 대표적인 예로는 레오나르도 다빈치를 들 수 있다. 그는 플라톤, 아리스토텔레스의 전통을 따라 예술을 자연에 대한 모방으로 간주한다.[38] 자연에 관한 학문이 자연을 모방함을 목표로 하듯이 예술 역시 자연을 모방함을 목표로 한다. 그런데 다빈치는 여러 가지 예술 장르 중에서 특히 회화가 자연을 탁월하게 모방할 수 있다고 생각하면서 회화를 "모든 사물들의 자연 형태에 대한 진정한 모방자"[39]라고 부른다. 더 나아가 그는 이처럼 자연을 진정으로 모방할 수 있는 회화를 일종의 학문으로 간주하면서 "회화라는 학문"(Wissenschaft der Malerei)[40]이라는 표현을 사용한다. 회화는 자

---

38   Leonardo Da Vinci, *Sämtliche Gemälde und die Schriften zu Malerei*, ed. by A. Chastel, München : Schirmer/Mosel, 1990, 139.

39   Leonardo Da Vinci, *Sämtliche Gemälde und die Schriften zu Malerei*, 139.

40   Leonardo Da Vinci, *Sämtliche Gemälde und die Schriften zu Malerei*, 139.

연을 모방하면서 그의 신비를 밝혀낼 수 있다는 점에서 일종의 학문이다. 또 회화는 고유한 정신을 담고 있고 또 손을 통해 완결되며 나름의 실천적인 목표를 가지고 있다는 점에서 수학, 산수학, 기하학, 천문학 등 여러 학문들과 공통점을 가지고 있다.[41] 그러나 회화는 단순히 여러 학문들 중의 하나가 아니다. 회화는 "시각적 대상들"(visible objects)을 "영원한 형태로"(in permanent shape) 재창조하면서[42] 시각적 대상들과 관련된 일을 하는 모든 사람들, 예를 들어 조각가, 건축가, 산수학자, 기하학자, 광학자, 천문학자, 기계공학자, 기술자들에게 여러 가지 지침과 더불어 도움을 줄 수 있으며, 바로 이러한 이유에서 다빈치는 회화를 "신적인 학문"(die göttliche Wissenschaft)[43]이라 부른다.

이러한 다빈치의 견해는 재현본능과 인식적 호기심 본능을 동일시하는 아리스토텔레스의 견해와 궤를 같이한다고 할 수 있다. 이러한 다빈치의 견해는 예술과 학문이 명료하게 구별되지 않았던 시대에는 나름의 타당성을 가지고 있다고 할 수 있다. 그러나 예술과 학문이 명료하게 분화되어 나간 현대에 그의 견해는 더 이상 타당하지 않으며 재현본능과 인식적 호기심 본능을 동일시하는 아리스토텔레스의 견해 역시 타당하다고 할 수 있다.

그런데 재현본능과 인식적 호기심 본능을 동일시하는 아리스토텔레스의 견해는 커다란 한계를 가지고 있다. 예를 들어, 뒤에서 자세하게 살펴보겠지만, 재현본능은 호기심 본능과 일반적인 재현본능 등 두 가지 구성 요소를 가지고 있는 것이 사실이지만 이 경우 호기심 본능은 아리스토텔레스가 암묵적으로 생각하고 있었던 것과는 달리 인식적

---

41 Leonardo Da Vinci, *Sämtliche Gemälde und die Schriften zu Malerei*, 134-135.

42 K. Clark, *Leonardo Da Vinci*, London: Penguin Books, 1993, 128.

43 Leonardo Da Vinci, *Sämtliche Gemälde und die Schriften zu Malerei*, 136.

호기심 본능이 아니라, 미적 호기심 본능이다. 아리스토텔레스의 견해가 안고 있는 문제점은 그가 재현 혹은 모방을 사실적인 의미의 재현혹은 모방으로 간주한 데서 나온 필연적인 귀결이다. 인식적 호기심본능을 미적 경험의 원천으로 간주하는 아리스토텔레스의 견해가 가지고 있는 문제점을 이해하기 위해서는 재현 혹은 모방에 관한 그의이론을 이해할 필요가 있다.

아리스토텔레스는 플라톤의 재현이론을 비판하면서 자신의 재현이론을 전개한다. 플라톤은 예술을 감각적인 경험세계를 모방한 것으로간주한다. 플라톤의 이데아론에 따르면 감각적인 경험세계는 이데아세계를 모방한 것으로 진리의 세계인 이데아 세계와 분리되어 있다.그런데 예술이 감각적인 경험세계를 모방한 것이기 때문에 이데아 세계를 기준으로 해서 말하자면 그것은 모방의 모방에 불과하다. 이처럼예술이 모방의 모방에 불과하기 때문에 예술은 진리와는 무관한 활동이며 따라서 그것은 이상국가 건설을 위해 불필요한 것으로서 국가로부터 추방되어야 한다.[44] 여기서 알 수 있듯이 플라톤은 객관적인 사실중심의 예술관, 즉 사실주의적 예술관을 피력한다.

아리스토텔레스는 재현이론을 전개함에도 불구하고 예술이 모방의모방이라는 플라톤의 견해를 비판한다. 그는 역사가와 시인을 비교하면서 예술이 모방의 모방에 불과하다는 플라톤의 예술관을 비판하고그것을 대신할 수 있는 자신의 예술관을 전개하고 있다.[45] 플라톤에 의하면 역사가는 이데아의 모방에 해당하는 감각적인 경험세계를 다루는 사람이며 그러한 한에서 역사가는 모방의 모방을 다루는 예술가보

44   플라톤(저), 박종현(역주), 『국가』, 서울: 서광사, 2005, 606d.
45   모방으로서의 예술에 대한 플라톤, 아리스토텔레스, 키케로의 견해에 대한 자세한 논의는 다음의 논문을 참조할 것: 오병남, 「근대 미학 성립의 배경에 관한 연구: 예술(Fine arts)의 체제의 성립과 미(美)의 개념과의 관계를 중심으로」, 『미학』 5(1978).

다 우월하다. 그러나 아리스토텔레스에 따르면 이러한 플라톤의 견해
는 예술의 본질을 오해한 데서 나온 그릇된 견해에 불과하다. 그에 의
하면 예술은 감각적인 경험세계가 아니라 "일반적 진리"[46]를 다룬다.
이 경우 일반적인 진리란 영원성을 지닌 것으로서 이데아와 유사하다.
이러한 사실은 연극의 등장인물을 살펴보면 잘 드러난다. 연극의 등장
인물은 어떤 특정한 개인을 뜻하는 것이 아니라, 일반성을 지닌 특정
한 유형의 인간성을 표현하고 있으며 그러한 한에서 그것은 영원성을
지닌 일반적 진리를 담고 있다. 따라서 이처럼 영원성을 지닌 "일반적
진리"를 다루는 예술은 역사보다 더 우월하다.

　이처럼 아리스토텔레스가 예술의 본질을 영원한 일반적 진리를 담
고 있는 것으로 간주하면서 플라톤의 예술관을 비판하고 있음에도 불
구하고 그는 예술의 근본적인 정의와 관련해 플라톤과 근본 전제를 공
유하고 있다. 그 전제란 바로 예술이란 객관적으로 존재하는 사실을
모방한다는 생각이다. 이러한 점에서 아리스토텔레스의 예술관 역시
플라톤의 그것과 마찬가지로 객관적인 사실 중심의 예술관, 즉 사실주
의적 예술관으로 규정될 수 있다.

　예술사에서 사실주의적 예술관을 토대로 예술창작 활동을 한 예술
가들이 존재하는 것은 사실이다. 미술의 경우 18~19세기의 사실주의,
인상주의 등이 그에 해당하며 이러한 사조들이 등장하기 훨씬 이전에
다빈치 등 여러 화가들은 인체 등을 사실적으로 재현하기 위하여 많은
노력을 기울였다. 이러한 점에서 사실주의적 예술관은 중요한 의미를
가진다. 그럼에도 사실주의적 예술관은 여러 가지 문제점을 가지고 있
다. 예를 들어 그것은 다양한 유형의 미적 재현을 모두 설명할 수 없
다. 실제로 사실주의적 재현을 넘어서는 다양한 유형의 미적 재현이

46　아리스토텔레스(저), 천병희(역), 『시학』, 서울: 문예출판사, 2002, 1451b.

존재한다.[47] 더 나아가 사진기의 발명 이후 사실주의적 예술관은 설득력을 상실하게 되었다. 사실주의적 예술관에 따르면 사진기야말로 그어떤 인간보다도 탁월한 사실적 재현능력을 가지고 있으며 그러한 점에서 사진기가 가장 훌륭한 예술가로 평가받아야 할 것이나, 이러한 생각은 예술에 대한 일반적인 통념과 어긋난다.

아리스토텔레스는 이러한 사실주의적 예술관을 토대로 인식적 호기심 본능을 재현적 미적 경험의 발생적 토대로 간주한 것이다. 사실주의적 예술관이 문제를 안고 있는 만큼 인식적 호기심 본능을 예술감상의 원천으로 간주한 이러한 아리스토텔레스의 견해는 문제를 안고 있다고 할 수 있다.

5) 재현본능과 재현적 미적 경험의 구조

그러면 이제 예술본능의 현상학의 관점에서 재현적 미적 경험의 발생적 토대인 재현본능의 구조에 대해 살펴보자. 이제 살펴보겠지만 재현본능은 1) 앞서 살펴본 인식적 호기심 본능과는 구별되는 미적 호기심 본능과 2) 일반적인 재현본능 등 두 가지 구성 요소를 가지고 있다. 그러면 우선 미적 호기심 본능에 대해 살펴보자.

미적 호기심 본능은 재현적 미적 경험의 발생적 토대인 재현본능의 필수적인 구성 요소이다. 그 이유는 재현본능이 작동하면서 그 무엇을 재현하고 있는 어떤 예술작품을 경험할 때 미적 경험의 주체는 도대체 "이 작품은 무엇을 재현한 것일까?" 하는 질문을 던지고 호기심 본능을 발동시켜 가면서 재현적 미적 경험을 시작하기 때문이다. 이처럼 모든 재현적 미적 경험이 호기심 본능 없이는 불가능하기 때문에 그의

---

47 이 점에 대해서는 최현희, 「재현」, 미학대계간행회 편, 『미학대계』 제2권, 『미학의 문제와 방법』, 서울: 서울대학교출판부, 2007 참조.

발생적 토대인 재현본능은 호기심 본능을 자신의 본질적인 구성 요소로 가지고 있다.

앞서 논의하였듯이 아리스토텔레스는 재현본능을 일종의 인식적 호기심 본능으로 규정하였다. 그러나 재현본능이 호기심 본능이긴 하지만 그것은 인식적 호기심 본능이 아니다. 그 이유는 재현본능이 작동할 때 그의 지향성이 향하고 있는 것은 재현되는 대상에 대한 객관적 인식이 아니기 때문이다. 만일 그렇다면 대상을 정확하게 재현하거나 상세하게 재현할 수 있는 카메라나 현미경 등을 훌륭한 예술가라고 해야 할 것이다. 재현본능을 구성하는 하나의 요소인 미적 호기심 본능은 언제나 재현하는 대상, 즉 예술작품의 미적 가치와 결합되어 작동하는 호기심 본능이며 그러한 한에서 그것은 인식적 호기심 본능과 구별된다. 재현적 미적 본능에서 미적 호기심 본능이 얼마만큼 중요한 역할을 담당하느냐 하는 점은 재현적 미적 경험의 유형에 따라 다를 수 있다. 이와 관련하여 다음과 같은 네 가지 점을 지적하고자 한다.

첫째, 재현된 대상이 구체적인 대상이며 미적 경험의 주체가 재현된 대상을 이미 경험하여 알고 있는 재현적 미적 경험에서 미적 호기심 본능은 아주 중요한 역할을 담당한다. 그러한 재현적 미적 경험의 예로는 알고 있는 사람의 초상화를 감상하는 경우를 들 수 있다. 이 경우 미적 경험의 주체는 과연 초상화 속에 들어 있는 사람의 눈, 코, 귀, 입, 눈, 머리 등 신체의 여러 부분이 실제 인물을 얼마나 닮았는지, 그렇지 않은지 등에 관심을 기울이면서 미적 호기심 본능을 발동시킬 것이다.

둘째, 재현된 대상이 구체적인 대상이지만 미적 경험의 주체가 재현된 대상을 알지 못하는 재현적 미적 경험의 경우에도 미적 호기심 본능은 때에 따라 나름의 중요한 역할을 담당할 수 있다. 이러한 재현적 미적 경험의 대표적인 예로는 직접 만나 본 적도 없고 사진을 본 적도 없는 유명 인사의 초상화를 감상하는 경우를 들 수 있다. 이 경우 미적 경험의 주체는 미적 호기심 본능을 발동시켜 가면서 그 유명 인사가 어떻게 생겼는지, 예술가가 그를 어떻게 재현했는지 등 여러 가지 내용에 대해 궁금해하면서 재현적 미적 경험을 해 나갈 것이다.

셋째, 그러나 미적 호기심 본능이 모든 유형의 재현적 미적 경험에서 중요한 역할을 담당하는 것은 아니다. 어떤 재현적 미적 경험의 경우 미적 호기심 본능은 그리 중요한 역할을 담당하지 못한다. 재현된 대상이 구체적이지 않거나 막연한 재현적 미적 경험의 경우가 그러하다. 이러한 재현적 미적 경험의 대표적인 예로는 「모나리자」에 대한 미적 경험을 들 수 있다. 「모나리자」에 대한 미적 경험은 모나리자가 어떤 여인을 재현하고 있기 때문에 재현적 미적 경험에 해당한다. 그러나 「모나리자」를 감상하면서 모나리자가 재현하고 있는 인물이 구체적으로 누군지에 대해 호기심을 보이는 사람은 흔치 않으며, 따라서 미적 호기심 본능은 이 작품에 대한 감상에서 그리 중요한 역할을 담당하지 않는다. 이 경우 이 작품이 구체적으로 누군지는 모르지만 막연하게 그 어떤 여인을 재현하고 있다는 사실에 대한 확인만으로도 미적 호기심 본능이 충족될 수 있다.

넷째, 미적 호기심 본능은 재현하는 대상과 재현된 대상 사이에 유사성이 존재할 경우 원활하게 작동할 수 있다. 그러나 재현하는 대상과 재현되는 대상 사이에 유사성이 있어야만 미적 호기심 본능이 작동하는 것은 아니다. 이와 관련하여 지적하여야 할 것은 모든 재현적 미적 경험에서 재현하는 대상과 재현되는 대상 사이에 유사성이 존재하기 때문에 전자가 후자를 모방하는 것은 아니라는 사실이다. 재현하는 대상과 재현되는 대상이 상징적으로 결합되어 있는 재현적 미적 경험의 경우가 그러하다. 이런 미적 경험의 경우에도 미적 호기심 본능이 나름의 역할을 할 수도 있다.

그러면 이제 재현본능의 또 하나의 본질적인 요소인 일반적인 재현본능에 대해서 살펴보자. 이를 위하여 방금 전에 살펴본 「모나리자」에 대한 재현적 미적 경험을 다시 한번 분석해 보자. 앞서 살펴보았듯이 이 경우 미적 호기심 본능은 나름의 기능을 수행하긴 하지만 결정적으로 중요한 역할을 하지는 못한다. 그럼에도 감상자는 「모나리자」에 대한 재현적 미적 경험을 하고 있다. 이 경우 그는 모나리자가 누구를 재현하고 있는지에 대해 커다란 관심을 기울이지 않은 채, 「모나리자」라는 작품 안에 머물면서 이 작품이 얼마나 아름답게 표현되었는지, 작가 레오나르도 다빈치의 미적 기교가 얼마나 훌륭한지 등에 관심을 기울이면서 재현적 미적 경험을 수행할 것이다. 이 경우에도 미적 경험의 주체에게서 재현본능이 나름의 방식으로 작동하고 있다. 그러나 이 경우 재현본능은 재현된 대상과의 관계에 대한 확인을 통해서가 아니라, 예술적 기교, 재현방식, 작품 구성, 형식 등을 경험하면서 그를 통해 충족된다. 이처럼 예술적 기교, 재현방식, 작품 구성, 형식 등을 경험함으로써 충족되는 재현본능의 측면이 바로 앞서 살펴본 미적 호기심 본능과 구별되는 일반적인 재현본능이다.

아리스토텔레스 역시 『시학』에서 재현의 문제를 논의하면서 일반적인 재현본능과 관련되는 사실을 언급하고 있다. 이 점과 관련해 그는 재현의 문제를 논하는 맥락에서 재현을 통한 앎에 대해 분석하면서 물론 우리가 예술작품이 재현하고 있는 실물을 모를 경우에도 예술작품을 경험하는 일은 앎이 주는 즐거움과는 다른 유형의 즐거움을 우리에게 안겨 준다고 말하면서 이 경우 예술작품을 감상하면서 얻게 되는 즐거움의 원천은 재현된 내용이 아니라, 예술적 기교, 색채, 형식 등 다른 요소들에 있다고 말한다.[48] 여기서 그는 재현된 내용이 아니라,

---

[48] "우리가 그 실물을 본 적이 없는 경우에는 모방의 대상이 아니라 기교라든가 색

예술적 기교, 색채, 형식 등에 대한 경험이 미적 경험의 주체에게 즐거움을 준다고 말하는데, 이러한 즐거움의 발생적 토대가 다름 아닌 미적 호기심 본능과는 구별되는 일반적인 재현본능이다.

재현본능이 작동하면서 재현적 미적 경험이 이루어질 경우 그것을 구성하는 두 가지 요소인 미적 호기심 본능과 일반적인 재현본능은 동전의 양면처럼 분리할 수 없이 결합되어 있다. 미적 호기심 본능이 인식적 호기심 본능과 구별되는 이유는 그것이 일반적인 재현본능과 결합되어 있기 때문이다. 만일 그것이 일반적인 재현본능과 결합되어 있지 않다면 그것은 미적 호기심 본능이 아니라, 인식적 호기심 본능 내지 다른 유형의 호기심 본능으로 탈바꿈하고 말 것이다. 마찬가지로 일반적인 재현본능이 재현본능이라 불리는 이유는 그것이 미적 호기심 본능과 결합되어 있기 때문이다. 만일 그것이 미적 호기심 본능과 결합되어 있지 않다면 그것은 재현본능이 아니라, 표현본능이나 여타 다른 유형의 미적 본능으로 탈바꿈하고 말 것이다. 따라서 재현적 미적 경험이 이루어질 경우 미적 호기심 본능이 작동하지 않은 채 일반적인 재현본능만 작동할 수 없으며, 거꾸로 일반적인 재현본능이 작동하지 않은 채 미적 호기심 본능만 작동할 수도 없다. 그럼에도 이두 유형의 재현본능이 구체적으로 작동하는 방식은 개별적인 재현적 미적 경험의 유형에 따라 다르다. 어떤 재현적 미적 경험에서는 미적 호기심 본능은 미미하게 작동하는 데 반해 재현본능은 강하게 작동할 수도 있고, 어떤 재현적 미적 경험에서는 일반적인 재현본능은 미미하게 작동하는 데 반해 미적 호기심 본능은 강하게 작동할 수도 있다.

채라든가 그 밖에 그와 유사한 원인에 의하여 쾌감을 느낄 것이다."(아리스토텔레스(저), 천병희(역), 『시학』, 서울: 문예출판사, 2002, 1448b)

6. 미적 본능의 체계로서의 미적 경험

지금까지 우리는 몇 가지 예를 통해 미적 경험이 발생적으로 미적 본능에 토대를 두고 있다는 사실을 확인하였다. 실제로 현전적 미적 경험, 현전화적 미적 경험, 해명적 미적 경험 등 모든 유형의 미적 경험은 발생적으로 미적 본능에 토대를 두고 있다. 여기서 미적 경험이 미적 본능에 토대를 두고 있다 함은 미적 본능이 그것을 관통하여 지속적으로 흐르고 있음을 뜻한다. 이처럼 다양한 유형의 미적 경험을 관통하여 미적 본능이 흐르고 있기 때문에 미적 경험은 미적 본능의 체계임이 드러난다. 그러면 이제 미적 본능의 체계로서의 미적 경험의 구조에 대해 살펴보자.

1) 미적 본능의 체계로서의 현전적 미적 경험

우선 현전적 미적 경험이 미적 본능의 체계라는 사실을 살펴보자. 이 점을 살펴보기 위하여 우선 현전적 미적 경험의 구조를 살펴볼 필요가 있다. 현전적 미적 경험은 미적 경험의 주체의 "현전장"(Gegen-wärtigungsfeld)에서 전개되는 미적 경험을 뜻한다. 따라서 현전적 미적 경험의 정체를 이해하기 위해서는 현전장이 무엇인지 해명할 필요가 있다. 앞서 살펴보았듯이 현전(Gegenwärtigung)은 대상에 대한 직접적이고 근원적이며 생동적인 경험을 뜻한다. 현전장이란 현전의 양상에서 경험될 수 있는 것들의 총체로서의 장(Feld)을 뜻한다. 이 점과 관련해 우리는 이처럼 현전의 양상에서 경험될 수 있는 것이 하나가 아니라, 다수의 대상이라는 사실에 유의할 필요가 있다. 예를 들어 시각장(視覺場)에 한정하여 고찰할 경우 지금 내가 주의를 기울여 지각하는 내 앞에 있는 나무뿐 아니라, 그 옆에 있는 또 다른 나무, 풀, 돌등을 비롯해 다양한 것들이 현전의 양상에서 경험될 수 있다. 현전장

이란 이처럼 현전의 양상에서 경험될 수 있는 것들의 총체로서의 장을
뜻한다. 그런데 현전장은 현전적 시간장과 현전적 공간장으로 구성되
어 있다. 그런데 현전의 양상에서 경험되는 대상이 미적 대상일 경우
그러한 미적 대상의 총체로서의 장은 미적 현전장이라 불린다. 미적
현전장은 현전적 미적 경험이 전개되는 장을 뜻한다. 미적 현전장의
구조를 이해하기 위해서는 그의 두 가지 구성 요소인 1) 현전적인 미
적 공간장과 2) 현전적인 미적 시간장의 구조를 이해할 필요가 있다.

현전적인 미적 공간장은 미적 경험의 주체가 생생하게 경험할 수 있
는 공간장을 뜻한다. 예를 들어 미적 경험의 주체가 어떤 연주홀에서
울려 퍼지는 음악작품을 감상할 경우 미적 경험의 주체가 생생하게 경
험할 수 있는 음악작품이 울려 퍼지는 연주홀 안의 공간이 현전적인
미적 공간장이다. 또 미적 경험의 주체가 어떤 미술작품을 감상할 경
우 그가 주의를 기울이면서 생생하게 경험하는 화폭의 한 부분이 현전
적인 미적 공간장이다. 또 미적 경험의 주체가 어떤 건축물을 감상할
경우 그가 매 순간 특정한 측면에서 실제로 경험하는 건축물의 모습이
현전적인 미적 공간장이다. 만일 그가 현재 그 건축물을 정면에서 감
상하고 있다면 정면에서 바라본 이 건축물의 모습이 바로 현전적인 미
적 공간장이다.

현전적인 미적 시간장은 파지(Retention)-근원인상(Urimpre-
ssion)-예지(Protention)의 결합체인 현재적인 미적 시간장을 뜻한다.
그것은 과거적인 미적 시간장, 미래적인 미적 시간장과 구별된다. 앞
서 든 예를 토대로 생동하는 미적 시간장이 무엇인지 살펴보자. 미적
경험의 주체가 어떤 연주홀에서 울려 퍼지는 음악작품을 감상할 경우
미적 경험의 주체가 생생하게 경험할 수 있는 현재의 장이 생동하는
미적 시간장이다. 예를 들어 울려 퍼지는 음악작품이 베토벤의 「전원
교향곡」이고 현재 1악장 다섯 번째 소절이 울려 퍼지고 있다면 이 다

섯 번째 소절이 울려 퍼지는 현재가 다름 아닌 현전적인 미적 시간장이다. 이 경우 그 이전의 소절들이 울려 퍼졌던 과거, 또 여섯 번째 소절을 비롯해 그 이후에 등장할 소절들이 울려 퍼질 미래 등은 현전적인 미적 시간장이 아니다. 또 미적 경험의 주체가 어떤 미술작품을 감상할 경우 그가 생생하게 경험하는 현재가 현전적인 미적 시간장이며, 화폭의 다른 부분에 주의를 기울였던 과거 또는 화폭의 다른 부분에 주의를 기울이게 될 미래 등은 현전적인 미적 시간장이 아니다. 이와 마찬가지로 미적 경험의 주체가 어떤 건축물을 감상할 경우 만일 그가 현재 그 건축물을 정면에서 감상하고 있다면 바로 그 건축물을 정면에서 감상하고 있는 현재가 현전적인 미적 시간장이다.

앞서 지적하였듯이 현전적인 미적 시간장은 파지-근원인상-예지의 결합체로 이루어져 있다. 그 중심에는 근원인상이 자리 잡고 있으며 근원인상을 중심으로 과거 방향으로는 파지가, 미래 방향으로는 예지가 자리 잡고 있다. 파지-근원인상-예지의 결합체로서의 현전적인 미적 시간장은 점적인 존재가 아니라 나름의 시간 폭을 가지고 있다. 그러면 이 경우 파지, 근원인상, 예지가 무엇을 뜻하는지 살펴보자. 예를 들어 도-미-솔-도라는 선율이 흘러가는데 현재 솔이라는 음이 울려 퍼진다고 할 경우 이 솔 음에 대한 현재의 순간적인 경험이 근원인상이다. 그러나 이때 미적 경험의 주체가 생생하게 경험하는 것이 솔 음임에도 불구하고 그는 방금 전에 울려 퍼졌던 미 음과 도 음 역시 의식하고 있는데, 이처럼 방금 지나간 음에 대한 의식이 파지이다. 다른 한편 미적 경험의 주체는 솔 음이 울려 퍼지는 순간 다음 순간에 도 음이 경험될 것이라고 의식하고 있는데, 이처럼 다음 순간에 다가올 음에 대한 의식이 예지이다. 여기서 알 수 있듯이 예지 속에서 의식된 음은 다음 순간 근원인상 속에서 의식되며 근원의식 속에서 의식된 음은 다음 순간 파지 속에서 의식되기 때문에 파지-근원인상-예지는 흐름 속에서 존재하면서 서로 분리될 수 없이 결합되어 있다.

지금까지 우리는 현전적인 미적 공간장과 현전적인 미적 시간장에 대해 살펴보았다. 그러나 이 둘은 분리되어 존재하는 것이 아니다. 현전적인 미적 공간장은 현전적인 미적 시간장의 흐름 속에서 존재하기 때문이다. 이처럼 현전적인 미적 시간장의 흐름 속에서 존재하는 미적 공간장이 바로 미적 현전장이다. 따라서 미적 현전장은 현전적인 미적 공간장의 파지-근원인상-예지의 연속체라 할 수 있다. 여기서 알 수 있듯이 미적 현전장의 중심부에는 현전적인 미적 공간장의 근원인상이 자리 잡고 있고, 과거 쪽으로는 현전적인 미적 공간장의 파지가 자리 잡고 있으며, 미래 쪽으로는 현전적인 미적 공간장의 예지가 자리 잡고 있다. 미적 현전장은 한편으로는 현전적인 미적 공간장의 예지가 부단히 근원인상으로 이행해 가고, 다른 한편으로는 현전적인 미적 공간장의 근원인상이 부단히 파지로 이행해 가는 흐름의 연속체라 할 수 있다.

그런데 미적 현전장은 그를 통해 부단히 미적 본능이 관통하여 흐르는 장이며 따라서 그것은 미적 본능의 장, 즉 미적 본능의 체계로 규정될 수 있다. 그러면 이 점을 구체적으로 살펴보자.

우선 미적 현전장의 중심부에 자리 잡고 있는 현전적 미적 공간장의 근원인상은 미적 본능의 체계로 규정될 수 있다. 이러한 사실은 그것을 현전적인 비미적 공간장의 근원인상과 비교해 보면 분명히 드러난다. 현전적 미적 공간장의 근원인상은 그것이 근원인상이라는 점에서 비미적 공간장의 근원인상과 동일한 구조를 가지고 있다. 그럼에도 그것은 미적 가치를 가지고 있다는 점에서 미적 가치를 가지고 있지 않은 비미적 공간장의 근원인상과 구별된다. 그런데 그것이 미적 가치를 가지고 있는 이유는 그것이 궁극적으로 미적 본능을 통해 구성된 것이기 때문이다. 이러한 사실은 현전적 미적 공간장의 근원인상의 예를 살펴보면 분명하게 드러난다. 어떤 선율이 어떤 연주홀에서 현재 생생하게 울려 퍼질 경우를 예로 들어 살펴보자. 여기서 우리는 이 선율이 언제나 미적 대상으로 경험되는 것이 아님을 알 수 있다. 그것은 미적 대상으로 경험될 수도 있고 비미적 대상으로 경험될 수도 있다. 그러면 이 두 경우의 차이점은 무엇인가? 그것은 바로 이 선율이 미적 대상으로 경험될 경우 그것은 미적 가치를 지닌 대상으로 경험되지만 그것이 비미적 대상으로 경험될 경우 그것은 미적 가치를 지닌 대상으로 경험되지 않는다는 데 있다. 그러면 이처럼 동일한 선율이 미적 대상으로 경험되기도 하고 비미적 대상으로 경험되기도 하는 이유는 무엇인가? 그 이유는 그것이 미적 대상으로 경험될 경우 해당 주체에게 미적 본능이 작동하고 있으나, 그것이 비미적 대상으로 경험될 경우 해당 주체에게 미적 본능이 작동하지 않는다는 데 있다. 이 경우 미적 본능이 작동하는 주체는 미적 경험의 주체의 자격을 가지고 울려 퍼지는 선율을 미적 대상으로 경험할 수 있으나, 미적 본능이 작동하지 않는 주체는 미적 경험의 주체가 아니라, 일상적 경험의 주체로서 동일한 선율을 미적 대상으로 경험하지 못하고 일상적 대상으로 경험하게 되는 것이다. 이러한 예를 통해 알 수 있듯이 현전적 미적 공간장의 근원인상은 미적 본능이 부단히 작동하고 있는 곳이며 그러한 한에서 그것은 미적 본능의 체계로 규정될 수 있다.

이처럼 미적 현전장의 중심부에 자리 잡고 있는 현전적 미적 공간장의 근원인상이 미적 본능의 체계로 규정될 수 있기 때문에 그것과 분리될 수 없이 결합된 현전적 미적 공간장의 파지와 예지 역시 미적 본능의 체계로 규정될 수 있다. 우선 현전적 미적 공간장의 파지는 현전적 미적 공간장의 근원인상이 파지적으로 변양된 것으로서 파지적 변양이라는 사실을 제외하면 그것은 현전적 미적 공간장의 근원인상의 모든 특성을 그대로 가지고 있으며 따라서 그것 역시 미적 본능을 통해 구성된 것이다. 이처럼 미적 본능을 통해 구성되었기 때문에 현전적 미적 공간장의 파지는 미적 가치를 가지고 있으며 따라서 그것은 미적 본능을 통해 구성되지 않았기 때문에 미적 가치를 가지고 있지 않은 현전적 비미적 공간장의 파지와 본질적으로 구별된다. 현전적 미적 공간장의 예지도 마찬가지이다. 그것은 현전적 미적 공간장의 근원인상이 예지적으로 변양된 것이며 그러한 한에서 그것은 예지적 변양이라는 성격만 제외하면 현전적 미적 공간장의 근원인상의 특성을 모두 가지고 있으며 따라서 그것은 미적 본능을 통해 구성된 것이다.

지금까지의 논의를 통하여 우리는 미적 경험의 주체의 미적 현전장 속에서 전개되는 미적 경험인 현전적 미적 경험이 미적 본능의 체계라는 사실을 알 수 있다. 현전적 미적 경험이란 미적 본능을 통해 구성된 현전적 미적 공간장의 근원인상이 미적 경험의 주체에게 부단히 현출하고 그처럼 현출한 근원인상이 부단히 파지로 이행하며 동시에 현전적 미적 공간장의 예지가 부단히 근원인상으로 이행하면서 이루어지는 미적 경험이다. 미적 현전장을 구성하는 세 가지 요소인 현전적인 미적 공간장의 파지, 근원인상, 예지가 미적 본능의 체계이기 때문에 이 셋의 연속체인 미적 현전장 안에서 이루어지는 현전적 미적 경험은 미적 본능의 체계임이 드러난다.

현전적 미적 경험이 미적 본능의 체계라는 사실과 관련해 우리는 후설이 한 후기 유고에서 "원초적인 영역은 충동의 체계다"(Die Primordialität ist ein Triebsystem)(Hua XV, 594)라는 견해를 피력하고 있다는 사실을 지적하고자 한다. 이 명제와 관련해 우리는 우선 다음과 같은 두 가지 사실에 유의할 필요가 있다. 첫째, 이 명제에서 원초성이란 "현전적 경험"의 영역을 뜻한다. 그 이유는 현전적 경험의 영역은 모든 여타의 경험 영역의 타당성의 정초 토대가 되며 그러한 한에서 그것은 원초적인 경험의 영역이기 때문이다. 둘째, 전후 맥락이 보여 주듯이 여기서 "충동"이란 선천적 충동, 즉 "본능"을 뜻한다. 따라서 후설의 이 명제는 "원초성의 영역은 본능의 체계이다"라는 명제로 이해될 수 있다. 그런데 이 유고에서 후설은 사회성이 형성되기 위한 발생적 토대가 되는 타인을 향한 본능지향성, 즉 사회적인 본능지향성이 원초적인 영역을 관통해 흐르고 있다는 사실을 분석하면서 "원초적인 영역은 충동 체계다"라는 견해를 피력하고 있다. 원초적인 영역에 대한 현상학적 분석을 통해 확인할 수 있듯이 그러한 영역은 사회적인 본능지향성이 관통해 흐르고 있는 영역이며 그러한 한에서 후설의 견해는 탁견이라 할 수 있다. 그런데 이 점과 관련해 유의해야 할 점은 원초적인 영역은 사회적 본능지향성뿐 아니라, 다양한 유형의 본능지향성이 그를 관통해 흐르고 있다는 사실이다. 그런데 미적 주체가 미적 태도를 취할 경우 원초적인 영역은 미적 본능이 관통해 흐르게 되며 이 경우 "원초적인 영역", 즉 현전적 미적 경험의 영역은 "미적 본능의 체계"로 드러난다.

2) 미적 본능의 체계로서의 현전화적 미적 경험

현전화적 미적 경험 역시 미적 본능의 체계이다. 앞서 살펴보았듯이 미적 기억, 미적 예상, 미적 상상, 미적 재현, 미적 표현 등 다양한 유형의 현전화적 미적 경험이 존재한다. 그런데 이 모든 현전화적 미적 경험은 자신의 대상을 가지고 있는데, 우리는 이러한 대상을 현전화적 미적 경험의 대상이라 부를 수 있다. 여기서 유의해야 할 점은 현전화적 미적 경험의 대상이 현전화적 비미적 대상과 구별된다는 사실이다. 양자의 차이점은 현전화적 미적 경험의 대상이 미적 가치를 가지고 있는 데 반해 현전화적 비미적 대상은 그렇지 않다는 데 있다. 그리고 이처럼 현전화적 미적 대상이 미적 가치를 가지고 있는 이유는 그것을 향하고 있는 현전화적 미적 경험이 미적 본능에 토대를 두고 있기 때문이고 현전화적 비미적 대상이 미적 가치를 가지고 있지 않은 이유는 그것을 향하고 있는 현전화적 비미적 경험이 미적 본능에 토대를 두고 있지 않기 때문이다. 이처럼 현전화적 미적 경험이 발생적으로 미적 본능에 토대를 두고 있기 때문에 그것은 미적 본능의 체계로 규정될 수 있다.

앞서 우리는 재현적 미적 경험이 미적 본능의 체계라는 사실을 살펴 보았다. 그러면 이제 현전화적 미적 경험의 또 다른 예인 표현적 미적 경험을 예로 들어 그것 역시 미적 본능의 체계라는 사실을 살펴보자.

앞서 논의한 것처럼 재현본능에 예술창작 본능으로서의 재현본능과 예술감상 본능으로서의 재현본능 등 두 가지가 존재하듯이 표현본능에도 예술창작 본능으로서의 표현본능과 예술감상 본능으로서의 표현본능 등 두 가지가 존재한다. 예술감상 본능으로서의 표현본능에 대해 논하기 전에 우선 예술창작 본능으로서의 표현본능에 대해 간단히 살펴보자. 예술창작 과정에서 작동하는 표현본능은 창작자가 자신의 감정을 표현하고자 하는 근원적인 선천적인 욕구를 뜻한다. 인간은 이러한 의미의 표현본능을 가지고 있다. 이러한 사실은 무엇보다도 어린이의 원초적인 예술활동을 살펴보면 분명히 드러난다. 흥이 나서 춤추고 노래하는 어린이들은 그를 통해 자신의 감정을 표현하는데, 이러한 표현행위 뒤에는 예술창작 본능으로서의 표현본능이 자리 잡고 있다. 이러한 표현본능은 예술창작을 추동하는 핵심적인 요소 중의 하나이다. 뒤프렌느는『예술경험의 현상학』에서 표현의 문제를 분석하면서 자기표현과 의사소통이라는 "근본적인 인간적 욕구"(un besoin fonda-mental de l'homme)(PEE, 474)에 대해 언급하는데, 이러한 근본적인 욕구가 바로 예술창작 본능으로서의 표현본능이다.

그러면 이제 예술감상 본능으로서의 표현본능에 대해 살펴보자. 예술감상 본능으로서의 표현본능은 표현적 미적 경험에서 작동하는 미적 본능을 뜻한다. 앞서 우리는 재현과 재현본능의 관계에 대해 논의했는데, 이러한 논의는 예술감상 본능으로서의 표현본능의 정체를 이해함에 있어 중요한 의미를 가진다. 앞서 예술감상 본능으로서의 재현본능을 논의하면서 살펴보았듯이 재현적 미적 경험의 과정에서 미적 호기심 본능이 작동한다. 그런데 바로 이와 유사한 호기심 본능이 표현적인 특성이 강한 예술작품을 감상할 때 작동한다. 앞서 살펴보았듯이 재현적인 예술작품을 대할 때 도대체 이 작품이 무엇을 재현한 것인지 알고 싶은 호기심 본능이 미적 경험의 주체에게서 작동한다. 이와 마찬가지로 표현적인 특성을 강하게 가지고 있는 예술작품을 대하게 될 경우 감상자에게는 "도대체 이 작품을 통해 창작자는 어떤 감정을 표현하고 싶은 것일까?"라는 질문과 더불어 미적 호기심 본능이 미적 경험의 주체에게 작동한다. 여기서 알 수 있듯이 표현본능은 재현본능과 마찬가지로 미적 호기심 본능을 하나의 구성 요소로 포함하고 있다.[49]

그러나 예술감상 본능으로서의 표현본능은 미적 호기심 본능 이외에 또 하나의 본능을 구성 요소로 가지고 있다. 앞서 재현본능과 관련해 그것이 미적 호기심 본능과 일반적 재현본능으로 구성되어 있다는 사실을 살펴보았다. 이와 마찬가지로 표현본능 역시 미적 호기심과 일반적인 표현본능으로 구성되어 있다. 표현적 성격이 강한 작품을 경험할 경우 미적 경험의 주체에게 그를 통해 표현된 창작자의 감정의 정체에 대한 미적 호기심 본능과 더불어 예술적 기교, 표현방식, 작품 구성, 형식 등이 얼마나 훌륭한지에 대해 관심이 생긴다. 그런데 바로 이런 관심의 발생적 토대가 바로 일반적인 표현본능이다. 이처럼 일반적

49　우리는 재현본능을 구성하는 한 요소인 미적 호기심 본능과 표현본능을 구성하는 한 요소인 미적 호기심 본능을 구별하면서 앞의 것을 재현적 미적 호기심 본능이라 부르고 뒤의 것을 표현적 미적 호기심 본능이라 부를 수 있을 것이다.

표현본능은 예술감상 본능으로서의 표현본능을 구성하는 또 하나의 요소이다. 예술감상 본능으로서의 표현본능을 구성하는 또 하나의 요소인 미적 호기심 본능이 표현된 내용에 대한 경험을 통해 충족되는 것과는 달리 일반적 표현본능은 예술적 기교, 표현방식, 작품 구성, 형식 등에 대한 경험을 통해 충족된다.

이처럼 표현적 미적 경험이 수행될 때 미적 경험의 주체에게는 미적 호기심 본능과 일반적 표현본능을 두 가지 구성 요소로 가지고 있는 표현본능이 작동하고 있다. 말하자면 표현적 미적 경험이 수행될 때 그를 관통해 미적 본능이 흐르고 있다. 따라서 표현적 미적 경험은 미적 본능의 체계임이 드러난다. 표현적 미적 경험뿐 아니라, 미적 기억, 미적 예상, 미적 상상 등 모든 유형의 현전화적 미적 경험 역시 미적 본능의 체계이다. 그 이유는 이 모든 유형의 경험이 발생적으로 미적 본능에 토대를 두고 있으며 그것들을 관통해 미적 본능이 흐르고 있기 때문이다.

3) 미적 본능의 체계로서의 해명적 미적 경험

더 나아가 해명적 미적 경험 역시 미적 본능의 체계이다. 이러한 사실은 해명적 미적 경험을 해명적 비미적 경험과 비교해 보면 분명히 드러난다. 이 점을 살펴보기 위하여 우선 해명적 미적 경험과 해명적 비미적 경험의 구별에 대해 살펴보자.

해명적 미적 경험은 앞서 살펴본 다양한 유형의 현전적 미적 경험과 현전화적 미적 경험을 수행한 후에 그 경험의 대상을 보다 더 상세하게 해명하면서 이루어지는 경험을 뜻한다. 예를 들어 내가 현전적 미적 경험을 통하여 어떤 선율을 경험한 후 그 선율의 정체를 해명하고자 시도할 경우 이러한 시도가 바로 해명적 미적 경험에 해당한다. 그러나 우리는 다양한 유형의 비미적 경험에 대해서도 해명적 경험을 가질 수 있다. 예를 들어 내가 비미적 경험을 통해 어떤 나무를 지각한 후 나는 그 나무를 다양한 방식으로 해명하면서 그 나무에 대해 새롭게 경험할 수 있다. 예를 들어 나는 어떤 나무를 경험한 후 그것이 어떤 종에 속하는 나무인지, 몇 년생의 나무인지, 무슨 용도로 사용될 수 있는 나무인지 등 그 나무를 다양한 관점에서 해명하면서 그에 대해 새롭게 경험할 수 있는데, 바로 이처럼 새롭게 이루어지는 나무에 대한 경험이 해명적 비미적 경험이다.

해명적 미적 경험과 해명적 비미적 경험을 비교해 보면 알 수 있듯이 해명적 미적 경험의 대상은 미적 가치를 가지고 있으나 해명적 비미적 경험의 대상은 미적 가치를 가지고 있지 않다. 그러면 해명적 미적 경험의 대상과 해명적 비미적 경험의 대상이 이처럼 구별되는 이유는 무엇인가? 그 이유는 해명적 미적 경험의 대상이 미적 본능을 통해 구성된 것인 데 반해 해명적 비미적 경험은 그렇지 않기 때문이다. 그리고 이처럼 해명적 미적 경험의 대상이 미적 본능을 통해 구성되었다 함은 해명적 미적 경험을 관통해 미적 본능이 흐르고 있음을 함축하며 그러한 한에서 해명적 미적 경험 역시 미적 본능의 체계임이 드러난다.

4) 미적 본능의 체계로서의 미적 경험의 구조

지금까지의 논의를 통하여 우리는 현전적 미적 경험, 현전화적 미적 경험, 해명적 미적 경험 모두 미적 본능의 체계라는 사실을 확인하였다. 그러나 미적 본능이 이처럼 다양한 유형의 미적 경험을 관통해 동일한 양상으로 흐르고 있는 것은 아니다. 미적 경험의 유형이 다름에 따라 미적 본능이 작동하는 양상도 다르며, 이러한 작동양상의 차이를 고려하면서 우리는 다양한 유형의 미적 본능을 구별할 수 있다. 미적 본능의 체계로서의 미적 경험의 구조를 보다 더 구체적으로 이해하기 위해서는 미적 본능의 작동 양상의 차이에 따라 다양한 유형의 미적 본능을 구별할 수 있다는 사실을 이해할 필요가 있다. 그러면 우선 현전적 미적 경험, 현전화적 미적 경험, 해명적 미적 경험 등 세 가지 유형의 미적 경험 각각의 특성을 살펴보면서 이 각각의 미적 경험에서 미적 본능이 작동하는 양상이 어떻게 다른지 확인해 보자.

현전적 미적 경험은 운동감각에 토대를 두고 있으며 직접적으로 신체 활동을 통하여 이루어진다. 예를 들어 내가 어떤 선율을 현전적 미적 경험의 양상에서 경험할 경우 이 선율에 대한 경험은 귀라는 나의 신체 기관의 작동이 없이는 불가능하다. 이와 마찬가지로 내가 어떤 회화작품을 현전적 미적 경험의 양상에서 경험할 경우 이러한 경험은 눈이라는 나의 신체 기관의 작동이 없이는 불가능하다. 더 나아가 내가 어떤 건축물을 현전적 미적 경험의 양상에서 경험할 경우 이러한 경험은 눈이라는 나의 신체 기관뿐 아니라, 건물을 돌아가면서 경험하기 위하여 나의 신체 전체가 나름의 방식으로 작동하지 않고서는 불가능하다. 이러한 예들이 보여 주듯이 현전적 미적 경험은 신체활동을 통해 이루어진다. 따라서 미적 본능이 현전적 미적 경험을 관통하여 흐를 경우 그것은 다양한 신체활동을 통해 작동할 수밖에 없다. 현전적 미적 경험 속에서 작동하는 미적 본능은 신체활동 없이는 작동할 수도 없고 충족될 수도 없다.

현전화적 미적 경험 역시 신체 기관이 작동하지 않고서는 존재할 수 없다. 이 점에 있어서 그것은 현전적 미적 경험과 다르지 않다. 그러나 그것은 현전적 미적 경험과는 달리 어떤 특정한 신체 기관의 작동에 구속되어 있지 않다. 예를 들어 현전화적 미적 경험의 한 유형인 미적 상상이나 미적 재현이 어떤 특정한 신체 기관의 활동과 밀접하게 결합되어 있지 않음은 분명하다. 이처럼 현전화적 미적 경험이 특정한 신체 기관의 활동과 밀접하게 결합되어 있지 않기 때문에 그러한 미적 경험 속에서 미적 본능이 작동할 경우 그것은 특정한 신체 기관의 작동과 결부되어 있지 않다. 이처럼 미적 본능이 현전화적 미적 경험을 관통하여 흐를 경우 그 작동 양상은 그것이 현전적 미적 경험을 관통하여 흐를 경우의 작동 양상과 다르다.

　해명적 미적 경험은 현전화적 미적 경험과 마찬가지로 특정한 신체 기관의 작동에 구속되어 있지 않다. 따라서 미적 본능이 그것을 관통하여 흐를 경우 그 작동 양상은 미적 본능이 현전화적 미적 경험을 관통하여 흐를 경우 그 작동 양상과 유사하다. 그럼에도 미적 본능이 해명적 미적 경험을 관통하여 흐를 경우 그 작동 양상은 그것이 현전화적 미적 경험을 관통하여 흐를 경우 그 작동 양상과 동일한 것은 아니다. 그 이유는 해명적 미적 경험과 현전화적 미적 경험 사이에는 구조적 유사성뿐 아니라, 본질적인 차이점도 존재하기 때문이다. 양자 사이의 결정적인 차이점은 현전화적 미적 경험이 경험되는 미적 대상에 대한 반성이 없이 대상을 직접적으로 향하면서 이루어지는 경험인 것과는 달리 해명적 미적 경험은 미적 대상에 대한 반성을 토대로 이루어지는 경험이라는 데 있다. 현전화적 미적 경험이 대상에 대한 반성이 없이 수행되기 때문에 그것은 미적 대상에 대한 직접적인 경험인 데 반해, 대상에 대한 반성을 통해 수행되는 해명적 미적 경험은 대상에 대한 간접적인 경험이다. 그리고 현전화적 미적 경험과 해명적 미적 경험이 이처럼 차이가 나기 때문에 현전화적 미적 경험을 관통해 미적 본능이 흐를 경우 그 작동 양상은 해명적 미적 경험을 관통해 흐를 경우 그 작동 양상과 다르다.

　지금까지 우리는 미적 본능이 현전적 미적 경험, 현전화적 미적 경험, 해명적 미적 경험 등 세 가지 유형의 미적 경험을 관통하여 흐를 경우 그 작동 양상이 각기 다르다는 사실을 확인하였다. 이처럼 미적 본능이 각기 다른 유형의 미적 경험에서 작동하는 양상이 다르기 때문에 그러한 작동 양상의 차이에 따라 우리는 서로 다른 유형의 미적 본능을 구별할 수 있다. 말하자면 현전적 미적 경험에서 작동하는 미적 본능, 현전화적 미적 경험에서 작동하는 미적 본능, 해명적 미적 경험에서 작동하는 미적 본능 등 세 가지 유형의 미적 본능을 구별할 수 있는데, 이 각각의 미적 본능을 현전적 미적 본능, 현전화적 미적 본능, 해명적 미적 본능이라 부르고자 한다.

그러나 현전적 미적 경험, 현전화적 미적 경험, 해명적 미적 경험 각각은 다시 다양한 유형의 미적 경험으로 나누어진다. 앞서 살펴보았듯이 현전적 미적 경험은 감각적 미적 경험과 지각적 미적 경험으로 나누어지고, 현전화적 미적 경험은 기억적 미적 경험, 예상적 미적 경험, 상상적 미적 경험, 재현적 미적 경험, 표현적 미적 경험 등으로 나누어지며, 해명적 미적 경험 역시 현전적 미적 경험에 대한 해명을 통한 경험, 현전화적 미적 경험에 대한 해명을 통한 경험 등으로 나누어진다. 그런데 동일한 유형의 미적 경험에서 작동하는 동일한 유형의 미적 본능이라 할지라도 그것이 각기 다른 하위 유형의 미적 경험에서 작동할 경우 작동 양상에서 차이가 나며 따라서 이러한 차이점을 고려하면서 다양한 하위 유형의 미적 본능을 구별할 수 있다.

예를 들어 현전적 미적 경험의 발생적 토대인 현전적 미적 본능이 미적 감각에서 작동할 경우와 미적 지각에서 작동할 경우 그 작동 양상은 각기 다르다. 미적 감각이 수동적인 미적 경험인 데 반해 미적 지각은 능동적인 미적 경험이기 때문에 이러한 차이에 대응해 현전적 미적 본능이 미적 감각에서 작동할 경우 그것은 수동적 양상에서 작동하지만 그것이 미적 지각에서 작동할 경우 그것은 능동적 양상에서 작동한다. 이러한 작동 양상의 차이를 고려하면서 감각적 미적 본능과 지각적 미적 본능 등 두 가지 유형의 현전적 미적 본능을 구별할 수 있다. 이와 마찬가지로 기억적 미적 경험, 예상적 미적 경험, 상상적 미적 경험, 재현적 미적 경험, 표현적 미적 경험 등 다양한 유형의 현전화적 미적 경험의 구별에 대응해 기억적 미적 본능, 예상적 미적 본능, 상상적 미적 본능, 재현본능, 표현본능 등 다양한 유형의 현전화적 미적 본능을 구별할 수 있으며, 해명적 미적 본능의 경우도 서로 다른 유형의 해명적 미적 경험을 구별하면서 그에 상응해 다양한 유형의 해명적 미적 본능을 구별할 수 있다.

이러한 논의를 통하여 우리는 미적 본능의 체계로서의 미적 경험의 총체의 정체를 구체적으로 이해할 수 있다. 미적 경험의 총체는 앞서 살펴본 다양한 유형의 미적 본능이 유기적으로 결합되어 있는 체계이다. 이 점과 관련해 다음과 같은 두 가지 사실을 지적하고자 한다.

첫째, 우리는 미적 경험의 총체를 관통해 동일한 유형의 미적 본능이 아니라, 다양한 유형의 미적 본능이 흐르고 있다는 사실에 유의할 필요가 있다. 비유하자면 미적 경험의 총체를 관통해 한 가지 색깔의 미적 본능이 아니라, 다양한 색깔의 미적 본능이 흐르고 있는 것이다. 이처럼 미적 본능의 체계로서의 미적 경험의 총체는 아주 복잡한 구조를 가지고 있다.

둘째, 미적 경험의 총체를 관통해 흐르고 있는 다양한 유형의 미적 본능은 무질서하게 결합되어 있지 않다. 다양한 유형의 미적 본능 사이에는 나름의 질서 또는 법칙이 존재한다. 예를 들어 다양한 유형의 미적 본능들 사이에는 발생적 관점에서 볼 때 나름의 정초 관계가 존재한다. 그 이유는 다양한 유형의 미적 본능들 각각에 대응하는 다양한 유형의 미적 경험들 사이에 발생적 관점에서 볼 때 나름의 정초 관계가 존재하기 때문이다. 예를 들어 현전적 미적 본능은 현전화적 미적 본능을 발생적으로 정초해 주고 이 두 유형의 미적 본능은 다시 해명적 미적 본능을 발생적으로 정초해 준다. 그 이유는 현전적 미적 경험이 현전화적 미적 경험을 발생적으로 정초해 주고 이 두 유형의 미적 경험은 다시 해명적 미적 경험을 발생적으로 정초해 주기 때문이다.

7. 미적 경험의 구성 요소

미적 본능의 체계로서의 미적 경험의 체계에 대한 6절의 논의를 통해 우리는 미적 본능이 어떻게 다양한 유형의 미적 경험을 발생적으로 정초해 주며 다양한 미적 경험이 어떻게 발생하는지 이해할 수 있게 되었다. 이제 우리는 미적 경험의 발생 구조를 보다 더 구체적으로 이해하기 위해 미적 경험이 여러 가지 구성 요소를 가지고 있으며 이러한 미적 경험의 구성 요소들이 발생적 현상학적으로 미적 본능에 토대를 두고 있다는 사실을 해명하고자 한다. 이러한 사실을 해명하기 위하여 이 절에서는 우선 미적 경험의 구성 요소들에 대해 살펴보기로 하자.

앞서 우리는 현전적 미적 경험, 현전화적 미적 경험, 해명적 미적 경험 등 다양한 유형의 미적 경험이 존재하며 이 각각이 다양한 하위 유형의 미적 경험으로 나누어진다는 사실을 살펴보았다. 그런데 모든 유형의 미적 경험은 ① 미적 정립작용, ② 미적 의지, ③ 미적 감정, ④ 미적 관심 등의 요소를 가지고 있다. 그러면 이제 이 점을 해명적 미적 경험을 예로 들어 해명해 보자.

1) 미적 경험의 4가지 구성 요소들

해명적 미적 경험은 앞서 수행된 현전적 미적 경험의 대상 또는 현전화적 미적 경험의 대상에 대한 해명을 통해 이루어지는 경험이다. 그러면 현전화적 미적 경험의 대상에 대한 해명을 통해 이루어지는 해명적 미적 경험을 예로 들어 해명적 미적 경험의 구조에 대해 살펴보자. 미켈란젤로의 「천지창조」를 감상하면서 그중에서도 중앙의 네 번째 부분에 있는 "아담의 창조" 부분을 감상한다고 가정하자.[50]

---

50 "아담의 창조"에 대한 아래의 논의를 위해 다음을 참고하였다: http://terms.

"아담의 창조" 부분을 감상하면서 우리는 다양한 유형의 현전화적 경험, 그중에서도 재현적 미적 경험을 할 수 있다. 이러한 재현적 미적 경험의 예로는 이 부분이 구약성서에 나오는 인간의 창조 부분을 재현하고 있다는 사실에 대한 경험을 비롯해, 화폭의 왼쪽이 아담을 재현하고 있다는 사실에 대한 경험, 화폭의 오른쪽이 하느님과 케루빔 (cherubim) 천사들을 제현하고 있다는 사실에 대한 경험 등을 들 수 있다.

그러나 우리는 이러한 재현적 미적 경험의 대상을 해명하면서 해명적 미적 경험을 할 수 있다. 예를 들어 화폭을 보다 더 자세하게 살펴가면서 하느님이 위쪽에서 오른쪽 팔을 뻗어서 아담에게 생명의 불꽃을 전하고 있다는 사실, 아담은 낮은 곳에서 왼쪽 팔을 뻗어 하느님으로부터 생명의 불꽃을 받아들이고 있다는 사실, 하느님의 손가락과 아담의 손가락은 약간의 간격을 두고 떨어져 있는데, 이는 생명의 불꽃이 전달되는 순간을 표현하기 위한 것이라는 사실, 하느님의 모습과 아담의 모습은 닮아 있는데, 이는 「창세기」 1장 26절에 나오는 하느님의 형상에 따른 인간의 창조를 암시하고 있다는 사실 등 다양한 유형의 해명적 미적 경험을 할 수 있다.

그런데 이처럼 다양한 해명적 미적 경험 각각은 미적 정립작용, 미적 의지, 미적 감정, 미적 관심 등의 요소들로 구성되어 있다. 그러면 이 각각에 대해 살펴보자.

① 미적 정립작용

앞서 살펴본 다양한 해명적 미적 경험 각각은 미적 정립작용을 가지고 있다. 그러한 정립작용의 예로는 1) 하느님의 손가락과 아담의 손

naver.com/entry.nhn?docId=974722&cid=46720&categoryId=46799.

가락은 약간의 간격을 두고 떨어져 있는데, 이는 생명의 불꽃이 전달되는 순간을 표현하기 위한 것이라는 사실에 대한 해명적 미적 경험, 2) 아담을 향한 하느님의 시선은 인자함으로 가득 차 있고, 하느님을 향한 아담의 시선은 경외심으로 가득 차 있는데, 이는 하느님과 인간 사이의 기독교적 사랑을 표현하고 있다는 사실에 대한 해명적 미적 경험 등의 경우 이 각각의 사실이 존재한다고 생각하는 의식 작용을 들수 있다.

② 미적 의지

해명적 미적 경험은 미적 의지를 또 하나의 구성 요소로 가지고 있다. 우선 각각의 해명적 미적 경험은 미적 대상을 해명하고자 하는 주체의 의지가 없이는 불가능하다. 앞서 살펴본 두 가지 해명적 미적 경험은 이러한 사실을 잘 보여 주고 있다. 예를 들어 첫 번째 해명적 미적 경험이 가능하기 위해서는 하느님의 손가락, 아담의 손가락, 둘 사이에 존재하는 작은 간격 등 다양한 미적 대상을 순차적으로 해명해야하는데, 이처럼 순차적인 해명이 가능하기 위해서는 그것을 해명하고자 하는 주체의 의지가 필요하다. 두 번째 해명적 미적 경험의 경우도 그것이 가능하기 위해서는 아담을 향한 하느님의 시선, 하느님을 향한 아담의 시선, 그리고 둘 사이의 공간 등 다양한 미적 대상을 순차적으로 해명해야 하는데, 이처럼 순차적인 해명이 가능하기 위해서는 그것을 해명하고자 하는 주체의 의지가 필요하다. 더 나아가 하나의 해명적 미적 경험에서 그치지 않고 그것이 발생한 후 또 다른 해명적 미적 경험이 발생하기 위해서도 해명적 미적 경험을 계속해서 수행하고자 하는 주체의 의지가 필요하다. 이처럼 해명적 미적 경험을 계속해서 수행하고자 하는 주체의 의지가 미적 의지이다.

③ 미적 감정

해명적 미적 경험은 미적 정립작용 이외에 미적 감정을 또 하나의 구성 요소로 가지고 있다. 해명적 미적 경험을 통해 미적 대상에 대한 해명이 이루어지면, 그처럼 해명된 미적 대상에 대한 정립과 더불어 미적 감정이 나타난다. 예를 들어 앞의 예에서 하느님의 손가락과 아담의 손가락은 약간의 간격을 두고 떨어져 있는데, 이는 생명의 불꽃이 전달되는 순간을 표현하기 위한 것이라는 사실에 대한 해명적 미적 경험의 경우 대상에 대한 미적 해명이 일어나면서 그처럼 해명된 대상에 대한 미적 정립작용과 함께 그 대상과 관련된 미적 감정이 일어난다. 예를 들어 이 경우 마치 하느님의 두 번째 손가락 끝에서 생명의 불꽃이 튀어나와 아담의 두 번째 손가락으로 전해질 것 같은 모습을 보면서 우리는 신비스런 감정을 느낄 수 있다. 또 아담을 향한 하느님의 시선은 인자함으로 가득 차 있고, 하느님을 향한 아담의 시선은 경외심으로 가득 차 있는데, 이러한 사실을 경험하면서 우리는 무한한 신적인 사랑의 감정을 느낄 수 있다. 이러한 예를 통해 알 수 있듯이 해명적 미적 경험은 미적 감정을 또 하나의 구성 요소로 가지고 있다.

④ 미적 관심

해명적 미적 경험은 미적 관심을 또 하나의 구성 요소로 가지고 있다. 일반적으로 관심이란 대상을 경험하거나 획득하기 위하여 노력하면서 마음을 쓰는 상태를 뜻한다. 따라서 관심은 대상에 대해 그 어떤 마음도 쓰지 않는 상태인 중립적 의식 상태와 구별된다. 마음을 쓰는 대상이 무엇이냐에 따라 경제적 관심, 정치적 관심, 사회적 관심, 역사적 관심, 문화적 관심, 이론적 관심 등 다양한 유형의 관심이 존재한다. 그런데 해명적 미적 경험 역시 나름의 관심을 가지고 있음은 두말할 나위도 없다. 그 이유는 해명적 미적 경험을 수행하면서 미적 경험

의 주체는 미적 대상을 해명하여 그의 정체를 파악하고자 마음을 쓰기 때문이다.[51]

지금까지 우리는 해명적 미적 경험이 미적 정립작용, 미적 의지, 미적 감정, 미적 관심 등을 구성 요소로 가지고 있다는 사실을 살펴보았다. 그러나 앞서 살펴보았듯이 해명적 미적 경험 이외에도 다양한 유형의 현전적 미적 경험, 현전화적 미적 경험이 존재한다. 그런데 이 모든 유형의 미적 경험은 해명적 미적 경험과 마찬가지로 미적 정립작용, 미적 의지, 미적 감정, 미적 관심 등을 구성 요소로 가지고 있다. 우리는 이러한 사실을 다양한 미적 경험에 대한 현상학적 분석을 통해 확인할 수 있다. 예를 들어 현전적 미적 경험의 한 가지 유형인 지금 울려 퍼지는 선율에 대한 지각적 미적 경험은 1) 울려 퍼지는 선율이 존재한다는 사실에 대한 의식 작용인 미적 정립작용, 2) 선율을 감상하고자 하는 미적 의지, 3) 선율을 들으면서 느끼는 미적 감정, 4) 선율을 감상하려고 마음을 쓰는 미적 관심 등의 구성 요소를 가지고 있다. 미적 경험의 4가지 요소와 관련하여 다음과 같은 몇 가지 사실을 지적하고자 한다.

첫째, 다양한 유형의 미적 경험이 4가지 구성 요소를 가지고 있다는 사실과 관련하여 우리는 "전체적 작용"과 "부분적 작용"이 구별된다는 사실에 유의해야 한다.[52] 다양한 유형의 미적 경험 각각은 전체적 작용

---

51 해명적 미적 경험뿐 아니라, 모든 유형의 미적 경험이 미적 관심을 가지고 있는데, 이 점에 대해 우리는 칸트와 견해를 달리한다. 잘 알려져 있듯이 칸트는 『판단력비판』에서 "순수한 취미판단"(reines Geschmacksurteil)을 "그 어떤 관심도 가지고 있지 않은"(ohne alles Interesse)(KU, 40) 판단으로 규정하면서 미적 경험을 무관심한 경험으로 간주한다. 그러나 뒤에서 자세하게 살펴보게 되겠지만 이러한 칸트의 견해는 문제점을 안고 있다. 해명적 미적 경험에 대한 분석이 보여 주듯이 미적 경험은 나름의 관심, 즉 미적 관심을 가지고 있다.

52 후설은 『제일철학 II』(Hua VIII)의 100-101에서 전체적 작용과 부분적 작용의

이라 불리고 그것을 구성하는 요소들인 미적 정립작용, 미적 의지, 미적 감정, 미적 관심 등은 부분 작용이라 불린다. 전체적 작용과 부분적 작용은 미적 경험에서만 확인할 수 있는 것이 아니라, 인식적 경험, 실천적 경험의 경우에도 확인할 수 있다. 인식적 경험의 경우 수학적 인식작용을 예로 들자면 그것은 1) 수학적 사태를 파악하는 작용으로서의 정립작용, 2) 수학적 사태를 파악하려고 노력하는 작용으로서의 의지작용, 3) 의지작용이 충족되는지 여부에 따라 주체가 경험하는 쾌 혹은 불쾌의 감정, 4) 사태를 파악하려고 마음을 쓰는 주체의 이론적 관심 등으로 이루어져 있는데, 수학적 인식작용이 전체적인 작용이라 불리고 그것을 구성하는 4가지 요소들이 부분적 작용이라 불린다. 실천적 경험의 경우도 마찬가지인데, 도덕적 의지작용을 예로 들자면 그것은 1) 도덕법칙을 파악하는 작용으로서의 도덕적 정립작용, 2) 도덕법칙에 따라 살고자 하는 의지작용, 3) 그러한 의지작용이 성취되는지 여부에 따라 주체가 느끼는 도덕적 감정, 4) 도덕적 삶과 관련된 주체의 도덕적 관심 등으로 이루어져 있는데, 도덕적 의지작용이 전체적인 작용이라 불리고 그것을 구성하는 4가지 요소들이 부분적 작용이라 불린다.

둘째, 전체적인 작용으로서의 다양한 유형의 미적 경험은 서로 분리되어 존재한다. 앞서 살펴본 예를 통해 확인할 수 있듯이 현전적 미적 경험의 한 유형인 감각적 미적 경험과 지각적 미적 경험은 서로 분리되어 존재한다. 또한 현전화적 미적 경험의 유형인 기억적 미적 경험, 예상적 미적 경험, 재현적 미적 경험, 표현적 미적 경험도 서로 분리되어 존재하며 하나의 해명적 경험과 또 다른 해명적 미적 경험도 서로 분리되어 존재한다.

구별에 대해 논의한다.

그러나 전체적인 작용으로서의 미적 경험을 구성하는 여러 가지 요소들인 부분 작용들은 서로 분리되어 존재할 수 없다. 그것들은 마치 사각기둥의 4면이 서로 분리될 수 없듯이 서로 분리되어 존재할 수 없다. 이러한 점에서 그것들은 하이데거의 표현을 빌리면 등근원적이다.

셋째, 수동성과 능동성의 구별이라는 관점에서 보자면 전체적인 작용으로서의 다양한 미적 경험 각각과 그것을 구성하는 요소들인 부분 작용들은 유사한 성격을 가지고 있다. 예를 들어 전체적인 작용으로서의 감각적 미적 경험이 수동적인 것과 마찬가지로 그것을 구성하는 요소들로서의 부분적 작용들 역시 수동적이다. 이와는 달리 해명적 미적 경험이 능동적인 것과 마찬가지로 그것을 구성하는 요소들로서의 부분적 작용들 역시 능동적이다.

2) 뒤프렌느의 견해에 대한 비판적 검토

그러면 이제 미적 경험의 구성 요소와 관련해 뒤프렌느가 어떤 입장을 취하고 있는지 살펴보고 그에 대해 비판적으로 검토해 보자. 미적 경험의 현상학을 전개하면서 그는 미적 경험이 다양한 구성 요소를 가지고 있다는 사실을 주목하지 못했다. 이러한 사실은 그가 미적 경험에서 미적 감정이 차지하는 위치에 대해 어떤 입장을 취하는지 살펴보면 분명해진다. 그는 미적 감정이 미적 경험의 한 가지 구성 요소라는 사실을 주목하지 못하고 그것을 미적 경험의 한 가지 유형처럼 간주하면서 그에 대해 분석하고 있다. 이러한 사실을 확인하기 위하여 반성과 미적 감정의 관계에 대한 그의 분석을 검토해 보자.

앞서 살펴보았듯이 뒤프렌느는 "현전", "재현과 상상" 등의 미적 경험의 단계에 대해 논한 후 미적 경험의 마지막 단계로서 "반성과 미적 감정"에 대해 논한다. 그런데 그는 반성과 미적 감정에 대해 논하면서 반성과 미적 감정을 서로 구별되는 두 가지 단계처럼 간주한다. 그러면 이 점을 보다 더 자세하게 살펴보자.

뒤프렌느에 의하면 미적 경험의 과정에서 상상은 반성, 즉 오성을 통해 교정되어야 한다. 그런데 상상이 오성을 통해 교정되면서 미적 경험이 완결되는 것은 아니다. 상상이 오성을 통해 교정된 후 미적 경험은 반성을 거쳐 미적 감정의 단계로 나아간다.

그런데 미적 경험의 요소에 대한 지금까지의 논의는 반성, 즉 해명적 미적 경험과 미적 감정의 관계에 대한 뒤프렌느의 견해가 심각한 문제점을 안고 있음을 보여 준다. 뒤프렌느는 미적 감정을 반성 다음에 오는 미적 경험의 단계로 간주하면서 미적 감정을 반성과 구별되는 별개의 단계로 간주한다. 그러나 뒤프렌느의 견해는 타당하지 않다.

앞서 논의되었듯이 미적 감정은 반성을 구성하는 한 가지 요소이지 반성과 구별되는 별개의 단계가 아니다. 뒤프렌느가 미적 감정을 반성과 구별되는 별개의 단계로 간주하게 된 이유는 그가 반성이 미적 감정을 비롯해 미적 정립작용, 미적 의지, 미적 관심 등 다양한 구성 요소들을 가지고 있다는 사실을 직시하지 못하였기 때문이다. 바로 이러한 이유 때문에 그는 미적 반성에 대해 논의하면서 그것을 구성하는 한 가지 요소인 미적 감정의 정체를 올바로 파악하지 못하였을 뿐 아니라, 더 나아가 미적 감정 이외에 미적 반성을 구성하는 요소들, 즉 미적 정립작용, 미적 의지, 미적 관심 등이 존재한다는 사실을 직시하지 못하고 그에 대한 분석을 수행할 수 없었던 것이다. 이처럼 미적 감정이 반성을 구성하는 한 가지 요소이기 때문에 미적 감정이 반성 다음에 등장하는 단계라는 뒤프렌느의 견해 역시 타당하지 않다.

뒤프렌느는 미적 감정을 반성 다음에 등장하는 단계로 간주하면서도 양자의 관계에 대해 또 다른 견해를 피력한다. 앞서 1절에서 살펴보았듯이 그는 반성과 미적 감정이 변증법적 과정 속에서 서로 교차하면서 나타나는 것처럼 기술하기도 한다. 양자가 변증법적 과정 속에서 존재한다는 견해에 따르면 반성과 미적 감정 중에서 어느 하나가 나타나면 거기에 이어 미적 감정이 나타나고, 이처럼 미적 감정이 나타나면 거기에 이어 다시 반성이 나타나고, 이처럼 반성이 나타나면 거기에 이어 다시 미적 감정이 나타난다.

물론 이러한 견해 역시 미적 감정을 반성과는 구별되는 별개의 단계로 간주한다는 점에서 타당하지 않다. 그러면 뒤프렌느가 이러한 견해를 피력하게 된 이유는 무엇일까? 이 점을 이해하기 위하여 우리는 뒤프렌느가 염두에 두고 있는 "변증법적 과정"의 정체가 무엇인지 해명할 필요가 있다. 앞서 살펴본 반성, 즉 해명적 미적 경험의 과정을 살펴보면 우리는 "변증법적 과정"의 정체가 무엇인지 이해할 수 있다. 앞서 미켈란젤로의 「천지창조」를 예로 들어 살펴보았듯이 미적 해명이 계속됨에 따라 일련의 해명적 미적 경험으로서의 반성들(A1, A2, A3, A4 …)이 등장한다. 그런데 이 각각의 반성은 모두 미적 감정을 비롯한 다양한 미적 경험의 요소들을 가지고 있다. 그런데 반성의 전개 과정, 즉 A1에서 시작하여 A2, A3, A4 …로 나아가는 과정을 살펴보면 그것은 더 낮은 단계의 반성에서 더 높은 단계의 반성으로 나아가는 과정으로 이해될 수 있으며 그러한 한에서 그것은 "변증법적 과정"이라 불릴 수 있다.

이러한 변증법적 과정은 다양한 미적 경험의 요소들을 가지고 있는 하나의 반성에서 역시 다양한 미적 경험의 요소들을 가지고 있는 또 하나의 반성으로 부단히 이행해 나아가는 과정이다. 그런데 이 경우 반성이 미적 감정을 비롯한 다양한 요소들을 가지고 있다는 사실을 직시하지 못한 채 어느 순간 반성에 주목하고 그다음 순간 그의 구성 요소인 미적 감정에 주목한 후 이러한 일이 반복될 경우 반성의 전개 과정은 마치 반성과 미적 감정이 번갈아 가면서 등장하는 것처럼 보일 수도 있으며, 바로 이러한 이유에서 뒤프렌느는 반성과 미적 감정을 변증법적 과정 속에서 존재하는 것으로 간주했던 것이다.

8. 미적 본능과 미적 정립작용

앞서 살펴보았듯이 다양한 유형의 미적 경험은 미적 본능에 토대를 두고 있으며 따라서 미적 본능이 다양한 유형의 미적 경험을 관통해 흐르고 있기 때문에 미적 본능은 미적 경험의 구성 요소들인 미적 정립작용, 미적 감정, 미적 의지, 미적 관심 등을 관통해 흐르면서 그것들을 발생적으로 정초해 주고 있다. 바로 이러한 이유에서 미적 경험의 구성 요소들을 미적 본능과의 관계에서 분석할 경우 지금까지 알려지지 않은 저 요소들의 새로운 측면들, 더 나아가 지금까지 드러나지 않은 다양한 유형의 미적 경험의 다양한 측면들이 드러날 수 있다. 그러면 이제 미적 경험의 다양한 요소들을 미적 본능과의 관계에서 해명하면서 그것들의 다양한 측면을 드러내 보자. 우선 미적 본능과 미적 정립작용의 관계에 대해 살펴보자.

앞서 미적 정립작용에 대해 논의하면서 살펴보았듯이 미적 정립작용은 미적 대상에 대한 정립작용을 뜻한다. 정립작용에는 인식적 정립작용과 비인식적 정립작용이 있는데, 미적 정립작용은 비인식적 정립작용의 한 유형이다. 그런데 미적 정립작용은 미적 본능 없이는 존재할 수 없다. 그것은 발생적으로 미적 본능에 토대를 두고 있으며 그의 성격 또한 미적 본능에 의해 각인되어 있다. 그러면 이제 미적 정립작용을 인식적 정립작용과 비교하면서 이러한 사실을 살펴보자.

어느 건물, 예를 들어 쾰른 대성당을 보고 한 사람(A)은 "쾰른 대성당은 높이가 150m이다"라고 말하고 또 한 사람(B)은 "쾰른 대성당은 아름답다"고 말한다고 가정하자. 이 두 진술은 모두 나름의 정립작용을 가지고 있다. 이 경우 A는 쾰른 대성당을 단순한 인식 대상으로 간주하면서 그에 대해 진술하고 있기 때문에 그의 진술은 인식적 정립작용을 가지고 있다. 그러나 B는 쾰른 대성당을 미적 대상으로 간주하면서 그에 대해 진술하고 있기 때문에 그의 진술은 미적 정립작용을 가지고 있다. 동일한 대상에 대한 두 개의 진술은 이처럼 서로 다른 정립작용을 가지고 있다.

그러면 A의 진술에 들어 있는 인식적 정립작용과 B의 진술에 들어 있는 미적 정립작용의 차이는 어디에서 연유하는가? 그것은 바로 이 두 유형의 정립작용의 발생적 토대가 서로 다르다는 데 있다. 이 점과 관련하여 우리는 이 두 유형의 정립작용이 그 무엇을 발생적 토대로 하여 등장한 것이라는 사실에 유의할 필요가 있다. 양자의 발생적 토대와 관련하여 양자의 차이점은 A의 진술에 들어 있는 인식적 정립작용의 발생적 토대가 앎의 본능, 즉 인식적 호기심 본능인 데 반해, B의 진술에 들어 있는 미적 정립작용의 발생적 토대는 미적 본능이라는 데 있다. A의 경우 쾰른 대성당을 경험하면서 인식적 호기심 본능이 발동한 것이다. 이처럼 호기심 본능이 발동함에 따라 그는 쾰른 대성당과 관련해 그 높이가 얼마나 되는지 궁금해하고 그에 대해 인식적 정립작용을 수행하면서 "쾰른 대성당은 높이가 150m이다"라고 진술하는 것이다. A의 경우 인식적 호기심 본능이 계속해서 작동할 경우 그는 쾰른 대성당의 높이에 대해서뿐만 아니라, 크기, 위치, 역사 등에 대해서도 관심을 가지면서 다양한 인식적 정립작용을 수행할 수 있다. A와는 달리 B는 동일한 쾰른 대성당을 경험하면서 인식적 호기심 본능이 아니라, 미적 본능이 발동함에 따라 그것이 아름다운지 아닌지에 관심을 가지고 미적 정립작용을 수행하면서 "쾰른 대성당은 아름답다"고 진술하는 것이다. B의 경우 계속해서 미적 본능이 발동할 경우 쾰른 대성당이 어떤 점에서 아름다운지, 그 각각의 부분은 어떤 점에서 아름다운지 등에 대해 관심을 가지면서 다양한 유형의 미적 정립작용을 수행할 수 있다.

미적 본능과의 관련 속에서 미적 정립작용의 정체를 분명하게 이해하기 위해서는 "미적 정립작용이 발생적으로 미적 본능에 토대를 두고 있다"는 명제가 무엇을 의미하는지 정확하게 이해할 필요가 있다. 이 명제는 우선 "미적 본능이 현재 작동하면서 미적 정립작용의 작동을 발생적으로 정초한다"는 사실을 함축한다. 이 명제는 "미적 본능은 과거에 발동하여 작동하긴 했지만 현재는 더 이상 작동하지 않음에도 불구하고 과거에 작동했던 미적 본능 덕분에 미적 정립작용이 현재 작동하고 있다"는 사실을 함축하지 않는다. 더 나아가 이 명제는 "정초해 주는 작용인 미적 본능과 정초된 작용인 미적 정립작용은 서로 분리되어 존재하지 않는다"는 사실을 함축한다. 말하자면 정초된 작용인 미적 정립작용이 존재하면 그와 분리될 수 없이 정초해 주는 작용인 미적 본능도 존재한다. 정초해 주는 작용인 미적 본능과 정초된 작용인 미적 정립작용이 분리될 수 없기 때문에 둘은 통일체를 이루고 있다.

이처럼 미적 정립작용이 발생적으로 미적 본능에 토대를 두고 그것과 하나의 통일체를 이루고 있기 때문에 미적 정립작용은 미적 대상을 정립하는 작용이 될 수 있는 것이다. 여기서 분명히 해 두어야 할 것은 미적 정립작용이 미적 대상을 정립할 수 있는 능력을 가지고 있는데, 이 능력은 바로 미적 본능에서 유래한다는 사실이다. 이 점과 관련해 우리는 모든 본능이 나름의 대상을 향하고 있는 지향성이듯이 미적 본능 역시 나름의 대상을 향한 지향성, 즉 미적 대상을 향한 지향성이라는 사실에 유의할 필요가 있다. 이처럼 미적 대상을 향한 지향성인 미적 본능에 발생적으로 정초되어 있으면서 그것과 하나의 통일체를 이루고 있지 않다면 미적 정립작용은 미적 정립작용으로서의 역할을 수행할 수 없다.

앞서 살펴보았듯이 쾰른 대성당을 경험하면서 그것을 인식적 대상으로 정립하는 인식적 정립작용과 그것을 미적 대상으로 정립하는 미적 정립작용이 작동할 수 있다. 그러면 동일한 대상에 대한 인식적 정립작용과 미적 정립작용은 어떤 관계에 있는가? 이 주제와 관련해 후설은 『논리연구』에서 "모든 지향적 체험은 객관화적 작용이거나 그러한 작용을 '토대'로서 갖고 있다. […]"(Hua XIX/1, 514)고 말하면서 객관화적 작용이 비객관화적 작용의 발생적 토대라는 견해를 피력한다. 여기서 객관화적 작용이란 인식적 작용을 뜻하며 비객관화적 작용이란 비인식적 작용을 뜻한다. 따라서 후설에 의하면 객관화적 작용, 즉 인식적 정립작용은 미적 정립작용의 발생적 토대이다. 예를 들어 "쾰른 성당은 존재한다"라는 인식적 정립작용은 "쾰른 성당은 아름답다"라는 미적 정립작용의 발생적 토대이다. 말하자면 "쾰른 성당은 아름답다"라는 미적 정립작용이 발생하기 위해서는 "쾰른 성당은 존재한다"라는 인식적 정립작용이 그에 선행해야 한다.

그러나 미적 본능과 미적 정립작용의 발생 과정을 분석해 보면 인식적 정립작용이 미적 정립작용의 발생적 토대라는 견해가 타당하지 않음이 드러난다. 물론 인식적 정립작용이 미적 정립작용의 발생적 토대가 되는 경우가 존재하는 것은 사실이다. 예를 들어 "쾰른 대성당은 높이가 150m이다"라는 인식적 정립작용을 수행하다가 그 높이에 대한 경탄이 동기가 되어 "쾰른 대성당은 아름답다"는 미적 정립작용을 수행할 수 있다. 이 경우 "쾰른 대성당은 아름답다"는 미적 정립작용은 1) "쾰른 대성당은 높이가 150m이다"라는 인식적 정립작용과 2) 그 높이에 대한 경탄의 감정뿐 아니라, 이 양자를 토대로 작동하기 시작한 미적 본능이 발생적 동기가 되어 발생한 것이라 할 수 있다. 앞서 살펴보았듯이 미적 본능이 작동하지 않으면 미적 정립작용은 발생할 수 없기 때문이다. 이처럼 미적 본능이 인식적 정립작용을 토대로 발생할 경우 그러한 본능을 토대로 발생하는 미적 정립작용은 인식적 정립작용을 토대로 발생한다고 할 수 있다.

그러나 미적 정립작용이 언제나 인식적 정립작용을 토대로 발생하는 것은 아니다. 일정 시간 동안 음식물을 섭취하지 않으면 섭생본능이 발동하듯이 일정 기간 예술감상 활동을 하지 않을 경우 예술본능이 발동할 수 있다. 한동안 음악 감상을 하지 않아 음악이 그리워 어느 날 불현듯 연주회에 참석한 사람의 경우가 그 예에 해당한다. 이 사람에게 미적 본능이 작동했다고 할 수 있는데, 그에게서 작동한 미적 본능은 인식적 정립작용을 토대로 해서 발생한 것이 아니다. 이 사람이 연주회에 참석해 음악 감상을 하는 과정을 살펴보면 알 수 있듯이 그는 처음부터 미적 정립작용을 가지고 미적 대상을 경험하는 것이지 우선 인식적 정립작용을 가지고 그것을 인식적 대상으로 경험한 후 거기에 이어 그것을 미적 정립작용을 가지고 미적 대상으로 인식하는 것이 아니다. 앞서 살펴본 쾰른 대성당을 처음부터 미적 대상으로 경험하는 B의 경우에도 쾰른 대성당을 아름다운 건축물로 감상하고자 하는 미적 본능이 이미 발동한 상태에서 처음부터 그것을 미적 정립작용을 가지고 미적 대상으로 경험하지 그것을 우선 인식적 정립작용을 가지고 인식적 대상으로 경험한 후 거기에 이어 작동하는 미적 정립작용을 가지고 그것을 미적 대상으로 경험하는 것이 아니다. 그는 "쾰른 대성당은 존재한다"라는 인식적 정립작용을 비롯해 그 어떤 인식적 정립작용도 미리 수행하지 않은 채 미적 본능을 토대로 발생하는 미적 정립작용을 토대로 쾰른 성당을 미적 대상으로 경험하는 것이다.

미적 정립작용의 발생적 토대로서의 미적 본능에 대한 논의를 마무리하면서 다음과 같은 두 가지 사실을 지적하고자 한다.

첫째, 앞서 우리는 다양한 유형의 미적 경험이 존재하며 모든 유형

의 미적 경험은 미적 정립작용을 구성 요소 중의 하나로 가지고 있다
는 사실을 살펴보았다. 그런데 미적 본능이 미적 정립작용의 발생적
토대라는 사실은 모든 유형의 미적 정립작용에 대해 타당하다. 물론
미적 정립작용의 성격이 변화함에 따라 그의 발생적 토대가 되는 미적
본능의 작동 방식도 변화한다. 예를 들어 현전적 미적 경험의 한 유형
인 미적 감각에 들어 있는 미적 정립작용은 수동적이며 그에 따라 그
의 발생적 토대가 되는 미적 본능 역시 주체의 의지적인 노력이 없이
수동적으로 작동한다. 그러나 이와는 달리 해명적 미적 경험에 들어
있는 미적 정립작용은 능동적이며 그에 따라 그의 발생적 토대가 되는
미적 본능은 수동적으로 작동하지 않고 주체의 의지적인 노력과 더불
어 능동적으로 작동한다.

둘째, 미적 본능과 미적 경험의 하나의 구성 요소인 미적 정립작용
의 문제는 지금까지 미학사에서 거의 다루어지지 않았다. 이와 관련해
우선 지적해야 할 것은 양자의 관계는 고사하고 미적 정립작용에 대해
서도 지금까지 미학사에서 거의 논의되지 않았다는 사실이다. 그에 대
해 지금까지 논의되지 않은 가장 중요한 이유는 그 누구도 그에 대한
철저한 현상학적 분석을 수행하지 않았기 때문이다. 그에 따라 대부분
의 미학이론이 전체적인 작용으로서의 다양한 유형의 미적 경험이 부
분적 작용으로서의 미적 경험의 요소들을 가지고 있다는 사실을 주목
하지 못한 채 미적 경험의 부분 작용 중의 하나인 미적 정립작용에 주
의를 기울일 수 없었다. 이처럼 미적 정립작용에 대한 분석이 지금까
지 미학사에서 수행되지 않았기 때문에 그것과 미적 본능의 관계에 대
한 분석이 역시 이루어질 수 없었음은 당연한 일이라 할 수 있다.

9. 미적 본능과 다양한 유형의 미적 의지의 발생

앞서 살펴보았듯이 미적 의지는 미적 경험의 주체가 미적 경험을 중단하지 않고 계속하려는 의지를 뜻한다. 어떤 주체가 미적 경험을 계속하고 있는 한 그에게는 미적 의지가 작동하고 있다. 그런데 미적 본능은 미적 정립작용을 발생적으로 정초해 주면서 동시에 미적 의지를 정초해 준다. 다시 말해 미적 본능이 작동하면서 미적 정립작용이 등장하게 됨에 따라 그와 동시에 미적 의지도 등장하게 되는 것이다. 그 이유는 미적 본능을 통해 미적 대상에 대한 미적 정립작용이 발생하면서 미적 경험의 주체에게는 미적 대상을 계속해서 향유하고자 하는 의지, 즉 미적 의지가 발생하기 때문이다.

　미적 본능이 미적 의지의 발생적 토대라는 사실은 본능이 의지의 발생적 토대라는 사실의 특수한 한 경우라 할 수 있다. 인간에게는 다양한 의지가 존재하는데, 많은 경우 의지가 작동할 경우 그 밑바탕에서 그의 발생적 토대로서 나름의 고유한 본능, 즉 본능적 지향성이 작동한다. 예를 들어 앎의 의지가 작동할 경우 그 밑바탕에는 그의 발생적 토대로서 앎의 본능, 즉 인식적 호기심 본능이 작동한다. 인식적 호기심 본능이 작동하는 한 앎의 의지 역시 계속해서 작동하며 앎의 본능이 작동을 그치면 앎의 의지 역시 작동을 그친다. 이와 마찬가지로 그 무엇을 먹고자 하는 의지가 작동할 경우 그 밑바탕에는 그의 발생적 토대로서 섭생본능이 작동한다. 섭생본능이 작동하는 한 그 무엇을 먹고자 하는 의지는 계속해서 작동하며, 섭생본능이 충족되어 더 이상 작동하지 않게 되면 그 무엇을 먹고자 하는 의지 역시 더 이상 작동하지 않는다. 이 점에 있어서는 미적 의지도 예외가 아니다. 미적 의지가 작동할 경우 그 밑바탕에는 그의 발생적 토대로서 미적 본능이 작동한다. 그리고 이처럼 미적 본능이 작동하는 한 미적 대상을 경험하려는 미적 의지 역시 계속해서 작동하고, 미적 본능이 작동하기를 그치면 미적 의지 역시 작동하기를 그친다.

앞서 살펴보았듯이 현전적 미적 경험, 현전화적 미적 경험, 해명적 미적 경험 등 다양한 유형의 미적 경험이 존재하며 이 모든 미적 경험은 미적 의지를 하나의 구성 요소로 가지고 있다. 그런데 미적 의지가 작동하는 방식은 예술 장르에 따라, 그리고 미적 경험의 유형에 따라 변화한다. 그 이유는 미적 의지의 발생적 토대인 미적 본능이 작동하는 방식이 예술 장르에 따라, 미적 경험의 유형에 따라 변화하기 때문이다. 그러면 이제 음악 장르를 예로 들어 현전적 미적 경험, 현전화적 미적 경험, 해명적 미적 경험에서 작동하는 미적 의지와 현전화적 미적 경험에서 작동하는 미적 의지를 비교하면서 미적 경험의 유형이 바뀜에 따라 미적 의지가 어떻게 다른 방식으로 작동하는지 살펴보자.

음악 장르에서 현전적 미적 경험의 경우 미적 의지는 순간순간 새롭게 현출하는 미적 대상을 향유하기 위하여 한 순간에서 다음 순간으로 끊임없이 이동하면서 작동한다. 그 이유는 현전적 미적 경험에서 미적 본능은 매 순간 변화하는 미적 대상을 지향하면서 한 순간에서 다음 순간으로 끊임없이 이동하면서 작동하기 때문이다. 베토벤의 「전원 교향곡」을 감상할 경우 현전적 경험의 한 유형인 지각적 미적 경험을 살펴보면 우리는 그 속에서 작동하는 미적 의지가 한 순간에서 다음 순간으로 끊임없이 이동하면서 작동함을 알 수 있다. 미적 의지는 한 음이 울려 퍼지면 그것을 향유하기 위하여 노력하다가 바로 다음 순간 새로 울려 퍼지기 시작하는 새로운 음을 향유하기 위하여 노력하며, 이처럼 한 순간에서 다음 순간으로 부단히 이행하면서 미적 의지가 작동한다.

그러나 현전화적 미적 경험의 경우 미적 의지는 현전적 미적 경험에서 작동하는 의지와는 달리 시간적 여유를 가지고 작동한다. 그 이유는 현전화적 미적 경험에서 작동하는 미적 본능이 충분히 연장된 시간 속에서 현출하는 미적 대상을 지향하면서 시간적 여유를 가지고 작동하기 때문이다. 현전화적 미적 경험의 한 유형인 재현적 미적 경험을 예를 들어 살펴보자. 예를 들어 베토벤의 「전원 교향곡」 1악장을 감상할 경우를 살펴보자. 이 악장은 전원에 처음 도착하였을 때 느끼는 자연의 신선함과 아름다움을 다양한 방식으로 재현하고 있다. 그런데 1악장을 감상하면서 미적 경험이 이루어질 경우 그중에서 재현적 미적 경험에 초점을 맞추어 보면 그 안에 들어 있는 미적 의지는 시간적 여유를 가지고 작동한다. 그 이유는 이 경우 미적 의지의 발생적 토대가 되는 미적 본능이 현전적 미적 경험의 경우와는 달리 시간적 여유를 가지고 작동하기 때문이다.

더 나아가 해명적 미적 경험의 경우 미적 의지는 현전화적 미적 경험의 경우보다도 훨씬 더 충분한 시간적 여유를 가지고 작동한다. 그 이유는 현전화적 미적 경험의 경우 미적 의지의 발생적 토대가 되는 미적 본능은 이성적 숙고를 통해 성찰적인 양상으로 작동하기 때문이다. 예를 들어 「전원 교향곡」 1악장을 한 차례 감상한 후 그것을 여러 부분으로 나누어 해명하면서 그에 대해 해명적 미적 경험을 수행한다고 가정하자. 이 경우 미적 본능은 현전화적 미적 경험의 경우보다도 훨씬 더 충분한 시간적 여유를 가지고 작동하며 그에 따라 미적 의지 역시 현전화적 미적 경험의 경우보다 훨씬 더 충분한 시간적 여유를 가지고 작동한다.

미적 본능이 작동하는 강도와 미적 의지가 작동하는 강도 사이에는 상관관계가 있다. 미적 본능이 강하게 작동하면 그에 따라 미적 의지 역시 강하게 작동하며 미적 본능이 약하게 작동하면 그에 따라 미적 의지 역시 약하게 작동하고 미적 본능이 점점 더 약해져 사라지면 그에 따라 미적 의지 역시 점점 더 약해져 사라지면서 미적 경험의 과정이 중단된다.

미적 의지와 미적 본능의 관계에 대한 논의는 말할 것도 없고 미적 의지에 대한 논의조차도 칸트의 미학, 뒤프렌느의 미학에서는 전혀 등장하지 않는다. 그 이유는 칸트의 미학, 뒤프렌느의 미학이 주지주의적 성격을 강하게 띠면서 미적 경험의 발생적 현상학으로 전개되지 않았기 때문이다. 만일 칸트의 미학, 뒤프렌느의 미학이 미적 경험의 발생적 현상학으로 전개되었더라면 그것은 미적 경험의 발생적 토대로서 미적 본능의 문제와 더불어 미적 의지의 문제, 그리고 양자의 관계를 다룰 수 있었을 것이다. 이처럼 미적 의지와 미적 본능의 관계를 다루지 않고 있다는 점에서 칸트의 미학, 뒤프렌느의 미학은 추상성을 지니고 있다.

앞서 논의되었듯이 칸트의 미학이 가진 추상성을 극복하면서 등장한 것이 실러의 예술본능론이다. 실러는 예술본능론을 전개하면서 의지의 문제를 다룬다. 그의 예술본능론에 의하면 놀이본능으로서의 예술본능은 형식본능에 대해서도 저항할 수 있고 감각본능에 대해서도 저항할 수 있다. 이처럼 예술본능은 둘에 대해 저항하면서 둘 사이에서 "완전한 자유"(eine vollkommene Freiheit)(AE, 134)를 주장할 수 있는데, 이는 예술본능이 양자에 저항할 수 있는 "힘"(eine Macht)(AE, 134)을 가지고 있기 때문이다. 실러는 양자에 저항할 수 있는 예술본능이 가지고 있는 힘을 "의지"(der Wille)(AE, 134)라 부른다. 이 의지가 예술본능의 힘이기 때문에 그것은 미적 의지라 불릴 수 있다.

이처럼 미적 의지에 대해 논하고 있다는 점에서 실러의 예술본능론은 칸트의 미학이 지닌 추상성을 극복하면서 예술본능의 현상학을 향해 나아가고 있다. 그러나 실러는 미적 의지에 대한 간단히 논하고 있을 뿐 그 구조에 대해서는 자세하게 분석하지 않는다. 이는 그가 칸트의 영향 아래서 추상의 방법에 토대를 둔 초월론적 길을 통해 예술본

능론을 전개하려고 하기 때문이다. 만일 그가 현상학적 관점에서 예술
본능론을 전개하고자 했더라면 그는 구체적인 예술경험에서 확인할
수 있는 다양한 유형의 미적 의지를 예술본능과의 연관 속에서 자세하
게 분석하였을 것이다.

10. 미적 본능과 다양한 유형의 미적 감정의 발생

미적 경험을 수행하면서 미적 경험의 주체가 즐거움, 놀라움, 전율, 공
포 등 다양한 미적 감정을 체험함은 잘 알려진 사실이다. 그런데 이 모
든 미적 감정의 발생적 토대는 미적 본능이다. 말하자면 미적 본능이
없다면 미적 경험의 주체에게 그 어떤 미적 감정도 발생할 수 없다. 그
러면 이제 미적 본능과 미적 감정의 관계를 해명해 보자.

1) 미적 충족감과 구체적인 미적 감정

미적 본능이 작동할 때 초기 상태는 비충족의 상태이다. 말하자면
미적 본능이 작동하기 시작하는 초기 단계에서 미적 본능의 지향성은
공허한 양상에서 미적 대상을 지향하면서 비충족의 상태에 놓여 있다.
이처럼 공허한 양상에서 비충족의 상태에 놓여 있는 미적 본능의 지향
성은 이제 충족의 상태를 지향한다. 미적 본능이 충족의 상태로 이행
할 수 있기 위해서 그것은 자신을 충족시킬 수 있는 대상, 즉 미적 대
상을 경험해야 한다. 그런데 이러한 미적 대상에 대한 경험은 바로 미
적 본능을 통해서 발생적으로 정초된 미적 정립작용을 통해서 가능하
다. 따라서 미적 정립작용이 이루어지면서 미적 경험의 주체에게는 미
적 대상의 경험을 통한 미적 본능의 충족이 일어나며 이처럼 미적 본
능이 충족되면서 충족감이라는 미적 감정이 발생한다. 이처럼 미적 본

능은 미적 정립작용을 발생적으로 정초하면서 동시에 충족감이라는 미적 감정을 발생적으로 정초한다.

미적 본능의 충족을 통해 발생하는 미적 충족감으로서의 미적 감정은 미적 경험의 주체가 다양한 미적 대상을 경험할 때 느끼는 다양한 미적 감정들, 예를 들어 우아함, 장중함, 숭고함, 단아함, 경쾌함, 익살스러움과 구별된다. 미적 충족감으로서의 미적 감정이 일반적인 감정이라 한다면 이처럼 다양한 미적 감정들은 구체적인 감정이라 할 수 있다. 미적 경험의 주체가 미적 감정을 느낄 때 그는 미적 충족감으로서의 일반적인 미적 감정의 차원과 구체적인 미적 감정의 차원을 동시에 가지고 있다. 그런데 이러한 두 가지 차원의 감정 중에서 일반적인 미적 감정의 차원은 구체적인 미적 감정의 차원이 발생할 수 있는 토대가 된다. 말하자면 미적 충족감으로서의 일반적인 미적 감정을 느끼지 못하는 주체는 그 어떤 구체적인 미적 감정도 느낄 수 없다. 이는 마치 섭생본능을 토대로 발생한 충족감으로서의 감정을 느낄 수 없는 주체는 음식을 먹을 때 느낄 수 있는 무수히 많은 감정을 느낄 수 없는 것과 마찬가지 이치이다. 이러한 점에서 미적 충족감으로서의 일반적인 미적 감정은 그 이외의 다양한 구체적인 미적 감정을 미적 경험의 주체에게 열어 주는 기능을 가지고 있다고 할 수 있다.

미적 충족감으로서의 일반적인 미적 감정이 미적 경험의 주체에게 구체적인 미적 감정들을 열어 주는 기능을 지녔다 함은 그것이 미적 감응력을 지니고 있음을 뜻한다. 미적 충족감으로서의 일반적인 미적 감정이 지닌 이러한 미적 감응력은 다양한 미적 대상을 접하면서 다양한 구체적인 미적 감정으로 분화되어 등장한다. 이 점과 관련해 우리는 다음과 같은 몇 가지 사실을 유의할 필요가 있다.

첫째, 미적 충족감으로서의 일반적인 미적 감정과 그것이 개시해 주는 다양한 유형의 구체적인 미적 감정은 분리되어 존재하는 것이 아니

라, 언제나 결합하여 존재한다. 미적 충족감으로서의 미적 감정 없이
는 다양한 유형의 구체적인 미적 감정은 존재할 수 없으며, 그 역도 마
찬가지다. 다양한 유형의 구체적인 미적 감정은 미적 충족감으로서의
일반적인 미적 감정이 분화한 것이기 때문이다.

　둘째, 미적 충족감으로서의 일반적인 미적 감정과 구체적인 미적 감
정들이 서로 분리될 수 없는 이유는 이 둘이 발생적 정초 관계 속에서
존재하기 때문이다. 말하자면 미적 충족감으로서의 일반적인 미적 감
정은 구체적인 미적 감정들의 발생적 정초 토대로서 후자와 분리되어
존재할 수 없고, 구체적인 미적 감정들은 미적 충족감으로서의 일반적
인 미적 감정에 발생적으로 정초해 있는 것으로서 후자와 분리되어 존
재할 수 없다.

　셋째, 지금까지 미학사에서 미적 감정에 대한 논의는 구체적인 미적
감정을 중심으로 이루어졌다. 일반적으로 미적 감정이라 하면 이러한
구체적인 미적 감정을 의미하는 것으로 이해되었다. 그에 따라 이러한
구체적인 미적 감정의 토대가 되는 미적 충족감으로서의 일반적인 미
적 감정이 존재한다는 사실 및 그의 구조, 더 나아가 이러한 감정과 다
양한 유형의 구체적인 미적 감정 사이의 관계 등도 전혀 논의되지 않
았다.

　넷째, 앞서 우리는 미적 충족감으로서의 일반적인 미적 감정이 미적
감응력을 가지고 있다는 사실을 살펴보았다. 그런데 이러한 감정이 발
생적으로 미적 본능에 토대를 두고 있기 때문에 미적 감응력의 최종적
인 진원지는 미적 본능임이 드러난다. 말하자면 미적 본능이 작동하지
않는 그 어떤 미적 경험의 주체도 미적 충족감을 느끼지 못하면서 미
적 감응력을 가질 수 없고 더 나아가 다양한 유형의 구체적인 미적 감
정도 가질 수 없는 것이다.

　다섯째, 모든 충족감은 인간에게 삶의 활력을 제공해 준다. 섭생본

능이 충족될 경우 우리가 느끼는 충족감은 우리에게 삶의 활력을 제공해 주며 호기심 본능이 충족될 경우 우리가 느끼는 충족감 역시 우리에게 삶의 활력을 제공해 준다. 이 점에 있어서는 미적 본능이 충족될 경우 느끼는 미적 충족감으로서의 미적 감정 역시 예외가 아니다. 물론 각각의 충족감이 주는 삶의 활력은 각기 성격을 달리한다. 그럼에도 그것들 모두가 활력이라는 점에서는 공통적이며 이 점에 있어서는 미적 본능이 충족될 경우 나타나는 미적 충족감으로서의 미적 감정도 마찬가지이다. 이처럼 미적 본능에 발생적으로 정초된 미적 충족감으로서의 미적 감정이 인간에게 삶의 활력을 제공해 주기 때문에 그것은 삶을 위해서 나름의 고유한 유용성을 지닌다.

미적 본능에 토대를 두면서 미적 감정을 일으키는 미적 경험은 있어도 그만, 없어도 그만인 활동이 아니라, 인간의 삶을 위해 없어서는 안 될 필수적인 요소이다. 이와 관련하여 우리는, 앞서 살펴보았듯이, 실러가 미적 경험의 대상인 미를 두 유형으로 나누어 "이완하는 미"(die schmelzende Schönheit)와 "힘을 주는 미"(die energische Schönheit)(AE, 112)에 대해 언급하고 있다는 사실에 주목할 필요가 있다. 미적 경험은 이처럼 이완하는 미와 힘을 주는 미를 맛보고 미적 감정을 체험하도록 하면서 우리에게 삶의 활력을 제공해 준다. 따라서 미적 본능을 토대로 발생하는 미적 충족감에 관한 이론은 인간의 삶을 위해 다양한 방식으로 활용될 수 있다. 예를 들어 그것은 정신 치료를 위해 효과적으로 사용될 수 있다.

여섯째, 앞서 살펴보았듯이 미적 경험은 발생적 관점에서 볼 때 현전적 미적 경험에서 시작하여 현전화적 미적 경험, 해명적 미적 경험으로 발전한다. 그리고 이처럼 다양한 유형의 미적 경험은 미적 감정을 하나의 구성 요소로 가지고 있기 때문에 다양한 유형의 미적 경험에 대응해 다양한 유형의 미적 감정이 존재한다. 그런데 이처럼 다양한 유형의 미적 감정은 모두 미적 본능에 토대를 두고 발생한 것이다.

그런데 이처럼 다양한 유형의 미적 감정은 각기 나름의 고유한 성격을 가지고 있다. 예를 들어 현전적 미적 경험의 구성 요소인 현전적 미적 감정은 신체와 밀접하게 결부되어 있는 데 반해, 현전화적 미적 경험의 구성 요소인 현전화적 미적 감정이나 해명적 미적 경험의 구성 요소인 해명적 미적 감정은 신체와 밀접하게 결부되어 있지 않다. 그리고 현전적 미적 감정 중에서도 미적 감각의 구성 요소인 감각적 미적 감정과 미적 지각의 구성 요소인 지각적 미적 감정은 서로 다른 성격을 가지고 있다. 감각적 미적 감정이 수동적이며 주객미분(主客未 分)의 상태에 있는 무의식적 감정으로서 미적 경험의 주체가 미적 감정이 향하고 있는 대상에 대해 의식하고 있지 못한 감정인 데 반해, 지각적 미적 감정은 주관과 객관이 분리된 상태에 있는 의식적 감정으로서 미적 경험의 주체가 미적 감정이 향하고 있는 대상에 대해 의식하고 있는 감정이다.

2) 현상학적 미적 감정론의 철학사적 의의

미적 감정이 발생적으로 미적 본능에 토대를 두고 있다는 현상학적 미적 감정론은 철학사적 관점에서 볼 때 중요한 의미를 지닌다. 이 점을 확인하기 위하여 이 주제에 대해 칸트와 실러가 어떤 견해를 취하는지 살펴보자.

칸트는 자신의 미학을 전개하면서 예술본능이 미적 감정의 발생적 토대라는 견해를 제시하지 않았다. 사실 이러한 견해는 칸트 미학의 근본정신과 위배되는 것이다. 이 점을 이해하기 위하여 우리는 감정, 그중에서도 즐거운 감정에 대한 칸트의 견해를 살펴볼 필요가 있다. 칸트는 『판단력비판』에서 즐거움(Wohlgefallen)을 세 가지 유형으로 나누는데, 감각적 충족의 감정, 아름다움의 감정, 좋음의 감정이 그것이다.[53] 감각적 충족의 감정은 감각적 욕구가 충족될 때 나타나고, 아름다움의 감정, 즉 미적 감정은 그 무엇이 어떤 사람에게 그저 마음에 들 경우에 나타나며, 좋음의 감정, 즉 도덕적 감정은 그 무엇이 어떤 사람에게 도덕적으로 인정받을 만할 때 나타난다.[54] 여기서 만족의 감정은 인간뿐 아니라, 동물의 경우에도, 즉 신체만 가지고 있는 존재자에게서도 나타나는 현상이고, 미적 감정은 이성뿐 아니라 신체도 가지고 있는 존재자에게서 나타나는 현상이며, 도덕적 감정은 단지 이성적이기만 한 존재자에게서 나타나는 현상이다.

칸트에 의하면 이러한 세 가지 감정 중에서 감각적 충족의 감정과 도덕적 감정은 "욕구의 능력"(Begehrungsvermögen)(KU, 46)과 관계를 가지고 있다. 감각적 충족의 감정은 감각적인 욕구의 능력과 관계를 가지고 있고 도덕적 감정은 도덕적인 욕구의 능력과 관계를 가지고 있다. 따라서 이 두 가지 감정은 욕구의 능력을 충족시켜 줄 수 있는 대상이 실재할 때 나타나며 그러한 한에서 대상에 대한 관심을 통해 규정된 감정이다. 그러나 미적 감정은 욕구의 능력과 무관하며 따라서 그것은 실재하는 대상을 전제하지 않는다. 이러한 점에서 미적 감정은 대상의 존재와 무관한 "관조"(Kontemplation)(KU, 46)에서 발생한다. 관조는 반성을 통해 이루어지며 따라서 칸트는 미적 감정은 어떤 개념으로 귀착될 수 있는 "대상에 대한 반성"(Reflexion über einen Gegenstand)(KU, 44)에 의존한다고 말한다. 이처럼 미적 감정은 그 어떤 대상의 존재에도 의존적이지 않기 때문에 그 어떤 삶의 관심과도 무관하며 따라서 칸트는 미적 즐거움을 "무관심하며 자유로운 즐거움"(ein uninteressiertes und freies Wohlgefallen)(KU, 47)이라 부른다.

---

53   KU, 40 이하.

54   KU, 47.

　이처럼 칸트는 미적 감정을 그 어떤 "욕구능력"과도 무관한 것으로 간주한다. 그런데 이처럼 미적 감정을 욕구능력과 무관한 것으로 간주하면서 그는 자신의 미학의 틀 안에서 예술본능에 대해 논하고 미적 감정의 발생을 예술본능에서 찾을 수 있는 길을 원천적으로 봉쇄하고 말았다. 이처럼 예술본능이라는 욕구능력과 무관한 것으로 간주되는 칸트의 미적 감정은 구체적인 삶 속에서 확인할 수 있는 구체적인 미적 감정이 아니라, 추상적이며 이념적인 미적 감정이라 할 수 있다. 이 점과 관련해 우리는 다음과 같은 몇 가지 사실에 유의할 필요가 있다.

　첫째, 칸트가 『판단력비판』에서 분석하고 있는 "즐거운 감정"(KU, 42)은 취미판단의 감정이다. 그런데 취미판단은 반성적 판단력이 작동한 결과 나타난 판단이며, 따라서 이러한 취미판단의 감정은 일종의 반성적 감정이다. 실제로 칸트는 "아름다운 것을 보면서 느끼는 즐거운 감정은 […] 대상에 대한 반성에 의존하지 않을 수 없다"(KU, 44)고 말하면서 미적 감정이 반성적 감정이라는 사실을 표현하고 있다. 현상학적 관점에서 보자면 그것은 근원적인 삶의 차원에서 반성 이전에 이루어지는 선반성적 감정이 아니다.

　둘째, 그것은 취미판단(das Geschmacksurteil)과 결부되어 있기 때문에 판단형식을 통해 드러난 감정이다. 취미판단을 통해 드러난 것이기 때문에 그것은 오성(Verstand)과의 관계를 포함하고 있으며[55] 따라서 성질, 양, 관계, 양상 등의 범주에 따라 분석될 수 있다. 현상학적 용어를 사용해서 표현하자면 그것은 선술어적 감정이 아니라, 술어적 감정이다.

　셋째, 취미판단은 "보편적 동의"를 통해 도달할 수 있는 "하나의 이념"(KU, 54)과도 같은 판단이다. 물론 실제로 취미판단을 내리는 사

---

[55]　칸트에 따르면 "취미판단에도 오성과의 관계가 늘 포함되어"(KU, 39) 있다.

람이 "이러한 이념에 맞게"(KU, 54) 판단을 내리는지는 불투명하다. 그럼에도 그것은 이념적인 성격을 가지고 있는 판단이다. 따라서 이처럼 이념적인 성격을 가지고 있는 취미판단과 결부된 미적 감정은 구체적인 삶의 맥락 속에서 표출되는 현실적 감정이 아니라, 일종의 이념적 감정 혹은 이상적인 감정으로 규정될 수 있다.

칸트는 미적 감정을 이처럼 취미판단의 감정으로 이해하고 그에 대해 분석하면서 그 발생적 기원에 대해 더 이상 분석하지 않는다. 그에 따라 그의 미적 감정론은 추상적이며 이념적인 미적 감정론에 머물면서 우리가 생활세계에서 경험하는 다양한 미적 감정을 구체적으로 분석할 수 있는 구체적인 미적 감정론으로 전개될 수 없었다. 물론 칸트의 미학이 이처럼 구체적인 미적 감정론으로 전개됨을 목표로 하지 않는다는 점에서 이러한 지적은 칸트의 미학에 대한 타당한 비판이 아니라고 할 수도 있다. 그럼에도 예술본능의 현상학의 입장에서 보자면 칸트는 미적 감정의 발생적 기원을 추적해 들어가고 미적 감정의 발생적 기원으로서 미적 본능의 구조를 해명할 필요가 있었다. 미적 본능과 미적 감정의 관계와 관련하여 우리는 모든 여타의 유형의 본능과 마찬가지로 예술본능 역시 충족을 향하여 노력하며 미적 대상에 대한 경험을 통해 가능한 예술본능의 충족이 미적 감정을 낳게 된다는 사실에 유의할 필요가 있다.

칸트의 미적 감정론이 안고 있는 이러한 한계를 극복하면서 실러의 미적 감정론이 등장한다. 예술본능은 실러 미학의 핵심적인 개념으로서 그의 미학의 모든 개념들이 그로부터 도출되며 이 점에 있어서는 미적 감정도 예외가 아니다. 그는 『인간의 미적 교육에 관하여』에서 미적 감정을 "순수 미적 감정"(das reine ästhetische Gefühl)(AE, 198) 또는 "미적 기분"(die ästhetische Stimmung)(AE, 146)이라 부른다. 그런데 이러한 순수 미적 기분은 "중간적 기분"(die mittlere Stimmung)

또는 "자유로운 기분"(die freie Stimmung)(AE, 140)이다. 순수 미적 기분이 중간적 기분이라 불리는 이유는 "그 안에서 감성과 이성이 동시에 활동하고 있기 때문이다"(in welcher Sinnlichkeit und Vernunft zugleich tätig sind)(AE, 140). 중간적 기분으로서의 순수 미적 기분은 감각적 기분과 오성적 기분이 종합되어 고양된 기분이다. 그리고 순수 미적 기분이 자유로운 기분이라 불리는 이유는 그것이 그 어떤 강제성도 가지고 있지 않은 감정이기 때문이다. 이와는 달리 인간의 감각적 존재에 토대를 둔 감각적 기분과 인간의 이성적 존재에 토대를 둔 이성적 기분은 강제성을 가지고 있다. 감각적 기분은 감각적 강제성을 가지고 있으며 이성적 기분은 도덕적 강제성을 가지고 있다. 그러한 한에서 이 두 유형의 기분은 자유로운 기분이 아니다. 그러나 이 둘과는 달리 이 둘이 지양되고 종합되어 등장하는 순수 미적 기분은 그 어떤 종류의 강제성도 가지고 있지 않은 순수하게 자유로운 기분이다.

실러의 미적 감정에 관한 이론은 한편으로는 칸트의 미적 감정에 관한 이론의 연장선상에 있으며 다른 한편으로는 그것을 넘어선다. 우선 실러가 미적 감정을 "자유로운 기분"으로 규정할 경우 이러한 규정은 미적 감정에 대한 칸트의 규정의 연장선상에 서 있다. 칸트 역시 미적 즐거움을 "무관심하며 자유로운 즐거움"으로 규정하고 있기 때문이다. 그러나 미적 감정을 중간적 기분으로 규정하면서 그는 칸트와는 다른 길을 가고 있다. 무엇보다도 미적 감정의 토대에 대한 문제를 천착하면서 그는 칸트와는 전혀 다른 길을 가고 있다. 칸트는 미적 감정을 "무관심하며 자유로운 즐거움"으로 규정하면서 그의 출처에 대해서는 더 이상 탐색하지 않는다. 그러나 실러는 미적 감정의 출처를 추적하면서 그 출처로서 미적 본능을 제시한다. 이 점과 관련해 그는 미적 본능에 대해 논하면서 그것을 "가상을 보면서 거기서 즐거움을 찾는 놀이본능"(der Spieltrieb, [⋯] der am Scheine Gefallen findet)(AE,

194)으로 규정한다. 더 나아가 이러한 미적 본능이 인간이 태어나면 서부터 자연으로부터 부여받은 선천적인 본능이기 때문에 그는 『인간의 미적 교육에 관하여』의 스물여섯 번째 편지의 맨 앞부분에서 순수 미적 기분을 "자연의 선물"(ein Geschenk der Natur)(AE, 190)로 규정한다.

실러가 미적 감정의 토대를 미적 본능에서 찾았다는 사실은 예술본능의 현상학의 관점에서 볼 때 아주 중요한 의미를 지닌다. 이처럼 미적 본능을 미적 감정의 토대로 간주하면서 그는 칸트의 미적 감정에 관한 이론의 추상성을 극복하고 미적 감정에 대한 구체적인 이론을 전개할 수 있는 토대를 놓았다. 말하자면 그는 미적 본능의 현상학에 토대를 두고 다층적으로 존재하는 다양한 유형의 미적 감정의 정체를 구체적으로 해명할 수 있는 토대를 놓았던 것이다. 그럼에도 그는 관념론적 형이상학의 전제에 사로잡혀 미적 감정의 정체를 해명하고자 시도하면서 다층적으로 존재하는 다양한 유형의 미적 감정의 정체를 구체적으로 해명할 수 없었다. 이처럼 다양한 유형의 미적 감적의 정체를 구체적으로 해명할 수 있기 위해 실러의 예술본능론은 예술본능의 현상학으로 탈바꿈해야 한다.

11. 미적 본능과 다양한 유형의 미적 관심의 발생

앞서 논의되었듯이 관심이란 그 무엇을 경험하거나 획득하기 위하여 노력하면서 마음을 쓰는 상태를 뜻한다. 관심의 대상이 미적 대상일 경우 관심은 미적 관심이라 불린다. 앞서 해명적 미적 경험을 예로 들어 살펴보았듯이 모든 유형의 미적 경험은 나름의 미적 관심을 가지고 있다. 그 이유는 미적 주체는 미적 경험의 과정에서 그 어떤 마음도 쓰고 있지 않은 중립적인 마음의 상태에 있는 것이 아니라, 미적 대상을 경험하고자 노력하면서 마음을 쓰고 있기 때문이다.

다양한 유형의 미적 경험이 존재하기 때문에 다양한 유형의 미적 관심이 존재한다. 미적 정립작용, 미적 의지, 미적 감정 등과 마찬가지로 미적 관심 역시 미적 경험의 유형이 변화함에 따라 각기 다른 방식으로 작동한다. 가장 낮은 단계의 미적 경험인 현전적 미적 경험의 경우 미적 관심은 수동적인 양상으로 작동하지만 가장 높은 단계의 미적 경험인 해명적 미적 경험의 경우 미적 관심은 능동적인 양상으로 작동한다.

미적 경험의 주체가 미적 대상을 경험하고자 애쓰는 이유는 그가 미적 본능을 가지고 있기 때문이다. 주체가 미적 본능을 가지고 있지 않다면 그가 미적 대상을 경험하기 위하여 노력하면서 마음을 쓰지 않을 것이며 따라서 그 어떤 미적 관심도 나타나지 않을 것이다. 이러한 점에서 미적 본능은 미적 관심의 발생적 원천이다. 방금 전에 다양한 차원의 미적 관심이 각기 다른 방식으로 작동한다는 사실을 살펴보았는데, 그 이유는 미적 관심의 발생적 토대인 미적 본능이 서로 차원을 달리하는 미적 경험에서 작동하는 양상이 다르기 때문이다. 말하자면 미적 본능은 현전적 미적 경험에서는 수동적으로 작동하지만 해명적 미적 경험에서는 능동적인 양상으로 작동하는데, 바로 이러한 차이가 차원을 달리하는 미적 경험에서 작동하는 미적 관심에도 그대로 반영되는 것이다.

미적 관심의 문제는 칸트의 『판단력비판』의 출간 이후 근현대 미학의 핵심적인 주제 중의 하나이다. 앞서 언급하였듯이 칸트는 『판단력비판』에서 "순수한 취미판단"(reines Geschmacksurteil)을 "그 어떤 관심도 가지고 있지 않은"(ohne alles Interesse)(KU, 40) 판단으로 규정하면서 미적 경험을 무관심한 경험으로 간주한다. 그러나 예술본능

의 현상학의 관점에서 볼 때 미적 경험이 아무런 관심도 없는 경험이
라는 견해는 여러 가지 문제점을 안고 있다. 그러면 칸트의 견해가 어
떤 점에서 문제점을 안고 있는지 살펴보자.

칸트는 관심을 즐거움(das Wohlgefallen)의 일종으로 규정한다. 관
심은 특정한 조건을 충족시키는 즐거움을 뜻하는데, 이 조건에 대해
칸트는 다음과 같이 기술한다.

> "관심은 대상의 현존 표상과 결합된 즐거움이라 불린다. 따라서 그러한 것
> 은 언제나 동시에 […] 욕구능력과의 관계를 가지고 있다."(KU, 40)

여기서 알 수 있듯이 관심은 대상의 현존 표상(die Vorstellung der
Existenz des Gegenstandes)이 있을 때, 즉 대상이 실제로 존재한다는
생각이 있을 때 그 대상과 관련하여 우리가 가질 수 있는 즐거움을 뜻
한다. 이 경우 대상이 실제로 존재하기 때문에 우리는 그 대상을 향한
"욕구능력"(das Begehrungsvermögen)을 가질 수 있으며, 바로 이러
한 욕구능력이 충족될 경우 즐거움의 감정을 갖게 되는 것이다. 바로
이러한 이유에서 칸트는 앞의 인용문에서 즐거움의 일종으로서 관심을
해명하면서 관심이란 "언제나 동시에 […] 욕구능력과의 관계를 가지
고 있다"고 말하는 것이다. 칸트에 의하면 "대상의 현존"(die Existenz
des Gegenstandes)과 "욕구능력"은 동전의 양면처럼 분리할 수 없이
결합되어 있다. 욕구능력은 현존하는 대상을 향한 것이며 따라서 현존
하는 대상이 없으면 욕구능력은 무의미한 것이 되고 말기 때문이다.

그 어떤 즐거움이 현존하는 대상을 향한 욕구능력을 통해 발생할 경
우 그것은 "관심과 결합된"(mit Interesse verbunden)(KU, 42) 즐거
움이라 불린다. 관심과 결합된 즐거움의 예로는 "감각적으로 마음에
드는 것을 보고 느끼는 즐거움"(das Wohlgefallen am Angenehmen)

(KU, 42)을 들 수 있다. 그 이유는 "감각적으로 마음에 드는 것"은 현존하는 대상이요, 그를 향해 욕구능력이 향할 수 있고, 이처럼 욕구능력이 그를 향함에 따라 감각적인 즐거움이 발생하기 때문이다. 그뿐 아니라 "도덕적 선을 보고 느끼는 즐거움"(das Wohlgefallen am Guten)(KU, 43) 역시 관심과 결합된 즐거움의 예에 해당한다. 그 이유는 도덕적 선은 현존하는 대상으로서 "의지의 대상"(das Objekt des Willens), 즉 "이성을 통해 규정된 욕구능력의 대상"(ein Objekt eines durch Vernunft bestimmten Begehrungsvermögens)(KU, 46)이기 때문이다. 칸트는 도덕적 선을 보고 느끼는 즐거움 속에 들어 있는 관심, 즉 도덕적 관심을 "가장 높은 관심"(das höchste Interesse)(KU, 46)이라 부른다.

이와는 달리 어떤 즐거움이 현존하는 대상을 향한 욕구능력과 무관하게 발생했을 경우 그러한 즐거움은 "그 어떤 관심도 없는"(ohne alles Interesse)(KU, 40) 즐거움이라 불린다. 이러한 즐거움의 예로는 "취미판단이 규정하는 즐거움"(das Wohlgefallen, welches das Geschmacksurteil bestimmt)(KU, 40)을 들 수 있다. 그 이유는 취미판단이 관계하는 "아름다운 대상"(das Schöne)은 현존하는 대상이 아니며, 따라서 그 어떤 욕구능력도 그것을 향하고 있지 않기 때문이다.

그러나 예술본능의 현상학의 입장에서 볼 때 "관심과 결합된 즐거움"과 "그 어떤 관심도 없는 즐거움"의 구별은 결정적인 문제점을 안고 있다. 그 이유는 이러한 구별의 근거로 칸트가 제시하는 구별, 즉 욕구능력에서 유래한 즐거움과 그렇지 않은 즐거움의 구별이 타당하지 않기 때문이다. 이 점과 관련해 칸트는 감각적인 대상과 도덕적인 선은 현존하는 대상으로서 욕구능력의 대상인 데 반해, 아름다운 대상은 현존하는 대상이 아니기 때문에 욕구능력의 대상이 아니라고 말한다. 그러나 칸트의 이러한 견해는 예술본능의 현상학의 관점에서 보면 타당하지 않다. 그 이유는 아름다운 대상이 비록 그가 규정하는 의미의 현존하는 대상이 아닐지 몰라도 그것 역시 일종의 욕구능력의 대상, 즉 미적 본능의 대상이기 때문이다. 이처럼 칸트가 생각하는 것과는 달리 대상이 현존해야만 욕구능력이 작동할 수 있는 것은 아니다. 물론 칸트도 예를 들고 있듯이 대부분의 욕구능력은 대상이 현존할 경우에 작동한다. 그러나 대상이 현존하지 않을 경우에도 작동할 수 있는 욕구능력이 존재하는데, 그 대표적인 예는 미적 본능이다.

그런데 대상이 현존하든 현존하지 않든 그를 향한 욕구능력이 존재하면 그에 대한 관심이 존재한다. 그리고 미적 대상을 향한 욕구능력, 즉 미적 본능이 존재하기 때문에 미적 대상을 향한 관심, 즉 미적 관심이 존재한다. 미적 본능에 토대를 두고 있는 미적 관심은 미적 경험을 가능하게 하는 핵심적인 요소 중의 하나이다. 실제로 미적 경험이 진행되는 매 순간 미적 경험의 주체는 미적 관심을 가지고 미적 대상을 보다 더 풍부하게 경험하기 위해서 노력한다. 이러한 점에서 그 어떤 미적 경험도 미적 관심이 없이는 존재할 수 없다. 그리고 미적 경험이 진행되면서 미적 관심이 본격적으로 작동함에 따라 다른 여타의 관심들은 주체의 시선에서 사라지게 된다. 이처럼 미적 경험이 진행되는 동안 여타의 관심들이 사라지기 때문에 미적 경험을 그 어떤 관심도 없는 경험이라 부를 수 있을지 모른다. 그러나 이처럼 다른 여타의 관심이 사라지면서 그 대신 주체의 의식의 지평에는 미적 관심이 본격적으로 작동하며 따라서 미적 경험은 그 어떤 관심도 없는 경험이 아니라 미적 관심을 가지고 있는 경험임이 드러난다.

미적 관심을 포함하여 인간이 가지고 있는 다양한 유형의 관심은 다양한 유형의 본능에서 유래한다. 예를 들어 인간은 성적 관심을 가지고 있는데, 이러한 성적 관심은 성적 본능에서 유래하며 따라서 성적 본능이 존재하지 않으면 성적 관심은 존재할 수 없다. 또 인간은 섭생의 관심을 가지고 있는데, 이러한 관심은 섭생본능에서 유래하며 따라서 섭생본능이 존재하지 않으면 섭생의 관심은 존재할 수 없다. 이와 마찬가지로 인간은 지적 관심을 가지고 있는데, 이러한 관심은 인식적 호기심 본능에서 유래하며 인식적 호기심 본능이 존재하지 않으면 지적 관심은 존재할 수 없다. 그리고 인간은 도덕적 관심을 가지고 있는데, 이러한 관심은 도덕적 본능에서 유래하며 따라서 도덕적 본능이 존재하지 않으면 도덕적 관심은 존재할 수 없다. 관심이 본능에서 유래한다는 점에서는 미적 관심도 예외일 수 없다. 인간이 가지고 있는 미적 관심 역시 미적 본능에서 유래하며 미적 본능이 존재하지 않으면 미적 관심 역시 존재할 수 없다.

칸트가 미적 관심의 존재를 부정한 이유는 그가 욕구능력으로서의 미적 본능이 존재한다는 사실을 간과하였기 때문이다. 이 점과 관련해, 앞서 3장 3절에서 살펴보았듯이, 칸트는 본능을 현상학적으로 이해하지 않고 동물행동학 내지 동물심리학의 관점에서 이해하면서 예술본능이 존재한다는 사실을 간과하였다. 실제로 그는 동물행동학 내지 동물심리학과 마찬가지로 본능을 동물의 본능행동과 유사한 것 내지 동물적 본능으로 이해한다.[56] 바로 이처럼 본능을 본능행동으로 이해하면서 그는 지향성의 일종인 예술본능이 존재한다는 사실을 간과할 수밖에 없었다.

칸트와는 달리 실러는 예술본능론을 전개하면서 미적 관심의 존재를 인정한다. 그에 의하면 미적 경험은 다른 경험들과는 달리 "실재에 대한 중립성"(die Gleichgültigkeit gegen Realität)(AE, 192)을 특징으로 한다. 그러나 "실재에 대한 중립성"이 무관심성을 뜻하는 것은 아니다. 미적 경험이 이루어질 경우 "실재에 대한 중립성"을 토대로 지금까

---

56 KU, 155, 298, 312.

지 존재하지 않았던 새로운 유형의 관심, 즉 "가상에 대한 관심"(das Interesse am Schein)(AE, 192)이 생겨나는데, 이러한 "가상에 대한 관심"이 바로 미적 관심이다.

이처럼 실러가 미적 관심의 존재를 인정하는 것은 그가 미적 본능을 모든 예술활동의 원천으로 간주한 데서 나타난 필연적인 귀결이다. 인간의 다양한 유형의 관심은 그에 대응하는 다양한 유형의 욕구능력에서 나오는 것이며 이 점에 있어서는 미적 관심도 예외가 아니다. 앞서 살펴보았듯이 미적 관심 역시 궁극적으로 욕구능력인 미적 본능에 토대를 두고 있다.

그러나 실러는 미적 관심의 존재를 인정하고 있음에도 불구하고 "순수 가상에 대한 자유롭고 무관심한 평가의 흔적"(die Spuren einer un-interessierten freien Schätzung des reinen Scheins)(AE, 204)이라고 말하면서 미적 경험이 무관심성을 가지고 있는 것처럼 말하기도 한다. 실러의 이러한 언급은 그가 칸트의 미학으로부터 얼마나 강하게 영향을 받았는지 잘 보여 준다. 앞서 살펴보았듯이 무관심성은 칸트 미학의 핵심적인 개념 중의 하나이며, 따라서 실러는 미적 평가의 문제를 언급하면서 칸트의 영향을 받아 거의 무의식적으로 "무관심한"이라는 표현을 사용하고 있다고 할 수 있다. 그러나 칸트 미학의 핵심적인 개념인 미적 경험의 무관심성은 예술본능론으로 전개되는 실러의 미학에서는 들어설 자리가 없다. 이 점에서 실러가 아무리 칸트로부터 결정적인 영향을 받았다고 할지라도 그의 미학은 그 근본 구상에서 볼 때 칸트의 미학과 다르다. 이 점과 관련해 코헨(M. Cohen)은 "'아무런 관심도 없이'라는 칸트의 공식은 실러의 '가상에 대한 관심'으로 대체되었다"[57]고 적

---

57   M. Cohen, "Appearance and the Aesthetic Attitude", in: *The Journal of Philosophy* 56/23(1959), 921.

절하게 지적하면서 실러의 미학이 칸트의 미학과 근본적으로 다르다는 사실을 지적하고 있다.

12. 미적 본능과 미적 경험의 습성 체계의 형성과정

지금까지 미적 경험의 주체의 현재 지평에서 미적 본능을 발생적 토대로 삼아 미적 경험이 발생하는 과정을 추적하였다. 그에 따르면 미적 본능이 작동함에 따라 미적 정립작용, 미적 의지, 미적 감정, 미적 관심의 통일체인 현전적 미적 경험, 현전화적 미적 경험, 해명적 미적 경험 등이 발생적 정초 연관 속에서 전개되면서 미적 경험이 발생한다. 미적 본능은 다양한 유형의 현전적 미적 경험, 현전화적 미적 경험, 해명적 미적 경험을 관통하여 흐르고 있고 그와 동시에 이 각각의 구성 요소인 다양한 유형의 미적 정립작용, 미적 의지, 미적 감정, 미적 관심 등을 관통하여 흐르고 있다. 말하자면 미적 경험의 어느 차원, 어느 측면을 보아도 미적 본능이 그것을 관통하여 흐르고 있으며, 그에 따라 미적 경험의 체계는 이처럼 다양한 의미에서 미적 본능의 체계임이 드러난다.

앞서 살펴보았듯이 성숙한 주체에게서 앞서 살펴본 세 가지 유형의 미적 경험, 즉 현전적 미적 경험, 현전화적 미적 경험, 해명적 미적 경험은 발생적 연관 속에서 존재한다. 현전적 미적 경험이 존재하지 않으면 현전화적 미적 경험은 존재할 수 없으며, 현전적 미적 경험과 현전화적 미적 경험이 존재하지 않으면 해명적 미적 경험은 존재할 수 없다. 그러나 성숙한 주체의 현재 지평에서 미적 경험이 현전적 경험만 존재하는 단계에서 현전적 경험과 현전화적 경험이 공존하는 단계로 넘어가고 거기서 다시 세 가지 유형의 미적 경험이 공존하는 단계로 넘어가는 형태로 이루어지는 것은 아니다. 성숙한 주체의 현재 지평에서 미적 경험이 이루어질 때 주체의 태도에 따라 미적 경험은 이 세 가지 경험이 다양한 방식으로 결합되면서 무수히 다양한 방식으로 전개될 수 있다. 극단적인 경우 현전적 미적 경험들만으로 이루어진 미적 경험도 존재할 수도 있고 해명적 미적 경험들만으로 이루어진 미적 경험도 존재할 수 있다. 그리고 이 두 극단 사이에 현전적 미적 경험, 현전화적 미적 경험, 해명적 미적 경험이 다양한 방식으로 다양하게 결합되면서 무수히 다양한 방식으로 미적 경험이 이루어진다.

그러나 주체의 과거 지평에서 미적 경험이 발생하는 전체 과정을 살펴보면 사정은 다르다. 이 경우 우리는 미적 경험의 세 가지 발생 단계를 구별할 수 있는데, 이 세 단계란 1) 현전적 미적 경험만 존재하는 단계, 2) 현전적 미적 경험과 현전화적 미적 경험이 존재하는 단계, 3) 세 가지 유형의 미적 경험이 모두 존재하는 단계 등이 그것이다. 그리고 첫 번째 단계의 미적 경험, 즉 현전적 미적 경험만 존재하는 단계의 미적 경험이 반복하여 수행되어 습성의 체계로 형성되어 가는 과정에서 질적 변화가 일어나면서 두 번째 단계의 미적 경험, 즉 현전적 미적 경험과 현전화적 미적 경험이 결합된 형태의 미적 경험이 발생하며 그처럼 발생한 미적 경험이 다시 반복되면서 습성의 체계로 형성되어 가는 과정에서 질적 변화가 일어나면서 세 번째 단계의 미적 경험, 즉 세 가지 유형의 미적 경험이 결합된 형태의 미적 경험이 발생하고 그것이 반복되면서 습성의 체계로 형성되어 간다. 앞서 살펴본 성숙한 주체의 현재 지평에서 이루어지는 미적 경험의 발생 과정은 바로 이처럼 이 주체의 과거 지평에서 형성된 마지막 단계의 미적 경험의 습성 체계가 작동하면서 현실화되는 과정이다.

따라서 미적 경험의 주체의 현재 지평에서 미적 본능이 작동함에 따라 미적 경험이 어떻게 발생하는지 해명했다고 해서 미적 경험의 발생의 문제가 모두 해명된 것은 아니다. 미적 경험의 주체의 현재 지평에서 작동하는 미적 경험은 그의 과거 지평에서 형성된 미적 경험의 습성 체계가 작동한 것이기 때문에 미적 경험의 주체의 현재 지평에서 작동하는 미적 경험의 정체를 그 뿌리로부터 해명하기 위해서는 그것이 주체의 과거 지평에서 형성된 과정을 해명해야 한다.

　이 절의 목표는 바로 미적 경험의 주체의 과거 지평에서 미적 경험의 습성의 체계가 형성되는 과정을 해명하는 데 있다. 지금까지의 논의를 통해서 짐작할 수 있듯이 미적 경험의 습성의 체계가 형성되는 과정에서 결정적인 역할을 담당하는 것은 미적 본능이다. 그러면 이제 미적 본능과의 연관 속에서 미적 경험이 형성되는 세 단계, 즉 1) 현전적 미적 경험만 존재하는 단계, 2) 현전적 미적 경험과 현전화적 미적 경험이 존재하는 단계, 3) 세 가지 유형의 미적 경험이 모두 존재하는 단계의 발생을 추적하면서 주체의 과거 지평에서 미적 경험의 습성의 체계가 형성되는 과정을 해명해 보자. 예술 장르에 따라 미적 경험의 습성 체계가 형성되는 과정이 각기 다른 모습을 보일 수 있는데, 이제 우리는 주로 음악 장르를 중심으로 논의를 진행하고자 한다.

　현전적 미적 경험만 존재하는 미적 경험의 첫 번째 단계는 주체의 삶의 초기 단계에서 확인할 수 있다. 모태에서 시작하여 출산 이후까지 주체의 초기의 삶을 살펴보면 알 수 있듯이 초기 주체의 삶은 섭생 본능, 수면본능, 애착본능 등 동물적 본능 및 그에 토대를 두고 있는 다양한 정신 활동들을 통해 유지된다. 이 단계에서 놀이본능 등 미적 본능과 유사성을 가지고 있는 본능이 활성화되는 것은 사실이지만 한동안 미적 본능 자체는 작동하지 않는다. 이 단계에서 미적 본능은 가능태로서 숨어 있다고 할 수 있다. 이 단계에서는 주체가 비록 미적인 것을 만난다 하더라도 미적인 것을 미적인 것으로 경험할 수 없다. 말하자면 이 단계에서 주체에게 미적인 것은 존재하지 않는 셈이다. 그러나 어느 단계에 이르면 가능태로 존재하던 미적 본능이 현실화되기 시작한다. 이때 비로소 주체는 처음으로 미적인 것을 미적인 것으로서 경험하게 된다. 앞서 3장 3절에서 음악발달심리학 분야의 실험을 살펴보면서 생후 3개월에서 6개월 사이의 어린이들이 음악에 대해 능동적으로 반응을 보이며 소리가 나는 곳을 향하려 하고 그에 대해 즐거움과 놀라움을 보인다는 보고를 검토하면서 이 시기에 미적 본능[58]이 작동하고 있다는 사실을 지적하였는데, 바로 이 시기에 주체는 처음으로 미적인 것을 경험한다고 할 수 있다. 물론 주체가 처음으로 미적인 것을 경험하는 시기는 개인마다 차이를 보일 수 있으며 더 나아가 그 시기가 이 실험이 제시하듯이 생후 3개월에서 6개월 사이가 아니라, 그보다 더 이르거나 늦을 수도 있다. 그럼에도 미적 본능이 처음으로 작동하면서 주체가 미적인 것을 미적인 것으로 경험하는 시기가 존재한다는 사실은 논리적으로 필연적이다.

그런데 미적 본능이 작동하면서 주체가 이처럼 처음으로 미적인 것을 미적인 것으로서 받아들이면서 이루어지는 미적 경험은 현전적 미적 경험이다. 그 이유는 이러한 미적 경험의 주체인 초기 유아의 경우 아직 미적 기억, 미적 예상, 미적 상상, 미적 재현, 미적 표현의 능력 등을 가지고 있지 않으며 따라서 그의 미적 경험은 파지-근원현전-예지로 이어지는 현전적 시간장의 한계 안에서만 전개되기 때문이다. 그리고 주체의 삶의 초기 단계에서 이루어지는 현전적 미적 경험은 고유한 신체를 통해 이루어지는 신체적 경험으로서 수동적이며 무의식적으로 이루어진다. 이 경우 현전적 미적 경험이 수동적이며 무의식적이

---

58 앞서 3장 3절에서 우리는 "예술본능"이라는 표현을 사용하였다. 그러나 이 경우 예술본능은 예술창작 본능이 아니라, 예술감상 본능을 뜻하며 따라서 그것은 예술본능이라기보다 미적 본능이라 할 수 있다.

라 함은 주체가 미적 대상에 대해 명료한 형태로 의식하지 못한 채 미적 경험이 이루어짐을 뜻한다. 더 나아가 이러한 현전적 미적 경험은 지속 시간이 길지 않을 수 있다. 경우에 따라 순간적으로 울려 퍼지는 선율을 향해 미적 본능이 작동하면서 주체는 아주 짧은 시간 동안만 현전적 미적 경험을 할 수도 있다.

이처럼 최초의 미적 본능의 작동을 통해 주체가 미적인 것을 미적인 것으로 경험하고 그를 통해 최초의 현전적 미적 경험을 수행한 후 주체의 삶의 지평에서 미적 본능이 완전히 사라지는 것이 아니다. 때가 되어 주체가 미적인 것을 만날 때 경우에 따라 미적 본능이 다시 활성화되어 반복적으로 작동할 수 있다. 그리고 이처럼 미적 본능이 반복적으로 작동하면서 현전적 미적 경험은 다음과 같이 변화를 겪게 된다.

첫째, 미적 본능이 반복적으로 작동하면서 초기에는 수동적이며 무의식적으로 이루어지던 현전적 미적 경험이 능동적이며 의식적인 경험으로 탈바꿈한다. 말하자면 미적 경험의 주체는 미적 대상에 대해 의식하면서 미적 경험을 수행할 수 있다. 그리고 초기에는 지속성을 지니지 못한 채 순간적으로 작동하던 현전적 미적 경험이 지속성을 지닌 현전적 미적 경험으로 발전해 나간다. 이처럼 미적 본능이 반복적으로 작동하면서 현전적 미적 경험은 보다 더 복잡한 형태로 탈바꿈해 나간다.

둘째, 미적 본능이 반복적으로 작동함에 따라 주체는 현전적 미적 경험을 반복하게 되고 그를 통해 현전적 미적 경험의 습성 체계가 형성되어 나간다. 다양한 미적 대상을 접하면서 현전적 미적 경험을 하게 됨에 따라 현전적 미적 경험의 다양한 습성 체계가 형성된다.

그런데 미적 본능이 반복적으로 발현함에 따라 주체의 미적 경험에서 질적인 변화가 일어나는데, 그것은 바로 현전적 미적 경험을 토대로 현전화적 미적 경험이 발생하면서 미적 경험이 현전적 미적 경험만 존재하는 단계에서 현전적 미적 경험과 현전화적 미적 경험이 공존하는 단계로 이행하는 일이다. 이처럼 미적 본능이 반복적으로 발현하면서 미적 경험이 첫 번째 단계에서 두 번째 단계로 이행하기 위해서는 주체의 시간 의식에 있어서 질적 변화가 일어나야 한다. 현전적 미적 경험이 가능하기 위해서는 근원인상의 능력과 더불어 파지의 능력, 예지의 능력만 존재하면 되지만 현전화적 미적 경험이 가능하기 위해서는 그러한 능력을 넘어서 과거 지평으로는 파지를 넘어설 수 있는 기억의 능력이 작동해야 하고 미래 지평으로는 예지를 넘어설 수 있는 예상의 능력이 작동해야 한다. 이러한 능력들이 작동하지 않을 경우 현전적 미적 경험과 비교해 볼 때 지속기간이 긴 현전화적 미적 경험은 발생할 수 없다.

이처럼 미적 본능의 발현을 토대로 현전화적 미적 경험이 처음으로 발생한 후 미적 본능이 반복해서 발현할 경우 앞서 살펴본 조건이 갖추어지면 다양한 현전화적 미적 경험이 발생한다. 그 후 다시 미적 본능이 반복적으로 발현하면 다양한 현전화적 미적 경험의 습성의 체계가 형성되어 나간다.

다양한 현전화적 미적 경험의 습성의 체계가 형성되어 가면서 미적 본능이 반복해서 작동하면 첫 번째 해명적 미적 경험이 발생할 수 있다. 이와 함께 미적 경험은 현전적 미적 경험과 현전화적 미적 경험이 존재하는 단계인 미적 경험의 두 번째 단계에서 세 번째 단계, 즉 현전적 미적 경험, 현전화적 미적 경험과 더불어 해명적 미적 경험도 존재하는 단계로 이행할 수 있다.

첫 번째 해명적 미적 경험이 발생하기 위해서는 나름의 조건이 갖추어져야 한다. 바로 현전적 미적 경험과 현전화적 미적 경험을 통해 드러난 미적 대상을 더 자세히 알고자 하는 미적 호기심 본능이 미적 경

험의 주체에게서 발현해야 한다. 미적 대상에 대한 미적 호기심 본능
이 발현할 경우에만 주체는 현전적 미적 경험과 현전화적 미적 경험을
통해 드러난 미적 대상을 해명하고자 하는 노력을 기울일 수 있는 것
이다.

이처럼 미적 호기심 본능의 작동은 해명적 미적 경험이 등장하기 위
한 필수조건이다. 현전적 미적 경험과 현전화적 미적 경험이 거의 모
든 주체에게서 발생하는 것과는 달리 해명적 미적 경험은 모든 주체에
게서 발생하지는 않는다. 그것은 오직 현전적 미적 경험과 현전화적
미적 경험을 통해 드러난 미적 대상에 대한 미적 호기심 본능을 가지
고 있는 주체에게서만 발생한다.

최초의 해명적 미적 경험이 발생한 후 미적 호기심 본능이 반복해
서 작동할 경우 다양한 유형의 해명적 미적 경험이 발생할 수 있다.
그리고 그 후에도 계속해서 미적 호기심 본능이 반복해서 작동할 경
우 한편으로는 지금까지 선보이지 않았던 새로운 해명적 미적 경험들
이 발생하고 다른 한편으로는 지금까지 발생한 다양한 해명적 미적
경험들을 토대로 다양한 해명적 미적 경험의 습성 체계가 형성되어
나간다.

지금까지 우리는 세 가지 유형의 미적 경험의 습성 체계가 형성되는
과정을 해명하였다. 이러한 세 가지 유형의 미적 경험의 습성 체계가
형성되는 과정을 해명하기에 앞서 우리는 세 가지 유형의 미적 경험이
주체의 현재 지평에서 작동하는 과정을 해명하였는데, 이처럼 주체의
현재 지평에서 미적 경험이 발생하는 과정은 주체의 과거 지평에서 형
성된 미적 경험의 습성 체계가 현실화되는 과정이다. 물론 현재 지평
에서 작동하는 그때그때의 미적 경험은 단지 과거 지평에서 형성된 습
성 체계를 수동적으로 현실화하기만 하는 것은 아니다. 그것은 경우에
따라 과거 지평에서 형성된 습성 체계를 바꾸어 놓을 수도 있다. 예를

들어 지금까지 경험해 보지 못한 전혀 다른 유형의 예술작품에 대한 경험이 이루어질 경우 이러한 경험은 지금까지 형성되어 온 습성의 체계를 변화시킬 수도 있는 것이다. 이처럼 극단적인 경우가 아니더라도 현재 지평에서 작동하는 그때그때의 미적 경험은 나름의 방식으로 과거에 형성되어 온 습성 체계를 변화시킬 수 있는 능력을 가지고 있다. 이러한 점에서 주체의 현재 지평에서 미적 경험이 작동하는 과정은 미적 경험의 습성 체계가 형성되어 가는 전체 과정의 한 단면이라 할 수 있다. 말하자면 미적 경험이 매 순간 작동함에 따라 미적 경험의 습성 체계는 늘 새롭게 변화할 수 있는 가능성을 가지고 있다.

13. 미적 본능과 발생적 현상학의 심화 및 미적 경험의 진보

미적 경험의 주체의 현재 지평에서 미적 경험의 습성의 체계가 작동하는 과정과 그의 과거 지평에서 미적 경험의 습성의 체계가 형성되는 과정을 해명하였다고 해서 미적 경험의 발생의 문제가 모두 해명된 것은 아니다. 미적 경험의 발생의 문제를 전체적으로 해명하기 위해서는 미적 본능의 작동과 관련하여 몇 가지 주제를 더 해명할 필요가 있다. 이와 관련해 다음과 같은 세 가지 사실을 지적하고자 한다.

첫째, 지금까지 우리는 미적 경험의 주체의 개인적인 차원에만 한정하여 미적 경험의 발생적 현상학을 전개하였다. 그러나 미적 경험의 주체의 모든 미적 경험은 공동체 속에서 이루어지며 따라서 공동체로부터 영향을 받지 않을 수 없다. 따라서 미적 경험의 발생의 구조를 구체적으로 해명하기 위해서는 미적 경험의 사회적 차원을 해명하여야 한다. 이 점과 관련해 우리는 실제로 미적 본능이 작동하면서 미적 경험이 이루어지는 과정에서 개별적인 미적 경험의 주체에게 "상호주관

적 본능",[59] 즉 "사회화의 본능"[60]이 작동하고 있다는 사실에 유의할 필요가 있다.[61]

예를 들어, 앞서 살펴본 재현본능이 어떤 미적 경험의 주체에게서 작동할 경우 그에게는 많은 경우 사회적 본능이 동시에 작동한다. 어떤 미적 경험의 주체에게서 재현본능이 작동하고 그를 통해 재현되는 대상에 대한 생각이 떠오름에 따라 감상자는 과연 타인들 역시 자신과 동일한 생각을 할지 궁금해하면서 타인들과의 상호주관적 연관을 떠올리게 되는데, 바로 이를 가능하게 해 주는 것이 상호주관적 본능, 즉 사회적 본능이다. 이처럼 미적 경험에서 작동하는 상호주관적 본능은 미적 경험의 과정이 개인적인 유아론적인 과정이 아니라, 타인과 더불어 진행되는 상호주관적인 과정임을 보여 준다. 바로 상호주관적 본능이 작동하기 때문에 모든 감상자는 자신의 미적 경험을 타인과 비판적으로 검토하면서 공유하고 그를 통해 미적 경험이 상호주관성을 확보할 수 있게 된다.

미적 경험에서 작동하는 상호주관적 본능을 미적 상호주관적 본능이라 부를 수 있을 것이다. 미적 상호주관적 본능은 재현본능, 표현본능과 더불어 다양한 유형의 미적 경험에서 작동하는 미적 본능의 한 가지 유형이다. 칸트는 『판단력비판』에서 취미판단은 일차적으로 주관적이지만 "공통 감각"(der Gemeinsinn)(KU, 78)을 통해 객관적인 판단으로 전환될 수 있다고 말하는데, 바로 이러한 공통 감각의 배후에

59   E. Husserl, Hua IX, 486 ; E. Husserl, 유고 E III 9, 18.

60   E. Husserl, 유고 A V 5, 134.

61   물론 상호주관적 본능이 미적 경험의 영역에서만 작동하는 것은 아니다. 상호주관적 본능은 일상적 경험의 영역에서 광범위하게 작동하면서 다양한 유형의 인간관계와 사회를 형성하기 위한 발생적 토대로서 기능한다. 그 어떤 인간관계와 사회도 상호주관적 본능의 작동 없이는 형성될 수 없다.

서 그의 가능 근거로서 작동하면서 취미판단의 객관성, 또는 보다 더 일반적으로 말하자면, 미적 경험의 객관성을 확보해 주는 것이 바로 미적 상호주관적 본능이다. 미적 경험의 발생적 현상학을 보다 더 구체적으로 전개하기 위해서는 미적 상호주관적 본능의 구조를 해명하면서 미적 경험의 사회적 차원을 해명할 필요가 있다. 이와 더불어 미적 상호주관적 본능이 작동하는 방식은 사회에 따라 다를 수 있는데, 이러한 차이가 미적 경험의 구조에서 어떤 차이를 낳게 하는지도 해명할 필요가 있다.

둘째, 더 나아가 모든 미적 경험은 역사 속에서 이루어진다. 따라서 미적 경험의 발생적 현상학을 구체적으로 전개하기 위해서는 미적 경험의 역사적 차원을 해명하여야 한다. 이 점과 관련하여 해명해야 할 여러 가지 쟁점이 존재한다. 예를 들어 현재 어떤 사회에서 살고 있는 미적 경험의 주체에게서 미적 본능이 작동하는 방식은 그 사회의 역사를 통해서 영향을 받을 수 있는데, 과연 과거의 역사가 현재 작동하는 미적 본능에 어떻게 영향을 주면서 미적 경험의 발생 과정에 영향을 주는지를 해명할 필요가 있다. 더 나아가 서로 다른 시대에는 미적 본능이 각기 다른 방식으로 작동할 수 있는데, 이처럼 서로 다른 시대에 미적 본능이 각기 다른 방식으로 작동하면서 어떻게 미적 경험의 역사적 차이를 낳게 하는지 등이 해명되어야 한다. 미적 경험의 발생적 현상학을 체계적으로 전개하기 위해서는 미적 본능과 미적 경험의 역사적 차원을 다각도로 분석할 필요가 있다.

셋째, 지금까지 우리는 개별적인 미적 대상에 대한 미적 경험을 중심으로 그것이 어떻게 미적 본능에 발생적으로 정초해 있는지 살펴보면서 미적 경험의 발생적 현상학을 전개하였다. 그러나 발생적 현상학적 관점에서 볼 때 개별적인 미적 대상에 대한 미적 경험은 미적 세계에 대한 경험으로서의 미적 태도를 토대로 수행된다. 이 점에 있어서는 일상적 경험과 미적 경험 사이에 아무런 차이도 존재하지 않는다. 일상적 세계 경험에 대한 현상학적 분석이 보여 주듯이 모든 개별적인 대상에 대한 경험은 세계 지평에 대한 경험, 즉 세계에 대한 태도를 토대로 수행되며, 이와 마찬가지로 모든 개별적인 미적 대상에 대한 미적 경험 역시 미적 세계에 대한 경험, 즉 미적 태도를 토대로 수행된다. 따라서 미적 경험의 발생적 현상학을 보다 더 구체적으로 전개하기 위해서는 미적 본능과의 연관 속에서 미적 태도의 구조를 분석해야 하는데, 우리는 이 점을 6장에서 살펴볼 것이다.

지금까지 우리는 미적 본능의 작동을 고려하면서 미적 경험의 주체의 현재 지평에서 미적 경험의 습성의 체계가 작동하는 과정과 이 주체의 과거 지평에서 미적 경험의 습성의 체계가 형성되는 과정을 해명하고 이 두 차원을 넘어서는 미적 경험의 발생의 몇 가지 차원에 대해 살펴보았다. 그러면 이제 미적 경험의 발생에 대한 지금까지의 논의를 토대로 미적 경험의 "진보"(progrés)(PEE, 464)의 문제를 살펴보자. 미적 경험의 진보의 문제는 미적 경험의 발생적 현상학의 핵심적인 주제 중의 하나이다. 미적 경험의 진보란 미적 경험이 심화되어 가는 과정을 뜻한다. 미적 경험의 발생적 현상학에 대한 지금까지의 논의는 미적 경험의 진보 과정의 정체를 명확하게 보여 준다. 그에 의하면 모든 미적 경험의 진보는 미적 본능의 충족 과정으로 규정될 수 있으며 미적 본능의 충족 과정으로서의 미적 경험의 진보는 다음과 같이 여러 가지 방향으로 이루어질 수 있다.

첫째, 우선 미적 경험의 주체의 현재 지평에서 미적 본능이 작동하면서 현전적 미적 경험을 토대로 현전화적 미적 경험이 발생하는 과정, 그리고 이 두 유형의 미적 경험을 토대로 해명적 미적 경험이 발생하는 과정은 그 자체가 바로 미적 경험의 진보 과정이다. 현전적 미적 경험을 토대로 현전화적 미적 경험이 발생하는 과정뿐 아니라, 이 두 유형의 미적 경험을 토대로 해명적 미적 경험이 발생하는 과정 역시 미적 경험이 "심화되는" 과정이기 때문이다.

둘째, 미적 경험의 주체의 과거 지평에서 미적 경험의 습성 체계가 형성되어 가는 과정에서도 미적 경험의 진보가 일어난다. 그 이유는 미적 경험의 습성의 체계가 형성되어 가는 과정에서 미적 경험은 깊이를 더해 갈 수 있으며 무엇보다도 하나의 미적 경험의 습성 체계에서 또 다른 습성 체계로의 이행은 그 자체가 미적 경험이 깊이를 더해 가는 과정이기 때문이다.

셋째, 미적 경험의 상호주관적 차원에서도 미적 경험의 진보가 일어난다. 어떤 한 주체의 미적 경험은 다른 주체와의 상호주관적 교섭을 통해 깊이를 더해 가기 때문이다.

넷째, 미적 경험의 역사적 차원에서도 미적 경험의 진보가 일어난다. 현재를 살아가고 있는 어떤 한 주체의 미적 경험은 역사 속에 존재했던 다른 주체로부터 영향을 받아 가면서 깊이를 더해 가기 때문이다.

다섯째, 미적 태도의 변화 속에서도 미적 경험의 진보가 일어난다. 미적 태도는 미적 경험과 불가분의 관계에 있기 때문에 하나의 미적 태도로부터 또 하나의 미적 태도로의 이행이 깊이를 더해 가는 방식으로 이루어질 경우 그것은 그와 불가분의 관계에 있는 미적 경험이 깊이를 더해 가는 과정, 즉 미적 경험의 진보 과정을 뜻하기 때문이다.

6

미적 본능과 미적 태도

미적 경험은 미적 태도, 즉 미적 세계에 대한 주체의 태도를 토대로 이루어진다. 따라서 미적 경험의 정체를 그 뿌리로부터 해명하기 위해서는 미적 태도를 해명할 필요가 있다. 6장의 목표는 미적 본능이 미적 태도의 발생적 원천이라는 사실을 해명하면서 현상학적 미적 태도론을 전개하고 그를 토대로 미적 태도와 관련된 현대미학의 논의에 기여하는 데 있다.

1960년대 이후 분석미학에서는 미적 태도가 과연 존재하는지 하는 문제를 두고 열띤 논쟁이 있어 왔는데, 이러한 논쟁을 검토하면서 6장의 논의가 전개된다. 우선 1절에서는 스톨니츠의 미적 태도론을 살펴보고, 2절에서는 스톨니츠의 미적 태도론을 비판하면서 미적 태도가 일종의 신화에 불과하다고 주장하는 디키의 견해를 살펴본 후, 3절에서는 스톨니츠의 견해에 대한 디키의 비판을 검토할 것이다. 디키는 미적 태도론을 비판하면서 예술의 제도적 본질론을 제시하는데, 4절에서는 디키가 제시하는 예술의 제도적 본질론을 살펴보고, 이어 5절에서는 디키의 이론을 비판적으로 검토하면서 스톨니츠의 미적 태도론에 대한 디키의 비판이 타당하긴 하지만 그렇다고 해서 미적 태도가 신화에 불과한 것이 아니라는 사실을 해명할 것이다. 그런데 미적 태도가 신화가 아니라는 사실을 보여 줄 수 있는 최선의 길은 미적 태도의 예를 들어 그것이 실제로 존재함을 보여 주는 일인데, 6절에서는 미적 태도의 예를 보여 주면서 미적 태도가 실제로 존재함을 해명할 것이다. 이어 7~9절 사이에서 미적 태도의 주제와 관심, 미적 태도와 일상적인 생활세계적 태도, 미적 태도의 다양한 차원 등을 살펴보면서 미적 태도의 일반적 구조를 해명할 것이다. 이어 10절에서는 미적 본능이 미적 태도의 발생적 토대라는 사실을 살펴본 후, 11절에서는 미적 태도의 구조를 더 상세하게 밝혀내기 위해 미적 태도의 중핵을 이루고 있는 미적 세계의식의 4가지 구성 요소를 살펴보고 이 각각이 발생적으로 미적 본능에 토대를 두고 있다는 사실을 해명할 것이다. 12절에서는 미적 본능을 토대로 다차원적인 미적 태도의 습성 체계가 주체의 현재 지평에서 작동하는 과정과 그것이 주체의 과거 지평에서 형성되는 과정을 해명하고, 13절에서는 10절에서 12절 사이에서 이루어진 논의를 토대로 미적 세계가 미적 본능을 통해 규정된 세계라는 사실을 염두에 두면서 미적 세계의 구조를 해명할 것이다. 14절에서는 현상학적 미적 태도론이 분석미학에서 차지하는 의의를 검토하고, 15절에서는 현상학적 미적 태도론이 현상학적 미학에서 차지하는 의의를 검토할 것이다.

1. 스톨니츠의 미적 태도론

디키는 미적 태도론을 세 가지 유형으로 나누어 비판한다. 그가 비판하고 있는 세 가지 유형은 블로우(E. Bullough)의 "심적 거리의 이론",

스톨니츠와 비바스(E. Vivas)의 "미적 주목의 이론", 올드리치(V. Al-drich)의 "미적 지각론"이다.[1] 우리는 이제 이러한 세 가지 유형의 미적 태도론 중에서 "미적 주목의 이론", 그중에서도 스톨니츠가 발전시킨 "미적 주목의 이론"[2]에 대한 디키의 비판만을 살펴보고자 한다. 그이유는 이 이론이 다양한 미적 태도론 중에서 가장 정치한 이론으로서 예술본능과 미적 태도의 관계를 해명하고자 하는 6장의 논의를 위해 중요한 역할을 담당하기 때문이다. 우선 미적 태도론이 등장하게된 역사적 배경을 검토한 후 스톨니츠의 미적 태도론을 살펴보자.

디키에 의하면 서양 미학사에서 미학은 미론(theory of beauty)과 예술론(theory of art) 등 두 가지 형태로 발전해 왔다.[3] 여기서 미론은 미적 경험과 그의 대상을 연구하는 이론을 뜻하며 예술론은 예술이 어떻게 정의되어야 하는가에 관한 이론으로서 그 대표적인 예로는 예술의 본질을 재현으로 간주하는 예술재현론과 예술의 본질을 표현으로 간주하는 예술표현론 등을 들 수 있다.

미적 태도론은 미론의 한 형태로서 19세기에 등장하였다. 디키는 쇼펜하우어를 미적 태도론의 선구자로 간주한다. 이러한 자신의 견해를 정당화하기 위해 그는 쇼펜하우어의 『의지와 표상으로서의 세계』에 나오는 다음의 구절을 인용한다.

"어느 사물이 아름답다고 말할 때 우리는 그것이 미적 관조의 대상임을 단

---

1 『현대미학』, 85 이하: G. Dickie, "The Myth of the Aesthetic Attitude", *American Philosophical Quarterly* 1/1(1964): 『미학입문』, 68 이하.

2 J. Stolnitz, *Aesthetics and Philosophy of Art Criticism*, Boston: Houghton Mifflin, 1960, 29 이하.

3 이 둘의 구별 및 그들 각각의 과제에 대해서는 『미학입문』, 11 이하를 참고하여 서술하였다.

언하고 있는 것이다. […] 이는 우리가 그 사물을 바라봄으로써 우리 자신
이 객관적이게 된다는 것, 다시 말해 그것을 관조할 때 우리는 이미 자신
을 한 개인으로서 의식하지 않고 인식에 대한 순수하고 무의지적인 주관으
로서 의식한다는 것을 의미한다. […]"**4**

여기서 쇼펜하우어는 "어느 사물이 아름답다"는 사실과 "그것이 미
적 관조의 대상이 되고 있다"는 사실을 동일한 것으로 간주한다. 그에
의하면 바로 주관이 어떤 사물을 관조할 때 자신은 순수하고 무의지적
인 주관으로 탈바꿈하고 동시에 그 사물은 아름다운 대상으로 드러난
다. 사물을 아름다운 대상으로 보는 데 있어서 결정적인 역할을 담당
하는 것은 주관이 사물을 바라보는 태도인 관조의 태도이다. 이처럼
사물을 미적 대상으로 경험함에 있어 주관의 관조적 태도가 결정적인
역할을 담당하기 때문에 이 이론은 미적 태도론이라 불린다. 쇼펜하우
어의 미적 태도론은 극단적으로 주관화된 이론으로서 그에 따르면 "어
느 사물이 아름답기 위해서 요구되는 어떤 객관적 성질도 없다. 어느
대상의 미는 어느 사람의 미적 의식의 대상이 되는 결과로서, 그 대상
에 부과되고 있는 것일 뿐이다."**5**

19세기에 등장한 미적 태도론은 20세기에 들어서 정교하게 다듬어
져 몇 가지 형태로 발전하였는데, 그중의 하나가 스톨니츠의 미적 태
도론이다.**6** 그의 미적 태도론에 따르면 어떤 대상을 미적 대상으로 만
들어 주고 어떤 지각을 미적 지각으로 만들어 주는 것은 미적 태도이
다. 따라서 미적 대상과 미적 지각의 정체를 해명하기 위해서는 미적
태도를 해명해야 한다. 미적 태도는 인간이 취할 수 있는 다양한 태도

---

4 『미학입문』, 48.

5 『현대미학』, 48.

6 J. Stolnitz, *Aesthetics and Philosophy of Art Criticism*, 29 이하.

중의 하나이며, 따라서 미적 태도를 해명하기 위해서는 태도 일반에 대한 해명이 선행되어야 한다.

태도는 "우리가 세계를 지각하는 방식", 즉 "우리의 지각을 방향 지우고 조정하는 방식"[7]이다. 이 점과 관련하여 우리는 세계가 여러 가지 방식으로 지각될 수 있다는 사실에 유의할 필요가 있다. 예를 들어 세계는 역사적 세계로 지각될 수도 있고, 정치적 세계로 지각될 수도 있으며, 경제적 세계로 지각될 수도 있다. 이처럼 세계가 다양한 방식으로 지각될 수 있는 이유는 우리가 그에 대해 다양한 태도를 취할 수 있기 때문이다. 예를 들어 우리가 그에 대해 역사적 태도를 취하면 그것은 역사적 세계로, 정치적 태도를 취하면 정치적 세계로, 경제적 태도를 취하면 경제적 세계로 지각된다. 여기서 알 수 있듯이 다양한 유형의 태도에 대응해 다양한 유형의 세계가 등장한다. 이처럼 "태도는 세계에 대한 우리의 의식을 조직하고 방향 지운다."[8]

우리는 일상적으로 살아가면서 우리의 삶에 대해 가지고 있는 유용성을 기준으로 세계 속의 사물을 지각한다. 우리가 일상적으로 취하는 삶의 태도는 "실제적인(practical) 지각 태도"[9]라 불린다. 앞서 언급한 역사적 태도, 정치적 태도, 경제적 태도 등은 모두 실제적인 지각 태도이다. 그러나 실제적인 지각 태도와 구별되는 태도가 있는데, 그것이 바로 미적 태도이다. 미적 태도는 어떤 삶의 목적에 따라 실용성을 추구하는 태도가 아니다. 스톨니츠는 미적 태도를 다음과 같이 정의한다.

미적 태도란 "그것이 어떤 대상이든 간에 인지의 대상을 그것 자체를 위해

---

7   J. Stolnitz, *Aesthetics and Philosophy of Art Criticism*, 32.

8   J. Stolnitz, *Aesthetics and Philosophy of Art Criticism*, 33.

9   J. Stolnitz, *Aesthetics and Philosophy of Art Criticism*, 33.

서 그에 대해 무관심적이며 동정적인 주의(disinterested and sympathetic attention)를 기울이고 그에 대해 관조하는 것(contemplation)"[10]이다.

이처럼 미적 태도를 정의한 후 스톨니츠는 다음과 같이 네 가지 관점에서 미적 태도를 보다 더 상세하게 해명한다.[11]

첫째, 미적 태도는 무관심성을 특징으로 한다. 이 경우 무관심성이란 미적 지각이 그 자신을 넘어서는 다른 목적을 가지고 있지 않다는 사실을 뜻한다. 이 점에서 미적 태도는 자신을 넘어서는 그 어떤 실용적 목적 때문에 행해지는 실제적 태도와 구별된다. 실제적 태도가 대상을 그의 기원과 결과, 다른 대상들과의 상호관계 등을 염두에 두면서 파악하는 데 반해, 미적 태도는 대상을 고립화하고 그것에만 집중한다. 또 미적 태도는 사물들을 분류하거나 판단하지 않는다. 이때 사물들은 바라보는 것만으로 즐겁고 감정을 흥분시킨다. 따라서 미적 태도의 특징인 무관심성은 비관심성을 뜻하는 것이 아니다. 다양한 예술 감상의 예에서 알 수 있듯이 미적 태도를 취하면서 무관심한 상태에 있을 경우 우리는 실제적 태도를 취할 때보다도 더 관심적이 된다.

둘째, 미적 태도의 정의에 들어 있는 "공감적"이라는 표현은 미적 대상을 경험하기 위해 우리가 취해야 할 자세가 무엇인지 말해 준다. 미적 경험의 일차적인 목표는 미적 대상의 "개별적 특질"을 받아들이는 데 있으며, 이를 위해 우리는 미적 대상에 대해 민감하고 대상이 제시하는 것을 모두 받아들일 자세를 갖추고 있어야 하는데, 이러한 자세가 바로 공감의 자세이다. 따라서 대상에 대해 공감하지 않고 적

10   J. Stolnitz, *Aesthetics and Philosophy of Art Criticism*, 35.
11   이 다섯 가지 내용에 대한 다음의 논의는 J. Stolnitz, *Aesthetics and Philosophy of Art Criticism*, 35 이하 참조.

대적인 자세는 억제되어야 한다. 예를 들어 회교도라면 성가족(聖家族)을 그린 그림을 보고 그에 대해 공감하지 않고 적대감을 가질 수도 있다. 이 경우 그는 실용적 태도를 취하면서 실제적 지각을 수행하고 있는 것이지 미적 태도를 취하면서 미적 지각을 수행하고 있는 것이 아니다. 미적 대상에 공감하면서 미적 태도를 취할 수 있기 위해서 우리는 각자가 가지고 있는 주관적 가치, 편견 등으로부터 해방되어야 한다.

셋째, 미적 태도의 정의에 들어 있는 "주목"이라는 표현은 미적 지각의 경우에도 주목이 필요하다는 사실을 뜻한다. 미적 태도를 포함해 모든 태도가 대상에 대한 나름의 주목을 필요로 한다. 그러나 미적 태도가 무관심한 태도이기 때문에 사람들은 미적 지각은 특별한 주의도 없이 마음을 풀어놓은 상태에서 수행되며 따라서 미적 지각의 경우 주목이 전혀 필요하지 않을 것처럼 생각한다. 그러나 미적 지각의 경우 감상자가 미적 대상에 완전하게 몰두할 경우처럼 미적 지각은 감상자의 주목이 없으면 불가능하다. 물론 주목이란 강도의 문제이기 때문에 주목은 경우에 따라 더 강렬할 수도 있고 덜 강렬할 수도 있다. 그리고 주목은 대상 전체에 대한 주목뿐 아니라, 대상의 세세한 부분들에 대한 주목을 뜻하기도 한다.

넷째, 미적 태도는 일종의 관조적 태도이다. 그러나 관조적 태도로서의 미적 태도는 "초연하고 냉담한 응시를 암시할 위험이 있는" 일상적인 의미의 관조적 태도를 뜻하지 않는다. 관조적 태도로서의 미적 태도를 통해 민감하고 활기찬 미적 지각이 가능하며 미적 대상에 지속적으로 몰두하고 그에 대해 관심을 갖는 일이 가능하다.

2. 스톨니츠의 미적 태도론에 대한 디키의 비판

디키에 의하면 스톨니츠의 미적 태도론은 타당하지 않다. 스톨니츠의
미적 태도론에 대한 디키의 비판은 미적 태도가 무관심성을 특징으로
한다는 주장을 겨냥하고 있다. 그러면 이제 스톨니츠의 미적 태도론에
대한 디키의 비판을 살펴보자. 디키는 몇 가지 예를 들어 가면서 스톨
니츠의 미적 태도론에 대해 다음과 같이 비판한다.[12]

1) A와 B 두 학생이 음악을 듣는데, A는 다음 날 있을 시험을 준비
하기 위해 음악을 듣고 B는 그저 음악을 즐기기 위해 음악을 듣는다고
하자. 이 경우 A는 음악을 듣는 행위를 넘어서는 목표를 가지고 음악을
듣기 때문에 관심을 가지고 음악을 듣고 있는 반면, B는 아무런 관심도
없이 음악을 듣는다고 할 수 있다. 스톨니츠에 따르면 A와 B는 모두
음악을 듣고는 있지만 양자 사이에는 질적인 차이가 존재한다. 그러나
디키에 의하면 이처럼 양자가 음악을 듣는 목적이 다르다고 하더라도
음악을 듣는다는 점에 초점을 맞출 경우 양자 사이에 차이가 존재하는
것은 아니다. 동기나 목표가 서로 다르다고 하더라도 A도 음악을 감상
하는 것이고 B도 음악을 감상하는 것이다. 더 나아가 A도 음악을 열심
히 들을 수 있고 B도 열심히 들을 수 있으며, A도 음악을 들으면서 지
루해할 수도 있고 B도 음악을 들으면서 지루해할 수 있다. 이처럼 A와
B는 음악을 감상하면서 집중력에서 차이를 보이지 않을 수 있다.[13]

2) C라는 사람이 미술관에서 어떤 그림을 감상하다가 그림 속의 어
떤 사람을 보고 연상 작용을 통해 자기 할아버지를 떠올리게 되었다고
가정하자. C가 그림 밖에 있는 할아버지를 떠올렸으니까 이 예는 관심

12   『현대미학』, 109 이하; G. Dickie, "The Myth of the Aesthetic Attitude", 57
이하;『미학입문』, 75 이하.

13   G. Dickie, "The Myth of the Aesthetic Attitude", 58.

을 가진 지각의 예가 될 수 있을 것이다. 이 경우 C가 관심을 가진 지각을 수행하고 있다 함은 C가 이 그림에 대해 미적 지각이 아니라, 비미적 지각, 즉 실제적 지각 혹은 실용적 지각을 수행하고 있음을 뜻한다. 그러나 이 경우 C는 과연 그림에 대한 비미적 지각을 수행하고 있다고 말할 수 있을까? 그렇지 않다. 비록 그의 두 눈이 그림을 향하고는 있으나 그의 주의가 할아버지를 향해 있기 때문에 그가 그림에 대해 전혀 주의를 기울이고 있지 않다고 말하는 편이 타당하다.[14]

3) 어떤 연극 감독 D가 연극을 무대에 올리면서 청중석에 앉아 자리가 꽉 차 있는 것을 보고 기뻐하였다고 하자. D는 연극에는 아무런 관심이 없고 얼마나 많은 돈을 벌 수 있느냐에만 관심을 가지고 있다고 치자. 또 관객 중의 한 사람인 E는 자신의 딸이 연극 중의 한 역을 맡았다고 하자. E 역시 연극에는 아무런 관심이 없고 자기 딸이 얼마나 역할을 잘해 내느냐에만 관심을 가지고 있다고 치자. 스톨니츠에 따르면 D와 E는 모두 관심을 가진 지각, 즉 비미적 지각을 수행하고 있다고 할 수 있다. 그러나 이 경우 D와 E는 비미적 지각을 수행한 것이 아니라, 주의를 전혀 기울이지 않으면서 미적 지각을 수행하지 않았다고 해야 옳다.[15]

4) 연극 대본 작가 F가 대본을 수정할 목적으로 연극의 리허설에 참여하여 그것을 보고 있다고 치자. 이 경우 F는 관심을 가지고 연극에 몰두하고 있다. 스톨니츠에 다르면 이 경우 F는 미적 지각이 아니라, 비미적 지각을 수행하고 있다고 해야 할 것이다. 그러나 이러한 견해는 타당하지 않다. 이 경우에도 연극에 대한 F의 지각은 일상적인 감상자의 그것과 아무런 차이도 보이고 있지 않기 때문이다. 그가 연극

---

14   G. Dickie, "The Myth of the Aesthetic Attitude", 58.

15   G. Dickie, "The Myth of the Aesthetic Attitude", 58-59.

을 보는 동기가 일상적인 감상자와 다를지라도 그는 일상적인 감상자와 마찬가지로 연극을 즐길 수도 있고 그렇지 않을 수도 있다.

5) G와 H가 역사적 사실과 관련된 어떤 시를 읽고 있다고 치자. G는 그것이 역사적 사실과 관련되어 있다는 사실을 알지 못한 채 단순히 시로서 읽었고, F는 그것을 역사적인 사실에 대한 기록으로 읽었다고 치자. 이 두 경우 스톨니츠에 따르면 G는 아무런 관심도 없이 시를 읽었기 때문에 미적 지각을 수행한 것이요, H는 시를 넘어서 역사적 사실을 기록한 것으로 읽었기 때문에 관심을 가지고 읽으면서 비미적 지각을 수행했다고 할 수 있다. 그러나 G의 지각과 H의 지각 사이에는 아무런 본질적인 차이가 존재하지 않는다. 그 이유는 역사적 사실을 기록하고 있다는 점 역시 이 시를 구성하는 한 가지 요소이며 그러한 한에서 이 시를 역사적 사실에 대한 기록으로 읽는 것 역시 미적 지각의 일종이기 때문이다. 양자의 차이는 단지 G는 역사적 사실에 대한 기록의 측면을 파악하지 못한 반면, H는 그것을 간파하고 있다는 데 있을 뿐이다.[16]

이러한 논의를 토대로 디키는 무관심성을 핵심 내용으로 하는 스톨니츠의 미적 태도 개념 또는 적어도 그의 중심 개념인 "무관심한 주의"(disinterested atttention)[17]가 신화에 불과하다고 결론짓는다.

3. 스톨니츠의 미적 태도론에 대한 디키의 비판에 대한 검토

스톨니츠의 미적 태도론에 대한 디키의 비판은 미적 태도가 무관심성

---

16 G. Dickie, "The Myth of the Aesthetic Attitude", 60.

17 G. Dickie, "The Myth of the Aesthetic Attitude", 61.

을 특징으로 하며 미적 지각이 자기 자신을 넘어서는 다른 목적을 가지고 있지 않다는 스톨니츠의 견해를 향하고 있다. 예술본능의 현상학의 입장에서 볼 때 스톨니츠의 견해에 대한 디키의 비판은 전반적으로 타당하다. 그러면 스톨니츠의 견해를 비판하기 위하여 디키가 제시하는 다섯 가지 예를 검토하면서 이 점을 살펴보자.

　우선 스톨니츠가 미적 태도를 관심을 가진 지각, 즉 비미적 지각으로 간주하는 것은 사실이지만 비미적 지각이 아니라, 대상에 대한 주의가 전혀 이루어지지 않아 지각이 이루어지지 않은 경우에 해당한다는 디키의 비판은 타당하다. 미술관에서 어떤 그림을 감상하다가 그림 속의 어떤 사람을 보고 연상 작용을 통해 자기 할아버지를 떠올리게 된 C의 경우, 연극을 무대에 올리면서 청중석에 앉아 자리가 꽉 차 있는 것을 보고 기뻐한 연극 감독 D의 경우가 여기에 해당한다. 이 두 예를 보면 알 수 있듯이 C의 지각과 D의 지각은 관심이 있는 지각이기 때문에 스톨니츠의 규정에 따르면 그것들은 비미적 지각으로 분류되어야 하겠지만 그것들은 사실은 비미적 지각이 아니라, 대상에 대한 주의가 결여되어 있어 지각이 이루어지지 않은 경우이다.

　C의 지각과 D의 지각을 예로 들어 디키가 스톨니츠의 견해에 대해 가하는 비판은 예술본능의 현상학적 관점을 취하지 않더라도 타당하다는 사실이 드러난다. 그러나 나머지 세 가지 예를 통해 디키가 스톨니츠의 견해에 대해 가하는 비판의 경우 예술본능의 현상학의 관점을 취할 때 그것들이 타당하다는 사실이 보다 더 확연하게 드러난다. 앞서 미적 본능과 미적 경험의 관계를 해명하면서 살펴보았듯이 예술본능의 현상학에 따르면 그 어떤 경험이 미적 경험인지 그렇지 않은지를 판별함에 있어 결정적으로 중요한 것은 그 경험이 발생적으로 미적 본능에 토대를 두고 있느냐 그렇지 않으냐 하는 점이다. 따라서 어떤 경험이 자신을 넘어서는 어떤 외적 목적을 가지고 있다고 해서 미적 경

험이 될 수 없는 것은 아니다. 어떤 외적 목적을 가지고 있는 경험도 발생적으로 미적 본능에 토대를 두고 있다면 미적 경험으로 규정될 수 있다. 그러면 스톨니츠의 견해를 비판하면서 디키가 들고 있는 나머지 세 가지 예를 검토하면서 이 점을 살펴보자.

다음 날 있을 시험을 준비하기 위하여 음악을 듣는 학생 A와 그저 음악을 즐기기 위하여 음악을 듣는 학생 B의 경우, 스톨니츠에 따르면 A는 관심을 가지고 음악 감상을 하고 있기 때문에 미적 경험을 하고 있지 않지만, B는 무관심한 상태에서 음악 감상을 하기 때문에 미적 경험을 하고 있다. 예술본능의 현상학의 입장에서 볼 때 물론 B는 미적 경험을 하고 있다. 그러나 그가 미적 경험을 하고 있는 것으로 판단할 수 있는 근거는, 스톨니츠가 제시하듯이, 그의 경험이 무관심한 경험이기 때문이 아니라, 그에게서 미적 본능이 작동하면서 미적 감상이 이루어지고 있기 때문이다. 그러나 A 역시 미적 경험을 하고 있을 수도 있다. 그 이유는 비록 그가 다음 날에 있을 시험을 준비하기 위하여 음악을 듣기 시작하기는 했지만, 음악 감상을 하면서 미적 본능이 작동하여 미적 즐거움을 느끼면서 음악을 들을 수도 있기 때문이다.

대본을 수정할 목적으로 연극의 리허설에 참여하여 그것을 보고 있는 연극 대본 작가 F의 경우, 그는 연극 감상을 넘어서는 관심을 가지고 연극을 보고 있다. 스톨니츠에 따르면 이처럼 연극 감상을 넘어서는 관심을 가지고 연극을 보고 있기 때문에 그것은 비미적 경험으로 분류되어야 한다. 그러나 이처럼 연극 감상을 넘어서는 관심을 가지고 있다고 해서 F의 연극 감상이 비미적 경험이 되는 것은 아니다. 만일 F가 미적 본능이 발동하여 미적 즐거움을 느끼면서 연극을 감상하고 있다면 그의 경험은 비미적 경험이 아니라, 미적 경험으로 간주되어야 한다. 물론 그가 연극을 감상하면서 미적 본능이 발동하지 않고 따라서 미적 즐거움을 느끼지 못한다면 그의 경험은 미적 경험이 아니라,

비미적 경험으로 간주되어야 한다.

역사적 사실과 관련된 어떤 시를 읽으면서 그것이 역사적 사실과 관련이 있음을 알고 있는 F와 그것이 역사적 사실과 관련이 있음을 알고 있지 못한 G의 경우, 스톨니츠에 따르면 F는 시 감상을 넘어서는 관심을 가지고 있기 때문에 그의 경험은 비미적 경험이요, G는 시 감상을 넘어서는 관심을 가지고 있지 않기 때문에 그의 경험은 미적 경험이라 할 수 있다. 그러나 이 두 경우에도 만일 시를 읽으면서 미적 본능이 발동하여 미적 즐거움을 느끼고 있다면 F의 시 감상과 G의 시 감상은 모두 미적 경험으로 규정될 수 있고 그렇지 않다면 미적 경험으로 규정될 수 없다.

이처럼 예술본능의 현상학의 입장에서 고찰하면 이러한 세 가지 예를 통해 디키가 스톨니츠의 미적 태도론에 대해 가하는 비판이 타당하다는 사실이 보다 더 확연하게 드러난다. 이처럼 예술본능의 현상학은 디키가 스톨니츠의 미적 태도론에 대해 가하는 비판이 타당함을 잘 보여 준다. 그러나 여기서 유의할 점은 디키의 입장과 예술본능의 현상학의 관점에서 필자가 취하고 있는 입장이 동일한 것이 아니라는 사실이다. 필자의 경우 미적 본능의 작동 여부가 그 어떤 경험이 미적 경험으로 규정될 수 있느냐 그렇지 않으냐를 결정함에 있어 결정적인 의미를 가지고 있지만 디키의 경우는 그렇지 않다. 그럼에도 필자는 디키 역시 예술본능의 현상학의 관점을 받아들일 수 있을 것으로 생각한다. 이 점과 관련해 그는 앞서 든 예에서 B의 경우 "그저 음악을 즐기기 위해 음악을 듣는다"고 지적하면서 B가 미적 경험을 하면서 즐거움, 즉 미적 즐거움을 느낀다는 사실을 언급하고 있다. 말하자면 그는 어떤 경험이 미적 경험으로 규정될 수 있는지 여부를 판단할 기준으로 그것이 미적 즐거움을 가지고 있는지 아닌지 하는 점을 암묵적으로 제시하고 있는 것이다. 그런데, 앞서 논의하였듯이, 미적 즐거움의 발생적 토대는 미적 본능이며, 따라서 디키가 미적 즐거움의 발생적 토대를 추적해 들어갔더라면 그는 필자와 마찬가지로 어떤 경험이 미적 경험으로 규정될 수 있는지 여부를 판단할 수 있는 최종적인 기준으로 그것이 발생적으로 미적 본능에 토대를 두고 있는지 여부를 제시할 수도 있었을 것이다.

그 이외에도 미적 태도에 대한 스톨니츠의 견해는 또 다른 문제점을 가지고 있다. 앞서 보았듯이 스톨니츠는 미적 태도를 "그것이 어떤 대상이든 간에 인지의 대상을 그것 자체를 위해서 그에 대해 무관심적이며 동정적인 주의(disinterested and sympathetic attention)를 기울이고 그에 대해 관조하는 것(contemplation)"[18]으로 정의한다. 그러나 미적 태도에 대한 이러한 정의는 다음의 두 가지 문제점을 가지고 있다.

첫째, 스톨니츠의 정의에서 우선 의심스러운 것은 미적 태도가 "인지의 대상"과 관계를 맺고 있다는 생각이다. 인간이 대상에 대해 취할 수 있는 다양한 태도 중에서 "인지의 대상"과 관계하는 것은 미적 태도가 아니라 인식적 태도 또는 이론적 태도이기 때문이다. 이러한 이론적 태도를 통해 이론적 학문이 정립될 수 있다. 자연과학의 영역에 한정해서 논의하자면 이론적 학문의 대표적인 예로는 물리학, 화학, 생물학 등을 들 수 있다. 이러한 학문은 대상을 대상 자체를 위해서 연구하는 학문이다. 응용학문적 태도는 이론적 태도와 구별된다. 응용학문적 태도를 통해 응용학문이 정립될 수 있다. 자연과학의 영역에 한정해서 논의하자면 응용학문의 대표적인 예로는 의학, 농학, 공학 등을 들 수 있다. 이러한 학문들은 대상을 대상 자체를 위해서 연구하지 않고, 의학적 목적, 공학적 목적, 농학적 목적 등 특정한 실용적 목적을 위해 연구한다. 이러한 점에서 응용학문은 이론적 학문과 본질적

---

18   J. Stolnitz, *Aesthetics and Philosophy of Art Criticism*, 35.

으로 구별된다. 예를 들어 곰팡이에 대해 연구할 경우 앞서 살펴본 이론적 학문의 하나인 생물학이 곰팡이 자체를 연구하는 데 반해, 의학, 농학 등 실용학문은 의학적 목적, 농학적 목적 등을 위해 연구한다.

물론 순수이론적 태도와 스톨니츠가 정의한 미적 태도 사이에는 여러 가지 점에서 유사성이 존재하는 것이 사실이다. 스톨니츠는 미적 태도의 특징으로 "주목"(attention)을 들고 있는데, 주목이야말로 이론적 태도를 구성하는 핵심적인 요소이다. 그리고 그는 미적 태도의 또 하나의 특징으로 "관조"(contemplation)를 들고 있는데, 관조야말로 전통적으로 이론적 태도에 토대를 둔 이론적 학문의 전형적인 특징이다. 이 점과 관련해 아리스토텔레스는 자연학, 수학, 철학 등 이론적 학문을 "관조의 학문"(theoria)으로 정의한다.[19]

이처럼 이론적 태도와 스톨니츠가 제시하는 미적 태도 사이에 유사성이 존재하는 것이 사실이다. 그럼에도 "인지의 대상을 그 대상 자체를 위해서, 무관심적으로" 주목하고 관조하는 태도는 미적 태도가 아니라, 이론적 태도라 불려야 한다.

둘째, 앞서 살펴본 정의에서 스톨니츠는 "그것이 어떤 대상이든 간에 인지의 대상을 그 대상 자체를 위해서"라고 말하면서 미적 태도를 개별적 대상과 관계를 맺고 있는 것으로 간주하면서 논의한다. 그러나 5절에서 자세하게 논의하겠지만 세계를 향한 태도, 대상 영역을 향한 태도, 개별적 대상을 향한 태도 등 다양한 차원의 태도가 존재한다. 이 점에 있어서는 미적 태도 역시 예외가 아니다. 미적 태도 역시 미적 세계를 향한 태도, 음악이라는 특정한 대상영역을 향한 태도, 특정한 음악작품을 향한 태도 등 다양한 차원의 미적 태도가 존재한다. 그런데

---

19   Aristotle, *Metaphysics*, W. D. Ross(tr.), Oxford: Clarendon Press, 1924, 982a.

이 중에서 미적 태도에 대한 논의에서 가장 중요한 것은 미적 세계를 향한 태도이다. 스톨니츠 역시 미적 태도에 대해 논의하면서 이 점을 충분히 의식하고 있었다. 이 점과 관련해 그는 앞서 살펴보았듯이 *Aesthetics and Philosophy of Art Criticism*에서 미적 태도에 대한 논의를 시작하면서 태도를 "우리가 세계를 지각하는 방식"[20]으로 규정한다. 여기서 알 수 있듯이 그는 태도가 세계 전체와 관계를 맺고 있는 것이라는 사실을 충분히 알고 있었다. 그럼에도 그는 미적 태도의 정체를 해명하는 과정에서 미적 태도와 미적 세계 사이의 밀접한 연관성에 주목하지 않고 미적 태도를 주로 미적 대상과 관련지어 논의하면서 한계를 노출하고 있다.

4. 디키의 예술의 제도적 본질론

디키는 미적 태도론을 비판하면서 그것을 대신할 자신의 이론을 제시하는데, 그것이 바로 예술의 제도적 본질론이다. 디키는 미적 태도론뿐 아니라, 그 이외의 다양한 미학이론, 예를 들어 베이츠(M. Weitz)의 열린 개념으로서의 예술론, 단토(A. Danto)의 예술계 이론 등과 비판적으로 대결하면서 제도적 본질론을 전개하고 있다. 그러면 이제 그의 제도적 본질론이 등장하게 된 시대적 배경을 간단히 살펴보고 그가 베이츠의 열린 개념으로서의 예술론, 단토의 예술계 이론 등과 어떻게 비판적으로 대결하는지 검토하면서 그의 제도적 본질론에 대해 살펴보자.

디키는 20세기 들어서면서 등장한 예술계의 근본적인 변화를 철학

20　J. Stolnitz, *Aesthetics and Philosophy of Art Criticism*, 32.

적으로 성찰하면서 제도적 본질론을 전개한다. 예술계에서 20세기는 혁명의 시대라 불릴 수 있을 만큼 많은 새로운 시도들이 등장했다. 그 가장 대표적인 예는 1917년 미국 독립예술가협회에서 주최한 전시회에 출품된 뒤샹의 「샘」이라는 작품이다. 이 작품의 소재는 남자의 변기이다. 그런데 뒤샹은 이 작품을 새로 만든 것이 아니라, 이미 있던 기성품을 상점에서 산 후 거기에 자신의 이름도 아니고 'R. MUTT 1917'이라고 서명을 해 「샘」이라는 제목으로 전시하였다. 또 다른 예는 워홀(A. Warhol)의 「브릴로 상자」이다. 워홀은 1964년 슈퍼마켓에 있는 「브릴로 상자」와 똑같은 상자들을 만들어 그것들을 쌓아 뉴욕의 스테이블 화랑에서 전시하였다. 이 두 작품은 미적 태도론, 재현론, 표현론 등 그때까지 존재했던 그 어떤 이론을 통해서도 설명하기 어려우며 그러한 점에서 미학에 대한 결정적인 도전을 의미했다. 디키의 제도적 본질론은 바로 이러한 상황을 염두에 두고 등장했는데, 이 점에 대해 디키는 다음과 같이 밝히고 있다.

"여기서 나에 의해 제기되고 있는 제도적 본질론은 예술계의 실제―특히 다다이즘(dadaism)·팝 아트(pop art)·화운드 아트(found art)·해프닝 (happening) 등과 같은 지난 75년간의 동향들―를 염두에 두고 매우 의식적으로 고안된 이론이다."[21]

디키 이외에도 이러한 예술계의 현실을 반성하면서 새로운 미학이론을 전개하려 시도한 사상가들이 있었는데, 베이츠 역시 그중의 하나이다.[22] 베이츠는 비트겐슈타인의 후기 철학에 토대를 두고 "예술의 필

---

21 『미학입문』, 147.

22 M. Weitz, "The Role of Theory in Aesthetics", in: *The Journal of Aesthetics and Art Criticism* 15/1(1956).

연적이고 충분한 조건"(the necessary and sufficient properties of art),[23] 즉 모든 예술에 공통적인 예술의 본질은 존재하지 않는다는 견해를 피력한다. 이처럼 모든 예술에 공통적인 본질이 존재하지 않기 때문에 그러한 본질을 추구하고 해명하려는 모든 미학이론은 타당하지 않다. 그에 의하면 미학의 제일차적인 물음은 "예술이란 무엇인가?"가 아니라, "예술이라는 개념은 어떤 유형의 개념인가?"이다.[24] 그는 비트겐슈타인의 『철학적 탐구』(Philosophical Investigations)에 나오는 게임에 대한 논의를 토대로 예술이라는 개념의 정체를 해명한다. 거기서 비트겐슈타인은 "게임이란 무엇인가?"라는 질문을 제기하면서, 전통적으로 철학자들은 이러한 질문을 접하면서 모든 게임에 공통적인 본질을 찾으려고 노력하지만 실제로 다양한 게임들을 살펴보면 그러한 본질은 존재하지 않고 오직 게임들 사이의 가족유사성만 존재한다는 견해를 피력한다.[25] 말하자면 카드 게임은 장기 게임과 어떤 점에서는 유사하지만 다른 점에서는 그렇지 않으며, 장기 게임은 농구 게임과 어떤 점에서는 유사하지만 다른 점에서는 그렇지 않다. 따라서 모든 게임에 공통적인 속성은 존재하지 않는다. 예술도 이와 마찬가지이다. 음악, 미술, 문학 등 다양한 장르의 예술이 존재하지만 음악은 미술과 어떤 점에서는 유사할지라도 다른 점에서는 그렇지 않고, 미술은 문학과 어떤 점에서는 유사할지라도 다른 점에서는 그렇지 않으며, 따라서 모든 예술에 공통적인 속성인 예술의 본질은 존재하지 않는다.

이처럼 다양한 예술 장르들 사이의 가족유사성만 존재할 뿐 모든

---

23 M. Weitz, "The Role of Theory in Aesthetics", 28.

24 M. Weitz, "The Role of Theory in Aesthetics", 30.

25 L. Wittgenstein, *Philosophical Investigations*, E. Anscombe(tr.), New York: Macmillan Pub., 1968, Part I, sections 65-75: M. Weitz, "The Role of Theory in Aesthetics", 30-31.

예술에 공통적인 본질이 존재하지 않기 때문에 예술이라는 개념은 "닫힌 개념"(a closed concept)이 아니라, "열린 개념"(an open concept)이다. 이는 예술 개념이 그 어느 시점에서도 완결된 것으로 존재할 수 없으며 늘 새롭게 수정될 수 있음을 뜻한다. 이처럼 예술 개념을 열린 개념으로 이해할 경우 이전에 존재하지 않았던 새로운 예술품 또는 예술 장르가 탄생할 경우 그것을 수용할 수 있는 가능성이 열린다. 이 점에 있어서는 앞서 살펴본 「샘」, 「브릴로 상자」 등을 비롯해 20세기에 등장한 다양한 유형의 새로운 예술작품도 예외가 아니다. 전통적인 예술론과는 달리 베이츠의 열린 예술 개념은 이러한 작품의 탄생을 훌륭하게 설명할 수 있다.

이러한 베이츠의 열린 예술 개념 및 그의 이론적 토대가 되는 비트겐슈타인의 게임이론은 베이츠의 논문이 발표된 후 한동안 미학계에서 타당한 이론으로 받아들여졌다. 그러나 그의 논문이 발표된 후 10년도 되지 않아 멘델바움(M. Mandelbaum)은 베이츠의 견해를 비판하는 논문을 발표하였다.[26] 이 논문에서 멘델바움은 게임들은 어떤 종류의 목적, 즉 "경기자들이나 관람자들로 하여금 어떤 비실제적인 관심에 몰입케 하는 […] 잠재력"[27]을 공유하고 있으며 "어떤 실제적 혹은 가능한 관객"[28]과 관계를 맺고 있다고 주장하면서 비트겐슈타인과 베이츠의 견해를 비판하고 나섰다. 멘델바움에 따르면 모든 게임들이 공유하고 있는 이러한 본질적 속성은 눈에 띄지 않는 "비전시적"(un-

---

26   M. Mandelbaum, "Family Resemblances and Generalization concerning Arts", in: *American Philosophical Quarterly* 2(1965). 『미학입문』, 137 참조.

27   M. Mandelbaum, "Family Resemblances and Generalization concerning Arts", 221. (『미학입문』, 137에서 재인용함)

28   M. Mandelbaum, "Family Resemblances and Generalization concerning Arts", 222. (『미학입문』, 138에서 재인용함)

exhibited) 속성들이다. 멘델바움에 따르면 베이츠는 이러한 비전시적
속성들은 주목하지 못하고 게임에서 공이 사용되는지 여부, 승패를
판가름하는 방식 등 "전시적"(exhibited) 속성들만 염두에 두면서 모
든 게임에 공통적인 본질적인 속성이 존재하지 않는다고 주장했던 것
이다.

베이츠의 열린 예술 개념이 전통적 예술론으로는 설명하기 힘든 20
세기의 새로운 예술작품들을 설명할 수 있는 능력이 있으며 그러한 점
에서 그것이 자신이 주창한 예술의 제도적 본질론과 유사성을 가지고
있음에도 불구하고 디키 역시 멘델바움과 마찬가지로 베이츠의 열린
예술 개념을 받아들이지 않는다. 그는 베이츠의 견해를 비판하고 예술
의 본질이 존재한다는 멘델바움과 공감하면서 예술의 제도적 본질론
을 전개한다. 이처럼 그가 멘델바움과 공감하고 있음에도 불구하고 그
는 예술의 본질이 무엇인지에 대해서 멘델바움과 다른 견해를 취한다.
그에 의하면 예술의 본질을 규정해 주는 것은 다름 아닌 사회적 제도
로서의 예술계이다.

디키가 예술의 제도적 본질론을 전개하는 데 결정적인 영향을 미
친 철학자로는 앞서 살펴본 멘델바움 이외에도 단토가 있다. 단토는
1964년에 발표한 「예술계」("The Artworld")라는 논문[29]에서 예술계
개념에 대해 언급하고 있는데, 거기서 제시된 단토의 예술계 개념은
디키가 예술의 제도적 본질론을 전개하는 데 결정적인 역할을 미쳤다.
이 논문에서 단토는 워홀의 「브릴로 상자」 등 20세기에 등장한 새로운
예술작품들을 철학적으로 고찰하면서 "무엇인가를 예술로서 본다는

---

29   A. Danto, "The Artworld", in: *Journal of Philosophy* 61/19(1964). 그 이외에
도 그는 예술세계라는 주제와 관련해 다음과 같은 두 편의 논문을 발표하였다: "Art-
works and Real Things", *Theoria* 39(1973); "The Transfiguraion of the Common-
place", *Journal of Aesthetics and Art Criticism* 33/2(1974).

것은 눈으로서는 알아볼 수 없는 그 무엇—예술론적 분위기라든가 예술사의 지식, 즉 한마디로 예술계(artworld)—을 요구한다"[30]고 말한다. 여기서 단토는 "무엇을 예술로서 본다는 것", 즉 그 무엇을 예술작품으로 규정하는 것이 무엇인지 하는 문제와 씨름하고 있다. 이 문제는, 비록 그에 대한 답은 서로 다를지라도, 미적 태도론자들, 베이츠, 그리고 멘델바움이 함께 씨름하고 있는 문제이다. 그런데 단토는 이 문제에 대해 "눈으로는 볼 수 없는 그 무엇", 즉 작품의 비전시적 성질

---

30 A. Danto, "The Artworld", 580. (『현대미학』, 142에서 재인용함) 디키는 1971년에 출간한 *Aesthetics: an introduction*(Indianapolis: Pegasus, 1971)의 11장: 「사회제도로서의 예술」에서 예술의 제도적 본질론을 다루고 1974년에 출간한 *Art and the aesthetic: an institutional analysis*(Ithaca, N.Y.: Cornell University Press, 1974)의 1장: 「예술이란 무엇인가?: 그 제도적 분석」과 7장: 「미적 대상: 그 제도적 분석」에서 이 주제를 보다 더 상세하게 다룬다. 그는 1970년대에 출간한 이 두 저서에서 비록 단토가 예술계 개념을 충분히 해명하고 있지는 않지만 이 개념이 예술의 제도적 본질론의 핵심 개념이라고 생각한다. 이와 관련해 그는 다음과 같이 말한다: "그러나 분위기와 역사를 언급하고 있는 중에 단토는 맨델바움의 분석보다 우리를 한 걸음 더 발전시켜 주고 있다. 그는 개개의 예술작품들이 묻혀 있는 풍부한 구조를 가리키고 있기 때문이다. 곧 그는 예술의 제도적 본질을 지적하고 있는 것이다."(『현대미학』, 27) 그러나 그는 1984년에 출간한 *The art circle: a theory of art*(New York: Haven, 1984)에서는 단토의 예술계에 관한 이론과 자신의 제도적 예술론의 관계에 대해 1970년대와는 다른 입장을 취한다. 이 책의 2장이 "단토의 이론의 부활"이라는 제목을 달고 있는 데서 알 수 있듯이 디키는 단토의 예술계 이론이 예술작품의 비전시적 특성의 의의를 보여 주었기 때문에 그것을 자신의 예술제도론의 선구로 평가한다. 그러나 그는 이 저서에서 다음과 같이 양자 사이에 존재하는 차이점을 강조하여 서술하고 있다: "우리가 말할 수 있는 한 이처럼 언어라는 것이 제도적이라는 의미에서만 단토의 이론은 제도적이다. 그는 예술로서의 예술이 가지고 있는 제도적 본성에 대해 특별하게 그 무엇을 우리에게 알려 주려 노력하지 않는다. 단토는 기껏해야 일종의 언어로서 예술이 가지고 있는 제도적 본성을 보여 주려 시도할 뿐이다. 제도론은 그 안에서 예술작품들이 자신의 존재를 확보하는 바, 특정한 제도적 구조에 대해 대략적으로 설명하려는 시도이다. 단토가 예술을 일종의 언어로 간주하는데 반해 제도론은 그렇지 않다."(G. Dickie, *The art circle: a theory of art*, New York: Haven, 1984, 27)

이 그것을 예술작품으로 볼 수 있도록 한다고 말하면서 멘델바움과 유사한 입장을 취하고 있다. 그러나 그는 이러한 비전시적 성질이 무엇인지에 관해 멘델바움과 다른 입장을 취하고 있다. 앞서 살펴보았듯이 멘델바움이 그러한 비전시적 성질로 "경기자들이나 관람자들로 하여금 어떤 비실제적인 관심에 몰입케 하는 […] 잠재력"을 가지고 있음, "어떤 실제적 혹은 가능한 관객"과 관계를 맺고 있음 등을 드는 데 반해, 단토는 "예술계"를 제시하면서 그것을 "예술론적 분위기라든가 예술사의 지식"과 동일시하고 있다. 유감스럽게도 단토는 그가 여기서 언급하고 있는 예술계가 무엇인지, 그리고 그것이 "예술론적 분위기", "예술사의 지식" 등과 어떤 관계에 있는지를 구체적으로 해명하고 있지 않다. 단토의 견해가 이처럼 한계를 가지고 있음에도 불구하고 디키는 단토가 멘델바움보다 더 진전된 견해를 피력하고 있다고 주장하면서, 단토의 예술계 개념을 토대로 예술의 제도적 본질론을 전개한다.[31] 그는 예술의 제도적 본질론을 다음과 같은 명제로 표현한다.

"분류적인 의미로서의 예술작품이란 1) 어떤 사회 제도—예술계—의 편에서 활동하는 한 사람 내지는 여러 사람이 감상을 위한 후보의 자격을 수여한 그러한 2) 인공품을 말한다."[32]

예술의 제도적 본질론을 이해하기 위해서는 이 명제를 구성하는 요소들에 대한 보다 더 상세한 해명이 필요하다. 이 명제는 1) 인공물, 2) 자격 수여, 3) 감상, 4) 사회제도로서의 예술계 등의 요소들로 구성되어 있는데, 이 각각에 대해 살펴보자.[33]

---

31 『현대미학』, 142 이하.

32 『미학입문』, 142.

33 아래에서 우리는 이 주제에 대한 논의를 주로 『미학입문』, 138 이하를 중심으로

1) 인공물: 디키에 의하면 예술작품은 인공물로서 자연물과 구별된다. 이 점에 있어서 베이츠는 디키와는 달리 인공물뿐 아니라, 자연물 역시 예술작품이 될 수 있다는 견해를 피력한다. 우리는 경우에 따라 자연물에 불과한 부목(driftwood)을 보고 "저 부목은 예술작품이다"라고 말하는 경우가 있는데, 이러한 사실은 자연물 역시 예술작품이 될 수 있음을 보여 준다. 그러나 디키에 따르면 이러한 베이츠의 주장은 예술작품이 가지고 있는 두 가지 의미, 즉 분류적 의미와 평가적 의미를 구별하지 못한 데서 나온 오해에 불과하다. 분류적 의미란 "세계에 대한 우리의 사고를 구성하고 인도하는 기본 개념"[34]으로서 대상들을 분류할 때 사용되는 의미이며 평가적 의미란 대상을 찬미하기 위해 사용되는 의미이다. "이 예술작품은 음악작품이다" 또는 "이 예술작품은 베토벤의 작품이다"라고 말할 경우 "예술작품"은 분류적 의미를 가지고 있다. 그 이유는 이 경우 "예술작품"은 "세계에 대한 우리의 사고를 구성하고 인도하는 기본 개념"이며 따라서 예술작품들을 분류하기 위해 사용되는 의미이기 때문이다. 그러나 "저 부목은 예술작품이다" 또는 "저 음식은 예술작품이다"라고 말할 경우 "예술작품"은 저 부목, 저 음식을 찬미하기 위해서 사용되고 있으며 따라서 그것은 분류적 의미가 아니라, 평가적 의미를 가지고 있다. "예술작품"이 평가적 의미로 사용될 경우 그것은 진정한 의미의 예술작품을 뜻하는 것이 아니다. 평가적 의미의 예술작품의 관점에서 보면 부목을 비롯해 모든 자연물도 예술작품으로 규정될 수 있는 것이 사실이다. 그러나 분류적 의미의 예술작품의 관점에서 보면 자연물이 아니라, 오직 인공물만이 진정

서술할 것이다. 디키의 이 저서에 나오는 내용과 관련해서는 특별한 경우가 아니면 따로 출처를 명시하지 않는다. 그러나 디키의 다른 작품에 나오는 내용도 부분적으로 다루게 될 텐데, 이 경우 따로 출처를 밝힐 것이다.
34 『미학입문』, 140.

한 의미의 예술작품이 될 수 있다. 여기서 알 수 있듯이 "인공성"이 예술작품을 구성하는 필요조건이 아니라는 베이츠의 견해는 예술작품의 분류적 의미와 평가적 의미를 혼동한 데서 기인한 것이다.

그런데 인공성은 예술작품의 전시적 성질이 아니라, 비전시적 성질이다. 예술작품의 형태, 크기, 색깔 등은 전시적 성질이지만, 그의 인공성은 일반적으로 비전시적 성질로 규정될 수 있다. 그 이유는 감상자가 예술작품이 창조되는 과정을 목격하는 경우가 더러 있기는 하지만 대부분의 경우 그 과정을 목격하지 않기 때문이다. 베이츠는 예술작품의 인공성이 비전시적 성질을 가지고 있다는 사실을 알지 못하였다. 바로 이러한 비전시적 성질을 파악할 수 있는 토대를 마련해 준 사람이 다름 아닌 단토이다.

2) 자격 수여: 예술계의 편에서 활동하는 사람(들)이 감상을 위한 후보의 자격을 수여하지 않으면 그 어떤 것도 예술작품이 될 수 없다. 예술작품과 관련된 자격 수여의 정체를 이해하기 위해서는 인간의 삶에서 어떤 종류의 자격 수여가 있는지 살펴볼 필요가 있다. 우선 국가의 통치 행위의 일환으로 이루어지는 자격 수여가 있는데, 그 예로는 공직자 임명행위, 국왕의 기사작위 수여, 선거위원회 위원장의 관직후보자 공인 등을 들 수 있다. 또는 사적인 영역에서도 자격 수여 행위가 이루어지기도 한다. 대학에서의 박사학위 수여, 로터리클럽의 회장 선출, 어느 사회에서 현자의 자격을 수여하는 행위 등 사적인 영역에서 이루어지는 자격 수여 행위도 있다. 이 두 경우 자격 수여는 특별한 예식을 동반하면서 이루어질 수도 있고 그렇지 않을 수도 있다. 이와 마찬가지로 예술계라고 부르는 어떤 제도 안에서 어떤 인공물에 감상을 위한 후보자의 자격, 즉 예술작품의 자격을 수여하는 행위가 존재할 수 있다.

예술작품의 자격을 수여하는 행위와 관련해 두 가지 질문이 제기될 수 있는데, 그것은 사람들이 자격이 수여되었다는 사실을 어떻게 알며, 또 누가 그러한 자격을 수여하는가 하는 점이다. 첫 번째 질문과 관련해 우리는 어떤 인공물이 미술관에 전시되어 있다거나, 극장에서 어떤 작품이 공연되고 있다는 사실을 통해 저 인공물 내지 작품에 예술작품의 자격이 수여되었다는 사실을 알게 된다. 물론 어떤 사람에게 기사의 자격이 수여되었는지 또는 어느 두 남녀에게 부부의 자격이 수여되었는지 확실히 알 수 없는 경우가 있는 것처럼 어떤 인공물에 예술작품의 자격이 수여되었는지 확실하게 알 수 없는 경우가 있는 것도 사실이다. 두 번째 질문과 관련해 미술관의 전시, 극장에서의 공연의 사례를 살펴보면 자격을 수여하는 데 필요한 사람이 많을 것처럼 보이기도 한다. 실제로 자격을 수여하는 과정에는 많은 사람들이 참여할 수 있다. 그러나 그 핵심에는 통상 인공물을 창조한 작가 한 사람이 있는 것이며, 바로 작가가 인공물에 예술작품의 자격을 수여하는 것이다.

이처럼 예술작품의 자격을 수여하는 행위가 여타의 자격 수여 행위와 유사성을 가지고 있는 것이 사실이지만, 그것은 결정적인 점에서 후자와 다르다. 앞서 살펴본 예의 경우 자격 수여의 방법과 절차가 선명하며 많은 경우 그 방법과 절차가 명시되어 있다. 그러나 예술작품의 자격을 수여할 경우는 그렇지 못하다. "예술계는 엄격한 절차를 요구하지 않으며, 진지한 목적을 상실하지 않으면서도 경박과 변덕을 허용하며 심지어 이들을 격려하기까지 한다."[35] 예술계의 경우 자격 수여의 명시적인 방법과 절차는 존재하지 않으며 다만 관습에 따라 자격 수여 행위가 일어난다. 그러나 우리는 관습의 힘을 평가절하할 필요는 없다. 인간 사회 어디서나 관습은 존재하며 나름의 역할을 수행하는

---

35   『미학입문』, 150.

데, 이 점에 있어서는 예술계도 마찬가지이다.

3) 감상: 예술의 제도적 본질론을 표현하는 앞서 살펴본 디키의 명제는 "미적 감상이라는 특수한 종류의 감상이 실제로 존재한다"[36]는 전제에 토대를 두고 있는 것이 아니다. 그 이유는 앞서 살펴보았듯이 디키에 따르면 미적 지각이라는 특별한 유형의 지각이 존재하지 않기 때문에 미적 감상이라는 특별한 유형의 감상 또한 존재하지 않기 때문이다. 따라서 앞의 명제에서 감상이라는 말은 "어느 사물의 성질들을 경험하는 경우에 우리는 이들이 가치가 있다거나 귀중하다는 것을 알게 된다"[37]는 사실을 뜻한다. 이처럼 디키의 명제에서 감상은 다소 일반적인 의미를 지닌다.[38]

4) 사회제도로서의 예술계: 예술계는 인공물에 예술작품의 자격을 수여함에 있어 핵심적인 역할을 담당한다. 바로 이러한 이유에서 디키는 소변기를 「샘」이라고 명명해서 전시한 뒤샹의 예와 길거리에서 물건을 내놓고 파는 노점상의 예를 비교하면서 "양자 사이의 차이점이란 뒤샹의 행위는 예술계라는 제도적인 환경 내부에서 발생한 반면, 판매원의 행위는 그 외부에서 발생한 것이라는 점이다"[39]라고 말하면서 자격 수여 과정에서 예술계가 수행하는 역할을 강조한다. 그럼에도 디키는 『미학입문』에서 예술계의 정체에 대해 거의 해명하지 않고 있다.

디키는 『현대미학』에서 『미학입문』의 논의의 연장선상에서 예술계

---

36 『미학입문』, 146.
37 『미학입문』, 147.
38 디키는 감상의 문제에 대해 『현대미학』의 7장에서 자세하게 다루고 있다. 이 점에 대해서는 『현대미학』, 143 이하 참고.
39 『미학입문』, 144.

를 "제도", "사회제도", "수립된 관습" 등으로 규정한다.[40] 예술계는 연극, 회화, 음악, 무용, 건축, 조각 등 다양한 체계들을 가지고 있으며 이 각각의 체계는 다시 다양한 하위 체계를 가지고 있다. 물론 이러한 하위 체계는 다시 더 낮은 단계의 하위 체계들로 분화될 수 있다. 더 나아가 지금까지 존재하지 않았던 체계 및 하위 체계들이 상황에 따라 창조적으로 생겨날 수도 있다. 이러한 점에서 예술계는 창조성과 신축성을 가지고 있다.

예술계를 구성하는 모든 하위 체계들 각각은 일종의 제도로서 오랜 역사를 통해 관습으로 수립된 것이다. 이러한 점에서, 비록 디키가 그 점을 부각해 기술하고 있지 않음에도 불구하고, 예술계는 역사적인 세계이다. 그리고 예술계를 구성하는 각각의 체계는 "예술작품들을 제시하기(presenting) 위한 틀"[41]의 역할을 담당한다. 말하자면 이러한 틀이 없이는 그 어떤 예술작품도 예술작품으로서 자신의 모습을 드러낼 수 없다. 앞서 논의되었듯이 예술작품들은 그 어떤 전시적 성질도 공유하고 있지 않다. 그러나 그들 각각이 제도, 즉 예술계로서의 틀을 가지고 있다는 사실은 그들이 공유하는 공통적인 성질, 즉 본질이다.

예술계는 사람들로 구성되어 있다. 예술계의 핵심인물은 예술작품을 창작하는 예술가이다. 그리고 예술가를 중심으로 예술계를 구성하는 다양한 유형의 사람들이 예술계에 참여하게 되는데, 거기에는 박물관 관장들, 박물관 관람객들, 연극 관람객들, 신문 기자들, 출판 평론가들, 예술사가들, 예술 이론가들, 예술 철학자들 및 그 밖의 사람들이 속한다.[42] 디키는 예술계를 일종의 기계에 비유하면서 예술계를 구성

---

40 『현대미학』, 28 이하.

41 『현대미학』, 29.

42 『현대미학』, 33.

하는 사람들을 "예술계라는 기계를 계속 가동해 놓고 있는 사람들"[43]
로 묘사하고 있다. 예술계의 구성원들은 거기에 참여하면서 예술계가
계속적으로 존재하도록 해 주는 사람들이다. 따라서 앞서 열거한 사람
들 이외에도 예술계에 참여하면서 스스로를 예술계의 일원으로 간주
하는 모든 사람이 예술계의 구성원이 될 수 있다. 앞서 열거한 예술계
의 핵심 인물들 중에서도 그들이 빠지면 예술계가 존재할 수 없는 가
장 핵심적인 인물들이 있는데, 그것은 바로 작품을 창조하는 예술가와
그 작품을 감상하는 관객들이다.[44]

5. 디키의 제도적 본질론에 대한 현상학적 비판

현상학적 관점에서 보자면 스톨니츠의 미적 태도론뿐 아니라, 디키의
제도적 본질론도 여러 가지 문제점을 가지고 있다. 현상학적 미적 태
도론의 관점에서 볼 때 디키의 제도적 본질론은 다음과 같이 세 가지
점에서 한계를 보이고 있다.

첫째, 앞서 살펴보았듯이 디키는 예술의 본질이 존재하지 않는다는
베이츠의 열린 예술 개념 또는 비본질주의적 예술론을 비판하면서 자
신의 제도적 본질론을 전개한다. 그가 제시하는 제도적 본질론 역시
본질론의 한 유형이며 그는 스스로 멘델바움의 본질론을 받아들이면
서 자신의 이론을 전개하는 것으로 생각하고 있다. 그러나 그의 제도
적 본질론이 진정한 의미에서 본질론으로 규정될 수 있는지는 극히 의
심스럽다. 물론 앞서 살펴보았듯이 그는 모든 예술작품에 공통적인 본

43 『현대미학』, 33.
44 『현대미학』, 33.

질적인 속성을 다음과 같이 제시한다.

"분류적인 의미로서의 예술작품이란 1) 어떤 사회제도—예술계—의 편에
서 활동하는 한 사람 내지는 여러 사람이 감상을 위한 후보의 자격을 수여
한 그러한 2) 인공품을 말한다."[45]

그러나 이 정의에 대한 디키의 논의를 자세히 살펴보면 그것이 닫힌
예술 개념인 본질적 예술 개념이 아니라, 열린 예술 개념인 비본질적
예술 개념을 지지하고 있음이 드러난다. 디키는 예술작품에 대한 규정
이 자격 수여라는 제도를 통해 이루어지며 그러한 제도가 사회가 변화
함에 따라 각기 다르고 또 한 사회 안에서도 시대 또는 자격 부여를 하
는 사람들이 다름에 따라 달라질 수 있다고 말한다. 이러한 디키의 견
해에 따르면 예술작품의 인정을 위한 자격 수여는 자의적으로 이루어
지는 셈이다. 실제로 디키는 예술작품의 인정이 법률적 인정 등과 달
리 자의적으로 이루어질 수 있음을 인정하면서 다음과 같이 말한다.

"예술계는 엄격한 절차를 요구하지 않으며, 진지한 목적을 상실하지 않으
면서도 경박과 변덕을 허용하며 심지어 이들을 격려하기까지 한다."[46]

이처럼 예술작품에 대한 인정이 자의적으로 이루어진다 함은 예술
작품을 인정하는 객관적 기준이 존재하지 않으며 이는 예술작품을 인
정하는 기준이 열려 있다는 주장이 될 것이다. 그렇다면 디키의 입장
은 열린 예술 개념인 비본질적인 예술 개념을 지지하는 입장으로 규정

---

45   『미학입문』, 142.
46   『미학입문』, 150.

될 수 있을 것이다. 이러한 점에서 그의 입장은 그가 비판하고 있는 비본질적 예술론의 일종인 베이츠의 입장과 본성상 다르지 않다. 따라서 본질론으로 규정될 수 있기 위해서는 그의 이론은 이처럼 임의적인 성격을 가지고 있는 제도를 넘어서 모든 예술에 공통적인 또 다른 요소를 예술작품의 정의를 위해 고려하는 이론이 되어야 한다. 그러나 디키는 제도를 통한 자격 수여 이외에 모든 예술에 공통적인 요소를 제시하지 않으며 그러한 한에서 그의 입장은 한계를 안고 있다.

둘째, 앞서 살펴보았듯이 예술의 제도적 본질론은 뒤샹의 「샘」, 워홀의 「브릴로 상자」 등이 등장하여 전통적인 예술 관념을 뿌리로부터 흔들어 놓은 20세기 예술계의 실재를 염두에 두고 의식적으로 고안된 이론이다. 따라서 그것은 전통적인 예술론을 통해 설명하기 어려운 이러한 새로운 예술작품의 정체를 해명함에 있어서는 나름의 의미를 가질 수 있다. 예술계의 후보 자격 수여 행위는 이러한 새로운 예술작품을 예술작품으로 규정할 수 있는 하나의 가능한 설명 방식일 수 있다.

그러나 예술의 제도적 본질론이 해명할 수 없는 예술작품 또한 다양하며 그러한 점에서 그것은 한계를 가지고 있다. 예를 들어 예술작품의 자격 수여 행위가 전혀 일어나지 않을 경우에도 예술작품이 존재하며 그에 대한 감상 행위 역시 가능한 경우가 무수히 많다. 초원에서 울려 퍼지는 목동의 피리 소리, 나물 캐는 봄처녀의 노랫소리, 농번기의 농악, 전래 동화 등이 그 대표적인 예에 해당한다. 이 경우 그 어떤 유형의 자격 수여 행위가 이루어지지 않았음에도 불구하고 우리는 저 피리 소리, 저 노랫소리, 농악, 전래동화 등을 감상하면서 이 모든 것들이 예술작품임을 알 수 있다. 이러한 여러 가지 예술작품들은 그 어떤 유형의 자격 수여 행위와도 무관하기 때문에 우리는 예술의 제도적 본질론을 통해 그들의 정체를 해명할 수 없다.

셋째, 디키는 미적 태도가 존재하지 않는다고 주장하면서 이처럼 문제가 많은 제도적 본질론을 제시한다. 물론 디키가 잘 보여 주었듯이 스톨니츠의 미적 태도론 및 그와 유사한 미적 태도론은 여러 가지 문제점을 안고 있다. 그러나 이러한 사실로부터 미적 태도론 일반이 타당하지 않다는 사실이 도출되는 것은 아니다. 스톨니츠의 미적 태도론 및 그와 유사한 미적 태도론이 지닌 여러 가지 문제점을 극복한 정당한 미적 태도론이 존재할 수 있기 때문이다. 실제로 이처럼 정당한 미적 태도론이 존재하는데, 그것은 바로 예술본능의 현상학의 한 부분으로 전개되는 현상학적 미적 태도론이다.

이제 우리는 미적 태도가 존재하지 않는다는 디키의 견해가 타당하지 않음을 구체적으로 살펴볼 것이다. 그의 견해가 타당하지 않음을 보여 주는 가장 효과적인 방법은 미적 태도의 예를 제시하면서 실제로 미적 태도가 존재함을 보여 주는 일이다. 이제 우리는 우선 다음 절에서 미적 태도가 존재한다는 사실을 보여 주고 그 이후에 이어지는 몇몇 절에서 그 구조를 해명하고자 한다.

6. 미적 태도의 존재에 대한 해명

한 가지 예를 들어 다양한 유형의 태도가 존재하며 그중의 하나로서 미적 태도가 존재한다는 사실을 해명해 보자. 가족 구성원 A, B, C, D가 근원적인 생활세계에서 일상적인 삶을 살아가는 경우를 생각해 보자. 그들이 아침 식탁에 둘러앉아 식사를 하면서 이런저런 이야기를 나누고 있다고 가정하자. 그들이 다양한 주제에 대해 두서없이 이야기를 나누는 상황을 살펴보면 알 수 있듯이 그들에게 정치, 경제, 종교, 역사, 사회, 예술 등 다양한 영역 중에서 다른 영역에 비해 주도적이며 지속적으로 우선권을 차지하는 영역은 없다. 때로는 정치 영역이 우선

권을 차지하기도 하고 때로는 경제 영역이 우선권을 차지하기도 하며 때로는 종교, 역사, 사회 영역 등이 우선권을 차지하기도 한다. 말하자면 이처럼 다양한 영역들은 아직 명료하게 분화되지 않은 채 혼재되어 경험되고 있다. 이처럼 다양한 영역이 미분화 상태로 혼재되어 있는 세계가 일상적인 생활세계[47]이다.

그러나 그들이 식사를 마친 후 각자 자신의 직장으로 출근하여 각자에게 주어진 일에 몰두하면 미분화된 일상적인 생활세계로 경험되던 세계는 각자에게 다른 세계로 현출한다. 예를 들어 영업사원인 A는 회사에 출근하고, 정치인인 B는 정당으로 출근하며, 성직자인 C는 종교 기관으로 출근하여 각자 자신이 맡은 업무에 몰두해 있다고 가정하자. 이 경우 이들에게 세계는 더 이상 일상적인 생활세계로 현출하지 않을 것이다. 세계는 A에게는 경제세계로 현출하고, B에게는 정치적 세계로 현출하며, C에게는 종교적 세계로 현출할 것이다.

그러나 이처럼 각기 다른 개인에게서뿐 아니라, 동일한 개인에게서도 근원적인 생활세계로 경험되던 세계가 이처럼 각기 다른 모습의 세계로 경험되는 현상을 확인할 수 있다. 예를 들어 E가 등산을 하면서 t_1이라는 시점에 관악산 정상에 올라가서 커다란 바위 위에 앉아 휴식을 취하고 있다고 가정하자. 이 경우 이 바위를 중심으로 사방으로 전개되는 세계는 그에게 근원적인 생활세계로 경험되고 있다. 세계는 그에게 등산 활동이라는 일상적인 생활세계적인 삶을 영위하기 위한 터로서 경험되기 때문이다. 그러나 한참 휴식을 취한 후 t_2라는 시점에

---

47   후설의 현상학에서 생활세계는 다양한 의미를 지닌다. 좁은 의미의 생활세계는 일상적인 생활세계를 의미하지만 넓은 의미의 생활세계는 좁은 의미의 생활세계뿐 아니라, 초월론적 주관에 의해 구성된 모든 세계를 포괄한다. 넓은 의미의 생활세계는 종교적 세계, 윤리적 세계 등 앞서 언급한 다양한 유형의 현출한 세계뿐 아니라, 과학 세계까지도 포괄한다. 이 점에 대해서는 13절에서 다시 논의할 것이다.

그는 이 바위를 비롯하여 이 세상 모든 것이 신비스럽고 성스럽다는 생각을 하게 되었다고 가정하자. t_2라는 시점부터 그에게 세계는 더 이상 일상적인 생활세계로 경험되지 않고 종교적 세계로 경험된다. 그러나 t_3라는 시점에 그는 이 바위의 한쪽 면에 누군가가 정으로 자신의 이름을 새겨 놓은 것을 발견한 후 주위에 있는 바위들을 둘러보니 여기저기 사람의 이름이 새겨진 것을 발견하고 자신의 이름을 새겨 놓은 사람들을 윤리적으로 책망하기 시작하였다고 가정하자. t_3라는 시점부터 그에게 세계는 더 이상 종교적인 세계로 경험되지 않고 환경 윤리적 실천의 장, 즉 윤리적 세계로 경험된다.

그러면 동일한 하나의 세계가 A, B, C에게 처음에는 일상적인 생활세계로 경험되다가 그들이 직장으로 출근한 후 각기 다른 세계로 경험되고, E의 경우 등산을 하면서 역시 처음에는 일상적인 생활세계로 경험되던 세계가 시간이 지남에 따라 각기 다른 세계로 경험되는 이유는 무엇인가? 그 이유는 바로 그들이 세계를 대하는 근본자세, 즉 태도가 바뀌었기 때문이다. A, B, C의 경우 출근하기 전에 모두 세계에 대해 일상적인 생활세계적 태도를 취했기 때문에 세계가 그들에게 일상적인 생활세계로 현출하였으나, 출근 후 A, B, C가 각각 경제적 태도, 정치적 태도, 종교적 태도를 취하였기 때문에 세계가 그들 각각에게 경제적 세계, 물리적 세계, 종교적 세계로 경험되었던 것이다. 이와 마찬가지로 E의 경우 t_1이라는 시점에는 일상적인 생활세계적 태도를 취했기 때문에 세계가 생활세계로 경험되었으나, t_2라는 시점과 t_3라는 시점에는 각각 종교적 태도와 윤리적 태도를 취했기 때문에 세계가 그에게 각각 종교적 세계와 윤리적 세계로 경험되었던 것이다.

지금까지 우리는 다양한 유형의 태도가 존재한다는 사실을 확인하였다. 그런데 우리가 취할 수 있는 다양한 태도 중의 하나가 바로 이 장의 주제인 미적 태도이다. 그러면 이제 미적 태도에 대해 살펴보자.

우선 미적 태도가 존재한다는 사실부터 확인하기로 하자. 우리는 앞서 살펴본 예를 변용하면서 미적 태도의 존재를 확인할 수 있다.

앞서 살펴본 가정에 네 번째 가족 구성원 D가 있다고 가정하자. D 역시 다른 가족 구성원들과 마찬가지로 아침 식탁에 둘러앉아 식사를 하면서 이야기를 나누다가 식사를 마친 후 자신의 직장으로 출근하여 일에 몰두하였다고 치자. 직업이 큐레이터라서 그는 직장인 미술관으로 출근하였다. D가 직장에 출근하여 큐레이터로서 일에 몰두할 경우 그에게 세계는 더 이상 아침 식탁에 둘러앉아 대화를 나눌 때처럼 일상적인 생활세계로 경험되지 않고 미적 세계로 경험될 것이다. 그리고 이처럼 그에게 세계가 미적 세계로 경험되는 이유는 그가 세계에 대해 미적 태도를 취했기 때문이다. 또 등산을 하면서 관악산 정상에 올라가 세계를 생활세계, 종교적 세계, 윤리적 세계로 경험한 E가 그 후 t_4라는 시점에 자신이 서 있는 바위의 모양과 그 속에 새겨진 무늬가 아름답다는 사실을 발견하고 주위를 둘러보면서 관악산 전체, 세계 전체가 아름답다는 사실을 발견하였다고 가정하자. 이 경우 그에게 세계가 미적 세계로 경험되고 있음은 두말할 나위도 없다. 그리고 이처럼 그에게 세계가 미적 세계로 경험되는 이유는 그가 세계에 대해 미적 태도를 취했기 때문이다.

이러한 예들이 보여 주듯이 여타의 태도와 마찬가지로 미적 태도 역시 존재한다. 물론 앞서 살펴본 예 이외에도 미적 태도가 존재한다는 사실을 명료하게 보여 주는 다양한 예들이 존재한다. 음악연주회에서 울려 퍼지는 선율을 감상할 때 경험되는 세계에 대해 감상자가 갖게 되는 태도, 미술관에서 미술작품을 감상할 때 경험되는 세계에 대해 감상자가 갖게 되는 태도, 어떤 문학작품을 읽으면서 그에 몰두하는 사람이 작품세계에 대해 갖게 되는 태도 등은 모두 미적 태도의 예에 해당하며 이 모든 예들은 미적 태도가 존재한다는 사실을 보여 준다.

미적 태도는 다양한 방식으로 분류될 수 있다. 그것은 예술 장르에 따라 음악적 태도, 미술적 태도, 문학적 태도 등으로 분류될 수도 있고, 뒤에서 살펴보게 되겠지만 현전적 미적 태도, 현전화적 미적 태도, 해명적 미적 태도 등으로 분류될 수도 있다. 그런데 미적 태도는 직업적 미적 태도와 비직업적 미적 태도로 분류될 수도 있다. 앞서 든 예에서 미술관에서 큐레이터로 일하는 D가 미술작품을 소개하면서 자신의 일에 완전히 몰두할 경우 D가 현출하는 미적 세계에 대해 갖게 되는 태도가 직업적 미적 태도이다. 이와는 달리 예술적 소양이 풍부하지 않은 등산객 E가 바위의 모양의 아름다움, 그 바위에 새겨진 무늬의 아름다움 등에 도취되어 세계를 미적 세계로 경험할 경우 그가 갖게 되는 태도는 비직업적 미적 태도이다. 여기서 알 수 있듯이 직업적 미적 태도와 비직업적 미적 태도를 구별하는 기준은 미적 태도의 주체가 미적 경험과 관련된 일을 직업적으로 하느냐 그렇지 않으냐 하는 데 있다. 그런데 무엇보다도 직업적 미적 태도는 미적 태도가 존재한다는 사실을 명료하게 보여 준다.

7. 미적 태도의 주제와 관심

지금까지 우리는 생활세계적 태도, 물리적 태도, 경제적 태도, 종교적 태도, 윤리적 태도 등 다양한 유형의 태도와 더불어 미적 태도 역시 존재한다는 사실을 확인하였다. 그러면 여기서 "태도"와 "미적 태도"의 정체가 무엇인지 구체적으로 살펴보자. 그러면 우선 태도에 대해 살펴보자.

태도는 주체가 세계를 대하면서 그것을 경험하는 특정한 자세 혹은 방식을 뜻한다. 이러한 의미의 태도는 일상 언어에서 태도라는 단어가

가지고 있는 뜻과 상통한다. 실제로 우리는 일상적으로 살아가면서 종 종 "태도"라는 말을 하곤 한다. 예를 들어 어떤 사람이 "공손한 태도", "진취적인 태도", "공격적인 태도", "수세적인 태도" 등을 가지고 살아 간다고 말한다. 이러한 일상적인 의미의 태도는 바로 어떤 사람이 세 계를 대하며 그것을 경험하는 특정한 자세 혹은 방식을 의미한다.

모든 태도는 "주제"(Thema)와 "관심"(Interesse)을 가지고 있는 데,[48] 태도의 주제와 관심을 살펴보면 우리는 태도의 정체를 보다 더 구체적으로 이해할 수 있다. 우선 태도의 주제에 대해 살펴보자.

우리가 세계에 대해 어떤 특정한 태도를 취하면 세계는 특정한 방식 으로 현출한다. 예를 들어 세계는 주체가 그에 대해 일상적인 생활세 계적 태도를 취하면 일상적인 생활세계로 현출하고, 과학적 태도를 취하면 과학적 세계로 현출하며 종교적 태도를 취하면 종교적 세계로 현출한다. 더 나아가 세계는 주체가 그에 대해 정치적 태도를 취하면 정치적 세계로 현출하고, 경제적 태도를 취하면 경제적 세계로 현출하 며 사회적 태도를 취하면 사회적 세계로 현출한다. 이처럼 주체가 특 정한 태도를 취할 때 특정한 방식으로 현출하는 세계가 다름 아닌 그 태도의 "주제"(Thema)이다. 말하자면 생활세계적 태도의 주제는 생 활세계이고 과학적 태도의 주제는 과학적 세계이며, 종교적 태도의 주 제는 종교적 세계이다. 또 정치적 태도의 주제는 정치적 세계이고 경 제적 태도의 주제는 경제적 세계이며 사회적 태도의 주제는 사회적 세 계이다.

그런데 주체가 어떤 특정한 태도를 취하면서 그에 대응하는 세계를 주제로 가지면서 그를 향해 있다 함은 주체가 그에 대해 고유한 방식 으로 마음을 쓰면서 관여하고 있음을 뜻한다. 예를 들어 주체가 일상

---

48 주제와 관심에 대해서는 E. Husserl, Hua VIII, 98 이하를 참조.

적인 생활세계적 태도를 취하면서 일상적인 생활세계적 세계를 주제로 가지고 그를 향해 있을 때 주체는 오직 일상적인 생활세계에 대해서만 마음을 쓰면서 관여하고 있다. 또 주체가 과학적 태도를 취하면서 과학적 세계를 주제로 가지고 그를 향해 있을 때 주체는 오직 과학적 세계에 대해서만 마음을 쓰면서 관여하고 있다. 이와 마찬가지로 주체가 종교적 태도를 취하면서 종교적 세계를 주제로 가지고 그를 향해 있을 때 주체는 오직 종교적 세계에 대해서만 마음을 쓰면서 관여하고 있다. 바로 이처럼 주체가 어떤 태도를 취하면서 그를 통해 현출하는 세계에 대해서만 마음을 쓰면서 거기에 관여하고 있는 주체의 마음의 상태를 "관심"(Interesse)이라 한다. 세계를 향한 주체의 태도가 다양하기 때문에 일상적인 생활세계적 관심, 과학적 관심, 종교적 관심, 정치적 관심, 경제적 관심, 사회적 관심 등 다양한 유형의 세계적 관심이 존재한다.

특정한 세계를 향한 관심은 배타성을 가지고 있다. 말하자면 주체가 어떤 관심을 가지고 어떤 세계를 향해 있을 때 주체에게는 오직 그 세계만이 문제로 등장하며 여타의 세계는 주체의 시야에 들어오지 않는다. 예를 들어 주체가 과학적 관심을 가지고 과학적 세계를 향해 있을 때 주체에게는 오직 과학적 세계만이 문제로 등장하며 여타의 세계는 주체의 시야에 들어오지 않는다. 이와 마찬가지로 주체가 종교적 관심을 가지고 종교적 세계를 향해 있을 때 주체에게는 오직 종교적 세계만이 문제로 등장하며 여타의 세계는 주체의 시야에 들어오지 않는다. 여기서 알 수 있듯이 특정한 관심은 주체를 특정한 세계에만 몰두하도록 하면서 주체에게 그 세계만 현출하도록 해 준다.

여타의 태도와 마찬가지로 미적 태도 역시 나름의 고유한 주제와 관심을 가지고 있다. 미적 태도의 정체를 이해하기 위해서는 미적 태도의 주제와 관심에 대해 살펴볼 필요가 있다. 우선 미적 태도의 주제에 대해 살펴보자.

어떤 태도의 주제가 그를 통해 현출하는 세계이듯이 미적 태도의 주제는 그를 통해 현출하는 미적 세계이다. 우리가 미적 태도를 취하면 세계는 우리에게 미적 세계로 현출한다. 미적 세계란 앞서 3장에서 살펴본 미적인 것의 총체를 뜻하며, 그것은 1) 고전적인 미론에서 아름다운 것으로 간주되어 온 것들, 2) 관조적인 것, 3) 고전적인 미 개념을 해체하면서 미적인 것의 후보로 등장한 숭고한 것, 풍려한 것, 장엄한 것, 4) 놀이적인 것, 진지한 삶의 현실로부터 해방시켜 주는 것, 5) 익살스러운 것, 귀여운 것, 자그마한 것, 6) 상상적인 것 내지 부단히 상상력을 자극할 수 있는 것, 7) 창조적인 것, 충격적인 것, 참신한 것, 일회적인 것, 8) 발상의 전환을 가져오는 것 등을 포함한다.

미적 태도의 관심이란 바로 미적 경험의 주체가 미적 태도를 취할 때 그를 통해 현출하는 미적 세계에 대해 마음을 쓰면서 거기에 관여하고 있는 마음의 상태를 뜻한다. 모든 유형의 태도의 관심이 그러하듯이 미적 태도의 관심 역시 배타성을 가지고 있다. 미적 경험의 주체가 미적 태도를 취할 때 그는 오직 미적 세계에 대해서만 마음을 쓰면서 거기에 관여하고 있다.

이처럼 미적 태도가 나름의 관심, 즉 미적 관심을 가지고 있기 때문에 미적 태도가 무관심한 태도라는 스톨니츠의 견해는 타당하지 않다. 그렇다고 해서 스톨니츠의 견해를 비판하면서 미적 태도를 일종의 신화로 간주하는 디키의 견해가 타당한 것은 아니다. 스톨니츠의 견해가 미적 태도의 관심이 존재한다는 사실을 깨닫지 못하면서 미적 태도의 정체를 올바로 파악하지 못했다는 점에서 한계를 가지고 있다면, 디키의 견해는 미적 태도가 엄연하게 존재함에도 불구하고 그의 존재를 부정한다는 점에서 더 커다란 한계를 가지고 있다고 할 수 있다.

실제로 앞서 살펴본 다양한 미적 태도의 예들은 미적 태도가 존재하지 않는다는 디키의 견해가 타당하지 않음을 보여 준다. 앞서 지적하였듯이 미적 태도론에 대한 디키의 비판은 특정한 유형의 미적 태도론, 즉 스톨니츠의 미적 태도론에 대한 비판으로는 타당성을 지닌다고 할 수 있어도 미적 태도론 일반에 대한 비판으로는 타당하지 않다고 할 수 있다. 그것은 무엇보다도 우리가 지금 발전시키고 있는 현상학적 미적 태도론에 대한 비판이 될 수 없다. 디키가 미적 태도론 전반을 타당하지 않은 것으로 간주하는 이유는 문제가 많은 스톨니츠의 미적 태도론만을 염두에 두면서 미적 태도의 다양한 예를 토대로 그의 구조를 해명하지 않았기 때문이다. 그리고 그는 스톨니츠의 미적 태도론이 20세기에 선보인 전적으로 새로운 예술작품들을 설명할 수 없다고 비판하는데, 현상학적 관점에서 미적 태도의 다양한 예들을 철저하게 분석하면서 현상학적 미적 태도론을 전개할 경우 이러한 미적 태도론은 그러한 작품들도 충분히 설명할 수 있다.

8. 미적 태도와 일상적인 생활세계적 태도

그러면 이제 미적 태도와 일상적인 생활세계적 태도의 관계에 대해 살펴보자. 앞서 살펴보았듯이 다양한 유형의 세계에 대응해 다양한 유형의 세계를 향한 태도가 존재한다. 그런데 이처럼 다양한 태도 중에서 일상적인 생활세계적 태도는 여타의 태도와 비교해 특별한 위치를 차지한다. 그 이유는 일상적인 생활세계가 여타의 세계의 모태에 해당하며 그에 대응해 일상적인 생활세계적 태도 역시 여타의 태도들의 모태에 해당하기 때문이다. 구체적인 세계를 향한 모든 태도는 일상적인 생활세계적 태도라는 모태에서 발생한 파생적 태도라 할 수 있으며, 이 점에 있어서는 미적 태도도 예외가 아니다. 그러면 미적 태도가 생활세계적 태도에서 나온 파생적 태도라는 사실을 살펴보기에 앞서 어떤 점에서 일상적인 생활세계 및 그를 향한 태도가 여타의 세계 및 그를 향한 태도에 비해 특별한 위치를 차지하는지 살펴보자.

일상적인 생활세계를 비롯한 다양한 유형의 세계는 동일한 하나의 세계가 주체에게 현출하는 다양한 모습이다. 말하자면 이 동일한 하나의 세계에 대해 주체가 다양한 태도를 취하게 되면 그것은 일상적인 생활세계를 비롯해 다양한 유형의 세계로 주체에게 현출하는 것이다. 이처럼 일상적인 생활세계를 비롯한 다양한 유형의 세계가 주체에게 현출하기 위한 전제로서 "하나의 동일한 세계"가 전제되어 있다. 후설은 그의 후기 현상학에서 이러한 "하나의 동일한 세계"를 "초월론적 초월세계"(die transzendentale Überwelt)(Hua XV, 591) 또는 "모나드들의 총체"(das Monadenall)(Hua XV, 610)라 부른다. 주체가 이 세계에 대해 다양한 태도를 취할 경우 앞서 언급한 다양한 세계가 현출한다는 사실에서 알 수 있듯이 이 동일한 세계는 주체에게 현출하기 이전의 세계이다. 그것은 논리적 관점에서 볼 때 칸트의 "물자체"의 세계에 해당하는 것이라 할 수 있다. 따라서 우리는 이러한 "하나의 동일한 세계"를 물리적 세계와 혼동해서는 안 된다. 그 이유는 물리적 세계 역시 일상적인 생활세계를 비롯해 앞서 언급된 다양한 유형의 세계와 마찬가지로 주체가 그에 대해 물리적 태도를 취할 때 주체에게 현출하는 세계이기 때문이다.

이처럼 동일한 하나의 세계가 주체에게 다양한 모습으로 현출한 다양한 세계 중에서 일상적인 생활세계는 특별한 위치를 차지한다. 그 이유는 일상적인 생활세계가 앞서 살펴본 다양한 유형의 현출한 세계의 토대가 되기 때문이다. 일상적인 생활세계는 종교적 세계, 사회적 세계, 역사적 세계, 경제적 세계, 정치적 세계 등 다양한 유형의 세계가 분화되어 명료한 형태로 현출하기 이전의 세계이다. 그것은 말하자

면 이처럼 다양한 세계들로 분화되기 이전의 미분화된 세계이며 그것
들이 혼재해 있는 세계이다.

그러면 이처럼 일상적인 생활세계로부터 다양한 방식으로 현출하는
세계가 분화해 나갈 수 있는 이유는 무엇인가? 그것은 바로 주체가 각
각의 세계를 주제화할 수 있는 다양한 태도를 취하기 때문이다. 예를
들어 A는 경제적 태도를 취하기 때문에 그에게 경제적 세계가 현출하
는 것이고, B는 물리적 태도를 취하기 때문에 그에게 물리적 세계가
현출하는 것이며, C는 종교적 태도를 취하기 때문에 종교적 세계가 현
출하는 것이다. 또 E의 경우 윤리적 태도를 취하기 때문에 그에게 윤
리적 세계가 현출하는 것이다.

그리고 그들이 가족 구성원으로서 식사를 할 때 그들이 그 어떤 하
나의 구체적인 태도를 지속적이며 지배적으로 취하지 않고 불명료한
형태로 하나의 태도에서 다른 태도로 부단히 이행하면서 일상적인 생
활세계적 태도를 취하기 때문에 그들에게는 일상적인 생활세계가 현
출할 수 있는 것이다. 이처럼 "그 어떤 하나의 구체적인 태도를 지속적
이며 지배적으로 취하지 않고 불명료한 형태로 하나의 태도에서 다른
태도로 부단히 이행하는 상태" 역시 하나의 태도라 할 수 있는데, 이러
한 태도가 바로 일상적인 생활세계적 태도이다. 일상적인 생활세계가
다른 여타의 구체적인 세계의 모태에 해당하듯이 일상적인 생활세계
적 태도 역시 다양한 유형의 구체적인 세계를 향한 구체적인 태도들의
모태라 할 수 있다. 일상적인 생활세계적 태도 속에 다양한 유형의 구
체적인 태도들의 싹, 즉 비주제적인 태도들이 들어 있기 때문에 일상
적인 생활세계적 태도가 분화하면서 다양한 유형의 구체적인 태도가
발생할 수 있는 것이다.

이와 마찬가지로 미적 태도 역시 일상적인 생활세계적 태도라는 모
태에서 발생한 파생적 태도이다. 일상적인 생활세계적 태도 속에 이미

다양한 구체적인 태도들의 맹아들, 즉 비주제적인 태도들이 혼재해 있으며 그 속에는 미적 태도의 싹, 즉 비주제적인 미적 태도도 들어 있다. 앞서 살펴본 예에서 D의 경우 직장으로 출근하기 전 가족 구성원과 대화를 나누고 있을 경우 그는 식탁의 아름다움, 식기의 아름다움, 주방 환경의 아름다움 등을 비주제적인 양상으로 경험하면서 간헐적으로 세계에 대한 비주제적 미적 태도를 가지고 있었다. 이와 마찬가지로 등산객인 E 역시 등산을 하면서 산, 바위, 물 등의 아름다움을 비주제적인 양상으로 경험하면서 간헐적으로 세계에 대한 비주제적 미적 태도를 가지고 있었다. D와 E의 경우 이처럼 일상적인 생활세계적 태도 속에 다른 태도들과 혼재하여 맹아적인 형태로 존재하던 비주제적인 미적 태도가 명료한 형태로 의식되면서 주제적인 미적 태도가 발생하였던 것이다.

이처럼 미적 태도는 일상적인 생활세계적 태도라는 모태에서 발생한 파생적 태도이다. 여기서 우리는 미적 태도를 통하여 현출하는 미적 세계와 일상적인 생활세계적 태도를 통하여 현출하는 일상적인 생활세계 사이의 관계를 전체와 부분의 관계로 이해해서는 안 된다. 실제로 모태로서의 일상적인 생활세계와 그것이 분화한 것으로서의 다양한 구체적인 세계는 전체와 부분의 관계에 있지 않다. 그 이유는 다양한 구체적인 세계뿐 아니라, 그들의 모태에 해당하는 일상적인 생활세계 역시 앞서 살펴본 "하나의 동일한 세계"가 주체에게 다양한 방식으로 현출한 것이기 때문이다. 말하자면 A, B, C가 일상적인 생활세계적 태도로부터 경제적 태도, 물리적 태도, 종교적 태도로 각각 이행할 경우 그들에게는 방금 전에 일상적인 생활세계로 현출하던 세계 전체가 각각 경제적 세계, 물리적 세계, 종교적 세계로 현출하는 것이지 일상적인 생활세계의 한 부분이 현출하는 것이 아니다. 이와 마찬가지로 D나 E의 경우 일상적인 생활세계적 태도로부터 미적 세계로 전환할 경우 그들에게는 방금 전에 일상적인 생활세계로 현출했던 세계가 미적 세계로 탈바꿈하여 현출하는 것이지 일상적인 생활세계의 한 부분이 현출하는 것이 아니다.

일상적인 생활세계가 여타의 현출한 세계의 모태이기 때문에 그것이 여타의 현출한 세계에 비해 특별한 의미를 지니는 것은 사실이다. 그러나 그것 역시 우리에게 현출하는 다른 여타의 세계와 마찬가지로 우리에게 현출하기 이전의 "하나의 동일한 세계"가 현출한 다양한 방식 중의 하나에 불과하기 때문에 "하나의 동일한 세계"라는 관점에서 볼 때 그것은 특별한 의미를 가지지 않는다. 그것 역시 "동일한 하나의 세계"가 현출할 수 있는 다양한 가능성 중의 하나에 불과하다. 그런데 일상적인 생활세계를 비롯해 우리에게 현출할 수 있는 다양한 가능성으로서의 다양한 세계들은 "현출 가능성"을 놓고 서로 경쟁 관계에 있다. 그 이유는 그것들 중에서 어느 하나의 세계가 현출하면 다른 세계들은 모두 배경으로 밀려나면서 주체에게 단순한 현출 가능성으로 남아 있어야 하기 때문이다. 예를 들어 일상적인 생활세계가 현출하면 현출할 수 있는 여타의 세계들은 모두 배경으로 밀려나 주체에게 단순한 현출 가능성으로 남아 있어야 한다. 또 종교적 세계가 현출하면 여타의 세계들은 모두 배경으로 밀려나 주체에게 단순한 현출 가능성으로 남아 있어야 한다. 이 점에 있어서는 미적 세계도 예외가 아니다. 미적 세계가 현출할 경우 일상적인 생활세계를 비롯해 여타의 세계들은 모두 배경으로 밀려나 주체에게 단순한 현출가능성으로 남아 있어야 한다.

일상적인 생활세계를 비롯해 다양한 방식으로 현출하는 세계 사이에서 확인할 수 있는 경쟁관계는 태도와 미적 태도의 또 하나의 본질적인 측면을 보여 준다. 어떤 하나의 세계가 현출할 경우 다른 여타의 세계들은 배경으로 밀려나게 되는데, 이러한 일을 가능하게 해 주는 것이 현출하는 저 세계를 향한 태도이다. 말하자면 어떤 특정한 태도란 다른 여타의 태도들과 경쟁 관계 속에서 존재하면서 다양한 현출 가능성 중의 하나로 존재하던 특정한 세계를 현출할 수 있도록 해 주는 장본인이다. 예를 들어 일상적인 생활세계적 태도는 다양한 현출 가능성 중의 하나로 존재하던 일상적인 생활세계를 현출할 수 있도록 해 주는 장본인이요, 종교적 태도 역시 다양한 현출 가능성 중의 하나로 존재하던 종교적 세계를 현출하도록 해 주는 장본인이다. 이 점에 있어서는 미적 태도도 예외가 아니다. 미적 태도 역시 다양한 현출 가능성 중의 하나로 존재하던 미적 세계를 현실적으로 현출하도록 하는 장본인이다.

그러면 미적 태도를 포함하여 다양한 유형의 태도 각각이 이처럼 다양한 현출 가능성 중의 하나로 존재하던 특정한 세계를 현출할 수 있도록 해 주는 이유는 무엇인가? 그것은 바로 특정한 세계를 향한 특정한 태도가 작동하기 시작하면서 그와 등근원적으로 그 세계를 향한 세계의식(Weltbewusstsein)이 가능태에서 현실태로 전환하면서 작동하기 때문이다. 예를 들어 일상적인 생활세계적 태도가 작동할 경우 그와 등근원적으로 일상적인 생활세계를 향한 생활세계적 세계의식이 가능태에서 현실태로 전환하면서 작동하고, 종교적 태도가 작동할 경우 그와 등근원적으로 종교적 세계를 향한 종교적 세계의식이 가능태에서 현실태로 전환하면서 작동하며, 역사적 태도가 작동할 경우 역사적 세계를 향한 역사적 세계의식이 가능태에서 현실태로 전환하면서 작동한다. 그리고 이처럼 특정한 태도가 작동할 경우 그에 상응하는 특정한 세계의식이 작동하면서 여타의 세계의식은 가능성의 지평에 머물면서 작동하지 않는다. 따라서 우리가 취하는 어떤 특정한 태도는 바로 다양한 유형의 세계의식 중에서 그 태도에 상응하는 세계의식만 가능태에서 현실태로 전환하면서 작동하고 다른 여타의 세계의식은 가능태로 남아 있는 상태를 뜻한다. 이처럼 특정한 태도 속에서 그에 상응하는 세계의식이 현실화하면서 작동하고 여타의 세계의식은 가능태로 남아 있기 때문에 그 태도는 그에 상응하는 세계의식이 여타의 세계의식에 대해 주도권을 잡고 있는 상태로 묘사될 수 있다.

이러한 논의를 통하여 우리는 미적 태도의 정체를 보다 더 구체적으로 이해할 수 있게 되었다. 여타의 세계는 가능성의 상태에 머물도록 하면서 미적 세계만을 현출할 수 있도록 하는 미적 태도는 다양한 세계의식 중에서 미적 세계의식만이 가능태에서 현실태로 전환하여 작동하고 여타의 세계의식은 가능성의 지평에 머물면서 작동하지 않는 노에시스적 상태를 뜻한다. 미적 태도는 이처럼 현실화된 미적 세계의식과 가능성의 지평에 머물고 있는 다양한 유형의 여타의 세계의식 사이의 대비를 통해 그 특성이 드러난다. 미적 태도 속에서 미적 세계의식만이 현실적으로 작동하고 여타의 세계의식은 가능성의 지평에 머물고 있기 때문에 미적 태도 속에서 미적 세계의식이 여타의 세계의식에 대해 주도권을 잡고 있다고 할 수 있으며, 따라서 미적 태도는 미적 세계의식이 여타의 세계의식에 대해 주도권을 잡고 있는 상태라 할 수 있다.[49]

9. 미적 태도의 다양한 차원과 해명 방식

앞서 우리는 태도를 "세계를 대하는 특정한 방식"으로 규정하면서 태도를 "세계를 향한 태도"로 규정하였다. 그러나 세계를 향한 태도만 존

---

49 스타이티(A. Staiti) 역시 태도에 대해 필자와 유사한 견해를 피력하는데, 그에 대해서는 A. Staiti, "Systematische Überlegungen zu Husserls Einstellungslehre", in: *Husserl Studies* 25(2009) 참조.

재하는 것은 아니다. 세계를 경험하는 일반적 틀로서의 태도가 세계를 향할 경우 그것은 동시에 세계에 있는 다양한 대상영역들, 대상들을 향하기 때문에 그에 대응해 다차원적 태도가 존재한다. 그중에서 포괄하는 대상의 범위가 가장 넓은 태도는 세계를 향한 태도이다. 후설은 이러한 태도를 "세계적인 우주를 향하고 있는 태도"(die Einstellung auf das weltliche Universum)(Hua XXXIV, 206)라 부른다. 앞서 살펴보았듯이 다양한 유형의 세계를 향한 태도가 존재한다. 그러나 모든 태도는 그에 고유한 세계의 한 부분, 그 속에 있는 대상들을 향할 수 있으며 그에 따라 새로운 유형의 태도가 등장한다.

예를 들어 종교적 태도의 경우 기독교적 세계, 불교적 세계, 이슬람적 세계 등을 향할 수 있고, 그에 따라 종교적 태도는 기독교적 태도, 불교적 태도, 이슬람교적 태도 등 개별 종교의 유형에 따라 다양한 하위 유형의 종교적 태도로 나누어진다. 더 나아가 이 각각의 태도는 최종적으로는 개별적 대상을 향할 수 있으며 그에 따라 다양한 개별적 대상을 향한 태도가 등장할 수 있다. 예를 들어 종교적 태도의 경우 개별적인 종교적 인물, 종교 서적, 종교 건축물 등 무수히 많은 개별적인 종교적 대상 각각을 향할 수 있으며 그에 따라 다양한 유형의 종교적 태도가 등장한다. 후설은 이처럼 개별적 대상을 향한 태도를 "개별적인 것을 향한 태도"(die Einstellung auf Einzelheit)(Hua XXXIV, 206)라 부른다.

이와 마찬가지로 미적 태도 역시 다양한 차원으로 나누어진다. 우선 미적 세계 전체를 향한 태도가 존재한다. 그러나 미적 세계는 음악세계, 미술세계, 문학세계, 무용세계 등으로 나누어지며 그에 따라 이 각각을 향한 하위 유형의 태도, 즉 음악적 태도, 미술적 태도, 문학적 태도, 무용적 태도 등이 존재한다. 더 나아가 음악세계는 교향곡의 세계, 피아노 소나타의 세계, 성악의 세계 등 다양한 세계로 나누어지며 이 각각에 대응해 새로운 유형의 미적 태도가 존재한다. 그리고 마지막으로 모든 미적 세계는 구체적인 작품들로 구성되어 있다. 예를 들어 교향곡의 세계는 수많은 작곡가들이 남겨 놓은 무수히 많은 교향곡들로 이루어져 있으며 그에 대응해 이러한 개별 작품을 향한 미적 태도가 존재한다. 그런데 이처럼 다차원적인 미적 태도 중에서 "미적 본능과 미적 태도 및 미적 세계"에 대한 논의에서 주로 분석될 태도는 세계를 향한 태도이다.

이처럼 다양한 차원을 가지고 있는 미적 태도는 자연과학적 태도, 현상학적 심리학적 태도, 초월론적 현상학적 태도에서 해명될 수 있다. 이처럼 서로 다른 세 가지 태도에서 조명될 경우 미적 태도는 서로 다른 모습으로 드러난다. 그러면 미적 태도가 자연과학적 태도, 현상학적 심리학적 태도, 초월론적 현상학적 태도 등 세 가지 태도에서 해명될 경우 어떤 모습으로 드러나는지 미적 태도의 노에마적 상관자인 미적 세계를 중심으로 살펴보자.

미적 태도가 자연과학적 태도에서 해명될 경우 미적 경험의 주체는 하나의 자연과학적 대상으로 드러나고 미적 세계는 자연과학적 대상의 총체로 드러난다. 이 경우 자연과학적 대상의 총체인 미적 세계는 자연과학적 대상의 하나인 미적 주체를 하나의 구성 요소로 포함한다. 다시 말해 자연과학적 대상의 하나인 미적 경험의 주체는 자연과학적 대상의 총체인 미적 세계의 한 부분이 된다. 미적 태도를 자연과학적 태도에서 해명하는 학문의 예로는 뇌 과학, 분자생물학, 진화심리학 등을 들 수 있다.

미적 태도가 현상학적 심리학적 태도에서 해명될 경우 미적 경험의 주체는 현상학적 심리학적 주관으로 드러난다. 현상학적 심리학적 주관으로서의 미적 경험의 주체는 의식의 지향성을 매개로 의미로서의 미적 대상을 지향하는 주관이다. 그에 따라 미적 세계는 의미로서의 미적 대상들의 총체로서 드러난다. 그러나 미적 대상들의 총체로서의 미적 세계는 모든 미적 대상을 포괄하는 커다란 미적 대상, 즉 일종의 미적 대상으로 드러나며 뒤에서 살펴보게 될 모든 미적 대상의 보편적 지평으로서의 미적 세계로 드러나지 않는다. 그에 따라 현상학적 심리학적 태도에서 미적 경험의 주체는 세계 속에서 존재하는 다양한 대상 중의 하나로 드러날 뿐, 모든 미적 대상의 보편적 지평인 미적 세계를 구성하는 초월론적 미적 주관으로 드러나지 않는다.

미적 태도가 초월론적 현상학적 태도에서 해명될 경우 미적 경험의 주체는 초월론적 주관, 즉 미적 초월론적 주관으로 드러난다. 미적 초월론적 주관이란 의식의 지향성을 토대로 의미로서의 미적 대상과 미적 세계를 구성하는 주관을 뜻한다. 그에 따라 미적 세계는 의미로서의 모든 미적 대상의 보편적 지평으로서 드러난다. 모든 미적 대상의 보편적 지평인 미적 세계는 의미로서의 미적 대상들의 총체와는 구별된다. 미적 대상들의 총체가 단순한 미적 대상들의 집합체인 데 반해, 미적 대상의 보편적 지평인 미적 세계는 의미로서의 미적 대상들의 의미망 자체이기 때문이다.

이처럼 현상학적 심리학적 태도와 초월론적 현상학적 태도에서 미적 경험의 주체와 미적 세계는 각기 다른 모습으로 드러난다. 초월론적 현상학적 태도에서 비로소 미적 대상의 보편적 지평으로서의 미적 세계를 구성하는 미적 초월론적 주관과 미적 초월론적 주관에 의해 구성된 미적 세계의 전체적인 본연의 모습이 드러난다. 따라서 우리는 미적 태도의 정체를 근원적으로 해명하기 위하여 주로 초월론적 현상학적 태도에서 미적 태도의 문제를 논의할 것이다.

10. 미적 본능과 미적 태도의 발생

이제 우리는 미적 세계를 향한 미적 태도의 최종적인 발생적 토대가 미적 본능이라는 사실을 해명하고자 한다. 앞서 살펴본 것처럼 미적 태도의 핵심을 구성하고 있는 것이 미적 세계의식이기 때문에 미적 세계의식이 미적 본능에 토대를 두고 있다는 사실을 해명하면 그것은 곧 미적 태도가 미적 본능에 토대를 두고 있다는 사실에 대한 해명으로 직결된다. 따라서 우리는 미적 태도의 발생적 토대가 미적 본능이라는 사실을 해명하기 위하여 미적 세계의식의 발생적 토대가 바로 미적 본능이라는 사실을 해명하고자 한다.

미적 세계의식의 발생적 토대가 미적 본능이라는 사실을 해명하기 위하여 우리는 앞서 5장에서 해명되었듯이 미적 대상에 대한 경험으로서의 미적 경험이 발생적으로 미적 본능에 토대를 두고 있다는 사실에서 출발하고자 한다. 뒤에서 논의되겠지만 미적 대상에 대한 경험인 미적 경험과 미적 세계에 대한 의식인 미적 세계의식은 불가분의 관계에 있으며 따라서 우리는 양자 사이의 불가분의 관계를 단초로 삼아 미적 경험과 마찬가지로 미적 세계의식 역시 발생적으로 미적 본능에 토대를 두고 있다는 사실을 해명하고자 한다. 이를 위해 우선 미적 경험이 아니라, 일상적인 경험을 예로 들어 세계의식과 대상의식이 어떤 관계에 있는지 살펴보자.

후설은 『위기』 37절에서 "생활세계의 형식적-일반적 구조"(Hua VI, 145)를 해명하면서 세계의식(Weltbewusstsein)과 대상의식(Objektbe-wusstsein)의 관계를 분석한다. 그에 따르면 한편으로는 세계의식과 대상의식 사이에는 "근본적인 차이"(ein grundsätzlicher Unterschied)(Hua VI, 146)가 존재하며, 다른 한편 양자는 불가분의 통일성을 이루고 있다. 우선 양자 사이에 근본적인 차이가 존재하는 이유는 양자가 향하고 있는 것, 즉 생활세계와 생활세계적 대상이 서로 다르기 때문이다. 생활세계와 생활세계적 대상 사이의 결정적인 차이점은 생활세계는 다수일 수 없으나 생활세계적 대상은 다수라는 데 있다. 그리고 세계의식과 사물의식 사이에 불가분의 통일성이 존재하는 이유는 생활세계는 생활세계적 대상들의 보편적 지평으로서만 존재할 수 있으며 거꾸로 생활세계적 대상은 늘 "세계 지평 속에서 존재하는 대상으로서"(Hua VI, 146) 그의 보편적 지평인 생활세계 속에서만 존재할 수 있기 때문이다.

여기서 우리는 대상의식과 세계의식 사이에 존재하는 근원적 통일성에 주목할 필요가 있다. 양자 사이의 근원적 통일성에 따르면 생활세계적 대상이 경험되지 않으면 생활세계도 경험될 수 없고, 거꾸로 생활세계가 경험되지 않으면 생활세계적 대상 역시 경험될 수 없다. 이처럼 생활세계적 대상에 대한 경험과 생활세계에 대한 경험은 서로 분리할 수 없이 동시에 진행된다. 이처럼 세계의식과 대상의식 사이에 불가분의 통일성이 존재하기 때문에 대상의식에 대한 해명은 세계의식에 대한 해명을 위한 결정적인 단서를 제공할 수 있다.

이와 마찬가지로 미적 대상에 대한 의식, 즉 미적 경험에 대한 해명은 미적 세계의식에 대한 해명을 위한 결정적인 단서를 제공한다. 이제 우리는 미적 경험에 대한 해명을 단초로 삼아 미적 세계의식의 구조를 해명할 것이다. 우리는 앞서 5장에서 미적 본능의 구조를 해명하면서 미적 경험의 구조를 분석하였는데, 이제 거기서 수행된 분석을 단초로 삼아 미적 세계의식의 구조를 해명하기로 하자.

앞서 살펴보았듯이 미적 대상을 향한 미적 경험의 발생적 토대는 미적 본능이며 따라서 미적 본능이 작동하지 않으면 본래적 미적 경험은 존재할 수 없다. 그런데 앞서 살펴보았듯이 대상의식과 세계의식 사이에 불가분의 통일성이 존재하며 따라서 대상의식의 한 가지 유형인 미

적 경험과 세계의식의 한 가지 유형인 미적 의식 사이에도 불가분의
통일성이 존재한다. 그리고 이처럼 미적 경험과 미적 세계의식 사이에
불가분의 통일성이 존재하기 때문에 미적 경험의 발생적 토대가 미적
본능이며 미적 본능이 작동하지 않으면 미적 경험이 존재할 수 없듯이
미적 세계의식의 발생적 토대 역시 미적 본능이며 미적 본능이 작동하
지 않으면 미적 세계의식 역시 존재할 수 없다. 말하자면 미적 본능이
작동하여 미적 경험이 이루어지는 순간 그와 더불어 미적 세계의식 역
시 미적 세계를 향하면서 작동하는 것이다.

그러면 미적 본능이 미적 세계의식의 발생적 토대라는 사실을 구체
적인 예를 통해 밝혀 보자. 미적 본능이 작동하여 t_1이라는 시점에 미
술관에서 미술작품 W_1을 감상한 미적 경험의 주체 A가 그 후 계속해
서 그곳에 머물면서 장시간 동안 미술작품을 감상해 왔고 t_k라는 시점
에 미술작품 W_k를 감상하고 있다고 가정하자.

그러면 우선 미적 대상의 보편적 지평으로서의 미적 세계가 무엇인
지 확인하고 넘어가자. 여기서 미적 세계는 t_k라는 시점에 명시적으로
경험되는 예술작품 W_k를 중심으로 펼쳐지는 모든 미적 대상의 총체를
포괄하는 지평을 뜻한다. 이 지평은 크게 다음과 같이 4가지 유형의 미
적 대상을 포함한다. 첫째, 그것은 W_k와 함께 동일한 미술관에 전시된
모든 예술작품을 포함한다. 그것은 1) t_1에서 t_{k-1}이라는 시점 사이에
암묵적으로 미적 경험의 주체의 관심의 대상이 되고 있는 미술작품들
(W_1, W_2, $\cdots$, W_{k-1})과 2) t_{k+1} 이후에 경험될 수 있으나 t_k라는 시점에
암묵적으로 미적 경험의 주체의 관심의 대상이 되고 있는 미술작품들
(W_{k+1}, W_{k+2}, W_{k+3}, $\cdots$, W_n)의 총체를 포함한다. 둘째, 이 지평은 이
미술관뿐 아니라, 모든 여타의 미술관에 전시된 미술작품, 더 나아가
그 이외의 모든 미술작품들도 포함한다. 셋째, 이 지평은 미술작품 이
외의 다양한 장르의 예술에 속하는 모든 예술작품들, 음악작품, 문학

작품, 무용작품, 연극작품 등을 모두 포함한다. 넷째, 이 지평은 예술작품으로서의 미적 대상뿐 아니라, 자연물로서의 미적 대상까지도 포함한다.

그런데 t_k라는 시점에 A의 미적 관심은 현재 경험되고 있는 미술작품 W_k를 명시적으로 향하고 있다. 그러면 그의 미적 관심이 W_k를 향하고 있는 이유는 무엇일까? 그 이유는 바로 A에게서 t_k라는 시점에 미적 본능이 작동하였고 바로 W_k가 A의 미적 본능을 충족시켜 줄 수 있기 때문이다. 만일 t_k라는 시점에 A에게서 미적 본능이 작동하지 않을 경우 그의 미적 관심은 W_k를 향할 수 없다. 그 이유는 A에게서 미적 본능이 작동하지 않을 경우 W_k는 그의 미적 본능을 충족시킬 수 있는 대상, 즉 미적 대상으로 경험될 수 없기 때문이다. 이 경우 만일 A에게서 미적 본능 대신에 앎의 본능이 발동하였더라면 W_k는 더 이상 미적 대상이 아니라, 앎의 대상으로 경험될 것이며 그에 따라 A는 그에 대해 더 이상 미적 관심을 가질 수 없을 것이다.

그러나 자세히 살펴보면 t_k라는 시점에 A의 미적 관심은 단순히 W_k만을 향하고 있는 것은 아니다. 그의 미적 관심이 명시적으로 W_k를 향해 있는 것은 사실이지만 그것은 더 나아가 t_k라는 시점에 명시적으로 경험되고 있지 않은 미술작품들을 암묵적으로 향하고 있다. 우선 그의 관심은 t_1이라는 시점부터 t_{k-1}이라는 시점까지 과거에 명시적으로 경험되었던 미술작품들을 암묵적으로 향하고 있다. 말하자면 t_1이라는 시점부터 t_{k-1}이라는 시점까지 경험되었던 미술작품들은 그의 관심의 시야에서 완전히 사라진 것이 아니다. 그중의 어떤 것은 그가 마음먹기에 따라 다시 돌아가 감상할 수 있다. 이와 마찬가지로 그의 관심은 t_k라는 시점 다음인 t_{k+1} 이후에 그가 명시적으로 경험하게 될 미술작품들, W_{k+1}, W_{k+2}, W_{k+3}, ⋯, W_n 등을 암묵적으로 향하고 있다. 그중에서 W_{k+1}은 그가 W_k를 감상하고 있는 시점인 t_k 다음 순간에 그가 명시적으로 경험하게 될 미술작품이다. 말하자면 A의 미적 관심은 이 미술관에 전시된 모든 미술작품을 암묵적으로 향해 있다. 그러면 A의 미적 관심이 이처럼 이 미술관에 전시된 모든 미술작품을 암묵적으로 향해 있는 이유는 무엇일까? 그 이유는 바로 이 모든 미술작품들이 A의 미적 본능을 충족시킬 수 있는 가능성을 가지고 있는 미적 대상들이기 때문이다.

더 나아가 A의 미적 관심은 미술작품 이외의 다양한 장르의 예술에 속하는 모든 예술작품들을 향해 있다. 그러면 A의 의식의 지평에서 그의 미적 관심이 이러한 예술작품들을 향해 있는 이유는 무엇인가? 그 이유는 그것들 역시 미술관에 전시된 모든 미술작품들과 마찬가지로 A의 미적 본능을 충족시킬 수 있는 가능성을 가지고 있는 미적 대상이기 때문이다.

이러한 논의를 통하여 우리는 미적 본능이 미적 경험의 발생적 토대일 뿐 아니라, 동시에 미적 경험과 근원적인 통일성을 이루고 있는 미적 세계의식의 발생적 토대라는 사실을 확인할 수 있다. 미적 경험과 마찬가지로 미적 세계의식 역시 미적 본능이 작동하지 않으면 그 어떤 미적 경험의 주체의 장 속에서 존재할 수 없다. 이와 관련하여 다음과 같은 두 가지 사실을 지적하고자 한다.

첫째, 미적 경험의 주체의 관심은 그것이 어떤 유형의 미적 대상을 향하느냐에 따라 생생함에 있어서 차이를 보인다. 우선 현재 경험되고 있는 미적 대상을 향하고 있는 미적 관심은 미적 경험의 보편적 지평인 미적 세계를 향한 관심보다 더 생생하게 작동한다. 그러나 앞서 살펴보았듯이 미적 경험의 보편적 지평인 미적 세계는 현재 생생하게 경험되는 미적 대상을 기준으로 하여 볼 때 서로 구별되는 다양한 영역으로 나누어질 수 있으며 서로 다른 영역을 향한 미적 관심은 생생함에 있어서 차이를 보인다. 앞서 든 예에서 W_k와 함께 동일한 미술관에 전시된 예술작품들을 향한 미적 관심은 미술관 밖에 있는 미술작품들을 향한 미적 관심보다 더 생생하게 작동하며, 미술관 밖에 있는 미술작품들을 향한 미적 관심은 여타의 예술 장르에 속한 모든 미적 대상들, 자연물로서의 미적 대상들을 향한 미적 관심보다 더 생생하게 작동한다. 이처럼 미적 세계의 다양한 영역을 향한 관심들이 생생함에 있어 차이를 보이는 이유는 서로 다른 미적 대상의 영역들이 미적 본능을 현실적으로 충족시킬 수 있는 가능성에 있어 차이를 보이기 때문이다. 예를 들어 미적 경험의 주체 A에게 미술관에 전시된 미술작품들이 미술관 밖에 있는 미술작품들보다 미적 본능을 실제로 충족시킬 수 있는 가능성을 더 많이 가지고 있으며, 바로 이러한 이유에서 그것을 향한 미적 관심은 후자를 향한 미적 관심보다 더 생생하게 작동하는 것이다.

둘째, 미적 세계의식을 작동하도록 하면서 다양한 영역으로 구성되어 있는 미적 세계가 미적 경험의 주체에게 현출할 수 있도록 해 주는 것은 미적 본능이다. 실제로 이러한 사실을 잘 보여 주는 예들이 존재하는데, 그것은 바로 5장 4절에서 살펴본 예술맹이다. 예술맹은 주체에게서 미적 본능이 한 번도 작동한 적이 없어 미적 대상이 현출하지 않는 상태이다. 그런데 미적 대상과 미적 세계가 불가분의 관계에 있기 때문에 예술맹에게 미적 대상이 현출하지 않는다 함은 그에게 미적 세계가 현출하지 않음을 뜻한다. 이처럼 예술맹은 미적 본능이 주체에게 미적 세계를 현출할 수 있도록 해 주는 장본인이라는 사실을 선명하게 보여 준다. 이러한 점에서 미적 본능은, 하이데거의 용어를 사용하여 표현하자면, 주체의 의식의 수면 위로 떠오르지 않은 채 완전한 "은폐성"의 양상에서 존재하던 미적 세계를 탈은폐하는 장본인이다.

11. 미적 본능과 미적 세계의식의 구성 요소들

이처럼 미적 태도는 발생적으로 미적 본능에 뿌리박고 있으며 따라서 미적 태도는 미적 본능의 체계로 규정될 수 있다. 이제 미적 본능의 체계로서의 미적 태도의 구조를 보다 더 구체적으로 이해하기 위하여 미적 태도의 중핵을 이루고 있는 미적 세계의식의 구성 요소를 검토하고 그것들이 어떻게 발생적으로 미적 본능에 토대를 두고 있는지 살펴보고자 한다.

미적 세계의식의 구성 요소를 살펴보기 위해서는 그와 통일성을 이루고 있는 미적 경험의 구성 요소를 살펴볼 필요가 있다. 앞서 5장에서 자세하게 살펴보았듯이 미적 경험은 1) 미적 정립작용, 2) 미적 의지, 3) 미적 감정, 4) 미적 관심 등을 구성 요소로 가지고 있다. 그런데 미적 경험과 미적 세계의식 사이에 불가분의 통일성이 존재하기 때문에 미적 경험과 마찬가지로 미적 세계의식 역시 1) 미적 정립작용, 2) 미적 의지, 3) 미적 감정, 4) 미적 관심 등 4가지 구성 요소를 가지고 있다. 그런데 미적 세계의식이 미적 본능에 토대를 두고 있기 때문에 미적 세계의식을 구성하는 이러한 4가지 요소 역시 발생적으로 미적 본능에 토대를 두고 있으며 그러한 한에서 그의 성격 역시 미적 본능을 통해 규정된다. 그러면 이 점을 더 자세하게 살펴보자. 그러면 미적 세계의식의 4가지 구성 요소를 확인하면서 그것들 각각이 어떻게 미적 본능에 토대를 두고 있는지 살펴보자.

1) 우선 미적 세계의식은 미적 정립작용을 하나의 구성 요소로 가지고 있다. 미적 경험의 주체는 자신이 미적 세계의식을 가지고 있을 때 미적 세계가 현출하며 이처럼 현출하는 미적 세계가 존재한다는 생각을 가지고 있는데, 이처럼 현출하는 미적 세계가 존재한다는 생각이

바로 미적 세계의식의 구성 요소 중의 하나인 미적 정립작용이다. 우리는 이처럼 미적 세계를 향한 미적 정립작용을 미적 대상을 향한 미적 정립작용과 구별해 미적 세계의식의 정립작용이라 부르고자 한다. 미적 대상을 향한 정립작용이 구체적인 대상을 향한 명료한 양상의 정립작용인 데 반해, 여기서 문제가 되고 있는 미적 세계의식의 정립작용은 막연하고 불투명한 양상에서 경험되는 미적 세계를 향한 막연하고 불투명한 양상에서 이루어지는 정립작용이다.

그런데 미적 세계의식의 정립작용은 미적 본능에 토대를 두고 있으며 따라서 그것은 미적 본능 없이는 존재할 수 없다. 그 이유는 미적 본능 없이는 미적 대상의 총체인 미적 세계가 미적 경험의 주체에게 현출할 수 없기 때문이다. 여기서 우리는 미적 세계의식의 정립작용이 일상적인 생활세계를 비롯한 여타의 세계를 향한 다양한 유형의 정립작용과 구별된다는 사실에 유의할 필요가 있다. 예를 들어 그것은 객관화적 정립작용의 한 가지 유형인 물리적 세계를 향한 정립작용과 구별되며, 종교적 세계를 향한 종교적 세계의 정립작용과도 구별되고 다양한 유형의 정립작용이 혼재해 있는 일상적인 생활세계를 향한 정립작용과도 구별된다. 그런데 이처럼 미적 세계의식의 정립작용이 여타의 세계를 향한 정립작용과 구별되는 이유는 그것이 바로 미적 본능에 토대를 두고 있기 때문에 미적인 것의 보편적 지평인 미적 세계를 향하고 있기 때문이다.

2) 미적 세계의식은 미적 의지를 또 하나의 구성 요소로 가지고 있다. 그러나 이 경우 미적 의지는 구체적인 미적 대상을 향한 것이 아니라, 미적 세계 전체를 향한 의지, 즉 미적 세계를 계속해서 경험하려는 의지 내지 미적 세계의식을 계속해서 견지하려는 의지를 뜻한다. 이러한 의지를 미적 대상을 향한 의지와 구별하여 미적 세계의식의 의지라

고 부를 수 있을 것이다. 미적 대상을 향한 의지가 구체적이며 명료한 의지라고 한다면 미적 세계의식의 의지는 불투명하고 막연한 의지라 할 수 있다. 바로 이러한 불투명하고 막연한 의지가 존재하기 때문에 미적 대상을 향한 구체적인 의지가 존재할 수 있는 것이다. 미적 세계를 향한 이러한 의지는 불투명하고 막연한 의지라는 점에서 일상적인 생활세계를 비롯해 여타의 다양한 세계를 향한 의지와 유사성을 가지고 있다. 그러나 그것이 지향하고 있는 내용에 있어서 그것은 일상적인 생활세계를 비롯해 여타의 세계를 향한 다양한 의지와 구별된다.

미적 세계의식의 정립작용과 마찬가지로 미적 세계의식의 의지 역시 미적 본능에 토대를 두고 있으며 미적 본능 없이는 존재할 수 없다. 미적 세계의식의 의지는 미적 세계를 계속해서 경험하려는 의지인데, 이러한 의지는 미적 본능을 충족시키기 위하여 발생한 것이기 때문이다. 이러한 의지는 미적 본능이 충족되어 그것이 더 이상 작동하지 않을 때까지 계속해서 작동한다. 미적 본능은 미적 세계의식의 의지를 작동시키면서 이미 현출한 미적 세계를 계속해서 현출할 수 있도록 해주는 장본인이다.

3) 미적 세계의식은 미적 감정을 또 하나의 구성 요소로 가지고 있다. 그러나 이 경우 미적 감정은 구체적인 미적 대상을 향한 감정이 아니라, 미적 세계 전반을 향한 불투명하고 막연한 감정을 뜻한다. 우리는 미적 세계 전반을 향한 이러한 감정을 구체적인 미적 대상을 향한 구체적인 미적 감정과 구별해 미적 세계의식의 감정이라 부를 수 있을 것이다. 미적 세계의식의 감정은 현상학의 핵심적인 주제 중의 하나인 기분의 일종으로 우리는 그것을 여타의 기분과 구별해 미적 기분이라고 부르고자 한다. 후설은 그의 몇몇 미발간 유고에서 구체적인 대상을 향한 감정과 구별하여 세계 전체를 향한 감정을 "기분"(die Stim-

mung)이라 부르면서 그에 대한 분석을 수행했으며 하이데거는 『존재와 시간』을 비롯해 여러 저술에서 "세계개시성"(die Welterschlossenheit)을 구성하는 하나의 요소로서 기분에 대한 분석을 수행하면서 해석학적 현상학을 전개했다.[50] 미적 세계 이외에도 생활세계를 비롯해 다양한 유형의 세계가 존재하며 그에 따라 미적 기분 이외에도 이처럼 다양한 세계를 향한 다양한 기분이 존재한다. 이 모든 여타의 기분 역시 구체적인 대상을 향한 것이 아니라, 나름의 고유한 세계를 향한 것이요. 따라서 그것은 불투명하고 막연한 감정이기 때문에 미적 기분은 이 모든 기분과 유사성을 가지고 있다. 그러나 미적 기분은 미적 세계를 향한 기분이요, 따라서 그것은 그 내용에 있어서 여타의 세계를 향한 기분들과 구별된다.

미적 세계를 향한 기분인 미적 세계의식의 기분 역시 미적 본능에 토대를 두고 있다. 미적 세계의식이 미적 경험과 불가분의 통일성을 이루고 있듯이 미적 세계의식의 기분은 미적 대상을 향한 미적 경험을 구성하는 미적 감정들과 불가분의 통일성을 이루고 있다. 미적 세계의식의 기분과 미적 감정들이 불가분의 통일성을 이루고 있다 함은 양자가 서로에게 영향을 미치며 서로 규정함을 뜻한다. 그런데 앞서 살펴보았듯이 미적 감정들은 발생적으로 미적 본능에 토대를 두고 있기 때문에 그와 불가분의 통일체를 이루고 있는 미적 세계의식의 기분 역시 미적 본능에 토대를 두고 있다. 미적 본능이 작동하면서 그것은 미적 감정과 더불어 미적 세계의식의 기분을 동시에 작동하도록 한다.

---

50   이 점에 대해서는 다음을 참조: Nam-In Lee, "Edmund Husserl's Phenomenology of Mood", in: N. Depras/D. Zahavi(ed.), *Alterity and Facticity. New Perspectives on Husserl*, Dordrecht: Kluwer Academic Publishers, 1998; 이남인, 『현상학과 해석학』, 서울: 서울대학교출판부, 2004, 253-254.

4) 미적 세계의식은 그 무엇을 경험하거나 획득하기 위하여 마음을 쓰는 상태인 관심을 가지고 있다. 이처럼 미적 세계의식 속에 들어 있는 관심을 미적 세계의식의 관심이라 부를 수 있을 것이다. 미적 세계의식은 대상에 대한 중립적인 마음의 상태를 뜻하는 무관심한 의식이 아니다. 미적 세계의식의 관심이 미적 세계를 향해 있기 때문에 그것은 앞서 살펴본 미적 경험을 구성하는 한 가지 요소인 미적 관심과 구별된다. 미적 관심이 구체적인 개별적 대상을 향하고 있는 관심인 데 반해, 미적 세계의식의 관심은 미적 세계를 향한 막연하고 불투명한 관심이다.

미적 세계의식의 관심 역시 미적 본능에 토대를 두고 있다. 앞서 우리는 10절에서 미적 본능과 미적 세계의식의 관계를 해명하면서 A의 미적 경험을 예로 들어 두 가지 유형의 미적 관심을 구별하면서 미적 관심에 대해 논의하였다. 거기서 구별한 두 가지 유형의 미적 관심은 1) t_k라는 시점에 A가 실제로 경험하고 있는 미술작품 W_k를 향한 관심과 2) t_k라는 시점에 A가 실제로 경험하고 있지 않은 예술작품들을 암묵적으로 향하고 있는 관심이다. 이 두 유형의 미적 관심 중에서 첫 번째 것은 W_k에 대한 미적 경험이 가지고 있는 관심이며, 두 번째 것은 바로 미적 세계 전체를 향한 미적 세계의식의 관심이다. 거기서 논의되었듯이 W_k에 대한 미적 경험이 가지고 있는 관심뿐 아니라, 미적 세계의식의 관심 역시 발생적으로 미적 본능에 토대를 두고 있다.

지금까지 우리는 미적 세계의식의 4가지 구성 요소가 미적 본능에 토대를 두고 있다는 사실을 살펴보았다. 이러한 논의를 통해 우리는 미적 세계의식이 미적 본능에 토대를 두고 있음을 알 수 있다. 이와 관련하여 다음과 같은 세 가지 사실을 지적하고자 한다.

첫째, 미적 세계의식은 발생적으로 미적 본능에 토대를 두고 있는

4가지 구성 요소들, 즉 미적 세계의식의 정립작용, 미적 세계의식의 의지, 미적 세계의식의 기분, 미적 세계의식의 관심의 통일체이다. 여기서 미적 본능에 토대를 두고 있는 이러한 4가지 요소는 서로 분리되어 존재할 수 있는 것이 아니라, 등근원적으로 통일되어 있다. 이 4가지 요소가 등근원적이기 때문에 미적 세계의식의 정립작용은 늘 미적 세계의식의 의지, 미적 세계의식의 기분, 미적 세계의식의 관심과 결합하여 존재하며, 미적 세계의식의 의지, 미적 세계의식의 기분, 미적 세계의식의 관심 각각도 다른 세 가지 요소들과 결합하여 존재한다.

둘째, 우리는 미적 세계의식의 최종적인 발생적 토대가 미적 본능이라는 사실과 관련해 몇몇 유형의 세계의식 역시 그에 상응하는 본능을 그의 최종적인 발생적 토대로 가지고 있다는 사실에 유의할 필요가 있다. 예를 들어 종교적 세계의식은 종교적 본능을 자신의 최종적인 발생적 토대로 가지고 있으며, 도덕적 세계의식은 도덕적 본능을 자신의 최종적인 발생적 토대로 가지고 있다. 종교적 본능이 존재하지 않으면 종교적 세계의식은 등장할 수 없고 도덕적 본능이 존재하지 않으면 도덕적 세계의식 역시 등장할 수 없다. 우리는 종교적 세계의식의 핵심인 종교적 관심, 도덕적 세계의식의 핵심인 도덕적 관심의 정체를 해명하면서 이러한 사실을 해명할 수 있다.

셋째, 미적 세계의식에 대한 지금까지의 논의를 통해 우리는 미적 태도를 무관심한 태도로 규정한 스톨니츠의 견해가 심각한 문제점을 안고 있음을 알 수 있다. 스톨니츠가 생각하는 것과는 달리 미적 태도는 무관심한 태도가 아니라, 나름의 고유한 관심을 가지고 있다. 물론 미적 태도가 일상적인 실용적인 삶의 관심을 가지고 있지 않기 때문에 무관심한 태도라고 불리는 것은 사실이다. 그러나 일상적인 실용적인 관심 이외에도 다양한 유형의 관심이 존재하며 그중의 하나가 미적 관심이요, 바로 미적 태도가 미적 관심을 가지고 있기 때문에 미적 태도를 무관심한 태도라 부르는 것은 적절하지 않다. 일군의 연구자들이 미적 태도를 무관심한 태도라고 부르는 이유는 그들이 관심 일반과 미적 태도에 대한 치밀한 분석을 수행하지 않았기 때문이다.

12. 미적 본능과 다차원적인 미적 태도의 습성 체계의 작동과 형성

앞서 10절과 11절에서 미적 태도의 핵심을 이루는 미적 세계의식의 구조를 분석하면서 미적 본능이 미적 태도의 발생적 토대라는 사실을 살펴보았다. 그러나 미적 태도에 대한 지금까지의 논의는 두 가지 점에서 한계를 가지고 있다. 우선 현전적 미적 태도, 현전화적 미적 태도, 해명적 미적 태도 등 발생적 관점에서 볼 때 서로 성격을 달리하는 다양한 유형의 미적 태도들이 존재하는데, 지금까지 이러한 구별을 염두에 두지 않은 채 미적 본능과 미적 태도의 관계를 논의하였다. 그리고 현재 지평에서 작동하는 미적 태도는 주체의 과거 지평에서 형성된 미적 태도의 습성의 체계가 현실화하면서 작동하는 것인데, 주체의 과거 지평에서 미적 태도의 습성의 체계가 형성되는 과정도 해명하지 않았다.

　이러한 한계를 극복하고 미적 태도의 정체를 보다 더 구체적으로 드러내기 위해 우리는 이 절에서 다음과 같은 순서로 미적 태도의 발생적 현상학적 논의를 심화할 것이다. 이 장의 전체적인 논의의 출발점을 마련하기 위하여 우리는 우선 현전적 미적 태도, 현전화적 미적 태도, 해명적 미적 태도 등 세 가지 유형의 미적 태도의 구별에 대해 살펴볼 것이다. 이어 이처럼 다양한 유형의 미적 태도가 미적 본능의 작동에 토대를 두고 있다는 사실을 해명한 후 마지막으로 주체의 과거 지평에서 미적 본능의 작동을 토대로 어떻게 미적 태도의 습성 체계가 형성되는지 하는 점을 해명할 것이다.

1) 다양한 유형의 미적 태도의 존재에 대한 해명

지금까지 우리는 마치 단 하나의 미적 태도가 존재하는 것처럼 간주하면서 그에 대해 논하였다. 그러나 다양한 유형의 미적 경험이 존재하듯이 다양한 유형의 미적 태도가 존재한다. 이 점과 관련해 우리는 1) 미적 경험과 2) 미적 태도의 핵심을 이루는 미적 세계의식 사이에 상관관계가 존재한다는 사실에 유의할 필요가 있다. 앞서 살펴보았듯이 미적 경험은 발생적 현상학적 관점에서 볼 때 현전적 미적 경험, 현전화적 미적 경험, 해명적 미적 경험 등 세 가지 유형의 미적 경험으로 나누어지며 이러한 세 가지 유형의 미적 경험에 대응해 세 가지 유형의 미적 세계의식, 즉 현전적 세계의식, 현전화적 세계의식, 해명적 세계의식 등이 존재한다. 그런데 미적 세계의식은 미적 태도의 중핵을 이루며 이처럼 세 가지 유형의 미적 세계의식이 존재하기 때문에 그에 대응해 현전적 미적 태도, 현전화적 미적 태도, 해명적 미적 태도 등 세 가지 유형의 미적 태도가 존재한다.

현전적 미적 태도는 미적 경험의 주체의 의식의 지평에 현전화적 미적 경험과 해명적 미적 경험은 존재하지 않고 오직 현전적 미적 경험만 존재할 때 미적 경험의 주체가 가지는 미적 태도이다. 성숙한 주체의 경우 현전적 미적 태도는 일상적인 생활세계적인 삶 속에서 종종 확인할 수 있다. 아침 식사 때 울려 퍼지는 베토벤의 교향곡 6번 1악장을 간헐적으로 감상하면서 가족 구성원들이 가지는 미적 태도, 특별한 주의를 기울지지 않으면서 식탁의 아름다움, 그릇의 아름다움을 느끼면서 가족 구성원들이 가지는 미적 태도 등이 그 예이다. 이러한 예들이 보여 주듯이 현전적 미적 태도는 미적 경험의 주체가 파지-근원인상-예지로 이어지는 현전적 시간장 안에서 이루어지는 현전적 미적 경험을 할 때 그와 더불어 가지게 되는 미적 태도이다.

본래적 의미에서 태도가 시간상으로 상당 기간 지속성을 가지고 작동하는 것이기 때문에 이처럼 짧은 기간 동안만 존속하는 현전적 시간 장 속에서 존재하는 현전적 미적 태도는 엄밀한 의미에서 미적 태도라 불릴 자격이 없다. 우리가 현전적 미적 태도라 부르는 것은 엄밀한 의미에서 미적 태도라기보다는 맹아적인 형태의 미적 태도에 불과하다. 바로 이러한 이유에서 우리는 앞서 6절에서 미적 태도의 존재를 해명하면서 이러한 맹아적인 형태의 미적 태도를 따로 언급하지 않은 채 그것을 구성 요소로 가지고 있는 태도를 일상적인 생활세계적 태도라 불렀다. 그러나 이러한 맹아적인 형태의 미적 태도 역시 미적 태도 일반의 정체를 해명하는 데 나름의 중요한 의미를 지니기 때문에 우리는 여기서는 그것을 독자적인 유형의 미적 태도로 간주하고자 한다.

현전화적 미적 태도는 현전적 미적 경험의 토대 위에서 현전화적 미적 경험이 이루어질 때 그러한 경험과 더불어 미적 경험의 주체가 가지는 미적 태도이다. 우리가 현전화적 미적 태도를 취할 경우 현전적 미적 경험과 더불어 그의 토대 위에서 현전화적 미적 경험만 이루어질 뿐 그를 넘어서는 해명적 미적 경험은 이루어지지 않는다. 우리는 일상적 삶을 살아가면서 종종 현전화적 미적 태도를 취한다. 아침 식사를 하러 식탁에 모인 가족 구성원 중 한 사람(A)이 식사 도중에 울려 퍼지긴 했으나 다른 가족 구성원들과 대화를 하면서 올바로 감상하지 못했던 베토벤의 교향곡 6번을 해명적 미적 경험 없이 감상하기 시작했다고 할 경우 그가 취하는 미적 태도가 현전화적 미적 태도이다.

현전화적 미적 태도는 파지-근원인상-예지로 이어지는 현전적 시간장을 넘어서는 현전화적 시간장 안에서 작동한다. 현전적 시간장 속에서 작동하는 현전적 미적 태도가 짧은 시간 동안만 작동하는 데 반해, 현전적 시간장을 넘어서는 현전화적 미적 태도는 일정 기간 동안 지속한다. 앞서 언급했듯이 본격적인 의미에서 태도는 일정 기간 지속되는 것을 뜻하기 때문에 현전화적 미적 태도는 본격적인 의미의 미적 태도라 불릴 수 있다. 실제로 우리가 흔히 미적 태도라 부르는 것은 현전화적 미적 태도이며, 앞서 11절에 이르기까지 미적 태도를 해명하면서 우리가 염두에 두었던 것은 바로 현전화적 미적 태도이다.

해명적 미적 태도는 현전적 미적 경험과 현전화적 미적 경험의 토대 위에서 해명적 미적 경험이 이루어질 때 그러한 미적 경험과 더불어 이루어지는 미적 태도를 뜻한다. 이처럼 해명적 미적 태도가 작동하기 위해서는 현전적 미적 경험과 현전화적 미적 경험이 이루어지면서 그 토대 위에서 해명적 미적 경험이 이루어져야 한다. 앞서 든 예에서 현전화적 미적 태도를 취하면서 현전화적 미적 경험을 하던 A가 자신이 감상한 베토벤의 교향곡 6번의 여러 부분에 대해 호기심을 갖게 되고 그에 대해 해명하면서 미적 경험을 할 경우 A가 이러한 미적 경험을 하면서 취하게 되는 미적 태도가 해명적 미적 태도이다.

해명적 미적 태도는 현전화적 미적 태도로부터 발생한 것이다. 해명적 미적 태도 역시 현전화적 미적 태도와 마찬가지로 파지-근원인상-예지로 이어지는 현전적 시간장의 한계를 넘어서 작동한다. 그러나 그것은 현전화적 미적 태도와는 달리 미적 해명에 토대를 둔 태도이기 때문에 현전화적 미적 태도가 작동하는 시간장의 한계를 넘어서 작동한다.

2) 미적 본능과 다양한 유형의 미적 태도의 발생

그러면 이제 미적 본능의 작동을 염두에 두면서 이처럼 다양한 유형의 미적 태도가 발생하는 과정을 살펴보자. 우선 가장 근원적인 유형의 미적 태도인 현전적 미적 태도의 발생에 대해 살펴보자.

현전적 미적 태도의 발생을 살펴보기 위해서는 근원적인 생활세계적 삶 속에서 현전적 미적 태도가 존재하지 않던 상황에서 그것이 존재하는 상황으로의 이행이 어떻게 일어나는지 해명할 필요가 있다. 어떤 주체가 현전적 미적 태도를 가질 수 있기 위해서는 현전적 미적 경험을 수행할 수 있어야 한다. 그런데 이처럼 주체가 현전적 미적 경험을 수행하면서 그와 더불어 미적 태도를 취할 수 있기 위해서는 그에게서 미적 본능이 작동해야 한다. 이러한 사실은 식탁에 둘러 앉아 식사를 할 때 거기에 있던 두 사람이 베토벤의 교향곡 6번 1악장이 울려 퍼질 경우 그에 대해 취할 수 있는 서로 다른 태도를 비교해 보면 분명히 드러난다. 저 음악이 울려 퍼질 경우 A는 그에 대해 현전적 미적 태도를 취하면서 순간적이나마 그것을 음악작품으로 감상하였으나, B는 비록 그것을 듣긴 했지만 그에 대해 현전적 미적 태도를 취하지 않으면서 그것을 음악작품으로 감상하지 않았다고 가정하자. 이 경우 A와 B 모두 처음에는 현전적 미적 태도를 취하지 않은 상태에 있었으나 A는 현전적 미적 태도로 이행했고 B는 그러지 못하였다. 그러면 A와 B의 차이는 무엇인가?

B의 경우 음악작품이 울려 퍼지는 것을 들었음에도 불구하고 그것을 음악작품으로 경험하면서 현전적 미적 태도로 이행할 수 없었던 이유는 그가 그것을 미적인 것으로 지각하고 있지 않았기 때문이다. 예를 들어 그는 음악작품을 식탁 위의 대화를 방해하는 소음 정도로 지각할 수도 있었을 것이다. 그리고 그가 이처럼 음악작품이 울려 퍼질 때 그에 대해 미적 태도를 취할 수 없었던 이유는 그에게 미적 본능이 작동하지 않았기 때문이다. 그러나 A의 경우 현전적 미적 태도로 이행할 수 있었다 함은 그가 음악작품을 미적인 것으로 경험하고 있었음을 뜻한다. 그리고 그가 그것을 미적인 것으로 경험할 수 있는 이유는 그에게서 미적 본능이 작동하고 있기 때문이다. 여기서 알 수 있듯이 A와 B의 차이는 미적 본능이 작동했느냐 그렇지 않으냐 하는 점에 있다. 물론 A의 경우 미적 본능이 작동하기는 하지만 그것은 지속적으로

작동하는 것이 아니라, 간헐적으로 작동하고 있을 뿐이다. 바로 이러한 이유에서 그는 단지 현전적 미적 경험을 하면서 현전적 미적 태도만을 취하고 현전화적 미적 태도나 해명적 미적 태도는 취할 수 없었던 것이다.

현전적 미적 태도로부터 현전화적 미적 태도로의 이행 역시 미적 본능이 작동하지 않으면 일어날 수 없다. 그러면 한 가지 예를 들어 이 점을 살펴보자. 앞의 예에서 가족들과 함께 아침 식사를 하면서 음악작품에 대해 현전적 미적 태도를 취한 A가 아침 식사를 마친 후 식사 도중에 울려 퍼지긴 했으나 다른 가족 구성원들과 대화를 하면서 올바로 감상하지 못했던 베토벤의 교향곡 6번을 본격적으로 감상할 경우 그는 현전화적 미적 태도를 취하고 있는 것이다. 그러면 A가 저 음악작품에 대해 현전화적 미적 태도를 취하면서 그것을 본격적으로 감상하려고 하는 이유는 무엇인가? 그 핵심적인 이유는 그에게 아직 충족되지 않은 미적 본능이 작동하고 있기 때문이다. 말하자면 그가 식탁에 둘러앉아 식사를 하면서 현전적 미적 태도를 취할 때 간헐적으로 작동하기 시작하던 미적 본능이 식사를 할 때보다 더 강하게, 그리고 지속적으로 작동하기 때문에 그는 저 음악작품에 대해 현전적 미적 태도가 아니라, 현전화적 미적 태도를 취하고 그것을 본격적으로 감상하기 시작하는 것이다. 그리고 저 음악에 대해 그가 취하는 현전화적 미적 태도는, 그가 다른 외적인 조건들 때문에 방해받지 않는 한, 이처럼 본격적으로 작동하기 시작한 미적 본능이 충족될 때까지 지속될 수 있다.

더 나아가 현전화적 미적 태도로부터 해명적 미적 태도로의 이행 역시 미적 본능이 작동하지 않으면 일어날 수 없다. 앞서 든 예에서 A가 베토벤의 교향곡 6번에 대해 현전화적 미적 태도를 취하는 데 그치지 않고 해명적 미적 태도를 취하게 된 이유는 아직 충족되지 않은 미적 본능이 계속해서 작동하기 때문이다. 그러나 해명적 미적 태도가 발생하기 위해서는 현전화적 미적 경험의 발생적 토대가 되었던 미적 본능이 변양을 겪어야 한다. 해명적 미적 태도는 해명적 미적 경험과 더불어 시작되는데, 해명적 미적 경험이란 이미 경험한 미적 대상에 대해 더 알고자 하는 욕구에서 나온 것이며 따라서 해명적 미적 태도 역시 이처럼 더 알고자 하는 욕구 없이는 발생할 수 없다. 그런데 이처럼 해명적 미적 태도의 발생적 토대가 되는 더 알고자 하는 욕구는 호기심 본능이다. 그러나 이러한 호기심 본능은 미적 대상을 알고자 하는 호기심 본능이기 때문에 인식적 호기심 본능이 아니라, 미적 호기심 본능이다. 여기서 알 수 있듯이 현전화적 미적 태도로부터 해명적 미적 태도가 발생하기 위해서는 현전화적 미적 태도의 발생적 토대가 되었던 미적 본능이 미적 호기심 본능으로 변양되어야만 한다. 이처럼 변양되어 등장한 미적 호기심 본능이 바로 해명적 미적 태도의 발생적 토대이다.

지금까지 우리는 현전적 미적 태도가 발생하는 과정, 현전적 미적 태도로부터 현전화적 미적 태도가 발생하는 과정, 현전화적 미적 태도로부터 해명적 미적 태도가 발생하는 과정을 살펴보았다. 지금까지의 논의를 토대로 미적 본능과 미적 태도의 관계에 대한 10절과 11절의 논의는 다음과 같이 몇 가지 점에서 보충되어야 할 필요가 있다.

첫째, 앞서 10절과 11절에서 미적 본능과 미적 태도의 관계를 해명하면서 우리가 주로 염두에 두었던 미적 태도는 현전화적 미적 태도이다. 따라서 미적 태도의 정체를 해명하면서 살펴본 대부분의 것들은 모두 현전화적 미적 태도와 관련되어 있다. 따라서 거기서 미적 태도의 발생적 토대로서 살펴본 미적 본능은 현전화적 미적 본능이라 할 수 있다. 이 점과 관련해 우리는, 앞서 살펴보았듯이, 동일한 본능이 어떤 유형의 미적 경험에서 작동하느냐에 따라 현전적 미적 본능, 현전화적 미적 본능, 해명적 미적 본능 등 다양한 유형의 미적 본능이 구별된다는 사실에 유의할 필요가 있다.

둘째, 그럼에도 앞서 논의된 많은 내용들은 현전화적 미적 태도에 대해서뿐 아니라, 현전적 미적 태도와 해명적 미적 태도에 대해서도 타당하다. 예를 들어 미적 본능이 미적 태도의 작동을 가능하게 하는 발생적 토대라고 하는 사실은 현전화적 미적 태도뿐 아니라, 현전적 미적 태도, 해명적 미적 태도에 대해서도 타당하다. 또 미적 태도의 중핵인 세계의식이 미적 정립작용, 미적 의지, 미적 감정, 미적 관심 등의 요소를 가지고 있으며 이 각각의 발생적 토대 역시 미적 본능이라는 사실 역시 현전화적 미적 본능뿐 아니라, 현전적 미적 본능, 해명적 미적 본능에 대해서도 타당하다.

셋째, 그럼에도 세 가지 유형의 미적 태도 사이에는 나름의 중요한 차이도 존재한다. 우선 이 세 가지 유형의 미적 태도의 발생적 토대가 모두 미적 본능이지만 미적 본능 중에서 현전적 미적 태도의 발생적 토대가 되는 것은 현전적 미적 본능이며, 현전화적 미적 태도의 발생적 토대가 되는 것은 현전화적 미적 본능이고, 해명적 미적 태도의 발생적 토대가 되는 것은 미적 호기심 본능으로 변양된 미적 본능, 즉 해명적 미적 본능이다. 그리고 이처럼 미적 태도의 발생적 토대가 되는 미적 본능의 성격이 다르기 때문에 그를 통해 정초된 미적 태도의 성격도 다르다. 수동성과 능동성을 기준으로 말하자면 현전적 미적 태도는 가장 수동적인 태도이고 해명적 미적 태도는 가장 능동적인 태도이며 이 두 유형의 미적 태도 사이에 현전화적 미적 태도가 존재한다.

3) 미적 본능과 미적 태도의 습성 체계의 형성

이처럼 앞서 살펴본 세 가지 유형의 미적 태도는 주체의 현재 지평에서 미적 본능의 작동을 토대로 작동한다. 그런데 성숙한 주체의 경

우 이 세 가지 각각은 대부분의 경우 처음 작동하는 것이 아니라, 주체
의 과거 지평에서 하나의 습성 체계로서 형성되어 현재 지평에서 작동
하는 것이다. 따라서 발생적 현상학적 관점에서 미적 태도의 정체를
뿌리에서부터 해명하기 위해서는 주체의 과거 지평에서 이 각각의 미
적 태도가 어떻게 하나의 습성으로서 형성되어 왔는지 하는 점을 해명
해야 한다.

이와 관련해 우리는 앞서 5장에서 미적 경험의 습성 체계가 형성되
는 과정을 살펴보았다. 그런데 미적 경험과 미적 태도는 불가분의 관
계에 있기 때문에 미적 경험의 습성 체계의 형성 과정은 미적 태도의
습성 체계의 형성 과정과 동시에 진행된다. 우리는 미적 경험의 습성
체계의 형성 과정을 염두에 두면서 미적 태도의 습성 체계의 형성 과
정을 다음과 같이 몇 가지로 정리하고자 한다.

첫째, 미적 경험의 주체의 과거 지평에서 현전적 미적 경험의 습성
체계, 현전화적 미적 경험의 습성 체계, 해명적 미적 경험의 습성 체계
의 순으로 미적 경험의 습성 체계가 형성되어 가듯이 그에 상응해 현
전적 미적 태도의 습성 체계, 현전화적 미적 태도의 습성 체계, 해명적
미적 태도의 습성 체계 순으로 미적 태도의 습성 체계가 형성되어 나
간다.

둘째, 현전적 미적 태도가 하나의 습성 체계로 형성되는 과정을 해
명하기 위해서는 일차적으로 최초의 현전적 미적 태도가 주체에게서
출현하는 과정을 해명해야 한다. 그리고 미적 경험과 미적 태도의 불
가분적인 성격이 말해 주듯이 현전적 미적 경험이 처음으로 등장하는
사건은 바로 현전적 미적 태도가 처음으로 등장하는 사건을 뜻한다.
앞서 음악발달심리학의 연구 결과를 검토하면서 최초의 현전적 미적
경험이 생후 3개월에서 6개월 사이에 미적 본능의 작동과 더불어 시작
된다는 사실을 살펴보았다. 그런데 미적 본능이 작동하면서 주체가 이

처럼 처음으로 현전적 미적 경험을 하는 시기는 곧바로 그가 처음으로 현전적 미적 태도를 취하는 시기라 할 수 있다. 그 이유는 미적 본능의 작동을 통해 미적인 것을 미적인 것으로 경험하면서 주체는 그 대상뿐 아니라, 미적 본능을 자극하고 충족시킬 수 있는 것 일반에 대해 관심을 가지면서 미적 태도를 취할 수 있기 때문이다. 이러한 최초의 현전적 미적 태도는 파지-근원인상-예지로 이어지는 현전적 시간장 안에서 일어나며 또 그 지속 시간이 길지 않을 수 있다. 경우에 따라 순간적으로 울려 퍼지는 선율을 향해 미적 본능이 작동하면서 주체는 현전적 미적 태도를 순간적으로만 취할 수도 있다.

이처럼 최초의 미적 본능의 작동을 통해 주체가 최초로 현전적 미적 경험을 하고 그와 동시에 최초의 근원적인 미적 태도를 경험한 후 주체의 삶의 지평에서 미적 본능이 완전히 사라지는 것이 아니다. 때가 되어 주체가 미적인 것을 만날 때 미적 본능이 다시 활성화되어 작동할 수 있고 이러한 일이 반복해서 일어날 수 있다. 이처럼 미적 본능이 반복하여 작동함에 따라 주체는 현전적 미적 태도를 반복적으로 경험하게 되고 그를 통해 주체에게서 현전적 미적 태도의 습성 체계가 형성되어 나간다.

셋째, 현전적 미적 태도의 습성 체계가 형성되어 나가는 과정에서 주체의 미적 태도는 질적 변화를 경험할 수 있다. 이러한 미적 태도의 질적 변화는 미적 경험의 질적 변화와 함께 이루어진다. 미적 본능이 반복적으로 작동하면서 미적 경험은 현전적 시간장의 한계를 벗어나 현전화적 시간장으로 확대되고 그를 통해 최초의 현전화적 미적 경험이 발생한다. 그리고 이처럼 최초의 현전화적 미적 경험이 발생하면서 동시에 현전화적 미적 태도가 발생한다. 그 후 미적 본능이 반복적으로 작동하게 되면 현전화적 미적 경험이 반복하여 이루어지면서 현전화적 미적 경험의 습성 체계가 형성되고 그와 더불어 현전화적 미적 태도의 습성 체계가 형성되어 나간다.

넷째, 현전화적 미적 태도의 습성 체계가 형성되어 나가는 과정에서 최초의 해명적 미적 태도가 발생할 수 있다. 최초의 해명적 미적 태도가 발생하기 위해서는 현전화적 미적 태도의 습성 체계의 형성 과정에서 작동했던 미적 본능이 계속해서 작동해야 하며 그와 함께 미적 본능이 미적 호기심 본능으로 변양되어야 한다. 미적 본능이 미적 호기심 본능으로 변양되지 않을 경우 최초의 해명적 미적 태도가 발생할 수 없다. 이처럼 최초의 해명적 미적 태도가 발생한 후 미적 호기심 본능으로 변양된 미적 본능이 반복적으로 작동함에 따라 해명적 미적 태도가 반복적으로 발생하고 그를 통해 해명적 미적 태도의 습성 체계가 형성되어 간다.

다섯째, 지금까지 우리는 개별적인 미적 경험의 주체에 한정해서 다양한 유형의 미적 태도의 습성 체계가 형성되어 가는 과정에 대해 논하였다. 그러나 모든 개별적인 미적 경험의 주체의 미적 태도는 사회적 맥락, 역사적 맥락에서 발생하며 그에 따라 미적 태도의 습성 체계의 형성 과정에 대한 논의 역시 사회적 맥락, 역사적 맥락을 고려하면서 심화되어야 하는데, 그에 대한 구체적인 논의는 생략하기로 한다.

13. 미적 본능과 미적 세계

미적 본능과 미적 태도에 대한 지금까지의 논의는 미적 세계의 정체를 해명함에 있어 결정적으로 중요한 의미를 지닌다. 현상학적 관점에서 볼 때 미적 세계는 미적 태도의 노에마적 상관자이다. 미적 세계가 미적 태도의 노에마적 상관자라 함은 그것이 미적 태도의 주체인 초월론적 주관에 의해 구성된 세계임을 뜻한다. 여기서 미적 태도의 주체인 초월론적 주관은 미적 초월론적 주관이라 불릴 수 있는데, 미적 세계의 정체를 해명하기 위해서는 미적 태도와 함께 미적 초월론적 주관의 구조를 더불어 해명할 필요가 있다. 그러면 미적 본능과 미적 태도와 더불어 미적 초월론적 주관의 구조를 살펴보면서 미적 세계의 정체를 해명해 보자.

1) 미적 세계와 미적 초월론적 주관

미적 태도의 노에마적 상관자인 미적 세계는 미적인 것들의 총체, 즉 미적인 것들의 보편적 지평을 뜻한다. 앞서 3장에서 살펴보았듯이 미적인 것에는 형식, 질서 통일성, 척도, 비례 등 고전적인 미론에서 아름다운 것으로 간주되어 온 것들뿐 아니라, 숭고한 것, 풍려한 것, 장엄한 것 등 고전적인 미 개념을 해체하면서 미적인 것의 후보로 등장한 것을 비롯해 다양한 것들이 포함된다. 미적 세계는 이 모든 것들의 총체를 뜻한다. 그러나 미적 세계에 대한 이러한 규정은 아직 형식적인 차원에 머물고 있으며 충분히 구체적이지 못하다. 미적 세계는 미적 초월론적 주관에 의해 구성된 세계이다. 따라서 미적 세계의 정체를 구체적으로 이해하기 위해서는 미적 초월론적 주관과의 관계 속에서 그의 구조를 체계적으로 해명해야 한다.

미적 초월론적 주관의 정체를 이해하기 위해서는 초월론적 주관이 무엇인지 살펴볼 필요가 있다. 초월론적 주관은 의미로서의 세계를 구성하는 주관이다.[51] 초월론적 주관은 일상적 생활세계를 비롯해 도덕세계, 종교세계, 사회세계, 역사세계, 경제세계, 정치세계 등 다양한 유형의 의미로서의 세계를 구성하는 주관을 뜻한다. 이처럼 다양한 유

---

51   초월론적 주관에 대해서는 이남인, 『현상학과 해석학』, 78 이하, 150 이하, 328 이하를 참조.

형의 의미로서의 세계를 구성하는 주관인 초월론적 주관이 미적 세계를 구성하는 주관임은 두말할 필요도 없다. 초월론적 주관은 다양한 기능을 가지고 있는데, 그중에서 미적 세계를 구성하는 초월론적 주관의 기능에 초점을 맞추어 파악된 초월론적 주관이 미적 초월론적 주관이다. 여기서 알 수 있듯이 초월론적 주관과 미적 초월론적 주관은 서로 다른 주관이 아니다. 양자는 동일한 주관이되 의미로서의 세계를 구성하는 주관을 1) 일반적으로 지칭할 경우 초월론적 주관이라고 부르며 2) 미적 세계를 구성하는 기능에 초점을 맞추어 지칭할 경우 미적 초월론적 주관이라 부른다.

초월론적 주관이 다양한 유형의 의미로서의 세계를 구성할 수 있는 이유는 그것이 생활세계적 태도를 포함해 다양한 유형의 태도를 취할 수 있기 때문이다. 그리고 그것이 이처럼 다양한 유형의 태도를 취함에 따라 그것은 다양한 유형의 초월론적 주관으로 모습을 드러낼 수 있다. 예를 들어 초월론적 주관이 도덕적 태도, 종교적 태도, 사회적 태도, 역사적 태도 등 다양한 유형의 태도를 취하면 그에 상응해 초월론적 주관은 도덕적 초월론적 주관, 종교적 초월론적 주관, 사회적 초월론적 주관, 역사적 초월론적 주관으로 자신의 모습을 드러낸다. 그리고 초월론적 주관이 미적 태도를 취할 경우 그것은 미적 초월론적 주관으로 자신의 모습을 드러낸다.

미적 세계를 구성하는 주관인 미적 초월론적 주관은 초월론적 현상학적 태도에서 파악된 예술 감상자, 즉 미적 경험의 주체를 뜻한다. 미적 초월론적 주관을 "초월론적 현상학적 태도에서 파악된 예술 감상자"라고 표현한 데서 알 수 있듯이 예술 감상자를 아무런 조건 없이 미적 초월론적 주관과 동일시할 수 있는 것이 아니다. 다시 한번 강조하자면 예술 감상자가 초월론적 현상학적 태도에서 파악될 경우에만 그것은 미적 초월론적 주관이라 불릴 수 있다. 이 점과 관련하여 모든 경험의 주체가 그러하듯이 미적 경험의 주체인 예술 감상자 역시 다음과 같이 서로 다른 태도에서 파악될 수 있다는 사실에 유의할 필요가 있다.

첫째, 예술 감상자는 우선 자연과학적 태도에서 자연과학적 방식으로 파악될 수 있다. 예술 감상자가 진화심리학, 뇌 과학 등 자연과학을 통해 연구될 경우가 그에 해당한다. 이 경우 예술 감상자는 자연과학적 대상들과 마찬가지로 자연과학적 인과관계의 망 속에서 존재하는 것으로서 파악된다.

둘째, 예술 감상자는 현상학적 심리학적 태도에서 파악될 수 있다. 예술 감상자가 자연과학적 방법을 사용하지 않는 예술사, 미학, 인문학, 사회과학 등에서 연구될 경우가 그에 해당한다. 이 경우 예술 감상자는 자연적 인과관계의 망 속에서 파악되는 것이 아니라, 의미연관의 망, 동기연관의 망, 목적연관의 망 속에서 존재하는 것으로 파악된다.

셋째, 자연과학적 태도와 현상학적 심리학적 태도는 모두 자연적 태도의 일종이다. 말하자면 이 두 유형의 태도는 자연적 태도의 일반 정립을 전제하는 태도이다. 그러나 예술 감상자는 자연적 태도의 일반 정립의 토대 위에서만 파악될 수 있는 것은 아니다. 그것은 자연적 태도의 일반 정립에 대한 판단중지를 수행하면서 초월론적 현상학적 환원을 통해 초월론적 현상학적 태도에서 파악될 수 있다. 이 경우 그것은 세계를 미적인 것들의 보편적 지평, 즉 미적 세계로서 구성하는 초월론적 주관, 즉 미적 초월론적 주관으로서 파악된다.

이처럼 초월론적 현상학적 태도에서 파악된 예술 감상자가 바로 미적 초월론적 주관이다. 그런데 현상학적 미적 태도론에서 핵심적인 위치를 차지하는 것은 바로 미적 초월론적 주관으로서의 예술 감상자이다. 미적 초월론적 주관으로서의 예술 감상자는 미적 세계를 구성하는 주관이요 따라서 그것을 분석하게 되면 미적 세계의 구조도 드러나기 때문이다. 따라서 현상학적 미적 태도론은 미적 초월론적 주관으로서의 예술 감상자를 중심으로 전개되는 이론이라 할 수 있다. 이와 관련하여 다음과 같은 몇 가지 사실을 지적하고자 한다.

첫째, 현상학적 미적 태도론에 의하면 인공물뿐 아니라, 자연물도 미적인 것이 될 수 있다. 이러한 사실은 예술가가 꼭 존재해야만 미적인 것이 존재할 수 있는 것이 아니라는 사실을 함축한다. 말하자면 예술가는 미적 세계를 구성하는 필수적인 요소가 아니다. 논리적으로 무수히 많은 유형의 미적 세계가 존재할 수 있는데, 그중에서 극단적인 경우 예술가가 존재하지 않는 미적 세계도 가능하다. 그러나 감상자의 경우는 사정이 다르다. 논리적으로 무수히 많은 미적 세계 중에서 감상자가 존재하지 않는 미적 세계는 상상해 볼 수 없다. 이러한 점에서 미적 세계의 구성에서 감상자는 예술가보다 훨씬 더 중요한 위치를 차지한다.

둘째, 미적인 것을 인공물에 국한할 경우에도 미적 세계의 구성에서 감상자가 예술가보다 더 중요한 위치를 차지한다. 이 점과 관련해 우리는 미적 주체가 어떤 예술작품을 감상할 때 그가 그 작품을 창작한 예술가가 누구인지 꼭 알아야 하는 것은 아니라는 사실에 유의할 필요가 있다. 물론 예술가가 누구인지 알아야 예술작품에 대한 감상이 원만하게 이루어지는 경우가 존재하는 것은 사실이다. 뒤샹의 「샘」, 워홀의 「브릴로 상자」에 대한 감상이 그 대표적인 예이다. 그러나 예술가가 누구인지 알지 않고서도 예술작품에 대한 감상이 원만하게 이루어지는 경우도 무수히 많다. 그러나 감상자, 즉 미적 초월론적 주관으로서의 감상자 없이는 미적 세계는 구성될 수 없다. 이러한 점에서 예술작품의 감상에 있어서 감상자는 예술가보다 더 중요한 의미를 지닌다.

셋째, 따라서 현상학적 미적 태도론은 디키의 예술제도론과 극명하게 대립된다. 앞서 살펴보았듯이 디키의 예술제도론에서는 감상자보다 예술가가 더 중요한 위치를 차지한다. 예술가는 바로 어떤 인공물에 예술의 지위를 부여할 수 있는 권한을 가지고 있는 위치에 있기 때문이다. 물론 그의 이론에서도 감상자는 예술계를 구성하는 핵심적인 요소로 간주되고 있는 것이 사실이나, 감상자는 예술가처럼 중요한 위치를 차지하고 있지 않다. 그리고 앞서 살펴보았듯이, 디키의 예술제도론에서 예술비평가, 예술 관련 언론인, 예술경영 관련 인사, 예술작품 판매원 등은 예술세계를 구성하는 중요한 요소로 간주된다. 그러나 현상학적 미적 태도론에서 이들은 감상자로서만 의미를 가진다. 그들이 예술작품을 감상하지 않거나 감상할 능력이 전혀 없을 경우 그들은 미적 세계를 구성할 수 없기 때문이다. 이 경우 그들은 현상학적 미적 태도론에서 들어설 자리가 전혀 없다.

2) 미적 세계와 생활세계

미적 세계의 정체를 보다 더 분명히 이해하기 위하여 그것이 생활세계와 어떤 관계에 있는지 살펴보자.[52] 그러면 우선 미적 세계의 다차원적 구조에 대해 살펴보고 후설의 현상학에서 생활세계가 무엇을 뜻하는지 살펴보면서 미적 세계와 생활세계의 관계를 살펴보자.

그러면 우선 미적 세계의 다차원적 구조에 대해 살펴보자. 미적 세계는 미적 태도의 노에마적 상관자이다. 다양한 차원의 미적 태도가 존재하기 때문에 그에 대응해 다양한 차원의 미적 세계가 존재한다. 앞서 살펴보았듯이 현전적 미적 태도, 현전화적 미적 태도, 해명적 미

---

52   후설의 생활세계 개념에 대해서는 다음의 연구들을 참고할 것: In-Cheol Park, *Die Wissenschaft von der Lebenswelt: zur Methodik von Husserls später Phänomenologie*, Amsterdam/New York: Rodopi, 2001; 박인철, 「생활세계적 아프리오리와 문화의 현상학」, 『철학연구』 57(2002); 박인철, 「기술시대와 현상학: 생활세계와 기술과의 관계를 중심으로」, 『철학』 75(2003).

적 태도 등 세 가지 유형의 미적 태도가 존재한다. 그에 따라 현전적 미적 세계, 현전화적 미적 세계, 해명적 미적 세계 등 세 가지 차원의 미적 세계가 존재한다. 미적 세계란 이러한 세 가지 차원의 미적 세계를 포괄하는 세계이다.

여기서 유의해야 할 점은 이러한 세 가지 차원의 미적 세계가 서로 무관하게 존재하는 것이 아니라, 발생적 현상학적 관점에서 정초 관계 속에서 존재한다는 사실이다. 즉 발생적 정초의 관점에서 볼 때 현전적 미적 세계가 가장 근원적인 차원으로서 먼저 구성되고 그 토대 위에서 현전화적 미적 세계가 구성되며, 이 두 차원의 세계를 토대로 해명적 미적 세계가 구성된다.

앞서 살펴보았듯이 이러한 세 가지 차원의 미적 세계를 구성하는 것은 미적 초월론적 주관이다. 그러나 모든 미적 초월론적 주관이 이러한 세 가지 차원의 미적 세계를 구성하는 것은 아니다. 일군의 미적 초월론적 주관은 해명적 미적 세계를 구성할 수 없을 수도 있고, 일군의 미적 초월론적 주관은 해명적 미적 세계뿐 아니라, 현전화적 미적 세계도 구성할 수 없을 수도 있다. 그러나 현전적 미적 세계를 구성할 수 없는 미적 초월론적 주관은 존재하지 않는다. 그 어떤 초월론적 주관이 미적 초월론적 주관이라 불리는 한 그것은 최소한 현전적 미적 세계를 구성할 수 있어야 한다. 만일 어떤 초월론적 주관이 현전적 미적 세계마저 구성할 수 있는 능력을 가지고 있지 않다면 그것은 미적 초월론적 주관이라 불릴 수 없다.

그러면 이제 생활세계에 대해 살펴보자. 후설의 현상학에서 넓은 의미의 생활세계는 초월론적 주관이 다양한 유형의 지향성을 통해 구성한 의미로서의 세계를 지칭하는 개념이다. 후설의 후기 현상학에서 초월론적 주관이 세계를 구성하는 작용인 지향성은 넓은 의미의 "생"을 뜻하며 바로 이러한 "생"을 통해 구성되는 세계는 "생의 세계"(die

Welt des Lebens)(Hua VI, 176), 즉 생활세계를 뜻한다.

생활세계는 다양한 층으로 이루어져 있다. 그중에서 가장 아래층에
는 앞서 살펴본 일상적인 생활세계가 자리 잡고 있다. 앞서 살펴보았
듯이 일상적인 생활세계는 종교적 세계, 사회적 세계, 역사적 세계, 경
제적 세계, 정치적 세계 등 다양한 유형의 세계가 분화되어 명료한 형
태로 현출하기 이전의 세계이다. 그것은 말하자면 이처럼 다양한 세계
들로 분화되기 이전의 미분화된 세계이며 그것들이 혼재해 있는 세계
이다. 그런데 이러한 일상적인 생활세계를 토대로 더 높은 단계의 생
활세계가 구성된다. 우선 앞서 살펴본 일상적인 생활세계로부터 종교
적 세계, 사회적 세계, 역사적 세계, 경제적 세계, 정치적 세계 등 다양
한 유형의 세계가 분화되어 명료한 형태로 현출할 수 있는데, 이러한
세계들의 총체 역시 생활세계라 불린다. 더 나아가 이처럼 다양한 세
계들을 토대로 다양한 유형의 학문적 세계가 구성될 수 있는데, 이러
한 다양한 유형의 학문적 세계의 총체 역시 생활세계라 불린다.

이처럼 생활세계는 중층적인 구조를 가지고 있는데, 이처럼 중층적
인 구조를 고려하면서 다양한 유형의 생활세계를 구별할 수 있다. 그
런데 그중에서 일상적인 생활세계가 가장 좁은 의미의 생활세계이고,
다층적인 생활세계 전체를 포함하는 세계가 가장 넓은 의미의 생활세
계이다.[53] 그러면 이제 생활세계와 미적 세계의 관계를 살펴보기 위하
여 1) 미적 세계와 일상적인 생활세계의 관계를 검토하고, 2) 미적 세
계와 가장 넓은 의미의 생활세계의 관계를 검토해 보자.

---

[53]   후설의 현상학에서 생활세계 개념은 다의적이다. 이 점과 관련하여 클래스게스
(U. Claesges)는 후설의 생활세계 개념이 이중적인 의미가 있음을 해명하였는데, 그에
대해서는 다음을 참조할 것: U. Claesges, "Zweideutigkeiten in Husserls Lebenswelt-
Begriff", in: U. Claesges/K. Held(eds.), *Perspektiven transzendentalphänomenologi-
scher Forschung*, Den Haag: Martinus Nijhoff, 1972.

첫째, 세 가지 차원을 가질 수 있는 미적 세계와 일상적인 생활세계의 관계를 살펴보면 전자는 발생적 관점에서 볼 때 후자에 토대를 두고 있다. 일상적인 생활세계는 미적 세계의 발생적 토대이다.

둘째, 세 가지 차원을 가질 수 있는 미적 세계와 가장 넓은 의미의 생활세계를 비교해 보면, 전자는 후자의 한 부분에 해당한다. 가장 넓은 의미의 생활세계는 세 가지 차원을 가질 수 있는 미적 세계뿐 아니라, 역시 다양한 차원을 가질 수 있는 도덕세계, 종교세계, 사회세계, 역사세계, 경제세계, 정체세계 등 다양한 유형의 부분 세계들로 이루어져 있다.

셋째, 이처럼 미적 세계는 생활세계와 밀접한 관계에 있다. 이처럼 미적 세계가 생활세계와 밀접한 관계에 있기 때문에 그것은 다음과 같이 여러 가지 점에서 생활세계와 근본적인 특성을 공유한다.

1) 생활세계와 마찬가지로 미적 세계는 고정되어 불변하는 정적인 세계가 아니라, 부단히 변화하는 세계이다. 그것은 초월론적 주관에 의해 발생적으로 구성된 세계이기 때문이다. 후설이 1905년의『내적 시간의식의 현상학』(Hua X)을 비롯해 무수히 많은 유고에서 상세하게 분석하고 있듯이 초월론적 주관은 칸트의 "초월론적 통각"의 주체로서 논리적이며 초시간적인 주체가 아니라, 근원적으로 시간적인 존재로서 부단히 변화한다. 이런 점에서 초월론적 주관의 무수히 많은 의식들은 모두 "의식 흐름" 속에서 존재하며 바로 이처럼 부단한 흐름 속에 있는 초월론적 주관에 의해 구성된 미적 세계는 부단히 흘러가는 세계, 즉 부단히 변화하는 세계이다.

2) 지금까지 우리는 미적 세계를 개별주관적인 세계 내지 유아론적인 세계인 것처럼 간주하면서 그에 대해 논하였다. 그러나 생활세계와 마찬가지로 미적 세계 역시 개별주관적인 세계 내지 유아론적인 세계가 아니라, 상호주관적 세계이다. 그 이유는 미적 세계를 구성하는 주

관인 미적 초월론적 주관이 타인과의 의사소통이 단절된 개별 주관 내지 유아론적 주관이 아니라, 처음부터 타인들과 의사소통하면서 살아가는 상호주관적인 주관이기 때문이다. 이 점과 관련해 우리는 그 어떤 예술 감상자도 태어나서 타인과 한 번도 소통하지 않은 채 예술 감상을 할 수 없다는 사실에 유의할 필요가 있다.

3) 더 나아가 생활세계와 마찬가지로 미적 세계는 역사적 세계이다. 미적 초월론적 주관이 근본적으로 역사적인 존재이기 때문이다. 어떤 미적 초월론적 주관의 미적 세계는 그가 현재 존재하는 초월론적 주관들과 소통하면서 구성한 것일 뿐 아니라, 과거에 존재했던 초월론적 주관들의 영향을 받으면서 구성한 것이기도 하다. 이러한 점에서 어떤 초월론적 주관이 구성하는 미적 세계는 그가 몸담고 있는 사회의 역사 속에서 존재했던 과거의 미적 세계가 침전되어 있는 세계라 할 수 있다.

이러한 논의를 통해 우리는 생활세계와 마찬가지로 미적 세계가 그 구체적인 내용에 있어 상대적인 세계라는 사실을 확인할 수 있다. 우선 그것은 역사적인 맥락 속에서 존재하기 때문에 그것을 구성하는 미적 초월론적 주관이 뿌리박고 있는 역사가 다름에 따라 그 구체적인 내용에 있어 다른 모습을 보이면서 상대적일 수 있다. 그리고 그것은 동일한 역사 속에 뿌리박고 있다고 하더라도 미적 주관이 살고 있는 사회가 다름에 따라 그 구체적인 내용에 있어 다른 모습을 보이면서 상대적일 수 있다. 더 나아가 그것은 동일한 사회에 살고 있는 미적 초월론적 주관들의 경우에도 개인에 따라 차이를 보이면서 상대적일 수 있다. 미적 세계의 상대성은 개별적인 미적 초월론적 주관의 삶이 흐르는 강물처럼 부단히 변화한다는 사실을 통해 극단화된다. 개별적인 미적 초월론적 주관의 미적 세계는 연속하는 그 어떤 두 시점에서 동일할 수 없을 정도로 부단히 변화하며 상대적이다.

　그럼에도 미적 세계 역시 생활세계와 마찬가지로 순전히 상대적이기만 한 것은 아니다. 개별적인 미적 초월론적 주관의 미적 세계가 그 구체적인 내용에 있어서 볼 때 매 순간 변화할 수 있음에도 불구하고, 미적 초월론적 주관이 이성적인 존재인 한에서 이러한 변화의 이면에서 변화하지 않는 미적 세계가 습성의 체계로서 구성될 수 있다. 더 나아가 개별적인 미적 초월론적 주관들의 다양한 미적 세계가 개인적 차이, 사회적 차이, 역사적 차이 등에 따라 그 구체적인 내용이 다름에도 불구하고 다양한 미적 초월론적 주관은 이성에 토대를 둔 대화를 통해 상호주관적인 미적 세계를 구성할 수 있다.

　이처럼 개인적 차이, 사회적 차이, 역사적 차이에 따라 무수히 많은 미적 초월론적 주관들에 의해 무수히 많은 미적 세계가 구성될 수 있는 근거뿐 아니라, 무수히 많은 미적 세계가 지닌 상대성을 극복하고 상호주관적인 미적 세계를 구성할 수 있는 최종적인 근거도 바로 미적 본능에 있다. 앞서 살펴보았듯이 초월론적 주관들이 미적 본능을 가지고 있지 않으면 그 어떤 미적 대상도 구성될 수 없고 그의 총체인 미적 세계도 구성될 수 없다. 더 나아가 미적 본능이 없다면 다양한 미적 초월론적 주관들 사이에 이성을 통한 의사소통도 불가능하며 상대적인 미적 세계의 너머에서 상호주관적인 미적 세계를 구성하는 일은 불가능할 것이다. 미적 본능은 모든 유형의 미적 경험과 의식의 발생적 토대이기 때문이다.

14. 현상학적 미적 태도론이 분석미학에서 차지하는 의의

앞서 우리는 쇼펜하우어의 미적 태도론의 연장선상에서 등장한 스톨니츠의 미적 태도론과 그에 대한 디키의 비판을 살펴보고 스톨니츠의 미적 태도론에 대한 디키의 비판은 타당하지만 그렇다고 해서 미적 태도는 신화에 불과하며 미적 태도론 대신에 예술의 제도적 본질론이 들어서야 한다는 디키의 견해가 타당한 것은 아니라는 사실을 확인하였다.

그 후 우리는 현상학적 미적 태도론을 구체적으로 전개시켜 나가면서 다양한 미적 태도의 예가 보여 주듯이 미적 태도가 실제로 존재한다는 사실을 해명하였다. 현상학적 미적 태도론은 디키의 제도론이 여러 가지 한계를 가지고 있음을 보여 준다. 이와 관련하여 우리는 앞서 5절에서 디키의 제도론이 가지고 있는 두 가지 한계를 살펴보았다. 그러면 이제 거기서 살펴본 두 가지 한계를 다시 간략하게 짚어 보고, 그것들이 현상학적 미적 태도론을 통해 어떻게 해결될 수 있는지 살펴본 후, 분석미학에서 현상학적 미적 태도론과 맥을 함께하는 시도들이 존재한다는 사실을 확인하면서 현상학적 미적 태도론이 분석미학에서 차지하는 의의를 살펴보기로 하자.

첫째, 앞서 살펴보았듯이 디키는 예술의 본질이 존재하지 않는다는 베이츠의 열린 예술 개념 또는 비본질주의적 예술론을 비판하면서 자신의 제도론을 일종의 본질론으로 전개해 나간다. 그러나 그의 제도론이 진정한 의미의 본질론인지는 의심스럽다. 그는 예술작품의 자격 수여 행위가 자의적으로 이루어진다고 말하면서 모든 작품에 공통적인 본질적 속성을 제시하지 않기 때문이다. 그의 이론이 본질론으로 규정될 수 있기 위해서는 제도를 넘어서 모든 예술에 공통적인 본질적 속성을 제시해야 한다. 그러나 그는 모든 예술에 공통적인 요소를 제시하지 않으며 그러한 한에서 그의 입장은 한계를 안고 있다.

둘째, 앞서 살펴보았듯이 예술의 제도적 본질론은 전통적인 예술 관념을 뿌리로부터 흔들어 놓은 20세기 예술계의 실재를 염두에 두고 의식적으로 고안된 이론이다. 따라서 그것은 전통적인 예술론을 통해 설명하기 어려운 이러한 새로운 예술작품의 정체를 해명함에 있어서는 나름의 의미를 가질 수 있다. 그러나 예술의 제도적 본질론이 해명할 수 없는 예술작품 또한 다양하며 그러한 점에서 그것은 한계를 가지고 있다. 실제로 자격 수여 행위가 전혀 일어나지 않는 경우에도 예술작품은 존재할 수 있으며 그에 대에 대한 감상 행위 역시 얼마든지 가능한 경우가 무수히 많다. 이러한 경우 우리는 예술의 제도적 본질론을 통해 예술작품의 정체를 해명할 수 없다.

디키의 제도적 본질론이 가지고 있는 이러한 두 가지 문제점은 미적 본능에 대한 분석을 토대로 전개한 현상학적 미적 태도론을 통해 극복될 수 있다. 그러면 이 점을 구체적으로 살펴보자.

디키의 제도적 본질론이 가지고 있는 첫 번째 문제점과 관련하여 현상학적 미적 태도론은 예술작품을 예술작품으로 만들어 주는 본질적인 속성을 제시한다. 현상학적 미적 태도론에 의하면 그 무엇이 예술작품이 될 수 있기 위해서는 미적인 것의 총체로서의 미적 세계의 구성원이 되어야 한다. 여기서 알 수 있듯이 "미적 세계의 구성원임"이 바로 그 무엇이 예술작품이 될 수 있도록 해 주는 본질적 속성이다. 그런데 그 무엇이 미적 세계의 구성원이 될 수 있도록 해 주는 최종적인 발생적 원천은 미적 본능이다. 앞서 살펴보았듯이 미적 본능은 미적 태도의 발생적 원천이자 동시에 미적 경험의 발생적 원천이기 때문이다. 이처럼 미적 본능이 존재하지 않으면 미적 태도와 미적 경험이 존재할 수 없기 때문에 그것은 그 무엇이 예술작품의 지위를 누릴 수 있도록 해 주는 최종적인 근거이다.

디키의 제도적 본질론이 가지고 있는 두 번째 문제점과 관련하여 현상학적 미적 태도론은 미적 본능과 예술작품의 관계를 해명하면서 어떻게 예술작품이 그 어떤 자격 수여 행위와도 무관하게 예술작품의 지위를 누릴 수 있는지 해명할 수 있다. 이러한 우리의 주장에 대해 예술의 제도적 본질론의 입장에서 디키는 앞서 우리가 제시한 여러 가지 예들이 자격 수여 과정을 거치지 않았기 때문에 그것들이 예술작품으로 규정될 수 없다고 주장할 수도 있다. 그러나 이러한 디키의 주장은 예술작품의 범위를 너무 좁게 한정하고 있다는 비판으로부터 자유로울 수 없다. 미적 본능 개념의 분석을 토대로 전개된 현상학적 미적 태도론에 따르면 예술작품의 범위를 그처럼 좁게 한정하는 예술의 제도적 본질론은 다양한 유형의 예술작품의 존재를 간과한 부당한 이론에 불과하다.

현상학적 미적 태도론은 동시에 뒤샹의 「샘」, 워홀의 「브릴로 상자」 등 예술의 제도적 본질론을 통해 설명될 수 있는 예술작품의 정체도 해명할 수 있는 장점을 가지고 있다. 그에 따르면 이러한 작품들이 미적 대상이 될 수 있는 이유는 그것들이 충격적인 것, 참신한 것, 창조적인 것, 일회적인 것이며 그러한 한에서 미적 본능을 충족시킬 수 있는 것, 즉 미적인 것이기 때문이다. 따라서 그것들이 왜 예술작품, 즉 미적 대상인지 설명하기 위하여 제도 등 여타의 개념들을 별도로 필요로 하지 않는다.

이처럼 미적 태도론을 비판하면서 디키가 제안한 예술의 제도적 본질론이 많은 문제점을 안고 있기 때문에 분석미학의 전통에서 미적 태도론을 부활하려는 시도들이 존재한다.[54] 그 대표적인 예는 펜너(D.

54 가장 포괄적인 연구로는 D. E. W. Fenner, *The Aesthetic Attitude*, Atlantic Highlands, N. J.: Humanities Press, 1996을 들 수 있다. 그 이외에도 다음과 같은 연구들이 있다: G. Kemp, "The Aesthetic Attitude", in: *British Journal of Aesthetics* 39/4(1999); R. V. Nieuwenhove, "The Religious and the Aesthetic Attitude", in: *Literature & Theology* 18/2(2004), 174-186; J. Beebe, "Psychotherapy in the Aesthetic Attitude", in: *Journal of Analytical Psychology* 55(2010); S. Dix, "The Plurality of Gods and Man, or 'The Aesthetic Attitude in All Its Pagan Splendor' in Fernando Pessoa", in: *The Pluralist* 5/1(2010).

E. W. Fenner)이다. 그는 "즐김과 즐거움이 미적 태도에서 핵심적인 역할을 한다"(Enjoyment and pleasure occupy a central role in the aesthetic attitude)[55]는 견해를 토대로 "새로운 미적 태도"(a new aesthetic attitude)[56]에 관한 이론을 전개한다. 실제로 "미적 즐거움" 개념을 중심으로 전개되는 그의 새로운 미적 태도론은 미적 태도의 정체 해명을 위해 나름의 중요한 기여를 하고 있다. 아울러 지적할 것은 그의 새로운 미적 태도론이 미적 본능 개념을 토대로 하는 현상학적 미적 태도론과 맥을 같이하고 있다는 사실이다. 이처럼 그의 이론이 현상학적 미적 태도론과 맥을 같이하는 이유는, 앞에서 살펴보았듯이, 미적 태도의 본질적인 요소인 미적 즐거움이라는 감정의 발생적 토대가 다름 아닌 미적 본능이기 때문이다. 그가 미적 즐거움의 감정의 발생적 토대를 철저하게 추적했더라면 그는 미적 본능이라는 현상을 발견할 수 있었을 것이다. 그러나 그를 비롯해 그 어떤 연구자도 미적 태도론을 부활시키려는 시도를 하면서 미적 태도의 최종적인 발생적 원천이 미적 본능이라는 사실에 주목하고 그에 대해 분석하지 않았다. 이와 더불어 한 가지 더 지적해야 할 것은 대부분의 연구자가 미적 태도를 개별적인 미적 대상을 향한 태도로 간주하면서 미적 세계를 향한 태도로서의 미적 태도를 주목하면서 그의 구조를 해명하고자 시도하지 않았다는 사실이다. 이러한 점에서 필자가 전개한 현상학적 미적 태도론은 디키가 제안한 예술의 제도적 본질론 이후 그를 비판하면서 미적 태도론을 부활시키고자 한 시도들의 연장선상에서 미적 태도의 정체를 그 발생적 뿌리에서부터 해명하고자 시도한 이론이라 할 수 있다.

여기서 우리는 예술의 제도적 본질론을 둘러싸고 전개된 분석미학

---

55 D. E. W. Fenner, *The Aesthetic Attitude*, 123.

56 D. E. W. Fenner, *The Aesthetic Attitude*, 112 이하.

의 논의과정에서 비록 미적 태도론을 전개하지는 않았지만 필자가 전
개한 현상학적 미적 태도론과 맥을 같이하는 이론을 전개하려는 시도
가 존재하였다는 사실을 지적하고자 한다. 그것은 바로 디키의 예술의
제도론을 비판하면서 예술본질론을 옹호하고자 한 비어슬리의 시도이
다. 그는 예술작품이 충족시켜야 할 기능을 논하는 자리에서 디키가
제안한 예술의 제도적 본질론을 비판하고 새로운 예술본질론을 전개
하면서 인간이 가지고 있는 특정한 욕구에 대해 언급한다.[57] 그에 따르
면 디키의 제도적 본질론은 사실은 진정한 의미의 본질론이 아니다.
그가 생각하는 진정한 의미의 본질론은 "예술작품이 충족시켜야 할 기
능"(a function [···] that works of art fulfill)[58]이 존재한다고 생각하는
견해를 뜻한다. 그에 의하면 이처럼 "예술작품이 충족시켜야 할 기능"
은 "인간문화에 본질적이며, 문화를 가지고 있는 모든 사회에서 [···]
나타나는"(a function that is essential to human culture, that appears
in some guise in any society that has a culture)[59] 기능, 즉 본질적 기
능이다. 그에 의하면 바로 이러한 기능이 예술작품을 예술작품으로 만
들어 주는 본질적인 요소이다. 비어슬리는 이러한 기능과 관련해 "근
본적이며 광범위하게 퍼져 있는 인간 욕구"(basic and pervasive hu-
man needs)에 대해 논하면서 "예술의 고유한 역할"(the peculiar role
of art)이란 바로 이러한 욕구에 봉사하는 일이라고 말한다. 그러나 비
어슬리는 이러한 욕구에 대해 언급만 하고 그의 정체에 대해 더 자세
하게 해명하지 않는다.

57   M. C. Beardsley, "Is Art Essentially Institutional?", in: L. Aagaard-
Mogensen(ed.), *Culture and Art. An Anthology*, Atlantic Highlands, N.J.: Human-
ities Press, 1976, 209.

58   M. C. Beardsley, "Is Art Essentially Institutional?", 209.

59   M. C. Beardsley, "Is Art Essentially Institutional?", 209.

비어슬리의 견해가 자신의 제도적 본질론을 겨냥하고 있기 때문에 디키는 *The art circle*에서 비어슬리의 견해에 대한 반박을 시도한다.[60] 그는 우선 자신이 말하는 인간 욕구가 무엇을 뜻하는지 비어슬리가 해명하고 있지 않다고 말하면서 이 인간 욕구가 "심미적 욕구"일 것이라고 말한다. 그에 의하면 비어슬리의 본질주의는 "심미적 욕구"에 토대를 두고 전개된다. 따라서 그는 자신의 제도적 본질론을 옹호하기 위하여 비어슬리의 심미적 욕구에 대해 비판하는데, 그의 비판적 논점은 크게 다음과 같이 세 가지로 요약될 수 있다. 첫째, 인간의 모든 문화가 심미적 욕구의 존재를 입증해 줄 수 있을 만큼 예술작품을 갖고 있는지는 불투명하다. 이처럼 심미적 욕구가 보편적이지 않다면 그를 토대로 본질주의 미학을 전개하는 일은 불가능하다. 둘째, "심미적 욕구"라고 할 때 "심미적"이 무엇을 뜻하는지 불투명하며 따라서 그것이 무엇을 뜻하는지 해명해야 한다. 셋째, 또 "심미적 욕구"를 기본적인 욕구라 할 때 왜 그것이 기본적인 욕구인지 해명해야 한다. 디키는 이 세 가지 문제점에 대해 보다 더 자세하게 논의한 후 비어슬리의 비판에 대해 제도론을 옹호하면서 다음과 같이 말한다.

"그러나 제도론은 예술이 무엇을 할 수 있는지에 대해 실제로 어떤 제한을 두지 않는다. 그것은 오직 그 본질적 속성을 파악하고자 시도한다. 예술의 제도적 본성은 예술이 도덕적·정치적·낭만적·표면적·심미적 또는 수많은 다른 욕구들에 봉사하는 일을 가로막지 않는다. 예술에는 제도론이 말하는 것보다 더 많은 것이 들어 있다. 그러나 이처럼 더 많이 들어 있는 것이 예술만의 독특한 것이며 예술의 본질적 측면이라고 생각할 이유는 없다."[61]

---

60 비어슬리의 견해에 대한 디키의 반박은 G. Dickie, *The art circle: a theory of art*, 85 이하를 참조하여 정리하였다.

61 G. Dickie, *The art circle: a theory of art*, 86.

디키와 비어슬리 사이에 전개된 이러한 논쟁을 검토하면 비어슬리가 전개하고자 한 본질주의가 미적 본능에 대한 분석을 토대로 전개된 현상학적 미적 태도론과 맥을 같이하고 있다는 사실이 드러난다. 우선 비어슬리가 본질주의를 옹호하기 위하여 언급하고 있는 "인간 욕구"가 "심미적 욕구"일 것이라는 디키의 견해는 타당하다. 그 이유는 비어슬리가 예술작품의 기능을 논하면서 인간 욕구에 대해 언급하고 있기 때문에 그것은 심미적 욕구 이외의 다른 욕구일 수 없기 때문이다. 필자는 이 점에 대해서는 비어슬리 역시 동의할 것으로 생각한다. 그런데 비어슬리가 이 욕구와 관련해 언급하고 있는 내용을 살펴보면 그것은 단순히 후천적인 심미적 욕구가 아니다. 그 이유는 그 욕구가 "근본적이고 광범위하며" "인간문화에 본질적인" 기능과 관련되어 있기 때문이다. 따라서 그것은 바로 모든 인간이 가지고 있는 보편적이며 선천적인 욕구인 미적 본능이다. 여기서 우리는 비어슬리가 그에 대해 명료하게 의식하고 있지 않음에도 불구하고 미적 본능 개념을 토대로 본질주의 미학을 전개하고자 시도하고 있으며 그의 시도가 미적 본능을 토대로 필자가 전개한 현상학적 미적 태도론과 맥을 같이하고 있음을 알 수 있다.

그러나 비어슬리는 선천적인 심미적 욕구인 미적 본능 개념을 토대로 미적 태도론을 본격적으로 전개하지 않고 있다. 물론 미적 본능 개념을 토대로 미적 태도론을 전개하기 위해서 일차적으로 해야 할 것은 디키가 그의 "인간 욕구" 개념을 겨냥하면서 제기한 세 가지 비판적 논점에 대해 답하는 일이다. 우리는 지금까지 현상학적 미적 태도론을 전개하면서 디키가 비어슬리를 향해 제기하는 세 가지 비판적 논점에 대해 충분히 답변을 하였다. 우리는 우선 3장에서 예술본능이 존재한다는 사실을 해명하였는데, 이는 곧 인간의 모든 문화가 심미적 욕구의 존재를 입증해 줄 수 있을 만큼 예술작품을 갖고 있다는 사실에 대한 해명이라 할 수 있다. 더 나아가 우리는 "심미적 욕구"라고 할 때 "심미적", 즉 "미적"이 무엇을 뜻하는지 해명하였다. 이 점과 관련해 우리는 3장에서 미적인 것의 다양한 예를 제시하였다. 마지막으로 우리는 3장에서 미적 본능의 여러 가지 성격을 논하면서 그것이 파생적 본능이 아니라, 근원적 본능, 즉 기본적 본능이라는 사실을 해명하였다.

디키가 언급하고 있는 심미적 욕구의 정체를 본격적으로 해명하였더라면 비어슬리는 디키의 비판으로부터 자유로운 본질주의 미학을 전개할 수 있었을 것이다. 더 나아가 그가 현상학의 여러 통찰들을 활용할 수 있었더라면 그의 본질주의 미학은 미적 본능 개념에 대한 분석을 토대로 전개된 현상학적 미적 태도론으로 탈바꿈할 수도 있었을 것이다. 바로 이러한 이유에서 필자가 지금까지 전개한 현상학적 미적 태도론은 디키의 제도론을 비판하면서 등장한 비어슬리의 본질주의 미학에 가능성으로서 숨어 있던 미적 태도론을 현실화한 것이라 할 수 있다.

15. 현상학적 미적 태도론이 현상학적 미학에서 차지하는 의의

미적 태도는 현상학적 미학의 핵심적인 주제이다. 그럼에도 현상학의 전통에서 미적 태도의 문제는 심층적으로 다루어지지 않았다. 현상학적 전통에서 미적 태도의 문제를 다룬 현상학자로는 후설과 뒤프렌느를 들 수 있다. 그러면 이 두 현상학자의 미적 태도에 대한 논의를 살펴보면서 지금까지 우리가 전개한 현상학적 미적 태도론이 현상학적 미학에서 어떤 의의를 지니는지 검토해 보기로 하자.

앞서 살펴보았듯이 태도의 문제는 후설의 현상학의 핵심주제이다.

그는 태도 문제와 관련해 다양한 분석을 수행하였다. 그는 태도 문제에 대해 다음과 같이 크게 두 가지 유형의 분석을 수행하였다.

첫째, 잘 알려져 있듯이 그의 가장 중요한 철학적 관심은 초월론적 현상학을 정초하는 데 있었다. 그에 따라 그는 초월론적 현상학을 정립하기 위한 방법인 초월론적 현상학적 환원의 문제를 해명하면서 그를 통해 우리가 도달하는 초월론적 현상학적 태도의 정체를 해명하기 위해 노력하였다. 초월론적 현상학적 태도는 자연적 태도와 대립되는 태도이며 바로 후자를 극복할 때 초월론적 현상학적 태도로의 전환이 가능하기 때문에 그는 초월론적 현상학적 태도의 정체를 해명하면서 그와 더불어 자연적 태도의 정체를 해명하기 위하여 노력하였다.

둘째, 다양한 태도가 존재하며 그것들은 다양한 관점에서 다양한 방식으로 분류될 수 있다. 그에 따라 후설은 다양한 태도를 살펴보면서 그것들을 분류하는 작업을 수행하였다. 그는 "미적 태도"(die ästhetische Einstellung)(Hua VIII, 101 ; Hua XXXIV, 268~269), "느끼면서 가치 평가하는 태도"(die fühlend-wertende Einstellung)(Hua VIII, 99), "실천적 태도"(die praktische Einstellung)(Hua IV, 2 ; Hua VIII, 99), "인격주의적 태도"(die personalistische Einstellung)(Hua IV, 173), "학문적 태도"와 "학문 이전의 태도"(die "wissenschaftliche Einstellung" und die "ausserwissenschaftliche Einstellung")(Hua XXXIV, 315) 등 다양한 유형의 태도를 제시하면서 그것들을 다양한 방식으로 분류하고자 시도한다. 예를 들어 그는 학문적 태도를 "이론적인 인식태도"(die theoretische Erkenntniseinstellung)(Hua XXXIV, 70), "독사적-이론적 태도"(die doxisch-theoretische Einstellung)(Hua IV, 2), "이론적 태도"(die theoretische Einstellung)(Hua XXXIV, 88, 257, 259) 등 다양한 이름으로 부르면서 그것을 "경험적 사실을 향한

태도"와 "형상적-선험적인 태도"(die Einstellung auf die Faktizität und die eidetisch-apriorische Einstellung)(Hua XXXIV, 377)로 분류한다. 그는 또 자연적 태도를 "상상적 태도"(die Phantasieeinstellung)와 "실재적 태도"(die Realitätseinstellung)(Hua XXXIV, 368)로 분류하기도 한다.

후설은 이처럼 태도에 대해 분석하면서 미적 태도에 대해서도 관심을 가지고 그에 대해 분석하고 있다. 우선 그는 여기저기서 미적 태도에 대해 언급하고 있다. 예를 들어 그는 1923/24년에 행한 『제일철학』 강의에서 미적 태도에서 이론적 태도로 전환하는 과정 및 그 반대의 과정을 예로 들어 모든 "작용"(Akt), 즉 지향적 작용이 "주도적인 작용"(Hauptaktion)과 "부수적인 작용"(Nebenaktion)(Hua VIII, 101)으로 나누어진다는 사실을 해명하면서 미적 태도에 대해 언급하고 있다. 그러나 그는 단순히 미적 태도에 대해 언급하는 것을 넘어서 그에 대한 분석을 시도하기도 한다. 예를 들어 그는 1907년에 호프만슈탈(H. von Hofmannsthal)에게 보낸 서신에서 예술가의 "정신적 태도"(die Geisteshaltung)와 현상학자의 "정신적 태도" 사이에 유사성이 존재한다는 사실을 지적하면서 미적 태도의 정체를 규명하고자 시도하고 있다.[62] 그에 의하면 예술가의 정신적 태도는 초월론적 현상학자의 정신적 태도와 마찬가지로 세계의 존재정립에 대해 무관심한 태도이며, 따라서 그것은 세계의 존재를 전제하는 "자연적인 정신적 태도"와 구별된다.

후설이 이처럼 미적 태도에 대해 관심을 가지고 그에 대한 분석을 시도하기도 하지만 그는 미적 태도를 본격적으로 분석하고 있지 않다.

---

62   E. Husserl, *Husserliana Dokumente, Bd. III. Briefwechsel. Teil 7: Wissenschaftlerkorrespondenz*, Dortrecht/Boston/London: Kluwer Academic Publishers, 1994, 133-135.

그러나 미적 태도를 체계적으로 분석하면서 미적 태도론을 전개하는 일은 그의 현상학의 핵심적인 과제 중의 하나이다. 그의 현상학은 가능한 모든 이론을 포괄하는 보편학을 실현함을 목표로 하며 이 모든 이론을 전개하기 위해서는 이론이성과 실천이성뿐 아니라, "미적 이성"(Hua VI, 275)의 구조와 더불어 미적 태도에 대해서도 분석해야 하기 때문이다. 이러한 점에서 미적 본능 개념을 중심으로 이 장에서 전개된 현상학적 미적 태도론은 후설이 구상한 보편학으로서의 현상학의 한 부분을 차지할 미적 태도론의 구상을 구체화한 것이라 할 수 있다.

뒤프렌느는 "미적 태도"(l'attitude esthétique)라는 제목을 달고 있는 『미적 경험의 현상학』의 III부 15장에서 미적 태도에 대한 논의를 전개한다. 거기서 그는 미적 태도를 "아름다운 것에 대한 태도"라 부르면서, 한편으로는 "아름다운 것에 대한 태도"와 "참된 것에 대한 태도"를 비교하고, 다른 한편으로는 "아름다운 것에 대한 태도"와 "사랑스러운 것에 대한 태도"를 비교하면서 미적 태도의 정체를 해명하고자 시도한다.[63]

우선 아름다운 것에 대한 태도와 참된 것에 대한 태도 사이에는 여러 가지 유사성이 있음에도 불구하고 양자는 다음과 같이 세 가지 점에서 구별된다.[64] 첫째, 나는 참된 것과 아름다운 것에 동일한 가치를 부여하지 않는다. 참된 것에 대한 태도의 경우 어떤 진리에 대해 내가 가지게 되는 확신은 내 자신의 노력의 결과로 간주되지만, 미적 태도, 즉 미적 경험의 경우 나는 탐구하는 나의 열의와 무관한 그 무엇이 경험된다는 인상을 받는다.[65] 둘째, 우리는 참된 것과 아름다운 것을 동

---

63 이 점에 대해서는 PEE, 527 이하 참조.
64 이 점에 대해서는 PEE, 528 이하 참조.
65 PEE, 529.

일하게 취급하지 않는다. 참된 것에 대한 태도에서는 참된 것을 우리
의 소유물로 간주하면서 일종의 자산처럼 취급하지만 아름다운 것에
대한 태도에서는 아름다운 것을 우리의 소유물로 간주하지 않는다. 아
름다운 것에 대한 태도의 경우 우리는 아름다운 것에 의해 소유된다.
셋째, 나는 아름다운 것을 향해 있을 때와 참된 것을 향해 있을 때 동
일한 자아가 아니다. 참된 것에 대한 태도를 취하면서 한 조각 교환 가
능한 상품에 불과할 뿐인 진리를 획득하는 자아는 "구체적인 자아"(le
moi concret)(PEE, 531)가 아니지만, 아름다운 것에 대한 태도를 취
하면서 내밀한 감정을 체험하는 자아는 그 어떤 다른 자아로 환원될
수 없는 구체적인 자아이다.

　그러면 이제 아름다운 것에 대한 태도와 사랑하는 사람에 대한 태도
를 비교해 보자.[66] 아름다운 것에 대한 태도가 참된 것에 대한 태도와
구별되는 특징들을 살펴보면 우리는 그것이 "사랑스러운 것에 대한 태
도"와 유사함을 알 수 있다. 실제로 아름다운 것에 대한 태도와 "사랑
스러운 것에 대한 태도", 예를 들어 사랑하는 사람에 대한 태도는 유사
성을 가지고 있다. 사랑하는 사람에 대한 태도의 경우 한 남자가 한 여
인을 사랑할 때 사랑하는 여인이 가지고 있는, 자신을 제압하는 것과
도 같은 엄청난 힘을 느끼듯이 미적인 것에 대한 태도의 경우에도 미
적 경험의 주체는 미적 대상에 대해 자신을 압도하는 것과 같은 엄청
난 힘을 느낀다. 이처럼 엄청난 힘을 느끼는 이유는 미적 경험의 주체
가 "선의지"(bonne volonté)(PEE, 532)를 가지고 있기 때문이다. 미
적 대상을 대하면서 이러한 선의지를 가지고 있지 않은 사람은 미적
대상을 즐거움을 주는 대상 정도로 격하하면서 진정한 의미에서 미적
대상을 경험할 수 없다.

66　이 점에 대해서는 PEE, 532 이하 참조.

그럼에도 미적 태도와 사랑하는 사람에 대한 태도는 다음과 같이 몇 가지 점에서 서로 구별된다.[67] 첫째, 이 두 태도는 강도에 있어서 차이가 난다. 사랑하는 사람에 대한 태도가 "열정적이며 비극적 성격"(un caractère pathétique et tragique)(PEE, 533)을 갖고 있는 데 반해 예술작품을 대상으로 하는 미적 태도는 그렇지 않다. 둘째, 사랑하는 사람에 대한 태도는 일종의 "욕구"(désir)(PEE, 534)요, 따라서 그와의 "결합"(l'union)(PEE)을 요구하는 데 반해 미적 태도는 미적 대상과의 결합이 아니라, 그와의 거리 두기를 필요로 한다. 셋째, 사랑이 사랑하는 사람의 자유에 토대를 두고 있기 때문에 사랑하는 사람에 대한 태도는 "불확실성"(uncertitude)(PEE, 535)을 가지고 있으나 미적 태도는 그렇지 않다.

뒤프렌느의 미적 태도론은 진리에 대한 태도, 사랑하는 사람에 대한 태도와 비교하면서 미적 태도의 몇 가지 측면을 해명하고 있다는 점에서 나름의 의미를 가지고 있다. 그럼에도 그의 시도는 여러 가지 문제점을 가지고 있다. 그는 참된 것에 대한 태도 및 사랑하는 사람에 대한 태도와 비교하면서 미적 태도의 특성을 해명하고 있는데, 과연 그가 제시하는 미적 태도가 모든 유형의 미적 경험에 공통적인 것인지 의문이다. 예를 들어 그는 사랑하는 사람에 대한 태도와 마찬가지로 미적 태도에서 미적 경험의 주체는 미적 대상이 자신을 압도하는 것과 같은 감정을 느낀다고 말하는데, 과연 모든 미적 경험이 이러한 성격을 가지고 있는지 의심스럽다. 물론 위대한 예술작품에 대한 경험처럼 이러한 성격을 가지고 있는 미적 경험이 존재하는 것은 사실이지만 모든 미적 경험이 이러한 성격을 가지고 있다고 할 수는 없을 것이다. 여기서 뒤프렌느는 특정한 유형의 미적 경험을 예로 들어 미적 태도를 해명하면서 조급한 일반화의 오류를 범하고 있다고 할 수 있다.

그러나 그의 미적 태도론은 보다 더 근본적인 차원에서 심각한 문제점을 가지고 있다. 앞서 살펴보았듯이 미적 태도에는 미적 세계를 향한 태도, 미적 세계의 여러 영역을 향한 태도, 개별적인 예술작품을 향한 태도 등 다양한 유형의 것이 존재하며 그중에서 미적 경험의 정체 해명과 관련해 가장 중요한 의미를 지니는 것은 미적 세계를 향한 미적 태도이다. 그러나 뒤프렌느는 미적 태도론을 전개하면서 미적 세계를 향한 태도에 대해 전혀 논의하고 있지 않으며 이러한 점에서 그의 미적 태도론은 심각한 문제점을 안고 있다. 이 점과 관련해 다음과 같은 점을 지적하고자 한다.

첫째, 그의 미적 태도론이 그의 저서인 『미적 경험의 현상학』이 발전시키고 있는 미적 경험의 현상학의 한 부분인 현상학적 미적 태도론이 되기 위해서 그것은 미적 세계를 향한 태도로서의 미적 태도의 구조를 중점적으로 분석해야 한다. 그러나 『미적 경험의 현상학』에서 미적 태도론을 전개하고 있는 부분(III부 15장)을 살펴보면 거기에는 미적 세계를 향한 태도로서의 미적 태도라는 개념은 고사하고 미적 세계라는 개념조차 등장하지 않는다. 말하자면 뒤프렌느는 거기서 미적 세계를 향한 태도로서의 미적 태도를 전혀 다루고 있지 않은 것이다. 물론 그의 『미적 경험의 현상학』에는 미적 세계를 향한 태도로서의 미적 태도를 다룰 수 있는 단초가 마련되어 있다. 이 점과 관련해 우리는 『미적 경험의 현상학』에서 미적 세계에 대한 분석이 이루어지고 있다는 사실에 유의할 필요가 있다. 실제로 그는 『미적 경험의 현상학』의 I부 5장에서 미적 세계, 즉 "미적 대상의 세계"(PEE, 249)에 대해 분석하고 있다. 그는 미적 세계의 예로 "재현된 세계"(le monde représenté), "표현된 세계"(le monde exprimé) 등을 해명하고 더 나아가 "객관적 세계"(le monde objectif)와 "미적 대상의 세계"의 관계도 해명한다.

(PEE, 221 이하) 그가 『미적 경험의 현상학』 I부 5장에서 해명한 미적 세계를 단초로 삼아 III부 15장에서 미적 태도론을 전개했더라면 그의 미적 태도론은 세계를 향한 미적 태도에 대한 분석을 중심으로 전개되는 현상학적 미적 태도론으로 전개될 수 있었을 것이다.

둘째, 혹자는 세계를 향한 미적 태도에 대한 분석을 도외시하면서 뒤프렌느가 분석하고 있는 것이 다름 아닌 개별적인 미적 대상을 향한 미적 태도라고 평가할 수도 있다. 미적 태도에 대한 논의를 전개하면서 미적 태도를 "아름다운 것을 향한 태도"와 동일시하면서 그는 미적 태도를 개별적인 미적 대상을 향한 태도와 동일시하고 있다고 할 수 있다. 그러나 그가 분석하고 있는 것이 실제로 개별적인 미적 대상을 향한 미적 태도인지는 의심스럽다. 무엇보다도 그는 태도 및 미적 태도에 대해 그 어떤 정의도 제시하도 않은 채 미적 태도를 미적 경험과 동일한 개념으로 사용한다. 실제로 그는 미적 태도에 대한 논의를 전개하면서 미적 태도라는 개념과 미적 경험이라는 개념을 번갈아 가며 사용한다. 따라서 그가 참된 것에 대한 태도 및 사랑하는 사람에 대한 태도와 비교하면서 제시하는 미적 태도의 특성은 사실은 미적 태도의 특성이 아니라, 미적 경험의 특성이라 할 수 있으며 이러한 점에서 그는 미적 태도에 대해 전혀 해명하지 않았다고 할 수도 있을 것이다.

셋째, 그는 미적 태도론을 전개하면서 미적인 것을 아름다운 것과 동일한 것으로 사용하고 있다. 그러나 미적 태도에 대한 현대 분석미학의 논의를 고려하면 미적인 것을 아름다운 것과 동일시하는 이러한 입장은 심각한 문제점을 가지고 있다. 이러한 입장은 고대의 미론과 중세의 미론에서만 타당성을 가지고 있을 뿐 근대의 취미론 이후의 미학에서는 더 이상 타당성을 가지고 있지 않다.

이처럼 여러 가지 문제점을 안고 있기 때문에 뒤프렌느의 미적 태도론은 진정한 의미의 현상학적 미적 태도론으로 전개될 수 없었다. 뒤프렌느의 미적 태도론과 비교해 볼 때 우리가 앞서 발전시킨 현상학적 미적 태도론이 현상학적 미학의 전통에서 차지하는 의의가 선명하게 드러난다.

7
맺는말: 예술본능의 현상학의 의의와 과제

지금까지 우리는 실러의 예술본능론을 현상학적으로 해석하면서 예술본능의 현상학을 전개하였다. 그러면 이제 지금까지 전개한 예술본능의 현상학의 내용을 되돌아보면서 그 의의를 살펴보고 더 나아가 예술본능의 현상학이 앞으로 해결해야 할 과제에 대해서 전망해 보면서 전체적인 논의를 마무리하기로 하자.

1. 예술본능의 현상학의 의의

지금까지 필자는 철학사에 등장하는 예술본능론의 전통을 현상학적으로 해석하면서 예술본능의 현상학을 전개하였다. 예술본능론의 전통은 『시학』에서 비록 본능이라는 용어를 사용하고 있지는 않지만 내용적으로 볼 때 본능이라는 개념을 토대로 예술의 기원을 해명하고자 한 아리스토텔레스까지 거슬러 올라간다. 그리고 근대미학에서도 예술본능에 대한 논의가 있었고 또 현대미학에서도 예술본능에 대한 논의가 이루어지고 있듯이 예술본능의 전통은 근대미학을 거쳐 현대미학에까지 이어진다. 지금까지 필자가 전개한 예술본능의 현상학은 이처럼 철학사 전체를 거쳐 면면히 이어져 온 예술본능론의 전통을 계승하고 그 안에 들어 있는 다양한 이론적 잠재성을 현실화해 가면서 현대미학의 논의에 기여하고자 하는 시도라 할 수 있다.

앞서 충분히 논의되었듯이 예술본능론의 전통에서 가장 중요한 위치를 차지하는 철학자는 『인간의 미적 교육에 관하여』에서 예술본능 개념에 대한 분석을 토대로 자신의 미학을 전개하고 있는 실러이다. 실러는 칸트로부터 결정적인 영향을 받았으나 자신의 미학을 예술본능론으로 전개하면서 칸트와는 다른 방향으로 미학을 전개할 수 있는 토대를 마련하였다. 이처럼 실러의 예술본능론이 예술본능론의 전통에서 결정적으로 중요한 위치를 차지하고 있음에도 불구하고 현상학적 관점에서 볼 때 그것은 이중적인 성격을 지닌다. 그것은 한편으로는 미학의 여러 문제와 관련해 다양한 현상학적 통찰을 담고 있기 때문에 예술본능의 현상학의 선구자로 간주될 수 있다. 그러나 그것은 다른 한편으로 관념론적 형이상학의 전제로부터 완전히 자유롭지 않기 때문에 나름의 한계를 가지고 있다. 바로 이러한 이유에서 필자는 실러의 예술본능론의 장점은 수용하고 그의 한계는 극복하는 방식으로 그것을 현상학적으로 해석해 가면서 예술본능의 현상학을 전개하였다.

예술본능의 현상학은 근현대 미학의 역사에서 중요한 의미를 가진다. 근대미학에서 현대미학으로 넘어가면서 미학은 추상적인 성격을 극복하고 개개인의 구체적인 생동하는 경험과 더불어 사회성, 역사성 등을 구체적으로 분석하면서 구체적인 미학으로 전개되어 나갔다. 그런데 현대미학이 이처럼 구체적인 미학으로 전개될 수 있는 토대를 마련한 철학자는 바로 실러이다. 미학사에서 칸트가 앞으로도 계속해서 중요한 의미를 지닐 것은 의심의 여지가 없지만 그럼에도 칸트의 미학은 추상적인 미적 경험에 토대를 두고 전개되며 그러한 한에서 추상적인 미학이라는 성격을 가지고 있다. 그런데 실러는 예술본능에 대한 분석을 토대로 칸트의 미학이 지닌 추상성을 극복하고 미학이 구체적인 미학으로 전개될 수 있는 토대를 마련하였다. 그럼에도 실러의 미학은 관념론적 형이상학의 전제로부터 완전히 자유롭지 않기 때문에 진정한 의미에서 구체적인 미학으로 전개될 수 없었다. 필자는 바로 실러의 미학이 지닌 이러한 한계를 극복하면서 예술본능의 현상학을 진정한 의미에서 구체적인 미학으로 전개하고자 시도하였다.

이처럼 예술본능의 현상학을 진정한 의미에서 구체적인 미학으로 전개하기 위하여 필자는 우선 본능 개념을 해명하였다. 본능 개념은 여러 가지 점에서 불투명한 개념이다. 그러나 인류 지성사를 돌이켜 보면 중요한 본능 개념 두 가지가 존재하는데, 그것은 바로 본능행동으로서의 본능 개념과 그 무엇을 추구하도록 추동하는 선천적이며 보편적인 생명적 힘, 즉 일종의 지향성으로서의 본능 개념이 그것이다. 그런데 이러한 두 가지 본능 개념 중에서 본능행동으로서의 본능 개념은 주로 자연과학적 관점에서 외적 관찰에 토대를 두고 정립된 본능 개념으로서 그것은 현상학을 위해서 그리 중요한 의미를 지니지 못한다. 현상학적 관점에서 볼 때 타당한 본능 개념은 의식에 대한 반성에 토대를 두고 정립된 일종의 지향성으로서의 본능 개념이다.

이처럼 현상학적 관점에서 볼 때 타당한 본능 개념을 정립한 후 필자는 실러의 예술본능 개념이 지닌 한계를 비판적으로 검토하면서 예술본능 개념을 해명하고자 시도하였다. 실러가 관념론적 형이상학의 전통에 서서 "순수한 이상적 인간"을 토대로 예술본능 개념을 정립하고자 시도하였기 때문에 그의 예술본능 개념이 아직도 추상적인 상태에 머물고 있는 데 반해, 필자는 구체적인 생동하는 인간의 예술경험을 토대로 예술본능 개념을 정립하고자 시도하였기 때문에, 필자의 예술본능 개념은 구체적인 예술본능 개념으로 규정될 수 있다. 구체적인 예술본능 개념을 정립하기 위해 필자는 우선 자유 변경의 방법과 구체적인 경험적인 자료를 토대로 예술본능이 존재한다는 사실을 해명하고 실러가 생각하듯이 예술본능이 파생적 본능이 아니라 근원적 본능이라는 사실을 해명하였다. 더 나아가 필자는 놀이본능의 일종으로서의 예술본능이 무엇을 뜻하는지 살펴보고 다양한 유형의 예술경험의 발생적 원천으로서의 예술본능, 예술본능의 유형 등에 대해 검토한 후 예술본능에 대한 분석을 토대로 구체적인 미학이론으로서의 발생적 예술 현상학을 전개해야 할 필요성에 대해 논의하였다.

이처럼 예술본능 개념을 해명한 후 필자는 예술창작의 과정에서 예술본능이 어떤 역할을 수행하는지 구체적으로 해명하면서 예술창작과 관련해 예술본능의 현상학을 전개하였다. 필자는 예술창작을 일반인에 의해 수행되는 예술창작과 예술가에 의해 수행되는 직업적 예술창작 등 두 가지로 나누어 이 두 유형의 창작활동에서 예술본능이 어떤 역할을 담당하는지 해명하고 거기에 이어 예술본능의 작동을 토대로 수행되는 본래적 의미의 예술창작과 예술본능의 작동을 토대로 수행되지 않는 비본래적 의미의 예술창작 활동의 구별에 대해 논의하였다. 또한 칸트의 천재미학을 비판적으로 검토하면서 예술본능 개념을 토대로 현상학적 관점에서 예술적 천재론을 전개하고 거기에 이어 예술본능에 대한 분석을 토대로 현상학적 예술작품론을 전개하였다. 이러한 논의를 토대로 필자는 예술본능이 예술창작의 발생적 원천이라는 사실을 해명하고자 시도하였다.

예술본능은 예술창작의 발생적 원천으로 작동할 뿐 아니라, 예술감상의 발생적 원천으로 작동한다. 필자는 예술감상의 발생적 원천이 되는 예술본능, 즉 예술감상 본능을 미적 본능이라 불렀다. 예술본능이

예술창작 과정에서 어떤 역할을 하는지 해명한 후 필자는 미적 본능
이 어떻게 미적 경험, 즉 미적 대상에 대한 경험의 발생적 원천의 역
할을 하는지 해명하였다. 이를 위해 우선 뒤프렌느의 미적 경험의 현
상학을 비판적으로 검토하면서 미적 경험의 발생적 현상학의 전체적
인 구도를 살펴보았다. 거기에 이어 미적 본능과 예술맹의 문제 등을
해명하면서 미적 본능이 어떻게 미적 경험의 발생적 원천으로서 기능
하는지 해명하고 더 나아가 현전적 미적 경험, 현전화적 미적 경험, 해
명적 미적 경험 등 모든 유형의 미적 경험을 관통하여 미적 본능이 흐
르고 있기 때문에 미적 경험의 체계가 미적 본능의 체계로 규정될 수
있다는 사실을 해명하였다. 그 후 미적 본능의 체계로서의 미적 경험의
체계의 내적인 구조를 보다 더 생생하게 파악할 수 있기 위하여 현전적
미적 경험, 현전화적 미적 경험, 해명적 미적 경험 등 모든 유형의 미
적 경험이 1) 미적 정립작용, 2) 미적 의지, 3) 미적 감정, 4) 미적 관
심 등의 구성 요소를 가지고 있으며 이 각각의 요소가 발생적으로 미
적 본능에 토대를 두고 있기 때문에 이 각각의 요소를 관통하여 미적
본능이 흐르고 있다는 사실을 해명하였다. 이처럼 미적 경험의 주체
의 현재 지평에 한정하여 미적 경험의 발생적 토대가 미적 본능이라
는 사실을 해명한 후 미적 경험의 발생적 현상학을 심화하기 위해서
미적 경험의 주체의 과거 지평에서 미적 본능의 작동을 토대로 미적
경험의 습성 체계가 형성되는 과정을 해명하였다. 필자는 미적 본능
이 미적 경험의 발생적 원천이라는 사실을 해명하면서 기존의 연구에
서 드러나지 않았던 미적 경험의 다양한 특성을 보여 주고자 시도하
였다.

　미적 경험은 미적 태도, 즉 미적 세계에 대한 주체의 태도의 토대 위
에서 이루어지며 따라서 미적 경험의 정체를 그 뿌리로부터 해명하기
위해서는 미적 태도를 해명할 필요가 있다. 현대 분석미학에서 미적

태도가 존재하는지 여부를 두고 열띤 논쟁이 있었기 때문에 필자는 우선 다양한 예에 대한 분석을 토대로 미적 태도가 실제로 존재한다는 사실을 해명하였다. 이어 필자는 미적 태도의 구조를 분석하면서 미적 본능이 미적 태도의 발생적 원천이라는 사실을 해명하였다. 그다음 미적 태도의 구조를 더 상세하게 밝혀내기 위해 미적 태도의 중핵을 이루고 있는 미적 세계의식의 4가지 구성 요소를 살펴보고 이 각각이 발생적으로 미적 본능에 토대를 두고 있다는 사실을 해명한 후 미적 본능을 토대로 다차원적인 미적 태도의 습성 체계가 주체의 현재 지평에서 작동하는 과정과 그것이 주체의 과거 지평에서 형성되는 과정을 해명하였다. 이러한 논의를 토대로 미적 태도의 노에마적 상관자인 미적 세계가 미적 본능을 통해 규정된 세계라는 사실을 해명한 후 미적 본능 개념을 중심으로 전개된 현상학적 미적 태도론이 태도에 대한 현대 미학적 논의를 위해 어떤 의의를 가지고 있는지 살펴보았다.

2. 예술본능의 현상학의 과제

이처럼 예술본능의 다양한 측면과 더불어 미학의 몇몇 핵심적인 주제를 해명하면서 예술본능의 현상학을 전개하였음에도 불구하고 그를 통해 예술본능 및 그와 관련된 미학의 모든 주제가 해명된 것은 아니다. 실제로 지금까지 우리가 전개한 예술본능의 현상학은 예술본능론의 가장 근본적이며 일반적인 원론에 해당한다. 말하자면 우리는 지금까지 예술본능의 현상학의 여러 주제들 중에서 몇몇 주제들만을 다룬 셈이다. 이 점과 관련하여 우리는 예술본능이 모든 예술 현상의 발생적 원천이기 때문에 예술본능에 대한 논의는 미학의 거의 모든 주제에 대한 논의와 직결된다는 사실에 유의할 필요가 있다. 실제로 예술본능의 현상학이 다루어야 할 주제들은 다양하다. 그러면 이제 지금까지 전개한 예술본능의 현상학의 범위를 넘어서는 예술본능의 현상학의 몇 가지 중요한 주제를 검토하면서 논의를 마무리하기로 하자.

1) 예술 장르에 따른 예술본능의 현상학

앞서 3장에서 예술본능의 유형에 대해 논의하면서 해명하였듯이 음악, 미술, 문학, 무용, 연극 등 다양한 예술 장르가 존재하며 그에 따라 음악본능, 미술본능, 문학본능, 무용본능, 연극본능 등 다양한 유형의 예술본능을 구별할 수 있다. 그러면 거기서 논의된 내용을 다시 떠올려 보자. 다양한 예술 장르가 존재하며 예술 장르가 다름에 따라 예술작품의 존재론적 구조는 서로 다르다. 예를 들어 음악작품과 미술작품은 서로 다른 존재론적 구조를 가지고 있다. 음악작품은 음을 소재로 하고 있으며 음은 공간성도 가지고 있지만 일차적으로 시간 속에서 흘러가면서 시간성을 가지고 있기 때문에 음악작품은 일차적으로 시간적인 존재 방식을 가지고 있다. 그러나 미술작품은 색, 형태 등을 소재로 하고 있으며 색, 형태 등은 시간 속에서도 존재하지만 일차적으로 공간 속에서 존재하기 때문에 미술작품은 일차적으로 공간적인 존재 방식을 가지고 있다. 이처럼 음악작품과 미술작품이 각기 다른 존재론적 구조를 가지고 있기 때문에 이 두 유형의 예술작품에서 예술본능을 충족시킬 수 있는 것, 즉 예술적인 것은 서로 성격을 달리한다. 음악작품의 경우 예술적인 것은 음으로서 일차적으로 시간적이지만 미술작품의 경우 예술적인 것은 색, 형태 등으로서 일차적으로 공간적이다. 따라서 이 두 유형의 예술작품의 창작 과정과 경험 과정에서 예술본능이 작동하는 방식은 본질적으로 서로 다를 수밖에 없다. 예술작품의 경험 과정에 한정해서 말하자면 음악작품의 경험 과정에서 예술본능은 대체로 동적으로 작동하지만 미술작품의 경험 과정에서 예술본능은 대체로 정적으로 작동한다. 이처럼 예술작품의 경험 과정에서 예술본능이 작동하는 방식이 본질적으로 서로 다르기 때문에 이러한 차이점을 고려하면서 우리는 음악작품의 경험 및 창작 과정에서 작동하는 예술본능을 음악본능이라 부르고, 미술작품의 경험 및 창작 과정에서 작동하는 예술본능을 미술본능이라 부르면서 양자를 구별할 수 있다.

그러나 음악, 미술 이외에도 문학, 연극, 무용 등 다양한 예술 장르가 존재한다. 그리고 구체적인 분석을 통해 보여 줄 수 있듯이 문학작품, 연극작품, 무용작품의 존재론적 구조는 음악작품의 존재론적 구조, 미술작품의 존재론적 구조와 다르며 그것들 각각의 존재론적 구조도 서로 다르다. 이처럼 각각의 예술작품의 존재론적 구조가 다르기 때문에 각각의 예술작품의 창작 과정과 감상 과정에서 예술본능이 작동하는 방식은 서로 다르다. 따라서 다양한 예술 장르에 따라 각기 다른 유형의 예술본능이 존재하며 예술 장르의 구별에 따라 다양한 유형의 예술본능을 구별할 수 있다.

지금까지 우리는 예술 장르 사이의 차이에 따른 다양한 유형의 예술본능의 차이점을 고려하지 않고 일반적인 양상에서 예술본능을 조명하면서 예술본능의 현상학을 전개하였다. 이러한 점에서 지금까지 이 책에서 전개한 예술본능의 현상학은 예술본능의 현상학의 일반적인 원론에 해당한다고 할 수 있다. 따라서 그것은 예술 장르 사이의 차이에 따른 다양한 유형의 예술본능 각각을 분석하면서 음악본능의 현상학, 미술본능의 현상학, 무용본능의 현상학 등 다양한 유형의 예술본능의 현상학으로 구체화될 수 있다. 이러한 방식으로 예술본능의 현상학을 구체화하는 일은 예술본능의 현상학에 주어진 앞으로의 중요한 과제이다. 이 점과 관련하여 비록 현상학적 관점에서 수행된 것은 아니지만 개별적인 예술 장르에 대응하는 예술본능에 대한 연구가 존재함은 고무적인 일이다. 그 대표적인 예는 2010년에 출간된 볼(P. Ball)

의 『음악본능』이라는 저서이다.[1] 이 저서에서 그는 음악본능의 구조를
분석하고 있다. 우리는 이러한 저서의 도움을 받아 현상학적 관점에서
음악본능을 체계적으로 분석하면서 음악본능의 현상학을 전개할 수
있다. 그러나 음악본능에 대해서뿐 아니라, 여타의 예술본능, 즉 미술
본능, 문학본능, 연극본능, 무용본능 등 다양한 유형의 예술본능에 대
해서도 현상학적 분석을 수행하면서 다양한 유형의 예술본능의 현상
학을 전개할 수 있다.

2) 개인, 사회, 역사의 차이를 고려한 예술본능의 현상학

예술본능이 구체적으로 작동하는 방식은 개인, 사회, 역사가 다름
에 따라 차이를 보인다. 그러면 몇 가지 예를 통해 이 점을 살펴보기로
하자.

우선 예술본능은 각기 다른 개인에게서 각기 다른 방식으로 작동할
수 있다. 이러한 사실은 3장의 논의를 통해서도 부분적으로 해명되었
다. 앞서 우리는 예술창작 과정에서 예술본능이 작동하는 과정을 해명
하면서 피카소, 베토벤 등의 천재에게서 예술본능이 작동하는 방식이
일반인들의 경우와 어떻게 다른지 살펴보았다. 일반인들과 달리 예술
적 천재들에게서 예술본능은 종종 주체할 수 없는 힘, 거역할 수 없는
힘으로 작동하면서 그들의 예술창작의 발생적 원천으로 작동한다. 그
리고 일반인의 경우에도 그들의 주도적 관심이 무엇이냐에 따라 예술
본능은 각기 다른 양상으로 작동할 수 있다. 예를 들어 학문적 진지함,
종교적 진지함 등으로 가득 찬 사람의 경우 그렇지 않은 사람에 비해
예술본능이 활발하게 작동하지 않을 수도 있다.

---

1 P. Ball, *The Music Instinct: how music works and why we can't do without it*,
Oxford/New York: Oxford University Press, 2010.

더 나아가 예술본능이 구체적으로 작동하는 방식은 사회가 다름에 따라 차이를 보이기도 한다. 예를 들어 장기간의 지속적인 전쟁으로 인해 피폐한 사회보다도 정신적, 물질적 풍요를 누리는 안정된 사회에서 예술본능이 더 활발하게 작동할 수 있다. 이 점과 관련해 우리는 3장에서 논의하였듯이 예술본능은 놀이본능의 성격을 가지고 있다는 사실에 유의할 필요가 있다. 예술본능이 놀이본능의 성격을 가지고 있기 때문에 그것은 지속적인 전쟁을 통해 피폐해진 사회처럼 놀 수 있는 여유가 전혀 없는 사회에서는 정상적으로 작동할 수 없다. 그것은 "실천적이며 기술적인 욕구로부터의 모종의 독립"(eine gewisse Unabhängigkeit von praktischen und technischen Bedürfnisse)을 필요로 하기 때문에 "극단적 궁핍과 곤궁의 시대"(die Zeiten extremer Not und Bedrängnis)[2]에는 제대로 작동할 수 없다. 그것은 정신적, 물질적 풍요를 누리는 안정된 사회처럼 놀 수 있는 여유가 있는 사회에서 활발하게 작동할 수 있는 것이다. 물론 정신적, 물질적 풍요를 누리는 사회라고 해서 모두 예술본능이 활발하게 작동하는 것은 아니다. 정신적, 물질적 풍요를 누리고 있음에도 불구하고 예술활동을 억압하는 분위기가 팽배한 사회의 경우 예술본능이 활발하게 작동하지 않을 수도 있다.

마지막으로 동일한 사회의 경우에도 역사적으로 시기가 다름에 따라 예술본능이 작동하는 방식이 각기 다를 수도 있다. 예를 들어 한국 사회의 경우 1950년대처럼 전쟁의 참화를 겪었던 시기에는 예술본능이 정상적으로 작동할 수 없었다. 그 이유는 이 시기에는 사회 전반적으로 놀 수 있는 여유가 거의 없었기 때문이다. 그러나 1950년대와 비

---

2 Aristoteles, *Poetik*, übersetzt und erläutert von A. Schmitt, Berlin: Akademie Verlag, 2011, 283.

교해 볼 때 최근 10여 년 사이의 시기에는 예술본능이 활발하게 작동하면서 한류 문화가 보여 주듯이 예술의 여러 분야에서 괄목할 만한 성과가 나타나고 있다. 한국의 역사뿐 아니라, 외국의 역사에서도 역사의 시기가 다름에 따라 예술본능이 각기 다른 방식으로 작동함을 보여 주는 사례를 확인할 수 있다. 예를 들어 독일의 역사를 살펴보면 1800년 전후의 시기에는 예술본능이 활발하게 작동하면서 문학, 음악 등에서 수많은 천재적인 예술가를 낳았지만 나치 독일이 지배했던 1940년 전후의 시기에는 예술본능의 작동이 억제되면서 예술 분야의 침체를 경험하였다.

이처럼 예술본능이 작동하는 양상이 개인, 사회, 역사에 따라 각기 다르기 때문에 이러한 차이점을 고려하면서 예술본능에 대한 구체적인 연구가 다방면으로 전개될 수 있다. 지금까지 예술본능의 현상학을 전개하면서 우리는 이러한 차이점을 거의 고려하지 않으면서 일반적인 양상에서 예술본능의 현상학을 전개하였다. 이러한 점에서 예술본능의 현상학은 개인, 사회, 역사의 차이에 따른 예술본능의 작동 양상의 차이를 고려하면서 구체적으로 전개될 필요가 있는데, 이와 관련해 다음과 같은 세 가지 점을 지적하고자 한다.

첫째, 예술본능이 작동하는 양상의 개인적인 차이를 고려하면서 예술본능을 분석할 경우 예술본능에 대한 무수히 많은 현상학적 연구가 수행될 수 있다. 물론 모든 사람의 예술본능의 작동 방식을 일일이 다 연구할 필요는 없을 것이다. 우선 그것은 시간의 제약 때문에 불가능할 뿐 아니라, 설령 가능하다고 할지라도 무의미할 수도 있기 때문이다. 예술본능에 대한 연구는 그것이 예술 현상에 대한 해명을 위해 도움을 줄 수 있는 한에서 의미를 가지는 것이다. 따라서 예술본능이 작동하는 양상의 개인적인 차이를 고려하면서 예술본능을 연구할 경우 우리는 우선 그것이 유의미한 연구인지 아닌지 검토할 필요가 있다.

이 점과 관련해 유의미한 연구의 예를 두 가지만 제시하면 다음과 같다. 우선 앞서 3장에서 예술맹에 대해 살펴보았는데, 예술맹은 예술본능의 정체를 해명할 수 있는 중요한 주제이므로 그에 대한 연구는 유의미한 연구라 할 수 있다. 또 예술적 천재들의 예술본능의 작동 과정은 무엇보다도 예술창작 과정의 정체를 해명하기 위하여 중요한 의미를 지닌다. 앞서 우리는 3장에서 피카소, 베토벤 등 천재적인 예술가들을 예로 들어 그들의 예술본능 체험을 간단히 살펴보았다. 그러나 우리는 더 많은 자료들을 토대로 피카소, 베토벤뿐 아니라, 다른 천재적인 예술가들의 예술본능 체험에 대해 더 상세하게 연구할 필요가 있다. 더 나아가 예술창작 과정을 해명하기 위하여 현존하는 예술가들의 예술본능 체험에 대해 인터뷰 등 다양한 방식으로 자료를 수집하면서 그에 대해 연구할 필요가 있다.

둘째, 예술본능이 작동하는 양상의 사회적, 역사적 차이를 고려하면서 예술본능을 분석할 경우에도 예술본능에 대한 무수히 많은 현상학적 연구가 수행될 수 있다. 물론 이 경우에도 모든 사회, 모든 역사에서 예술본능이 어떻게 작동하며 작동했는지 일일이 다 연구할 필요는 없다. 연구자의 관심에 따라 예술본능이 작동하는 양상의 사회적, 역사적 차이를 고려하는 유의미한 연구를 수행할 수 있다. 이처럼 유의미한 연구와 관련해 최근 한국 사회에서 중요한 현상으로 대두되고 있는 것 중의 하나가 한류 문화인데, 예술본능이 작동하는 양상의 사회적, 역사적 차이를 고려하면서 예술본능을 분석할 경우 이러한 분석은 한류 문화, 그중에서도 한류 예술의 정체를 이해하는 데 크게 기여할 수 있을 것이다. 모든 예술 현상과 마찬가지로 한류 예술은 발생적으로 예술본능에 토대를 두고 있는데, 한국 사회와 역사의 어떤 특성들이 한국 예술가들의 예술본능이 활발하게 작동하도록 하는 데 기여하였는지 해명할 경우 그것은 한류 예술의 정체를 이해하는 데 크게 기여할 수 있을 것이다.

셋째, 예술본능에 대한 연구는 그의 본질적 구조를 해명함을 목표로 하는 본질적 연구와 그의 사실적 구조를 연구함을 목표로 하는 사실적 연구로 나누어진다. 이 경우 예술본능의 본질적 구조란 개인적 차이, 사회적 차이, 역사적 차이를 넘어서 모든 사람의 예술본능에서 확인할 수 있는 공통적인 구조를 뜻하며, 사실적 구조란 특정한 사람 혹은 특정 집단의 사람에게서 발견되는 특수한 구조를 뜻한다. 따라서 개인, 사회, 역사가 다름에 따른 예술본능의 작동 방식의 차이를 고려한 예술본능에 대한 연구는 본질적 연구가 아니라, 사실적 연구이다.

예술본능의 사실적 구조를 해명함을 목표로 하는 예술본능에 대한 사실적 연구는 체험 연구의 형태로 수행된다. 그 이유는 예술본능이란 예술경험의 주체가 겪는 체험의 일종이기 때문이다. 그런데 예술본능에 대한 사실적 체험 연구는 다양한 형태로 수행될 수 있다. 예를 들어 개인적 차이를 고려하면서 수행되는 예술본능에 대한 사실적 체험 연구에는 1) 어떤 특정한 개인의 예술본능을 심층적으로 연구하는 형태로 이루어지는 생애사 연구(biography), 2) 하나 또는 소수의 사례를 중심으로 연구하는 사례 연구(case study), 3) 어떤 개인(들)의 예술본능과 다른 개인(들)의 예술본능을 비교하는 형태로 수행되는 연구 등이 존재한다. 또 사회적 차이, 역사적 차이를 고려하면서 수행되는 예술본능에 대한 사실적 체험 연구에는 1) 어떤 사회 또는 역사 속에 있는 특정 개인 혹은 집단의 예술본능을 해명하는 형태로 수행되는 연구, 2) 어떤 사회 또는 역사 속에 있는 특정 개인 혹은 집단의 예술본능과 다른 사회 속에 있는 특정 개인 또는 집단의 예술본능을 비교하는 방식으로 수행되는 연구 등이 존재한다.[3]

3 그런데 이 모든 유형의 예술본능에 대한 체험 연구는 경험적 사실적 체험 연구와

3) 동물의 예술본능

예술본능의 현상학을 전개하면서 우리는 인간이라는 종에 한정하여 논의를 진행했다. 그러나 인간이라는 종 이외에 다른 동물 종들에게서도 예술본능과 예술 현상이 존재한다면 예술본능의 현상학은 당연히 인간 이외의 다른 종들에게로 확장되어 전개되어야 할 것이다.

인간 이외의 종에게서 예술본능과 예술 현상이 존재하는지는 논란의 여지가 많은 주제이다. 그런데 지난 100여 년 동안 수행되어 온 영장류에 대한 다양한 실험은 인간 이외의 동물에게서도 예술 현상과 예술본능이 존재하지 않느냐는 추측을 낳게 한다. 이 점과 관련해 모리스(D. Morris)는 2013년에 출간한『예술적 원숭이』(The Artistic Ape)[4]라는 저서에서 1950년대 자신이 스스로 행한 실험을 포함해 몇 가지 실험을 소개하고 있는데, 우선 그 내용을 간단히 살펴보기로 하자.

이 책의 부제가 보여 주듯이 모리스는 이 책에서 진화론적 입장에서 300만 년에 걸친 미술의 진화사를 추적하고 있다. 여기서 그는 아동미술, 선사시대미술, 부족미술에서 시작하여 현대미술에 이르기까지 미

초월론적 사실적 체험 연구 등 두 가지 형태로 이루어진다. 경험적 사실적 체험 연구는 자연적 태도의 일반 정립의 토대 위에서 예술본능을 세계에서 존재하는 다양한 존재자 중의 하나로 간주하면서 수행되는 연구이고, 초월론적 사실적 체험 연구는 자연적 태도의 일반 정립에 대한 판단중지를 수행한 상태에서 예술본능을 의미로서의 미적 대상 및 미적 세계를 구성하는 능력을 가진 것으로 간주하고 수행되는 연구이다. 경험적 사실적 체험 연구와 초월론적 사실적 체험 연구의 구별에 대한 보다 더 자세한 논의는 이남인,『현상학과 질적 연구』, 파주: 한길사, 2014, 161 이하 참고. 거기서 필자는 경험적 사실적 체험 연구를 "사실적 현상학적 심리학적 체험 연구"(『현상학과 질적 연구』, 161)라 부르고 초월론적 사실적 체험 연구를 "사실적 초월론적 현상학적 체험 연구"(『현상학과 질적 연구』, 183)라 불렀다.

4   D. Morris, The Artistic Ape, West Sussex: Red Lemon Press Limited, 2013; 정미나(역),『데즈먼드 모리스의 예술적 원숭이. 3백만 년에 걸친 미술진화사』, 서울: 시그마북스, 2014.

술의 진화사를 추적하고 있는데, "미술적 충동[본능]의 독자적 전개"라는 부제를 달고 있는 4장에서 "아동의 미술"을 살펴보기에 앞서 그의 전 단계로서 "동물들의 스케치와 그림"이라는 부제를 달고 있는 3장에서 "비인간군의 미술"을 다루면서 인간 이외의 종에게서 확인할 수 있는 미술의 구조를 해명한다. 그에 따르면 지난 100여 년 동안 과연 인간 이외의 종에게서 예술 현상이 존재하는지 해명하기 위해 다양한 실험이 행해졌다. 그러면 그가 소개하는 실험 중에서 두 가지 실험, 즉 모든 실험 중에서 최초로 수행된 실험과 그 자신이 수행한 실험만을 살펴보기로 하자.

최초의 실험은 20세기 초 러시아에서 수행되었다.[5] 라디기나-코흐츠(N. Ladygina-Kohts)는 요니(Joni)라는 침팬지를 대상으로 1913년부터 3년에 걸쳐 실험하였다. 그녀는 요니에게 연필과 종이를 준 후 요니가 어떤 일을 하나 지켜보았더니 요니는 종이 위에 선을 그리기 시작했다. 그녀는 자신의 어린 아들 루디에게도 유사한 실험을 했는데, 루디 역시 선을 그리기 시작했다. 그러나 침팬지인 요니와 인간인 루디 사이에는 명백한 차이점이 발견되었다. 요니의 경우 집중적인 스케치 연습을 한 후에도 대개 직선을 아무렇게나 죽죽 그을 뿐 복잡한 형태는 그리지 못하는 데 반해 루디는 얼마 지나지 않아 복잡한 모양을 그려 나갔다.

모리스는 라디기나-코흐츠가 수행한 실험이 비인간으로서 최초로 그림을 그린 경우라고 말하고 있다. 그에 의하면 이 실험은 인간 이외의 동물에게서도 예술 현상이 존재함을 보여 주고 있다. 또 라디기나-코흐츠는 침팬지인 요니가 그림을 그리면서 보여 준 열의에 대해 다음

5 이 실험에 대해서는 D. Morris, The Artistic Ape; 정미나(역), 『데즈먼드 모리스의 예술적 원숭이. 3백만 년에 걸친 미술진화사』, 서울: 시그마북스, 2014, 24-25 참조.

과 같이 보고하고 있다.

"그럼에도 요니는 스케치에 대한 열의 면에서 루디에게 결코 뒤지지 않았
다. 요니는 종종 연필을 달라고 소리를 지르기도 했고, 힘으로 억지로 빼
앗기 전에는 연필을 놓치 않으려 했다. 또한 아주 열렬한 관심을 보이며
그렸고 그 스케치를 아주 열심히 쳐다봤다."[6]

여기서 우리는 요니의 경우 루디 못지않게 그림 그리는 일에 열의를
보이고 있다는 사실에 주목할 필요가 있다. 필자는 요니가 이처럼 그
림 그리는 일에 열의를 보이는 이유는 요니에게 잠자고 있던 예술본능
이 작동하기 시작했기 때문이라고 생각한다.[7] 이는 인간 이외의 동물
중에서도 특정의 종은 예술본능을 가지고 있음을 보여 주는 사례로 해
석될 수 있다. 말하자면 어린아이인 루디에게서 예술본능이 작동하면
서 그림 그리는 일에 열의를 보이듯이 유인원인 요니의 경우도 예술본
능이 작동하면서 그림 그리는 일에 열의를 보이는 것이라 할 수 있다.

이처럼 요니에 대한 실험은 인간 이외의 종에게서도 예술본능과 예
술 현상이 존재함을 보여 주고 있다. 그런데 1950년대에 모리스 자신
이 수행한 실험 역시 이러한 사실을 뒷받침해 준다.[8] 그는 1956년에서

---

6   D. Morris, *The Artistic Ape*; 정미나(역),『데즈먼드 모리스의 예술적 원숭이. 3
백만 년에 걸친 미술진화사』, 서울: 시그마북스, 2014, 25.
7   이 점과 관련해 아나티(E. Anati)는 동물의 예술본능과 동물의 예술이 존재한다는
사실을 부정한다. 아나티의 견해는 E. Anati, *Aux origines de l'art*, Paris: Librairie
Arthème Fayard, 2003; 이승재(역),『예술의 기원』, 서울: 바다출판사, 2008, 72를
참조할 것. 그러나 필자는 아나티의 견해에 동의하지 않는다. 그는 암암리에 본능을 본
능행동으로 이해하면서 예술본능의 지향적 구조를 이해하지 못하고 있다.
8   모리스 자신의 실험에 대해서는 D. Morris, *The Artistic Ape*; 정미나(역),『데즈
먼드 모리스의 예술적 원숭이. 3백만 년에 걸친 미술진화사』, 서울: 시그마북스,
2014, 26-41 참조.

1958년 사이에 영국 런던 동물원에서 콩고(Congo)라는 어린 수컷 침팬지를 상대로 실험을 하였다. 그는 콩고에게 세 단계로 나누어 1) 백지 상태의 종이 위에 스케치하기, 2) 미리 기하학적 모양을 그려 넣은 종이 위에 스케치하기, 3) 채색 카드에 그림 그리기 등을 실험하였다. 모리스의 실험의 최종 목표는 이 중에서 세 번째 단계, 즉 콩고가 색채를 사용한 그림을 그릴 수 있는지 알아보는 일이었다. 콩고는 첫 번째 단계와 두 번째 단계의 과제를 아무 문제없이 수행한 후 1957년 5월 17일 최초의 채색 그림을 그린 후 1958년 11월 9일까지 많은 채색 그림을 그렸다. 1957년에는 TV 생방송에 몇 차례 출연하여 채색 그림을 그렸는데, 그에 대해 모리스는 다음과 같이 보고한다.

"1957년 7월 22일, 그림 테스트 열네 번째 회에 이르러서야 콩고는 이 새로운 매개물을 완전히 자유자재로 다루며 완전히 확신에 찬 상태에서 그림을 그렸다. 작업하는 모습을 지켜보니 이제는 모든 표식, 모든 선과 점을 자신이 원하는 바로 그 위치에 대담하게 긋는 것이 확실해 보였다. [⋯] 그 다음 날 콩고는 또 한 번 TV 생방송에서 그림을 그렸는데 아주 확신에 차서 크고 복잡한 부채꼴 모양을 만들어 냈다. 그런데 이번 그림에서는 아래쪽에 점묘법처럼 점 여러 개를 찍어 넣는 식의 새로운 특성이 나타나 있었다. [⋯] 1957년 9월 2일 22번째 테스트에 이르렀을 무렵, 콩고는 제어력에서 최고조의 대담성을 보여 주었다. 이제는 단 하나라도 종이 위에 우연히 그려 넣는 표식이 없었다. 선 하나하나를 자신이 원하는 바로 그 자리에 그으며, 화가 뺨치는 자신감에 차서 이용 가능한 공간을 채워 나갔다. [⋯] 그다음 주에는 비인간 동물군에서 이전이나 이후로 유례가 없는, 추상화를 연달아 창작해 냈다. [⋯]"[9]

---

9   D. Morris, *The Artistic Ape*; 정미나(역), 『데즈먼드 모리스의 예술적 원숭이. 3

모리스의 실험 역시 인간 이외의 동물도 예술창작을 할 수 있음을 보여 주고 있다. 그의 실험은 라디기나-코흐츠의 실험에서 확인된 것보다도 더 정치한 예술창작 활동이 가능함을 보여 주고 있다. 더 나아가 그의 실험 역시 이러한 예술창작 활동을 가능하게 해 주는 것이 다름 아닌 예술본능이라는 사실을 보여 주고 있다. 그의 실험 역시 라디기나-코흐츠의 실험처럼 동물들이 그림 그리는 작업에 몰두하는 모습, 즉 예술본능이 작동하는 모습을 보여 주고 있는데, 이와 관련해 모리스는 다음과 같이 기술한다.

"콩고에게 그림을 그리는 것 자체가 보상이었다. 콩고는 다 그린 그림을 살펴보는 것에 특별한 흥미를 보이진 않았으나, 창작 활동에 푹 빠져들었다. 게다가 그림을 마무리 지을 시점에 대한 인식이 있었다. 그래서 더 그려 보라고 부추겨도 거부하다가도, 다른 종이를 주면 기다렸다는 듯이 흔쾌히 새 작품을 그리기 시작했다. 한두 번은 어떤 다급한 이유 때문에 실험자가 테스트를 중단시키며 그림을 마저 다 그리지 못하게 하자 콩고는 소리를 지르며 흥분하더니, 심하게 짜증을 내기도 했다. 그림 그리기 같은 특수화된 활동을 중단시키려는 시도가 행해졌을 때 침팬지에게서 그런 흥분된 반응이 나타나다니, 놀라웠다."[10]

지금까지 우리는 인간 이외의 동물도 예술창작 활동과 예술본능을 가지고 있음을 보여 주는 두 가지 실험을 살펴보았다. 우리는 이러한 실험 및 그와 유사한 실험들을 토대로 인간 이외의 동물의 예술활동과 예술본능에 대한 상세한 분석을 수행할 수 있다. 물론 이 두 실험은 미

백만 년에 걸친 미술진화사』, 서울: 시그마북스, 2014, 36-37.
10 D. Morris, *The Artistic Ape*; 정미나(역), 『데즈먼드 모리스의 예술적 원숭이. 3백만 년에 걸친 미술진화사』, 서울: 시그마북스, 2014, 28.

술이라는 예술 장르에 국한하여 동물의 예술활동과 예술본능의 존재를 보여 주고 있지만 예술활동과 예술본능의 존재가 미술이라는 장르에만 국한되지 않을 수도 있다. 음악이라는 장르 역시 인간 이외의 동물의 경우에도 예술활동과 예술본능이 존재한다는 사실을 보여 줄 수 있다. 따라서 동물을 상대로 한 음악 분야에서의 실험 및 관찰을 통해 예술활동과 예술본능과 관련된 자료를 수집하여 그에 대해 연구할 필요가 있다.

그런데 동물의 예술본능과 예술활동에 관한 연구를 수행하면서 주의해야 할 점은 동물의 경우에도 예술본능은 일종의 지향성을 뜻하는 것이지 본능행동을 뜻하는 것이 아니라는 사실이다. 동물의 예술본능을 본능행동으로 이해할 경우 동물의 예술본능뿐 아니라, 동물의 예술활동의 정체를 올바로 이해할 수 있는 가능성이 차단되고 만다. 또한 동물의 예술본능을 연구할 경우 동물과의 대화가 불가능하기 때문에, 연구 내용이 올바른지 확인하는 일이 쉽지 않다. 따라서 그에 대한 올바른 연구가 이루어질 수 있도록 연구방법에 대한 철저한 성찰이 필요하다.

4) 예술본능의 현상학의 실천적 함축들

예술본능의 현상학은 다양한 유형의 실천적 함축을 가지고 있다. 실러 역시 예술본능론을 전개하면서 그것이 가지고 있는 실천철학적 의의에 대해 논하고 있다. 예술본능론이 가지고 있는 실천적 함축과 관련해 실러는 예술본능을 예술적 자유의 원천으로 간주한다. 예술본능이 예술적 자유의 원천인 이유는 예술본능은 이완하는 미를 경험하게 함으로써 일종의 "강제"(Zwang)(AE, 119) 상태라 할 수 있는 긴장 상태로부터 우리를 해방시켜 자유롭게 하기 때문이다. 이 점과 관련해 우리는 감각본능과 형식본능이 인간을 긴장 상태, 즉 강제 상태에 빠지게 한다는 사실에 유의할 필요가 있다. 감각본능은 감각적인 것을 진지한 것으로 간주하고 그것만을 일면적으로 추구하기 때문에 인간을 강제 상태에 빠지도록 하고 형식본능은 초감적인 것, 즉 형식적인 것을 진지한 것으로 간주하고 그것만을 일면적으로 추구하도록 하기 때문에 인간을 또 다른 유형의 강제 상태에 빠지도록 한다. 예술본능은 이처럼 감각본능과 형식본능이 일면적으로 발동하면서 강제 상태에 빠지게 된 인간을 해방시켜 자유롭게 해 준다. 이 경우 자유가 예술본능이 작동하면서 가능한 자유이기 때문에 그것은 미적 자유라 불릴 수 있다. 두말할 것도 없이 이러한 미적 자유는 칸트의 도덕철학의 핵심적인 주제인 의지의 자유와는 전혀 다른 것이다. 미적 자유의 입장에서 보면 칸트적인 의미의 자유는 자유가 아니라, 강제이다. 그것은 형식본능에 토대를 두고 발생한 이성, 즉 실천이성이 일면적으로 작동할 때 인간이 느끼게 되는 긴장의 상태, 즉 강제 상태이기 때문이다. 인간은 예술본능의 작동을 통해 칸트적인 의미의 자유가 주는 강제로부터 벗어나 미적 자유를 경험해야 한다.

실러는 미적 자유가 지배하는 국가를 "미적 국가"(AE, 215)라 부른다. 그것은 감각적인 것이 지배하는 "유동적인 국가", 즉 감각적인 국가와도 다르고 형식적이며 도덕적인 의무가 지배하는 "윤리적인 국가"(AE, 215)와도 다르다. 감각적인 국가와 윤리적인 국가는 각각 감각적 강제와 도덕적 강제가 지배하는 강제적인 국가이다. 이러한 국가들에서는 시민들 사이에 조화는 존재하지 않는다. 이와는 달리 미적 국가에서는 시민들 사이의 조화가 존재하며 이러한 국가만이 진정한 의미에서 자유로운 국가이다. 미적 국가는 인류의 역사에서 유동적인 국가와 윤리적 국가 다음에 등장하는 것으로서 최종적인 발전 단계에 해당하는 국가이다.

이처럼 실러의 예술본능론은 실천적 함축을 가지고 있다. 그는 예술본능에 토대를 두고 있는 미적 자유를 토대로 당시 사회가 처한 위기 상황을 극복할 수 있을 것으로 기대했다. 물론 예술본능론의 실천적 함축에 대한 실러의 견해가 21세기의 현대사회에 얼마만큼 적합성을 가지고 있는지는 의문이다. 그의 견해는 "예술을 위한 예술"을 표방하는 예술지상주의의 관점에서 표명된 것으로서 여러 가지 한계를 가지고 있는 것이 사실이다. 그럼에도 예술본능론이 실천적 의의를 가지고 있다는 실러의 견해는 현대사회에서도 타당성을 지닌다고 할 수 있다. 예술본능론과 마찬가지로 현상학적 예술본능론 역시 다양한 실천적 의의를 가지고 있는데, 지금까지 우리는 그에 대해 거의 논의하지 않았으며, 따라서 예술본능의 현상학이 지닌 실천적 의의에 대해 체계적이며 깊이 있게 논의하는 일은 미래의 중요한 과제 중의 하나에 속한다.

실러와 마찬가지로 현상학의 창시자인 후설 역시 현대를 위기의 시대로 진단한다.(Hua VI) 이러한 점에서 후설 이후에 전개된 다양한 유형의 현상학은 현대의 위기를 극복하기 위한 노력의 일환이며 이 점에 있어서는 이 책에서 우리가 전개한 예술본능의 현상학도 예외가 아니다. 이 점과 관련하여 예술본능의 현상학의 어떤 측면이 현대의 위기를 극복하는 데 기여할 수 있는지 다각도로 논의할 필요가 있다. 이와 관련하여 우리는 앞서 예술본능의 현상학이 예술치료를 위해 지닐 수 있는 의의에 대하여 언급하였는데, 음악치료, 미술치료 등 다양한 예술 장르를 토대로 수행되는 예술치료에서 예술본능의 현상학이 어떤 의의를 가질 수 있는지 체계적으로 해명할 필요가 있다.

5) 예술본능의 현상학 이외의 다양한 예술본능론과의 대화

지금까지 우리는 예술본능의 현상학이 앞으로 해결해야 할 몇 가지 과제에 대해 살펴보았다. 그러나 예술본능의 현상학이 예술본능의 정체를 남김없이 해명할 수 있는 것은 아니다. 예술본능의 현상학 이외에도 다양한 유형의 예술본능론이 존재할 수 있다. 이러한 예술본능론은 대부분 자연과학적 입장에서 수행되는 예술본능론이다. 그 대표적인 예로는 예술본능에 대한 진화론적 연구를 들 수 있다. 실제로 앞서 예술본능의 현상학을 전개하면서 여러 차례 언급한 바 있는 더턴의 저서『예술본능』처럼 진화론적 관점에서 수행된 예술본능에 대한 연구가 존재한다. 그러나 예술본능에 대한 진화론적 연구 이외에도 그에 대한 뇌 과학적 연구, 분자생물학적 연구 등 다양한 연구가 가능하다. 필자의 독서범위에서 볼 때 지금까지 예술본능에 대한 뇌 과학적 연구, 분자생물학적 연구 등은 수행된 적이 없다. 그러나 이러한 연구는 얼마든지 가능하다. 예를 들어 예술본능에 대한 뇌 과학적 연구는 예술본능이 작동할 경우 뇌의 어느 부위가 활성화되는지에 초점을 맞추어 수행될 수 있다. 또 예술본능에 대한 분자생물학적 연구는 유전자의 어느 부분(들)이 예술본능의 작동과 관련되는지에 초점을 맞추어 수행될 수 있다.

예술본능에 대한 진화론, 뇌과학, 분자생물학은 예술본능의 정체를 해명하는 데 중요한 의미를 지닌다. 이러한 학문들은 우선 예술본능이 작동하는 자연인과적 연관을 해명하면서 그 정체를 해명하는 데 기여할 수 있다. 더 나아가 그것들은 다양한 차원에서 다양한 유형으로 전개될 수 있는 예술본능의 현상학과 상호협동하면서 예술본능의 정체를 해명하는 데 기여할 수 있다.

예술본능의 현상학과 예술본능에 관한 자연과학은 경쟁적인 관계에 있는 것도 아니요, 상호배제적인 관계에 있는 것도 아니다. 양자는 상호보완적 관계에 있으면서 서로 협동해야 하는 학문이다. 양자는 예술본능이라는 동일한 현상을 서로 다른 관점에서 연구하며, 따라서 예술본능의 현상학이 해명할 수 있는 것을 예술본능에 관한 자연과학은 해명할 수 없으며 그 역도 마찬가지이다. 바로 이러한 이유에서 예술본능의 현상학은 예술본능에 관한 자연과학으로부터 배울 것이 있고, 그 역도 마찬가지이다. 앞으로 예술본능의 현상학이 더욱 더 구체화되고 예술본능에 대한 다양한 자연과학이 체계적으로 정립되면서 양자가 협동해 예술본능과 예술 현상의 다양한 측면에 대한 해명이 보다 더 포괄적으로 이루어져 현대미학의 발전에 기여할 수 있기를 기대해 본다.

| 참고문헌 |

공병혜, 『칸트·판단력비판』, 울산: 울산대학교출판부, 1999.

_____, 「칸트와 그의 시대: 합리주의 미학사상을 통한 칸트의 미의 개념에 대한 발생론적 고찰」, 『칸트연구』 15(1999).

_____, 「칸트 미학의 현대적 의의; 칸트 미학에서의 미의 근원과 현대적 의미」, 『미학 예술학 연구』 24(2006).

_____, 「현대사회의 갈등구조와 칸트의 비판적 합리성; 미감적 의사소통을 통한 배려의 윤리의 가능성」, 『칸트연구』 19(2007).

_____, 「쇼펜하우어의 미학사상」, 미학대계간행회 편, 『미학대계』 제1권, 『미학의 역사』, 서울: 서울대학교출판부, 2007.

_____, 「자연미의 의미와 예술: 칸트와 아도르노 미학을 중심으로」, 『범한철학』 61(2011).

권혁성, 「서양 고대미학의 주요 흐름들에 대한 소고」, 미학대계간행회 편, 『미학대계』 제1권, 『미학의 역사』, 서울: 서울대학교출판부, 2007.

김광명, 『칸트 판단력비판 연구』, 서울: 철학과현실사, 2006.

_____, 「실러 미학에 대한 인간학적 이해」, 미학대계간행회 편, 『미학대계』 제1권, 『미학의 역사』, 서울: 서울대학교출판부, 2007.

_____,『칸트의『판단력비판』읽기』, 서울: 세창미디어, 2012.

김동일,「단토 대 부르디외: '예술계'(artworld) 개념에 대한 두 개의 시선」,『문화와 사회』 6(2009).

김동훈,「미학적 방법론으로서의 현상학」, 미학대계간행회 편,『미학대계』제2권,『미학의 문제와 방법』, 서울: 서울대학교출판부, 2007.

김석수,「칸트와 미학: 칸트의 반성적 판단력과 현대 철학」,『칸트연구』 3(1997).

_____,「칸트철학에 대한 해체주의적 비판에 대한 반비판」,『칸트연구』 19(2007).

_____,「현대 실천철학에서 칸트 공통감 이론의 중요성」,『철학연구』 123(2012).

김종태,「로만 잉가르덴」, 미학대계간행회 편,『미학대계』제2권,『미학의 문제와 방법』, 서울: 서울대학교출판부, 2007.

김채현,「미켈 뒤프렌느 미적 체험의 현상학」, 미학대계간행회 편,『미학대계』제2권,『미학의 문제와 방법』, 서울: 서울대학교출판부, 2007.

김한결,「섀프츠베리와 허치슨」, 미학대계간행회 편,『미학대계』제1권,『미학의 역사』, 서울: 서울대학교출판부, 2007.

다케우치 가오루(저), 홍성민(역),『천재의 시간. 고독을 다스린 몰입의 기록』, 서울: 뜨인돌출판사, 2009.

미학대계간행회 편,『미학대계』제1권,『미학의 역사』, 서울: 서울대학교출판부, 2007.

_____,『미학대계』제2권,『미학의 문제와 방법』, 서울: 서울대학교출판부, 2007.

_____,『미학대계』제3권,『현대의 예술과 미학』, 서울: 서울대학교출판부, 2007.

민주식,「빈학파의 미술사학 – 리글 미술사학에서의 '예술의지' 개념」, 미학대계간행회 편,『미학대계』제2권,『미학의 문제와 방법』, 서울: 서울대학교출판부, 2007.

박인철,「생활세계적 아프리오리와 문화의 현상학」,『철학연구』 57(2002).

_____, 「기술시대와 현상학: 생활세계와 기술과의 관계를 중심으로」, 『철학』 75(2003).

_____, 「미적 감정과 상호주관성: 칸트와 후설의 비교를 중심으로」, 『철학』 111 (2012).

베토벤, 루트비히 판(저), 김주영(역), 『베토벤, 불멸의 편지』, 서울: 예담, 2000.

벤첼, 크리스티안 헬무트(저), 박배형(역), 『칸트미학』, 서울: 그린비출판사, 2012.

서동욱, 「레비나스의 미술론: 우상 또는 타인의 얼굴」, 『철학과 현상학 연구』 60(2014).

서동은, 「칸트의 미학에 대한 가다머의 비판」, 『칸트연구』 25(2010).

아리스토텔레스(저), 천병희(역), 『시학』, 서울: 문예출판사, 2002.

_____, 이창우, 김재홍, 강상진(역), 『니코마코스 윤리학』, 서울: 이제이북스, 2006.

양종회, 「철학적 예술세계론과 예술사회학: 단토, 디키, 울프를 중심으로」, 『사회 와 이론』 15(2010).

양희진, 「칸트 미학에 대한 철학상담의 방법론적 접근」, 『철학연구』 135(2015).

염재철, 「니체, 하이데거, 가다머의 예술철학」, 미학대계간행회 편, 『미학대계』 제 1권, 『미학의 역사』, 서울: 서울대학교출판부, 2007.

오병남, 「근대 미학 성립의 배경에 관한 연구: 예술(Fine arts)의 체제의 성립과 미(美)의 개념과의 관계를 중심으로」, 『미학』 5(1978).

_____, 「현상학과 미학의 문제」, 『철학과 현상학 연구』 1(1983).

_____, 「'미': 그 말과 개념과 이론」, 『철학연구』 20(1985).

_____, 「칸트(I . Kant) 미학의 재평가」, 『미학』 14(1989).

_____, 「형이상학적 미학에 대한 비판 - Hegel의 〈미학 강의〉를 중심으로」, 『낭 만음악』 13(1991).

_____, 『미학강의』, 서울: 서울대학교출판부, 2003.

_____, 「고유섭(高裕燮)의 미학사상에 대한 접근을 위한 하나의 자세」, 『미학』

42(2005).

_____, 『미술론 강의』, 서울: 세창출판사, 2014.

오종환, 「미적 도구주의의 관점에서 본 예술비평의 인식적 성격」, 『인문논총』 33(1995).

오희숙, 『음악과 천재』, 서울: 서울대학교출판문화원, 2012.

융, 베르너(저), 장희창(역), 『미메시스에서 시뮬라시옹까지』, 부산: 경성대학교 출판부, 2006.

이남인, 『현상학과 해석학』, 서울: 서울대학교출판부, 2004.

_____, 『지각의 현상학. 후설과 메를로-퐁티』, 파주: 한길사, 2013.

_____, "Toward the Phenomenology of Aesthetic Instinct Developed through a Dialogue with F. Schiller (1759-1805)", 『인문논총』 68(2013).

_____, 『현상학과 질적 연구』, 파주: 한길사, 2014.

_____, 「겔렌의 본능축소론 비판을 통한 본능 개념의 현상학적 정립」, 『철학사상』 56(2015).

이원용 편저, 『세계를 움직인 12인의 천재들』, 서울: 을유문화사, 1996.

이진석, 「헤겔의 예술개념」, 미학대계간행회 편, 『미학대계』 제1권, 『미학의 역사』, 서울: 서울대학교출판부, 2007.

임성훈, 「칸트 미학이 대중의 현대미술 감상에 도움을 줄 수 있는가? - 칸트 미학의 대중적 적용가능성에 대한 시도적 고찰」, 『칸트연구』 34(2014).

정낙림, 「놀이사유의 근대적 유형과 니체의 비판 - 쉴러 비판을 중심으로」, 『니체연구』 26(2014).

_____, 『놀이하는 인간의 철학: 호모 루덴스를 위한 철학사』, 서울: 책세상, 2017.

조광제, 「메를로-퐁티의 회화의 존재론과 존재론적인 회화」, 미학대계간행회 편, 『미학대계』 제2권, 『미학의 문제와 방법』, 서울: 서울대학교출판부, 2007.

조상식, 「칸트 미학이론의 교육학적 수용」, 『철학사상』 22(2004).

지므네즈, 마르크(저), 김웅권(역), 『미학이란 무엇인가?』, 서울: 동문선, 2003.

최준호, 「칸트 미학의 현대적 의의; 칸트의 심미적 경험과 미학의 역할」, 『예술학
연구』 24(2006).

최현희, 「재현」, 미학대계간행회 편, 『미학대계』 제2권, 『미학의 문제와 방법』, 서
울: 서울대학교출판부, 2007.

클라르크, 로베르(저), 이세진(역), 『천재들의 뇌』, 서울: 해나무, 2003.

플라톤(저), 박종현(역주), 『국가』, 서울: 서광사, 2005.

_____, 박종현(역주), 『법률』, 파주: 서광사, 2009.

하선규, 「의미 있는 형식(구조)의 상호주관적 지평 – 반성적 판단력의 현대적 의
의에 대한 시론(試論) 1」, 『칸트연구』 14(2004).

_____, 「미감적 경험의 본질적 계기에 대한 분석: 칸트 미학의 현재성에 대한 시
론」, 『미학 예술학 연구』 44(2005).

_____, 「칸트 미학의 현대적 의의; 자연과 상상력의 자유로움: 반성적 판단력의
현대적 의의에 대한 시론 (2)」, 『미학 예술학 연구』 24(2006).

_____, 「칸트 미학의 현대적 쟁점들 (1) – "목적론과의 연관성", "무관심성", "숭
고"의 문제를 중심으로」, 『미학』 65(2011).

_____, 「합목적적 형식에서 "살아 있는 형태"로 – 칸트 미학을 교정하고자 한 실
러의 미학적 성취에 대하여」, 『미학』 80(2014).

_____, 「살아 있는 '형태'와 예술적 '가상'의 구제 – 실러 미학 사상의 사상사적
의미와 그 현대적 의의를 위하여」, 윤선구 외 옮기고 씀, 『프리드리히 실
러의 미적 교육론』, 서울: 대화문화아카데미, 2015.

Allison, A., *Essays on the Nature and Principles of Taste*, selections reprinted
in: A. Sesonske(ed.), *What Is Art?*, New York: Oxford University
Press, 1965.

Anati, E., *Aux origines de l'art*, Paris: Librairie Arthème Fayard, 2003; 이승

재(역), 『예술의 기원』, 서울: 바다출판사, 2008.

Aquinas, Thomas, *The Summa Theologica*, Chicago: Encyclopaedia Britannica, 1952.

Aristoteles, *Metaphysics*, W. D. Ross(tr.), Oxford: Clarendon Press, 1924.

_____, *The Poetics*, W. H. Fyfe(tr.), Cambridge: Harvard University Press, 1965.

_____, *Poetik*, übersetzt und herausgegeben von Manfred Fuhrmann, Stuttgart: Reclam, 1986.

_____, *Poetik*, übersetzt und erläutert von A. Schmitt, Berlin: Akademie Verlag, 2011.

Ball, P., *The Music Instinct: how music works and why we can't do without it*, Oxford/New York: Oxford University Press, 2010.

Beardsley, M. C., "Is Art Essentially Institutional?", in: L. Aagaard-Mogensen (ed.), *Culture and Art. An Anthology*, Atlantic Highlands, N.J.: Humanities Press, 1976.

Becker, H. S., *Art Worlds*, Berkeley: University of California Press, 1982.

Beebe, J., "Psychotherapy in the Aesthetic Attitude", in: *Journal of Analytical Psychology* 55(2010).

Bensch, G., *Vom Kunstwerk zum ästhetischen Objekt*, Müchen: Fink, 1994.

Clark, K., *Leonardo Da Vinci*, London: Penguin Books, 1993.

Claesges, U., "Zweideutigkeiten in Husserls Lebenswelt-Begriff", in: U. Claesges/K. Held(eds.), *Perspektiven transzendentalphänomenologischer Forschung*, Den Haag: Martinus Nijhoff, 1972.

Cohen, M., "Appearance and the Aesthetic Attitude", in: *The Journal of Philosophy* 56/23(1959).

Danto, A., "The Artworld", *The Journal of Philosophy* 61/9(1964).

_____, "Artworks and Real Things", *Theoria* 39(1973).

_____, "The Transfiguration of the Commonplace", *The Journal of Aesthetics and Art Criticism* 33/2(1974).

Da Vinci, L., *Sämtliche Gemälde und die Schriften zu Malerei*, ed. by A. Chastel, München: Schirmer/Mosel, 1990.

Deleuze, G., *Francis Bacon. Logique de la sensation*, Paris: Éd. de la différence, 1981.

Dickie, G., *Art and the Aesthetic*, Ithaca, N.Y.: Cornell University Press, 1974.

_____, "The Myth of the Aesthetic Attitude", *American Philosophical Quarterly* 1/1(1964).

_____, "Attitude and Object: Aldrich on the Aesthetic", in: *The Journal of Aesthetics and Art Criticism* 25/1(1966).

_____, *Introduction to aesthetics: an analytic approach*, New York: Oxford University Press, 1997; 오병남, 황유경(역), 『미학입문: 분석철학과 미학』, 서울: 서광사, 1982. (『미학입문』으로 줄여 인용함)

_____, *Aesthetics: an introduction*, Indianapolis: Pegasus, 1971.

_____, *Art and the aesthetics: an institutional analysis*, Ithaca, N.Y.: Cornell University Press, 1974; 오병남(역), 『현대미학: 예술과 미적 대상의 분석』, 서울: 서광사, 1985. (『현대미학』으로 줄여 인용함)

_____, *The art circle: a theory of art*, New York: Haven, 1984.

Dissanayake, E., *What is art for?*, Seattle: University of Washington Press, 1988.

Dix, S., "The Plurality of Gods and Man, or 'The Aesthetic Attitude in All Its Pagan Splendor' in Fernando Pessoa", in: *The Pluralist* 5/1(2010).

Dufrenne, M., *Phénoménologie de l'expérience esthéthique 1-2*, Paris: Presses Universitaires de France, 1953. (PEE로 줄여 인용함); *The Phenomenology of Aesthetic Experience*, E. S. Casey(ed.), Evanston, Il: Northwestern University Press, 1973; 김채현(역), 『미적 경험의 현상학』, 서울: 이화여자대학교출판부, 1991.

_____, *La notion d'à priori*, Paris: Presses Universitaires de France, 1959.

Dutton, D., *The Art Instinct. Beauty, Pleasure & Human Evolution*, New York/Berlin/London: Bloomsbury Press, 2009.

Einstein, A., *Greatness in Music*, C. Saerchinger(tr.), New York: Da Capo Press, 1972.

Evans, V., *The Language Myth. Why Language Is Not an Instinct*, Cambridge: Cambridge University Press, 2004.

Fenner, D. E. W., *The Aesthetic Attitude*, Atlantic Highlands, N.J.: Humanities Press, 1996.

Fichte, J. G., "Über Geist und Buchstab in der Philosophie(1794)", in: *Vermischte Schriften und Aufsätze, Fichtes Werke*, Bd. VIII, ed. by I. H. Fichte, Berlin: Walter de Gruyter, 1971.

_____, *Das System der Sittenlehre nach den Principien der Wissenschaftslehre*(1798), in: *Fichtes Werke*. Bd. IV. *Zur Rechts- und Sittenlehre II*. Berlin: Walter de Gruyter & Co., 1971.

Freud, S., "Eine Kindheitserinnerung des Leonardo Da Vinci(1910)", in: *Bildende Kunst und Literatur*, Studienausgabe Bd. X, Frankfurt/M.: S. Fischer Verlag, 1969.

Funke, G./Rohde, K., "Instinkt", in J. Ritter/K. Gründer(Hrsg.), *Historisches Wörterbuch der Philosophie*. Bd. 4, Basel: Schwabe & Co. AG., 1976.

Gadamer, H.-G., *Wahrheit und Methode*, Gesammelte Werke, Bd. 1, Tübingen: J. C. B. Mohr(Paul Siebeck), 1986.

Gehlen, A., *Der Mensch. Seine Natur und seine Stellung in der Welt*, Frankfurt/M.: Athenaion Verlag, 1974. (M으로 줄여 인용함)

Geiger, M., *Beiträgen zur Phänomenologie des ästhetischem Genusses*, in: *Jahrbuch für Philosophie und phänomenologische Forschung I*, 2, Tübingen: Max Niemeyer, 1913.

Halliwell, S., *The Poetics of Aristotle: Translation and Commentary*, London: Duckworth, 1987.

Hargreaves, D. J., *The Developmental Psychology of Music*, Cambridge: Cambridge University Press, 1986.

Hartmann, N., *Ästhetik*, Berlin: Walter de Gruyter, 1953.

Heidegger, M., *Sein und Zeit*, Tübingen: Max Niemeyer, 1972.

_____, "Der Ursprung des Kunstwerkes(1935/36)", in: *Holzwege*, Frankfurt/M.: Vittorio Klostermann, 1977; 오병남, 민형원(역), 『예술작품의 근원』, 서울: 경문사, 1982.

Herbert of Cherbury, E., *On Truth*, M. H. Carre(tr.), Bristol: Bristol University Press, 1937.

Hermann, F. W., *Heideggers Philosophie der Kunst*, Frankfurt/M.: Vittorio Klostermann, 1980; 이기상, 강태성(역), 『하이데거의 예술철학』, 서울: 문예출판사, 1997.

Huizinga, J., *Homo Ludens. Vom Ursprung der Kultur im Spiel*, Hamburg: Rowohlt, 1987. (HL로 줄여 인용함); 김윤수(역), 『호모 루덴스. 놀이와 문화에 관한 한 연구』, 서울: 도서출판 까치, 1993.

Husserl, E., *Cartesianische Meditationen und Pariser Vorträge*, Den Haag: Martinus Nijhoff, 1950. (Hua I, 『데카르트적 성찰』)

_____, *Ideen zu einer reinen Phänomenologie und phänomenologischen Philosophie. Erstes Buch: Allgemeine Einführung in die reine Phänomenologie 1. Halbband: Text der 1.-3. Auflage*, Den Haag: Martinus Nijhoff, 1976. (Hua III/1, 『이념들 I』)

_____, *Ideen zu einer reinen Phänomenologie und phänomenologischen Philosophie. Zweites Buch: Phänomenologische Untersuchungen zur Konstitution*, Den Haag: Martinus Nijhoff, 1952. (Hua IV, 『이념들 II』)

_____, *Die Krisis der europäischen Wissenschaften und die transzendentale Phänomenologie. Eine Einleitung in die phänomenologische Philosophie*, Den Haag: Martinus Nijhoff, 1954. (Hua VI, 『위기』)

_____, *Erste Philosophie* II, Den Haag: Martinus Nijhoff, 1956. (Hua VIII, 『제일철학 II』)

_____, *Phänomenologische Psychologie. Vorlesungen Sommersemester 1925*, Den Haag: Martinus Nijhoff, 1962. (Hua IX, 『심리학』)

_____, *Zur Phänomenologie des inneren Zeitbewußtseins (1893-1917)*, Den Haag: Martinus Nijhoff, 1966. (Hua X, 『내적 시간의식의 현상학』)

_____, *Zur Phänomenologie der Intersubjektivität. Texte aus dem Nachlass. Dritter Teil 1929-1935*, Den Haag: Martinus Nijhoff, 1966. (Hua XIII, 『상호주관성 III』)

_____, *Logische Untersuchungen, Zweiter Band: Untersuchungen zur Phänomenologie und Theorie der Erkenntnis. Erster Teil*, Dordrecht/Boston/London: Kluwer Academic Publishers, 1984. (Hua XIX/1, 『논리연구 II/1』)

_____, *Phantasie, Bildbewusstsein, Erinnerung. Zur Phänomenologie der anschaulichen Vergegenwärtigungen. Texte aus dem Nachlass (1898-1925)*, The Hague/Boston/London: Martinus Nijhoff, 1980. (Hua

XXIII).

_____, *Zur phänomenologischen Reduktion: Texte aus dem Nachlass (1926-1935)*, Dordrecht: Kluwer Academic Publishers, 2002. (Hua XXXIV)

_____, *Grenzprobleme der Phänomenologie. Analysen des Unbewusstseins und der Instinkte. Metasphysik. Spätethik, Texte aus dem Nachlass (1908-1937)*, Dordrecht: Springer, 2014. (Hua XLII)

_____, *Husserliana Dokumente, Bd. III. Briefwechsel. Teil 7: Wissenschaftlerkorrespondenz*, Dortrecht/Boston/London: Kluwer Academic Publishers, 1994.

_____, *Erfahrung und Urteil*, Hamburg: Claassen Verlag, 1964.

유고 E III 9.

유고 A V 5.

Hutcheson, F., *An inquiry into the origin of our ideas of beauty and virtue: in two treatises*, edited and with an introduction by Wolfgang Leidhold, Indianapolis, Ind.: Liberty Fund, 2004.

Hutton, J., *Aristotle's Poetics. Translated with an Introduction and Notes*, New York: W. W. Norton & Company, 1982.

Ingarden, R., *Das literarische Kunstwerk*, Tübingen: Max Niemeyer, 1960; 이동승(역), 『문학예술작품』, 서울: 민음사, 1995.

_____, *Ontology of the work of art: the musical work, the picture, the architectural work, the film*, tr. by Raymond Meyer with John T. Goldthwait, Athens: Ohio University Press, 1989.

Jaacobi, S., *The Religious Instinct*, Toronto: Martin Glynn Associates Inc., 1998.

James, W., *The Principles of Psychology*, Cambridge: Harvard University Press, 1981; 정양은(역), 『심리학의 원리』, 서울: 아카넷, 2005.

Kant, I., *Kritik der reinen Vernunft*, Hamburg: Felix Meiner, 1956.

_____, *Kritik der Urteilskraft*, Hamburg: Felix Meiner, 1974. (KU로 줄여 인용함); 백종현(역), 『판단력비판』, 서울: 아카넷, 2009.

_____, *Prolegomena zu einer jeden künftigen Metaphysik, die als Wissenschaft wird auftreten können*, Hamburg: Felix Meiner, 1965.

Kemp, G., "The Aesthetic Attitude", in: *British Journal of Aesthetics* 39/4(1999).

Lau, Kwokying, "Aesthetic Attitude and Phenomenological Attitude: From Zhu Guangquin to Husserl", presented paper at the Conference on: Logos and Aisthesis: Phenomenology of Arts, Organized by Edwin Cheng Foundation Asian Center for Phenomenology, CUHK, 30-31 July & 1 August 2012.

Lee, N.-I., *Edmund Husserls Phänomenologie der Instinkte*, Dordrecht: Kluwer Academic Publishers, 1993.

_____, "Edmund Husserl's Phenomenology of Mood", in: N. Depras/D. Zahavi(ed.), *Alterity and Facticity. New Perspectives on Husserl*, Dordrecht: Kluwer Academic Publishers, 1998.

Levinas, E./Armengaud, F., *De l'oblitération*, Paris: Éd. de la différence, 1990.

Lucas, D. W., *Aristotle. Poetics: Introduction, Commentary and Appendixes*, Oxford: Clarendon Press, 1988.

Lützeler, H., *Kunsterfahrung und Kunstwissenschaft. Systematische und entwicklungsgeschichtliche Darstellung und Dokumentation des Umgangs mit der bildenden Kunst*, Freiburg/München: Karl Alber, 1975, Bd. 1-3.

Margolis, J., "Aesthetic Perception", *The Journal of Aesthetics and Art Criti-*

cism 19/2(1960).

Mandelbaum, M., "Family Resemblances and Generalization concerning Arts", in: *American Philosophical Quarterly* 2(1965).

McAdoo, N., "The Aesthetic Attitude", in: *British Journal of Aesthetics* 37/4 (1997).

Merleau-Ponty, M., *Phénoménologie de la perception*, Paris: Gallimard, 1945.

Mithen, S., "The Music Instinct", in: *Annals of the New York Academy of Sciences* 1169/1(2009).

Moran, D., "Art and Experience: Reflections on Heidegger's Origin of the Work of Art", presented paper at the Conference on: Logos and Aisthesis: Phenomenology of Arts, Organized by Edwin Cheng Foundation Asian Center for Phenomenology, CUHK, 30-31 July & 1 August 2012.

Morris, D., *The Artistic Ape*, West Sussex: Red Lemon Press Limited, 2013; 정미나(역),『데즈먼드 모리스의 예술적 원숭이. 3백만 년에 걸친 미술진화사』, 서울: 시그마북스, 2014.

Nenon, T., "A Husserlian Account of the Power of the Imaginary", presented paper at the Conference on: Logos and Aisthesis: Phenomenology of Arts, Organized by Edwin Cheng Foundation Asian Center for Phenomenology, CUHK, 30-31 July & 1 August 2012.

Nieuwenhove, R. V., "The Religious and the Aesthetic Attitude", in: *Literature & Theology* 18/2(2004).

Oeijord, N. K./Bronstone, M. C., *A Dictionary of Human Instincts*, San Jose: Authors Choice Press, 2001.

Park, I.-C., *Die Wissenschaft von der Lebenswelt: zur Methodik von Husserls später Phänomenologie*, Amsterdam/New York: Rodopi, 2001.

Perez, I./Gagnon, L./Bouchard, B., "Music and Emotion: Perceptual Deter-
minants, Immediacy, and Isolation after Brain Damage", in: Cogni-
tion 68(1998).

Pinker, S., *The Language Instinct. How the Mind Creates Language*, New
York: W. Morrow and Co., 1994; 김한영, 문미선, 신효식(역), 『언어본
능』, 파주: 동녘사이언스, 2004.

_____, *The Blank Slate: the Modern Denial of Human Nature*, New York:
Viking, 2002; 김한영(역), 『빈 서판: 인간은 본성을 타고나는가』, 서울:
사이언스북스, 2012.

Plato, *Theaitetos*, Leipzig: Reclam, 1916.

Preece, S., "The ART Instinct", in: *Brand Packaging*, 16/6(Aug 2012).

Richerson, P. J./Boyd, R., *Not by Genes Alone. How Culture Transformed
Human Evolution*, Chicago: The University of Chicago Press, 2005.

Ridley, M., *The Origins of Virtue. Human Instincts and the Evolution of
Cooperation*, London: Penguin Book, 1996.

Riegl, A., *Stilfragen: Grundlegungen zu einer Geschichte der Ornamentik*,
Berlin: Verlag von Georg Siemens, 1893.

_____, *Spätrömische Kunstindustrie*, Darmstadt: Wissenschaftliche Buchge-
sellschaft, 1992.

Sampson, G., *The 'Language Instinct' Debate*, London/New York: Continu-
um, 2005.

Scheer, B., *Einführung in die philosophische Ästhetik*, Darmstadt: Primus
Verlag, 1997; 박정훈(역), 『미와 예술』, 고양: 미술문화, 2016.

Schiller, F., *Über die ästhetische Erziehung des Menschen*, in: *Schillers Werke*,
Bd. 20, Philosophische Schriften, Erster Teil, Weimar: Hermann
Böhlaus Nachfolger, 1962.

_____, *On the Aesthetic Education of Man in a Series of Letters*, English and German Facing, trans. by E. M. Wilkinson and L. A. Willoughby, New York: Oxford University Press, 1982. (AE로 줄여 인용함); 윤선구 외 옮기고 씀, 『프리드리히 실러의 미적 교육론』, 서울: 대화문화아카데미, 2015; 안인희(역), 『인간의 미적 교육에 관한 편지』, 서울: 청하, 1995.

Schopenhauer, A., *Die Welt als Wille und Vorstellung* I, Darmstadt: Wissenschaftliche Buchgesellschaft, 1989.

Shuter-Dyson, R./Gabriel, C., *The Psychology of Musical Ability*, London: Methuen, 1981.

Sibley, F., "Aesthetics and the Looks of Things", *Journal of Philosophy* 56(1959).

Staiti, A., "Systematische Überlegungen zu Husserls Einstellungslehre", in: *Husserl Studies* 25(2009).

Stolnitz, J., "Some Questions Concerning Aesthetic Perception", *Philosophy and Phenomenological Research* 22(1961).

_____, "On the Origins of 'Aesthetic Disinterestedness'", *The Journal of Aesthetics and Art Criticism* 20/2(1961).

_____, *Aesthetics and Philosophy of Art Criticism*, Boston: Houghton Mifflin, 1960.

Suntherland, A., *The Origin and Growth of the Moral Instinct*, vol. 1-2, London/New York/Bombay: Longmans, Green, and Co., 1898.

Tomas, V., "Aesthetic Vision", *The Philsophical Review* 68(1959).

Weitz, M., "The Role of Theory in Aesthetics", in: *The Journal of Aesthetics and Art Criticism* 15/1(1956).

Winston, R., *Human Instinct. How Our Primeval Impulses Shape Our Mo-*

dern Lives, London: Banton Press, 2002.

Wittgenstein, L., *Philosophical Investigations*, E. Anscombe(tr.), New York: Macmillan Pub., 1968.

Wollf, Janet, *Hermeneutic Philosophy and the Sociology of Art*, London: RKP, 1975.

Worringer, W., *Abstraktion und Einfühlung: Ein Beitrag zur Stilpsychologie*, München: R. Piper, 1976.

| 찾아보기 |